W0304684

Uyldert · Kosmische Zusammenhänge

HEINRICH HUGENDUBEL VERLAG
Kailash
Buch

Mellie Uyldert

Kosmische Zusammenhänge

Grundlagen der Astrologie

Aus dem Niederländischen von Clemens Wilhelm

HUGENDUBEL

Die Originalausgabe erschien unter dem Titel
Kosmische Samenhangen
bei Uitgeverij de Driehoek, Amsterdam

CIP-Titelaufnahme der Deutschen Bibliothek
Uyldert, Mellie:
Kosmische Zusammenhänge : Grundlagen der Astrologie /
Mellie Uyldert. Aus d. Holländ. von Clemens Wilhelm. –
München : Hugendubel, 1990
(Kailash-Buch)
Einheitssacht.: Kosmische Samenhangen <dt.>
ISBN 3-88034-463-9

© De Driehoek, Amsterdam 1971
© der deutschsprachigen Ausgabe
Heinrich Hugendubel Verlag, München 1990
Alle Rechte vorbehalten

Umschlaggestaltung: Zembsch' Werkstatt München
unter Verwendung eines Motivs von G.C. van der Starre
Produktion: Tillmann Roeder, München
Satz: FOAG, Oberschleißheim b. München
Druck und Bindung: Wiener Verlag, Himberg

ISBN 3-88034-463-9

Printed in Austria

INHALT

DIE WACHSTUMSPHASEN IM HOROSKOP

EINLEITUNG

WAS IST ASTROLOGIE?

KOSMOLOGIE

Die Astrologie ist ein Teilgebiet der Kosmologie, der Wissenschaft vom Kosmos, von der stets sich ändernden, festen Gesetzen folgenden Struktur unseres Weltganzen. Was ist das Weltganze? Der Bereich, den die voll entfaltete menschliche Vernunft und Erkenntnis erfassen kann. Das Weltganze eines Menschen reicht so weit wie sein Verstehen und so tief wie seine Einsicht.

Die Kosmologie ist die höchste aller Wissenschaften, die alle anderen umspannt. Die kosmischen Gesetze und Rhythmen werden von den niederen, speziellen Wissenschaften als Erscheinungen auf einem bestimmten Gebiet registriert, als Rhythmen wie die Wellenlinie des Jahreszeitenverlaufs in der Natur und im Leben der Menschen, die Wellenlinie in der Geschichte, den Kulturen, den Stilrichtungen der Kunst, der regelmäßig wiederkehrenden Mode; der Wellenlinie des Auftretens bestimmter Ereignisse, der Art und der Anzahl verlorener und gefundener Gegenstände, der Geburten- und Todesfälle, bestimmter Arten von Unfällen, des Steigens und Sinkens von Börsenkursen, der Ein- und Ausfuhrzahlen, des Auftretens epidemischer Krankheiten; der Wellenlinie von moralischen und ethischen Auffassungen, des Gefühlswerts von Worten, des Aussehens von Straßen, Vierteln, Ländern und Völkern; der Wellenlinie im Auftreten und Verschwinden bestimmter Denkprobleme, von Schönheitsidealen usw. Die kosmischen Gesetze wie z.B. dasjenige von der Erhaltung der Energie, der Anziehung des Gleichen und des Gegensätzlichen usw. werden von diesen Wissenschaften projiziert und auf ihr eigenes Gebiet angewandt; sie heißen dann Naturgesetze, ökonomische Gesetze, biologische oder psychologische und soziologische Gesetze. Die Wissenschaft, die sich mit diesen Gesetzen an sich beschäftigt, ihrem Ursprung zunächst, ist die Kosmologie.

ASTROLOGIE

Der Kosmologe deckt die *Muster* aller von uns wahrgenommenen Erscheinungen und Geschehnisse auf. Wenn er dann sieht, daß diese Muster als Figuren von Kraftlinien mit Schnittpunkten und Mittelpunkten entstehen, als Figuren, die sich gegenseitig beeinflussen und so das höchst differenzierte Bild unserer Wirklichkeit ergeben, und wenn er als Erzeuger dieser Figuren die Wesen erkennt, die uns äußerlich als Himmelskörper erscheinen, und wenn er versucht, tiefer in ihr Wesen und Wirken einzudringen – dann betreibt er Astrologie.

HOROSKOPIE

Ein kleiner Teilbereich der Astrologie ist die Anfertigung von Himmelskarten vom Blickpunkt des Planeten Erde aus, und das Erkennen und Ableiten der Muster der irdischen Wirklichkeit aus diesen Karten. Dies ist die Horoskopie.

Eine solche Himmelskarte wird für einen bestimmten Augenblick und einen bestimmten Ort auf der Erde erstellt, weil ja alles, was auf Erden lebt und sich ereignet, nach Zeit und Raum festgelegt ist. Man erkennt dann, wo sich die Sonne, der Mond, die Planeten und die Fixsterne bezüglich der Erde befinden, nämlich in bestimmten Zonen, den sog. Häusern oder Feldern, in die man für diesen Ort das Strahlungsfeld der Erde gliedert. Man sieht auch, welcher Teil des Tierkreises oder Zodiaks von diesem Ort aus gesehen den Hintergrund für die Himmelskörper bildet. Zieht man von diesen Himmelskörpern Linien zum Mittelpunkt der Erde und betrachtet die Winkel, die diese Linien zueinander bilden (die sogenannten Aspekte), dann kennt man die Verhältnisse der Himmelskörper als Kraftzentren untereinander in bezug auf den betreffenden Erdort. Aus diesen Örtern und Verhältnissen kann man alles ableiten, was man darüber wissen will, was an diesem Ort und zu diesem Zeitpunkt entsteht oder geschieht, d.h. auf der psychischen oder physischen Ebene eine Form annimmt. Wo oder ob dieser Zeitpunkt in der Gegenwart, Vergangenheit oder Zukunft liegt, spielt keine Rolle, da alles nach festen Gesetzen geschieht.

GEBRAUCH UND MISSBRAUCH DER ASTROLOGIE

Wie der Mensch ist, so betreibt er Astrologie. Ein unreifer Mensch, dem nicht daran gelegen ist, das Wesen einer Wissenschaft zu ergründen, kann zwar die äußere Technik dieser Disziplin auswendig lernen und anwenden, aber er wird diese Anwendung leicht mißbrauchen. So können auch Ärzte, Psychologen, Sozialarbeiter und Pfarrer alle ihre Prüfungen bestanden haben und doch als Menschen unreif sein, so daß sie ihr Wissen nicht immer in der rechten Weise anwenden. Dies gilt erst recht für den Astrologen, der, wenn er als Mensch noch unreif ist, meist auch noch nicht gelernt hat, astrologisch zu denken.

Astrologie muß man zuallererst zu dem Zweck betreiben, um selbst weiser zu werden, um Selbsterkenntnis und Einblick in andere Menschen, in Zustände und Erscheinungen zu erlangen. Diese Wissenschaft kann dem Menschen die Kräftewelt hinter den Erscheinungsformen offenbaren, die Welt der Schwingungen im Äther, der auch die menschliche Seele angehört und in der die Muster vorhanden sind, die durch die Kraft des Mondes früher oder später zu konkreten Erscheinungen gerinnen. Dies kann, muß aber nicht, über den Menschen geschehen. So kann der Astrologe verstehen lernen, woher seine Gedanken, Gefühle und Bestrebungen, seine Wünsche und Pläne kommen. Um diese Welt kennenzulernen, muß man vom gängigen Denken Abstand nehmen, sich leer, offen und empfänglich machen, bereit, jegliche neue Wahrheit aufzunehmen. Dann wird sich diese Wahrheit von selbst offenbaren.

Das Erteilen von Ratschlägen aufgrund des Horoskops muß man zurückstellen, bis man die Gesetze der Genese der Wirklichkeit und ihre Wirkungen kennen und ergründen gelernt hat, wodurch man auch eine ganz andere Einstellung zum menschlichen Leben gewinnt. Es ist u.E. ein schwerer Fehler, daß viele Astrologen das ABC der Horoskopie ohne Umschweife auf das gängige kausale Denken projizieren und anwenden, wo es durchaus nicht hingehört. Um der akademischen Wissenschaft, die konkrete Beweise fordert, zu Diensten zu sein, fängt man an, selbst Statistiken zu erstellen, die in ihrer Art im zweidimensionalen Denken der akademischen Wissenschaft und nicht im mehrdimensionalen räumlichen Denken der Astrologie beheimatet sind, wodurch man nur »Mißgeburten« erzeugt. Die Astrologie sucht keine logischen Begründungen; sie durchschaut. Die Astrologie ist eine viel zu hohe, hehre und heilige Wissenschaft, als daß man sie als intellektuelle Spielerei mißbrauchen dürfte, oder um die Neugier des Publikums mit Zukunftsvorhersagen zu befriedigen. Der schlimmste Mißbrauch, den das Publikum selbst mit diesen Vorhersagen treibt, besteht darin, daß man sie nicht bloß als eine Art Wetterbericht für seine persönlichen Pläne einkalkuliert, sondern sie in seiner Unreife als Lebensrezept betrachtet und dadurch die Astrologie zur Dienerin der eigenen Bequemlichkeitssucht macht.

Der Mensch muß erst selbst leben, selbst nachdenken, wählen und entscheiden, oder selbst seiner inneren Stimme lauschen und folgen, *bevor* er nachforschen kann, wie sein Verhalten durch die Sterne bestimmt war. Das ist lehrreich. Der Mensch tut, was er nicht lassen kann, folgt der stärksten Kraft auf der augenblicklichen Seelenbühne. Das muß er aber von sich aus tun, nicht weil es in der Horoskopspalte seiner Zeitung steht! Die kosmischen Kräfte müssen als Seelenkräfte durch seine eigene Seele wirken und durch sein eigenes Bewußtsein zu menschlichem Streben, Wollen und Planen transformiert werden.

Es gehört zum Ethos der Horoskopie, daß ein Astrologe nicht alles sagt, was er im Horoskop sieht. Er darf warnen, soweit dies sinnvoll und nützlich ist. Er darf aber keine Katastrophen ankündigen, die das Denken und Fühlen eines Menschen vergiften könnten – auch wenn der Astrologe weiß, daß die Neigung zur mentalen Selbstvergiftung originär in der Menschenseele auftritt und daß sich immer ein Anlaß hierzu finden läßt, auch wenn ein Astrologe gar nichts Beunruhigendes gesagt hat. Diese Zurückhaltungspflicht gilt daher auch dann, wenn der Betreffende hartnäckig etwas ganz Bestimmtes hören will.

Wer für jemanden ein schriftliches Horoskop erstellt, muß dieses in einer Art Geheimsprache abfassen, so daß derjenige, der es als Spiegel seines eigenen Wesens empfängt, nur dasjenige darin liest, was er im gegebenen Augenblick verstehen und an Lehrreichem empfangen kann. Wenn er dann jedes Jahr am Vorabend seines Geburtstages dasselbe Horoskop erneut liest, wird er jedes Jahr mehr aus ihm entnehmen und erstaunt sein, daß er es in den früheren Jahren überlesen hat. Ein solches Horoskop gibt auf einmal alles, was ein anderer in jahrelangen Gesprächen mit einem Psychoanalytiker nach und nach entdeckt. So kommt es, daß man mit einem Horoskop in Wechselwirkung leben und wachsen muß: Was man vom Leben selbst gelernt hat, erkennt man darin und begreift es mit noch größerer Klarheit; was man im Horoskop liest und versteht, wendet man im Leben an; so schreitet man zusammen mit dem Horoskop in einer Spirale nach oben voran.

Die Menschen müssen auch begreifen, daß jemand, der sich gerade erst die technischen Grundlagen der Horoskoperstellung angeeignet hat, damit nicht auch schon den Menschen erkennt und ergründet und psychologisches Verständnis erlangt hat. Dies dauert seine Zeit und kann durch das Studium der Astrologie gefördert werden; wer jedoch keine Anlage dazu hat, wird es freilich auch in jahrelangen astrologischen Studien nicht lernen. Wissen und Erfahrung sind wichtig, aber Intuition und Menschenliebe gehören unbedingt dazu, ebenso Selbstbeherrschung, Bescheidenheit und erzieherisches Talent. Ein egozentrischer Mensch, der nur mit seinem Wissen prahlen will, ist ungeeignet, einem anderen das Horoskop zu stellen. Niemals auch darf ein Astrologe das Horoskop eines Menschen mißbrauchen, um diesem etwas zu suggerieren oder ihn zu einem bestimmten Handeln zu drängen, um Macht über den weniger wissenden Mitmenschen auszuüben.

Alles Wissen, das dem Menschen zum Heil gereichen kann, kann ihm auch Unheil bringen. Dies zeigt exemplarisch die moderne Technik. Es kommt nur darauf an, wie der Mensch dieses Wissen einsetzt, und dies hängt davon ab, wie er *ist.* Es kommt darauf an, ob er dieses Wissen auf die Ebene niederzieht, auf der er selbst in seiner Bequemlichkeit bleiben will, oder ob er sich durch dieses Wissen dazu anspornen läßt, zum Quell der Weisheit emporzusteigen, aus dem auch dieses Wissen stammt.

Die falschen Vorstellungen und Erwartungen des Publikums bezüglich der Astrologie und des Horoskops sind zahllos und gefährlich. So erwartet etwa jemand in moralischer Unsicherheit vom Horoskop, daß es ihm Auskunft darüber gibt, ob ein Plan, mit dem er sich trägt, *gut* ist. Selbstverständlich ist dieser Plan darin verzeichnet, denn *alles* steht im Horoskop (ob der Astrologe in der Lage ist, es herauszulesen, ist eine andere Frage). Ein Horoskop gibt aber *kein Werturteil*. Daß es im astrologischen Sprachgebrauch üblich ist, von guten und schlechten Aspekten zu sprechen, bezieht sich nur auf die Schnelligkeit der Verwirklichung, nicht auf den ethischen Wert eines Planes oder einer Tat. Eine moralisch verwerfliche Tat wird bei einem sogenannten guten Aspekt sehr rasch ausgeführt werden. Die kosmischen Kräfte sind neutral und von der Ebene der menschlichen Moral und Ethik unabhängig. Aus dem Horoskop kann zwar hervorgehen, ob ein bestimmter Plan gelingen wird oder nicht; ob man diesen Plan jedoch ausführen soll oder nicht, muß man an seinem eigenen Gewissen prüfen. Die Tatsache, daß viele Astrologen bei ihrer Beratung ihr eigenes moralisches Urteil einfließen lassen, hat beim Publikum zu dem Mißverständnis geführt, daß es moralisch gute oder schlechte Aspekte, ja sogar gute und schlechte Planeten gäbe. Daß sogar in Astrologiebüchern von Wohltätern und Übeltätern die Rede ist, belegt nur, daß die Verfasser ihre eigenen moralischen Auffassungen und diejenigen ihrer Zeit und Kultur auf die kosmischen Kräfte projiziert haben.

Viele Menschen befassen sich mit der Astrologie zunächst als Liebhaberei neben ihrer sonstigen Arbeit, ihrem Studium und ihrem Lebensinhalt. Wenn es auf die Dauer eine solche Liebhaberei bleibt, werden sie die Pforte der wahren Astrologie niemals durchschreiten. Wer aber die Pforte durchschreitet, entdeckt die wahren Ur-Sachen aller Strukturen und aller Prozesse und läßt den Menschen hinter sich, der sie sich nach seinem eigenen Gutdünken zurechtmacht und schließlich seine eigene, meist lächerliche Deutung davon gibt. Dann lernt er das Wesen dieser Kräfte kennen und erfährt sie in sich selbst, in seiner eigenen Seele, seinem Körper und seinen Verhältnissen, in seinem eigenen Schicksal und Lebensgang, seiner eigenen inneren Entwicklung und seinem Bewußtsein. Er erkennt weiterhin die kosmischen Kräfte und Figuren überall und sofort und braucht hierfür kein Horoskop als Hilfsmittel mehr. Er erkennt, daß alles, was oben ist, auch unten ist, und alles, was außen ist, auch innen. Er denkt in Analogien statt kausal. Sein Bewußtsein erweitert sich, so daß er alle Dinge anders sieht als früher.

Er ist ein völlig anderer Mensch geworden, er ist ein Eingeweihter auf dem Berg der Götter. Die Horoskopie kann insofern eine Liebhaberei bleiben, als man mit ihr auf der Ebene überprüft, was man auf dem Berge sieht. Der wahre Astrologe sieht die Aspekte eines Menschen mit seinem Seelenauge schon bei dem ersten Gespräch, ohne Geburtszeit oder Horoskop!

IST DIE ASTROLOGIE EIN GLAUBE?

Ist oder wird die Astrologie ein Glaube oder eine Religion? Sie ist weder das eine noch das andere, sondern erlöst uns davon gerade, indem sie uns Einsicht und Weisheit schenkt. Wir brauchen nicht mehr zu glauben, wenn wir klare Erkenntnis und reines Wissen haben.

Erkenntnis ist mehr als Glaube.

Glaube ist vollkommene Gewißheit einer Sache ohne Wenn und Aber. Außerhalb davon wähnt der Gläubige Fremdheit und Feindschaft.

Erkenntnis ist weit, Erkenntnis ist überall. Da sie sich nicht festklammert, kann sie nichts verlieren. Einsicht kennt keine Feinde, da sie alles durchdringt. Einsicht ist Tageslicht ohne Nacht, das überall zugleich ist. Erkenntnis ist gewisser als Glaube, weil Erkenntnis das Licht ist, in dem alles gesehen wird, und nicht dasjenige, was selbst gesehen wird.

Erkenntnis kommt aus der Liebe. Wenn alle leuchtenden Wesenskerne ihre Flammen zu einem Feuer vereinigen, durchdringt das Geisteslicht die ihnen innewohnenden Gestalten und macht sie klar und deutlich.

Erkenntnis ist die Krone des Glaubens und der Liebe, die Lichtkrone auf dem Menschenhaupt.

Erkenntnis nährt sich selbst aus dem ewigen Licht. Nicht zum abhängigen Bettler ist der Mensch geschaffen, der etwas glaubt und jemanden liebt, sondern zur leuchtenden Sonne der Erkenntnis.

ASTROLOGIE UND ASTRONOMIE

Die Astrologie ist die älteste aller Wissenschaften. Als der Erzvater Abraham die Stadt Ur in Chaldäa verließ, waren die Chaldäer schon wegen ihrer guten Astrologen berühmt. Bei den alten Römern und noch in der Frühzeit des europäischen Mittelalters nannte man einen Astrologen einen Chaldäer.

Das Denken der Menschen in jener Zeit war noch rund und räumlich, intuitiv schauend und alles umfassend. Das Geistige, das Seelische und das Stoffliche waren für das Bewußtsein gleich real; man sah, daß es analoge Erscheinungsformen desselben Wesens auf verschiedenen Verdichtungsebenen waren. Wenn der Geist auf der psychischen Ebene erscheint, nimmt er dort notwendigerweise psychische Gestalt an, die Gestalt einer Seele. Wenn die Seele wiederum auf der Ebene des Stoffes erscheint, nimmt sie dort eine stoffliche Gestalt, einen Leib an. Die drei Formen sind dann untereinander analog, da sie dasselbe Wesen zum Ausdruck bringen. So kommen alle geistigen Einheiten auf der psychischen Ebene zu psychischem Dasein, und alle psychischen Einheiten auf der stofflichen Ebene zu stofflichem Dasein (als Taten, Fakten, Dinge).

So sah man in jener Zeit mit jenem Denken, daß ein stofflicher Himmelskörper, gemeinhin als Stern bezeichnet, außer seiner stofflichen Gestalt auch eine Seele und einen Geist besitzt. Man sah, daß diese drei Erscheinungsformen eines einzigen Wesens jeweils ihre eigenen Schwingungen besaßen und in den Raum aussandten, wo sie von verwandten Empfängern aufgenommen wurden, wie es heute bei Funkgeräten der Fall ist, die auf bestimmte Wellenlängen abgestimmt sind. Man sah, wie die Schwingungen der Seele oder ätherischen Umhüllung eines Sterns sich fortpflanzten und von der ätherischen Umhüllung anderer Sterne aufgefangen wurden und sich wiederum auf die ätherischen Umhüllungen aller Geschöpfe fortpflanzten, die einen solchen Stern bewohnten. So wirkten sie auch auf die Umhüllung eines jeden Menschen auf der Erde und von der menschlichen Ätherhülle aus auf die zugehörige Seele, den Leib (vom vegetativen Nervensystem aus) und seine Lebensumstände. Die Kenntnis dieser Zusammenhänge war der Inhalt der großen, alles umfassenden Wissenschaft, der Astrologie. Aber der Mensch, und damit sein Denken, veränderte sich.

Das Denken des Menschen wurde noch stärker vom Stoff aufgesogen, und je mehr sich die Aufmerksamkeit auf die konkrete, stoffliche Seite der Wirklichkeit richtete, desto mehr wurde sie von der geistigen Seite abgezogen. Wer sich aber am Geistigen festklammerte, isolierte sich, so daß es sowohl im Einzelnen wie in der Gesellschaft zu einer *Spaltung* kam: Der Mensch ging der guten Zusammenarbeit zwischen seinen beiden Polen, zwischen Geist und Körper verlustig, ja er betrachtete sie als feindliche Gegensätze – eine Anschauung, die die Kirche in ihren Lehren noch förderte. Im ausgehenden Mittelalter war diese Spaltung schon so weit fortgeschritten, daß Wissenschaft und Glaube sowohl in der menschlichen Seele wie auch an den Universitäten zwei verschiedene Gebiete geworden waren. Die Hellsichtigkeit war praktisch verschwunden; diejenigen, die früher als weise Frauen dem Volk in aller Not helfen konnten, weil sie mit kosmischen Zusammenhängen, mit der Wirkung von Sternen und Kräutern vertraut waren, hielten sich zurück, um nicht als Hexe verbrannt zu werden. Die Frauen hatten nur die Wahl, sich entweder für einen Mann aufzuopfern und zehn oder zwanzig Kinder zu gebären, oder sich in ein Kloster einsperren und die Seele mit den Vorstellungen und Gedankengängen der Kirche betäuben zu lassen. Die Männer wurden angehalten, über ihre Frau zu herrschen und nicht auf sie zu hören. So blieb fortan insgesamt die Erfahrung des Geistigen in der Frauenseele verborgen, und da Frauen in der Kirche wie an den Universitäten keine Rollen spielten, wurden diese beiden völlig ungeistig: Die Kirche beharrte auf Dogmen, deren ursprüngliche Bedeutung sie selbst nicht mehr verstand, während die Wissenschaft sich immer mehr auf die äußere und stoffliche Seite der Natur beschränkte, indem sie sich nur mehr der männlichen Hälfte des menschlichen Denkens bediente: der direkten kausalen Beurteilung der wahrgenommenen Erscheinungen im Stoff. Die andere Hälfte, das weibliche, runde und räumliche Denken, das Intuitive und Spirituelle zählte offiziell ebenso wenig wie die Frauen selbst in der Gesellschaft.

So wurden damals die überlieferten Wissenschaften in zwei Hälften gespalten und der geistige Teil davon verworfen. Vor allem der Gelehrte Descartes (1596 - 1650) setzte in der ersten Hälfte des 17. und zu Beginn des 18. Jahrhunderts in dieser Hinsicht maßgebliche Impulse. Alles, was außerhalb der sinnlich wahrnehmbaren Erscheinungen stand und vom Verstand nicht durch logische Beweisführung zu erklären war, wurde aus den Universitäten und möglichst auch aus der Gesellschaft überhaupt verbannt. Das Bürgertum hatte die magische Phase hinter sich gelassen. Im Zusammenhang damit stand die Urbanisierung; mit Verachtung blickte man auf dasjenige hin, was man nun nicht mehr als gleichwertigen Pol, sondern als zurückgeblieben betrachtete: Die Natur, die Frauen, das gemeine Volk, die Heiden (die Farbigen), die wegen ihrer angeblichen Minderwertigkeit auch mißbraucht und ausgebeutet werden durften. Alte religiöse Rituale, die das Volk noch innerlich erlebte, symbolträchtige Spiele und Märchen wurden als Ammengeschwätz abgetan und höchstens noch im Kinderzimmer geduldet. Die Kinder, die die Entwicklung der Menschheit und diejenige ihrer eigenen Rasse im Kleinen wiederholen, befinden sich bis zum siebten Lebensjahr in der magischen oder ersten Phase, wiewohl sie natürlich von der Atmosphäre ihrer Umgebung und ihrer Zeit stark beeinflußt werden. Auch das einfache Volk, das damals zum Teil noch des Lesens und des Schreibens unkundig war, befand sich in dieser Phase, darunter auch die Hebamme, die Nachfolgerin der weisen Frauen des Altertums, die bei Niederkunft und Krankheit halfen, aber auch die alten Mythen und Märchen erzählten, in denen höchste Weisheit in Sinnbilder gefaßt ist.

Um 1600 vollzieht sich diese Spaltung auch in der Astrologie. Symbolisch hierfür steht die persönliche Beziehung zwischen zwei berühmten Gelehrten, Tycho Brahe und Johannes Kepler. Sie nannten sich Astronomen und beschäftigten sich intensiv mit der Beobachtung der Himmelskörper, damals insbesondere des Planeten Mars. Tycho Brahe war ein Däne, der zunächst auf einer Insel in der Ostsee auf Staatskosten ein eigenes Observatorium betreiben konnte, später jedoch in Ungnade fiel und bei dem berühmten Kaiser Rudolf II. in Prag Zuflucht fand, der Astrologen, Alchimisten und Okkultisten um sich scharte, woran heute noch die Goldene Gasse am Rande des kaiserlichen Schlosses erinnert, des Hradschin auf dem Hügel über der Stadt Prag. Der

Kaiser gab ihm Unterkunft im Jagdschloß Benatek, wo wiederum ein Observatorium errichtet wurde und Brahe seine Ephemeriden zusammenstellte. Brahe war ein Gefühlsmensch, selbst Adliger, der aber aus Liebe ein Bauernmädchen geheiratet hatte. Mit seiner ganzen Familie, Personal, Schülern, Instrumenten und sogar einer Druckerpresse war er in Kutschen durch Europa gezogen und konnte nun wieder einen feudalen Lebensstil pflegen. Der eine Generation jüngere Kepler war vom Charakter her sein Gegenpol: Ein genialer abstrakter Gelehrter, den das alltägliche Leben der Menschen nicht interessierte, der aus Gründen der Raison eine reiche Witwe geheiratet hatte, die er kaum einmal sah, weil er ausschließlich mit Gelehrten aus ganz Europa Umgang pflegte, um seinen Studien zu obliegen, denen er sein ganzes Leben unterordnete. Brahe lud ihn ein, als Mitglied seines wissenschaftlichen Stabes bei ihm zu wohnen und zu arbeiten, und Kepler folgte diesem Ruf im Jahre 1600. Brahe war Kepler mehr zugetan als seinen eigenen Söhnen, bewunderte dessen Genie über die Maßen und arbeitete begeistert mit ihm zusammen. Kepler ging in kosmischen Harmonien auf, die er entdeckte, schrieb das Werk *Harmonice mundi* (dessen Manuskript heute im Britischen Museum in London liegt), kümmerte sich nicht um menschliche Beziehungen und bemerkte kaum, daß seine menschliche Kühle in dieser feudalen Umgebung zu einem Stein des Anstoßes wurde. Brahe stürzte dies in einen heftigen Zwiespalt, und man findet daher auch in seiner Person die Spaltung der Phasen verkörpert, die für die ganze darauffolgende Phase der neueren Geschichte, derjenigen des rationalen Zeitalters, charakteristisch sein sollte. Brahe war noch Astrologe, auch wenn für ihn die Beobachtungen und Berechnungen der Himmelskörper und ihres Umlaufes die Hauptsache waren. Kepler verachtete die Astrologie, die schon damals, nachdem die Kirche sie jahrhundertelang als Teufelskunst verurteilt hatte, von den Intellektuellen aufgegeben und nur insgeheim betrieben wurde und in den Händen der Unkundigen zur Wahrsagerei, zur Astromantie verkommen war. Kepler selbst war der Prototyp des gespaltenen rationalen Menschen: Unentwickelt, zurückgeblieben auf dem Gebiet der menschlichen Gefühlskommunikation, klar und überragend im abstrakten Denken. Ihre Wege trennten sich, weil Brahe überzeugt war, daß Kepler ihn überholt hatte. Damit begann die einsame technische Weiterentwicklung der Astronomie, die sich nur mehr mit der sichtbaren, meßbaren und berechenbaren stofflichen Seite unserer Welt befaßte und die gewaltigen geistigen Wahrheiten ablehnte, deren genaue Widerspiegelung die nachweisbaren Gesetze und Rhythmen sind. Der erdenverhaftete Brahe bewegte sich in dem subjektiven, menschlichen Lebensmuster, in dem sich die Rhythmen ausbilden. Kepler war objektiv, kümmerte sich nicht um die irdischen Ausdrucksformen. Erst in unserer Zeit, im letzten Teil des 20. Jahrhunderts, beginnt die Synthese des subjektiv Menschlichen und des objektiv Wissenschaftlichen, und aus dieser dritten Haltung entspringt nunmehr *die wahre Astrologie* oder *Kosmologie*. Das abstrakte Denken hat sich heute voll entfaltet. Das spirituelle Denken muß seinen Rückstand aufholen (daher der heutige Drang zum Okkulten). Danach vereinigen sich beide wieder zum neuen *synchronistischen Denken* (ein Begriff, den C.G. Jung geprägt hat).

ASTROLOGISCHES DENKEN

Was in diesem Buch *astrologisches Denken* genannt wird, ist die *Synthese* des *magischen,* intuitiven, spirituellen Denkens der ersten Entwicklungsphase, dem sich das *rationale,* logische Denken der zweiten Phase anschließt (von uns auch vereinfachtes Denken genannt). Diese Synthese nennt man auch das synchronistische (gleichzeitige) Denken. Dieses gehört also zur dritten Entwicklungsphase.

Die Entwicklung von Mensch und Menschheit vollzieht sich dialektisch: Auf eine Anfangsphase folgt eine gegenteilige Phase, an die sich eine dritte anschließt, die der Form nach der ersten gleich ist (d.h. wiederum der Gegensatz der vorherigen ist), aber ein höheres Niveau als die erste besitzt. Die Entwicklung verläuft offensichtlich als *Spirale,* nicht als geschlossener Kreis.

Nach einer rationalen Phase folgt also wiederum eine höherliegende magische, was heute in der zweiten Hälfte des 20. Jahrhunderts ganz deutlich zu beobachten ist. Nachdem das rationale Denken der universitären Wissenschaft des Westens den Stoff bis an seine Grenzen durchmustert hat, ist sie von selbst in die Irrationalität gelangt: Man entdeckt heute, daß die *Magie* des Altertums und des Mittelalters in Europa im Grunde nach den gleichen Gesetzen arbeitet wie die *exakte Naturwissenschaft,* nur auf einer anderen Ebene, auf der der Stoff weniger verdichtet ist, dem Bereich des *Ätherischen.* So arbeitet die Wissenschaft selbst mit Funk, Radar usw., nur um zu entdecken, daß menschliche Gedanken ebenfalls meßbare Schwingungen in den Äther aussenden und man umgekehrt mit Elektroden auf dem menschlichen Schädel die Gedanken in dessen Inneren beeinflussen kann. Nun breitet das rationale Denken sich nicht nur in den Bereich der Seele aus, sondern wird auch selbst erweitert und verändert. In Analogie zur Luft- und Raumfahrt beginnt auch das menschliche Denken sich von der Ebene zu lösen, von der kausalen Ratio, dem niedrigeren Verstand, dem mathematischen Denken nach Adam Riese.

DAS KAUSALE DENKEN

Das kausale Denken folgt zeitlich auf das magische Denken und *benutzt* die Begriffe und Wörter, die aus dem magischen Denken als erstarrte Formen der lebendigen Offenbarungen, als Mumien zurückgeblieben sind. So erlebt man z. B. in der magischen Phase, daß Klänge und Vokale lebende, wirkende Kräfte sind, die, aus der geistigen Welt herstammend, durch die ätherische, psychische Welt hindurchgehen und durch den Körper, den Stoff, als Schallschwingung wirken.

Diese Erfahrung der Kräfte dauerte so lange, wie der Mensch noch nach oben geöffnet war und dadurch an der geistigen Welt teilhatte. In der embryonalen Phase und als Säugling wiederholt der Mensch diese magische Phase, bis sich die Fontanellen schließen; bis zum siebten Lebensjahr bleibt ein Rest dieses Zustands erhalten. Der himmlische Blick, der von jenem Geistigen zeugt, verschwindet danach, bei dem einen Kind etwas früher, bei dem anderen später, und die Seele muß jetzt, sich selbst überlassen, notwendigerweise das verstandesmäßige Denken entwickeln. Die alten Kelten und Germanen lebten in Europa im magischen Denken, bis sie gegen Ende ihrer Zeit nach und nach ihre magische Kraft verloren und sich der Römer nicht mehr erwehren konnten, die schon in der Verstandesphase standen. Das Kind durchläuft die Niederlage erneut, wenn es zur Schule kommt, seine Hellsichtigkeit verliert und lesen, schreiben und rechnen lernt.

In einem Säugling, der Laute äußert und dann in seiner eigenen Sprache zu reden beginnt, drücken sich die kosmischen Kräfte, die ihn durchströmen, in diesen Klängen aus, und wenn das Kind später zu kritzeln beginnt, suchen diese Kräfte eine zum Klang passende Form auf der ebenen Fläche der Tafel oder des Papiers. So erlebten die alten Völker dieselben Kräfte in dem Zauberspruch und in den Formen, die auf den Boden geworfene Buchenstäbchen (Buch-Staben, Runen) annahmen, oder die Eingeweide des geschlachteten Opfertiers. Die Kräfte kommen aus dem Kosmos, vertikal, und nehmen auf der zweidimensionalen Fläche der Verstandesseele, die wie ein Sieb mit vielgestaltigen Löchern wirkt, die Formen an, die in der Struktur dieser Seele vorhanden sind. Das gesprochene Wort ist also *Kraft in Form*, Geisteskraft projiziert in Seelenform. Das geschriebene Wort ist dieses Seelenwort projiziert in den Stoff, auf die ebene Fläche des Bodens, der Schreibtafel oder des Papiers. In Ursprachen wie dem alten Hebräischen und noch in gewissem Maße im Tschechischen und Walisischen werden nur die Mitlaute als im Stoff erstarrte Seelenformen geschrieben, damit der nach oben geöffnete Mensch die kosmischen Kräfte als lebendigen Klang in diese gießt. Eine solche Sprache kann man also nur aus der Inspiration lesen! Wenn aber ein Volk, das diese Sprache gebraucht, seine Entwicklung abgeschlossen hat, entstehen feste Konventionen bezüglich der Wahl der Vokale. Dann ist die lebendige Sprache eingefroren oder vertrocknet. Diese Mumie setzt man dann in der Schule dem Kind vor, das dadurch von der falschen Seite, von außen her, lesen lernt. Dann ist seine magische Phase, in der es selbst seine lebendige Sprache schuf, vorbei. Nur wenige können sich dem entziehen. Dies sind am unteren Ende die sogenannten Dummen oder Zurückgebliebenen, die in ihrem individuellen Zyklus ihre magische Phase noch nicht abgeschlossen haben, auch wenn sie in eine Volksseele eingebettet sind, die als Gruppenseele diese Phase sehr wohl abgeschlossen hat. Am oberen Ende sind die sogenannten Genialen, die in ihrem individuellen Zyklus bereits in der dritten Phase angelangt sind und daher von innen heraus schon alles wissen, den Unterricht mit einem inneren Lächeln über sich ergehen lassen und schöpferisch bleiben. Dieser letztere Typ inkarniert sich übrigens im heutigen Europa immer häufiger und setzt sich gegen den zweidimensionalen Unterricht zur Wehr, den er als leblose, erstarrte Form, als wesenlose Projektion durchschaut.

Wie es sich mit den Wörtern der Sprache verhält, so verhält es sich zum Beispiel auch mit der lebendigen individuellen *Gotteserfahrung.* Von demjenigen, was man in der magischen Phase erlebt hat, legt man denjenigen gegenüber Zeugnis ab, die schon geschlossen sind und das mystische Wort aufzuzeichnen, nachzuempfinden und nachzudenken versuchen und dann *nachsprechen.* So wird die lebendige Mystik zu geronnener Orthodoxie und Religion auf der seelischen Ebene und schließlich zu einer Organisationsform und einem Gebäude auf der stofflichen

Ebene, zu einer Kirche. Diese sind die Projektionen des Geistes auf die niedrigeren Ebenen des Äthers und des Stoffes, der Seele und des Leibes des Menschen.

So drückt sich auch ein *göttlicher Gedanke* in der Gestalt eines Planeten, in der Natur, in der Landschaft aus. Diese noch lebendige, nur in ihren Lebensäußerungen verzögerte Form wird dann vom Menschen nochmals auf eine noch niedrigere Ebene projiziert, wenn er auf dem Papier eine Landkarte erstellt. Auf die Erde in den *Raum* projiziert, wirkt derselbe göttliche Gedanke sich in der *Zeit* als Geschehen und Ereignis, als Geschichte aus. Diese projizieren wir wiederum als Bericht in ein Buch.

Wie wirkt nun der Unterricht in der rationalen Phase? Er gönnt dem Kind kaum oder gar nicht die Zeit, um diesen Prozeß der Projektion einer Projektion vollständig von innen heraus zu wiederholen, sondern trägt das letzte Projektionsbild zu früh von außen her an das Kind heran. Die Inkarnation, das schrittweise Herabsteigen des Geistes in den Stoff wird durch die Gruppenseele, die schon weiter ist und nicht warten will, vor ihrem Abschluß aufgehalten. Das Kind wird von außen her auf den Umgang mit und die Anwendung von geronnenen Endformen dressiert, die es nicht selbst entstehen ließ oder auch nur entstehen sehen hat. Es lernt Apparate bedienen, die es noch nicht selbst erfunden hat. Weil dem Kind nicht klar ist, daß die Mumie einmal gelebt hat, weil sie sie nicht lebendig gekannt hat, mißbraucht es diese Mumie, diesen Apparat, es sieht dahinter nichts, er ist für es toter als tot. Schließlich zerstört ihn das Kind, denn seine Seele lechzt nach Leben, und es sucht nach einer Möglichkeit, selbst von Beginn an seine eigene Kultur aufzubauen; deshalb kampiert es und sucht das Abenteuer in der Wildnis. *So gelangt jede Zivilisation durch den natürlichen Widerstand der letzten Generationen an ihr Ende.*

Das kausale Denken ist daher ein Jonglieren des Gehirns mit Begriffen und Wörtern, deren Herkunft aus einer anderen Ebene es nicht erkennt. Es ist eine Notmaßnahme der eingeschlossenen, auf sich selbst zurückgeworfenen Seele. Weil ihr die lebendige Nahrung der direkten Erfahrung entzogen wird, behilft sie sich mit Konserven. Die verhärteten Begriffe und die Konventionen bezüglich ihrer Bedeutung bleiben jedoch schon im nächsten Augenblick hinter der lebendigen Wahrheit zurück, wenn diese in die geöffnete Seele eintritt. Man wandelt daher im Denken und in der Wissenschaft im Museum der Vergangenheit, wogegen sich die wenigen offenen Seelen, diejenigen der Künstler, ständig zur Wehr setzen. Durch diese Rückständigkeit wird das menschliche Leben und Denken gehemmt oder sogar gelähmt, wie es bei jeder Kultur in ihrer Endphase zu beobachten ist, wofür unsere westliche Kultur das beste Beispiel ist. Die Wissenschaft trägt erstarrte Lehren und Denksysteme weiter, die Kirche erstarrte Dogmen; dementsprechend ist die Erziehung mit den sich daraus ergebenden gesellschaftlichen Umgangsformen, den sogenannten guten Manieren, die den letzten Lebensfunken der Seele zum Erlöschen bringen. Diese Erkenntnis treibt junge Menschen zur Verzweiflung und in den Selbstmord. – Erstarrte Offenbarung ist zum rationalen Begriff geworden.

KAUSALES BEGRÜNDEN

Das kausale Denken versucht, sich aus dem Bankrott der lebendigen Seele zu retten, indem es die wahrgenommenen Erscheinungen verstandesmäßig begründet. Weil es den Zusammenhang nicht mehr sieht, schafft es selbst einen Zusammenhang. Man versucht nicht mehr, die Wirklichkeit zu ergründen oder zu begreifen, sondern nur zur eigenen Befriedigung zu *erklären.* Man geht von der Vorstellung aus, daß jede Erscheinung eine Ur-sache haben muß; woher dann die allererste Ursache kam, damit beschäftigt man sich lieber nicht. Das gehört zu den Dingen, für die man keine Schublade und keine Erklärung hat, und die man daher mit dem Kommentar: »Das weiß man noch nicht«, beiseite schiebt. Das Sprichwort der Römer *post hoc, non propter hoc* mißachtend, erklärt man etwas, das der Erscheinung voranging, zur Ursache, obwohl es auch etwas anderes hätte sein können, und ist zufrieden. Kinder werden mit der Ermahnung erzogen: Das kommt davon! Wer ungehorsam ist, bricht durch das Eis! Wer einen Grippekranken besucht, wird selber krank! Der Journalist, der eine Kritik über die Ausstellung eines neuen Malers schreibt, muß sagen: Er kommt aus der Schule von ..., und wenn der Maler dies zurückweist, weil er die Kunst aus sich selbst hat, muß er doch wenigstens unter dem Einfluß von... gestanden haben, und notfalls war er sich eben dessen selbst nicht bewußt. Bei jeder Krankheitswelle, die die Bevölkerung heimsucht, sucht die Wissenschaft eifrig nach dem Erreger. Die Zeitung fühlt sich verpflichtet, die Öffentlichkeit über die Ursache des Brandes zu unterrichten, die Ursache des Bankrotts, der Unzufriedenheit eines Bevölkerungsteils und worüber auch immer, und wenn man nur jemanden oder etwas als Ursache benannt hat, ist das Volk zufrieden. Alles Unbehagen kann auf diesen Sündenbock abgeladen werden, und alle Aggressionen richten sich auf ihn. Es ist die Hexe, der Bazillus, die Juden, Hitler. Der Wetterbericht sagt: Es kommt von diesem Tief oder von jenem Hoch – aber woher kommt dann das Tief? Nach einer gewissen Zeit zeigt jemand, daß es doch nicht an der vermeintlichen Ursache liegt – dann findet man eben eine neue! Was müht die Wissenschaft sich doch ab! Immer wieder Millionen für die Ursachenforschung – damit man die Wahrheit, die im Grunde jeder kennt, nicht sehen muß. So wurde diese gegenseitige Täuschung jahrhundertelang aufrechterhalten, nur damit man im zweidimensionalen Bereich der konkreten Erscheinungen bleiben konnte. So hat man diesen ebenen Bereich mit sogenannten Kausalitätslinien durchzogen. So stammen also die Menschen von den Affen ab, weil diese zuerst da waren. Wir erben unsere Eigenschaften von unseren Eltern und Vorfahren, weil diese zuerst da waren. Die Wissenschaft baut ihren Fortschritt auf die Entdeckungen ihrer Vorgänger auf, weil diese zuerst da waren. Wenn dann ein Erfinder, Künstler oder Prophet mit etwas so völlig Anderem und Neuem auftritt, daß die gängigen Kategorien versagen, dann wird er erst verspottet und verhöhnt, und wenn sich dann sein Erfolg nicht mehr aufhalten läßt, bekommt er später einen Orden umgehängt. In der Moral lautet die Ursachenreihe: Erbsünde – das aus der Veranlagung verübte Böse – Reue – Strafe, Buße oder Vergebung; oder: Gute Tat – Erfüllung und Belohnung. Wenn das Kind weint, muß es Schmerzen oder Kummer haben, und man redet so lange auf es ein, bis es einen Grund nennt. Das Kind weiß es zwar besser, weil es einfach so weint, aber durch die fortwährende Dressur wird ihm das kausale Begründen schließlich doch eingeimpft. Jegliches Tun wird entweder auf die Vergangenheit (die Ursache) oder auf die Zukunft, das Ziel bezogen.

Statt der kausalen Betrachtungsweise, bei der man das Motiv in der Vergangenheit sucht [ich habe es deswegen (Ursache außerhalb meiner selbst) oder darum (bewußte Willensentscheidung) getan], sagt man, daß man sich final auf die Zukunft richtet: Ich tue es zu diesem oder jenem Zweck. Kausal wie final bleibt man jedoch innerhalb jener einen Zeitgeraden, die durch die Ebene der Konkretion hindurchgeht. Solches Denken ist also *linear.*

Manchmal bemerkt man allerdings, daß sich mehrere Kausallinien in einer Tatsache schneiden. Bei der Erklärung einer Erscheinung bieten dann all diejenigen, die eine dieser Linien zu ihrem Spezialgebiet gemacht haben, ihre Ursachen an.

Ein Beispiel:

Erscheinung: Ein Kind hat Asthma. Der Arzt: Es hat eine Allergie gegen Katzenhaare oder Blütenpollen oder ... (die Ursache wird auf der stofflichen Ebene gesucht). Wenn dort keine Ursache zu finden ist, sucht man auf einer anderen Ebene. Geht man zum Magnetiseur, erfährt man: Das Kind hat zu wenig Lebenskraft (sucht die Ursache im Lebensleib). Der Psychologe sagt: Die Ursache ist psychischer Art, dem Kind wird zu viel verboten, und man ängstigt es mit Strafdrohungen. Wenn der Sozialarbeiter kommt, sagt er: Das Haus ist zu klein, das Kind braucht mehr Lebensraum (Ursache sind die Umstände). Der Pfarrer sagt: Es ist eine Prüfung Gottes, die das Kind tapfer durchstehen muß (finalistisch). Die theosophische Erkenntnis lehrt: Es ist Karma, die Ursache liegt im vorigen Leben, damals hat diese Seele andere in die Enge getrieben, jetzt muß sie selbst Beklemmung erleiden. Der Christian Scientist wiederum meint: Das Kind bekommt Asthma, um zu erfahren, daß es ein Wahn ist, und damit es sein Bewußtsein zum Geist erhebt, wo es sieht, daß es die Krankheit nicht gibt.

So fällt jeder sein Urteil aus dem Zusammenhang der Dinge. Durch falsche Denkdressur zu der Überzeugung gelangt, daß es nur eine Ursache geben kann, erklärt jeder seine Ursache zu der einzig richtigen und läßt die anderen Auffassungen nicht gelten.

Solches Denken umkreist also eine Erscheinung, erklärt ihr Auftreten aus späteren oder früheren Ereignissen auf derselben Zeitgeraden und gibt sich mit dieser Begründung zufrieden. Wer sich mit einer solchen Auffassung mit der Astrologie befaßt, kann sie unmöglich verstehen und mißbraucht und verzerrt sie. Dies ist die Denkweise der zweiten Phase, des Grundschulalters, des niedrigeren Verstandes, die für das Studium der Astrologie völlig unzureichend ist. Man muß sich hiervon völlig freimachen, bevor man sich mit der Astrologie beschäftigt!

WAS IST ASTROLOGISCHES DENKEN?

Das astrologische Denken beschränkt sich nicht auf die Ebene der konkreten Tatsachen. Es befaßt sich mit der Vorgeschichte dieser Tatsache, die nicht nur in der Fläche und in der Zeitgerade zu suchen ist, sondern auch unterhalb und oberhalb dieser Ebene der Gerinnung in der stofflichen Form, im Raum. Wir können daher auch von *kosmischem Denken* sprechen. Dieses hat also mit dem kausalen Flächendenken nichts gemein und läßt sich damit auch nicht vergleichen.

Das kosmische Denken ist *rund,* es sieht eine Tatsache von einem Zusammenhang von Faktoren umgeben, die jedoch keine Ursachen sind. Es sieht alles in einem großen Zusammenhang, gleichsam als räumliches Puzzle, in dem alles ineinander paßt und mit allem verbunden ist. Es kann etwas über den geschauten Zusammenhang aussagen, aber ohne Ableitungen, ohne Begründungen und ohne Motivsuche. Es sieht eine Tatsache als den Mittelpunkt einer orangenähnlichen Form und kann von jedem der Teile etwas mitteilen, die alle gleichzeitig vorhanden sind, ohne einen Unterschied der kausalen Wertigkeit. So steht das asthmatische Kind des Beispiels inmitten des beschriebenen Zusammenhangs, und alle die Faktoren auf den verschiedenen Ebenen, die als Ursache angeführt wurden, sind zueinander analoge Erscheinungsformen des einen Wesentlichen, das im Körper die Form des Asthmas annahm. Mit diesem einen Wesentlichen beschäftigt sich nun das kosmische oder astrologische Denken. Das Wesentliche ist das *kosmische Muster* im Äther, eine Konfiguration von aus Schwingungen bestehenden Kraftlinien, die das sich ständig ändernde Muster zustandebringen, das sich gleichzeitig und in gleichwertigen analogen Formen auf jeder denkbaren Ebene der Verwirklichung zeigt, im Großen und im Kleinen, in allen Bereichen der Natur und allen Formen der Kultur, in der

Welt, in einer Gruppe und im Einzelnen. So hat sich z.B. jenes kosmische Muster der Beengtheit im Leib des asthmatischen Kindes als Verkrampfung der Luftröhre, im Lebensleib als geschrumpftes Magnetfeld, in der Seele als Angst, in den Umständen als die zu kleine Wohnung, im sozialen Zusammenhang als die zu strenge Erziehung, ideologisch als der Druck des Begriffs der Erbsünde eingeprägt und ausgedrückt. Astrologisch kann man diesen ganzen Komplex von Faktoren in allen Segmenten und auf allen Ebenen mit einem Wort bezeichnen: Saturn. Dieser Name bezeichnet das *Wesen.*

Wir nennen es so, weil wir wissen, daß dieses Schwingungsmuster von demjenigen Himmelskörper ausgesandt wird, den wir Saturn nennen. Aber auch wenn jemand eines Tages nachweisen würde, daß dieses Muster von einem anderen Planeten oder Stern stammt, dann würde dieses Muster doch als geschaute Wirklichkeit bestehen bleiben. Der wahre Astrologe ist nicht bloß ein sorgfältiger Rechner, der sich auf Zahlenwerte und die Erfahrung vieler Jahrhunderte stützt, sondern ein Künstler, der aufnahmebereit in einen Umwandlungsprozeß blickt und die vielfachen Gestaltveränderungen und Formbildungen eines ätherischen Musters erkundet. Gerade wegen der Vielfalt der möglichen Formen wird er selten konkrete Vorhersagen machen, denn es könnte doch immer eine andere Erscheinungsform entstehen als diejenige, die er in seinem Erfahrungsschatz hat.

Das eine Muster kann sich auf allen Verdichtungsebenen und auf allen Gebieten gleichzeitig als Form manifestieren, jedoch können manche dieser Formgeburten auf so großen Widerstand stoßen, daß auf diesen Ebenen keine Form erscheinen kann. So kann bei einem bestimmten Seelenzustand die zugehörige körperliche Erscheinung manchmal für uns unsichtbar bleiben, oder das analoge Ereignis in den Umständen tritt nicht ein. So kann unter dem Einfluß einer Sonne-Saturn-Konjunktion jemand seinen Vater verlieren, in eine verantwortungsvolle Position aufrücken, einen Herzanfall bekommen oder düstere Gedanken haben: Analoge Formen dieses Aspektes auf unterschiedlichen Ebenen und Gebieten. Das kausale Denken folgert daraus: Der Tod seines Vaters geht ihm so nahe, daß er davon einen Herzanfall bekommt, und es ist ihm bange davor, die verantwortungsvolle

Position seines Vaters zu übernehmen. Damit hat man eine lineare Beziehung vorgeblicher Kausalität *hergestellt.* Es hätte aber auch ebensogut eines dieser Ereignisse fehlen können. Sie sind gleichzeitig aus den Mustern geboren, nebeneinander und unabhängig voneinander, wie die Orangenspalten rings um das Muster.

Jede psychische, körperliche, soziale oder andere konkrete Tatsache wird aus dem kosmischen Raum durch Verdichtung geboren, und ab einem gewissen Grad von Verdichtung wird diese Form für uns Menschen wahrnehmbar. Der Hellsichtige nimmt sie bereits im Äther wahr und kann deshalb etwas sehen, was erst später stoffliche Form annimmt, d.h. eine zukünftige Tatsache. Er kann aber auch eine Tatsache in der Vergangenheit sehen, d.h. deren ätherisches Muster. *Im Äther gibt es keine Zeit,* alles besteht gleichzeitig und ewig. Erst auf der Ebene von Zeit und Raum im menschlichen Verstandesbewußtsein wird es in diese Beschränkungen gezwungen; wir sehen also nur die Projektion des kosmischen Musters auf Raum und Zeit (dies ist auch der Grund, warum wir für die Erstellung eines irdischen Horoskops die zeitliche und räumliche Festlegung brauchen).

Das Beispiel der Abstammung des Menschen nimmt also im astrologischen Denken folgendes Aussehen an: Es gibt ein kosmisches Muster, das sich zunächst zu einem ätherischen, dann zu einem stofflichen Affen verdichtet. Der nicht-hellsichtige Mensch sieht diese stoffliche Form in einem gegebenen Augenblick in der Erdgeschichte erscheinen. Wenn diese Tierart ausstirbt, erscheinen ihre stofflichen Formen nicht mehr, während die ätherischen fortbestehen können. Dasselbe geschieht beim Tod eines einzelnen Affen. Ebenso gibt es ein kosmisches Muster des Menschen, das sich erst zu einer ätherischen Form verdichtet, die der Mensch auf der Erde zu Beginn des lemurischen Zeitalters war, und das ist er auch vor seiner Inkarnation und nach seinem Tod: Ein Schemen. Zu einer stofflichen Form verdichtet sich sein Muster in den neun Monaten seines Aufenthalts im Mutterleib. So hat sich der Mensch zu einem gewissen Zeitpunkt so stark verstofflicht, daß die Reste seiner damaligen stofflichen Gestalt bis heute erhalten geblieben sind. Zu diesem Zeitpunkt hat sich der Mensch also in vertikaler Richtung aus dem Äther in diesem Maße zum Stoff verdichtet und ist nachher für uns sichtbar auf der

Erde erschienen. Daß die Affen ebenfalls in dieser vertikalen Weise in den Stoff abgestiegen sind, ist eine Tatsache für sich, ohne irgendwelchen kausalen Zusammenhang.

Wenn, wie in dem anderen Beispiel, ein Kind weint, kann es sein, daß es gleichzeitig auch Kummer hat, jedoch kommen die beiden Erscheinungen im Körper und in der Seele nebeneinander, gleichzeitig und unabhängig voneinander als Verdichtungen eines kosmischen Musters zum Vorschein. Es besteht kein kausaler Zusammenhang: Das Kind weint nicht, weil es Kummer hat, und es hat auch keinen Kummer, weil es weint. Freilich können diese Formen einen gemeinsamen Ursprung im kosmischen Muster haben, das man aber nicht als die ins Kosmische verlegte Ursache betrachten darf! Denn auch wenn wir es nun für den Leser so darstellen, daß die Dinge längs einer vertikalen Linie aus dem feinstofflichen Gebiet kommen, verhält es sich doch nicht so: *Sie kommen nicht, sie sind schon da.* Wir projizieren die Angelegenheit auf die Zeit als Entgegenkommen gegenüber dem Leser, der es selbst noch nicht sieht.

Alle Formen sind immer vorhanden; es ist nur die Wahrnehmung des Menschen, die sich ändert.

Eine Wechselwirkung zwischen den analogen Erscheinungsformen auf den verschiedenen Ebenen, z.B. zwischen Seele und Leib, gibt es im Nachhinein, aber das eine geht nicht aus dem anderen hervor.

DIE WAHRHEIT IN DEN VERHÄLTNISSEN

Das vereinfachte Denken, das die eine Ebene der Wirklichkeit nicht verlassen will, glaubt, daß für alle Wechselfälle des menschlichen Lebens bestimmte astrologische Faktoren verantwortlich sind, die der Astrologe in einem Handbuch nachschlagen kann, z.B. für das Bestehen einer Prüfung, das Eingehen einer Ehe, die Geburt eines Kindes. Dies ist nur bedingt der Fall, und es handelt sich auch immer nur um Wahrscheinlichkeiten. So kann auch ein vom Computer erstelltes Vorhersagehoroskop, wie man es heute kaufen kann, nur Möglichkeiten andeuten und keine absoluten Sicherheiten geben. Je weiter sich die Ableitung der Tatsachen vom Muster entfernt, desto abhängiger wird man von den

Beschränkungen, die der größere Verdichtungsgrad mit sich bringt. Eine Mars-Uranus-Quadratur z.B. kann heute ein Flugzeugunglück bedeuten, aber nicht in der Zeit, in der es noch keine Flugzeuge gab; damals verwirklichte sich dieses Muster vielleicht in einem Blitzschlag.

Die wahre Astrologie, die sich nicht wie die Astromantie, die Wahrsagerei aus den Sternen, mit Tatsachenvorhersage oder -feststellung als wichtigster Anwendung beschäftigt, befaßt sich vor allem mit dem Muster im Vorprozeß und sieht dann, daß Tatsachen, die ihrer Form nach gleich sind, sehr unterschiedliche Hintergründe haben können, und daß eine Tat aus sehr unterschiedlichen Motiven ausgeführt werden kann.

In einem Horoskop ist daher auch deutlich das eine Examen, die eine Heirat oder die andere Tatsache nicht gleich dem anderen Examen oder der anderen Heirat: Das Horoskop zeigt die *Wahrheit* hinter den Tatsachen, die Gesinnung, aus der eine Tat begangen wird oder in der ein Geschehnis erlebt wird. So hat etwa eine Heirat, wenn es eine Verbindung aus Liebe ist, den Venusfaktor, und wenn die Gründung einer Familie das Hauptmotiv ist, Jupiter als wichtigstes Element; wenn es eine mehr geschäftlich sinnvolle Verbindung ist, dann kann dies nur im siebten Haus sichtbar sein; wenn die Sexualität im Vordergrund steht, dann ist es Mars, und wenn es um das Versorgtsein geht, der Mond.

Im Vorprozeß liegt die Wahrheit und die Unterschiedlichkeit ihrer Ausprägung begründet. So zeigt z.B. ein bedeutsames Horoskopelement im vierten Haus die Atmosphäre im Elternhaus an, die Art des Elternteils, der die Sphäre hauptsächlich bestimmt, und wie das Kind, dessen Struktur im Horoskop sichtbar wird, diesen Elternteil erlebt. Bei drei Kindern desselben Elternpaars, die in derselben häuslichen Atmosphäre aufwachsen, können so unterschiedliche Verhältnisse zwischen ihrer eigenen Charakterstruktur und derjenigen ihrer Eltern vorliegen, daß die Eltern in ihren drei Leben eine ganz unterschiedliche Rolle spielen. Dann haben die Kinder in ihren Horoskopen *drei* unterschiedliche vierte Häuser, auch wenn der Bekanntenkreis nur *eine* häusliche Atmosphäre sieht.

In den subjektiven Verhältnissen und Erfahrungen liegt die Wahrheit für den Menschen. Eine objektive Wahrheit gibt es auf der Ebene des verstandesmäßigen Interpretierens nicht, nur im Schauen des Wesens.

Nehmen wir an, daß der Familienvater ein Jupiter-Typ ist und auch als Jupiter in allen vierten Häusern der drei Kinder steht. Dann wird seine Bedeutung für alle drei doch in dem Maße unterschiedlich sein, wie die Aspekte Jupiters auf die Kinder unterschiedlich sind, d.h. wie sie Jupiter erfahren und in welcher Beziehung sie zu ihm stehen. Der Vater ist also fröhlich und großzügig, sorglos und gutmütig. Das eine Kind wird später sagen: Der Vater hat meine Kindheit fröhlich gemacht! Das andere sagt: Mein Vater war nicht streng genug, deshalb habe ich in der Schule nichts geleistet und bin ein gesellschaftlicher Versager. Das dritte schließlich sagt: Mein Vater gab das Geld für Feste und Luxus aus und ließ meine Mutter mit den Sorgen allein; deshalb bin ich so knauserig geworden.

Jeder erlebt Jupiter in seiner eigenen Weise entsprechend der Stellung Jupiters in seinem eigenen Horoskop. Objektiv kann man Jupiters Wesen nicht auf der interpretierenden Ebene erfahren, die nur eine Projektion liefern kann. Sein Wesen an sich erleben kann man nur in dem Raum darüber.

Astrologe sein bedeutet nicht, die kosmischen Kräfte niederzuziehen und ihr Wesen nach angenommenen Normen auf die Ebene der Beurteilung und Bewertung zu projizieren, wodurch nur eine Karikatur entsteht, sondern sich von den menschlichen Interpretationen zu lösen und sich über sie zu erheben, um in den darüberliegenden Raum eingeweiht zu werden, in den Vorprozeß, auf dem Berg der Götter.

Der Mensch, der die Wirklichkeit von seiner menschlichen Seelenebene aus betrachtet, verstandesmäßig begründend, fühlend und strebend, erlebt die Wesenheiten, die Kugelgestalt haben, in der Projektion auf seine Betrachtungsfläche als Kreise. Er darf sich nur nicht dem Wahn hingeben, daß es nur Kreise gäbe!

Er ist wie der Schalterbeamte, der im Bahnhof hinter seinem Fensterchen Fahrscheine verkauft; vor seinem Schalter kann immer nur ein Reisender stehen, weshalb er von der Warteschlange immer nur ein Gesicht sieht, obwohl die ganze Halle voller Reisender ist. Die Wirklichkeit zeigt sich ihm als eine Reihe aufeinanderfolgender Tatsachen. Wer aber in der Halle steht, sieht alle Reisenden zugleich. Wer über der Halle ist, sieht die Art des ganzen Betriebs. In der Beschränkung von Raum und Zeit sehen wir die Tatsachen nacheinander aufgereiht (dies ist die Geschichte) und nebeneinander projiziert (über die Erdkugel verteilt) in ihren unterschiedlichen Erscheinungsformen.

Der wahre Astrologe erlebt auch deren Wesen, das nicht nur besteht, bevor es ein ätherisches Muster und danach eine konkrete Tatsache wird, sondern auch der Kern der Erscheinungsform bleibt. Das Wesen *ist.*

Die Astrologie kennt daher keinen festen Code, der in konkrete Tatsachen übersetzbar wäre. Sie arbeitet mit *Beziehungen,* wie aus dem Beispiel des Jupiter-Vaters hervorgeht. Ein anderes Beispiel:

In London wurden einst in derselben Minute ein Kronprinz (der spätere König Georg II.) und der Sohn eines Taglöhners (Samuel Hennings) geboren. Man hat die wichtigsten Daten aus beider Leben aufgezeichnet. Als der Kronprinz seinem Vater nachfolgte, gründete Samuel sein eigenes Unternehmen. Beide heirateten am selben Tag und bekamen zum selben Zeitpunkt Kinder desselben Geschlechts. Sie starben schließlich auch in derselben Stunde.

Das Muster muß sich mit den in der konkreten Welt bestehenden Möglichkeiten bescheiden, um darin Form anzunehmen. Die Formen, die dasselbe Muster oder dieselbe Struktur annimmt, sind aber zueinander analog.

Astrologisches Denken abstrahiert die Erscheinungsformen, bis der Kern, das Wesen übrigbleibt. Durch Induktion findet man die eine Struktur in den vielen analogen Tatsachen. Danach wendet man die geschaute Wahrheit an und geht deduzierend den Weg zurück, indem man aus dem Muster die zu erwartenden Erscheinungsformen entsprechend den Möglichkeiten ableitet.

Ein Astrologiebuch wie dieses kann niemals aus Folgerungen und Beweisführungen der Art bestehen, daß jede Aussage aus der vorigen abgeleitet wird. Es kann von der kugeligen Wirklichkeit nur selbständige Teile beleuchten, von der Form zum Wesen und zurück vom Wesen zur Form führen. Dabei sind Wiederholungen unvermeidlich. Denn alles ist in allem.

WIE OBEN, SO UNTEN

Der uralte Satz: *Wie oben, so unten* besagt, daß unsere Welt aus Analogien aufgebaut ist, d.h. verschiedenen Schichten in aufeinanderfolgenden Verdichtungsgraden, vom feinsten Geisteslicht zum konkreten, groben Stoff und vielleicht sogar bis zur Unterwelt des nachgemachten Stoffs, zur Plastikwelt, worin sich stets dasselbe Urmuster ausdrückt.

Dieses Muster ist das Bild Gottes, nach dem alles geschaffen ist, das kosmische Schema, das in Veränderung und Bewegung wirkend fortdauert. Als Urform ergibt sich diese: Ein kraftgeladener Mittelpunkt sendet Kraftkerne, Teile seiner selbst mit zentrifugaler Kraft in den Raum aus. Diesen Prozeß nennen wir *Schöpfung*. Den Mittelpunkt kann man Gott nennen. Sowohl die Sonne eines Sonnensystems als auch der Mittelpunkt des Atoms, das Proton, haben diese Eigenschaft. Das ausgesandte Teilchen verliert an Geschwindkeit, bis es in einer gewissen Entfernung von seinem Ausgangspunkt in eine Bahn um den Punkt übergeht; dies gilt für den Planeten, der die Sonne, wie für das Elektron, das das Proton umkreist. Gleichzeitig wirkt vom Mittelpunkt aus auch eine Kraft in entgegengesetzter Richtung: Eine zentripetale Kraft, die nach einiger Zeit die ausgesandten Teilchen wieder an sich zieht, bis sie sich wieder mit dem Mittelpunkt vereinigt haben. Diesen Prozeß nennen wir *Erlösung*.

Während des Schöpfungsprozesses verdichtet sich das ausgesandte Teilchen, es wird stofflicher. Bei der Erlösung verfeinert sich das Teilchen, es wird geistiger. So pendelt jedes Geschöpf zwischen Nichtsein und Dasein hin und her. Das Wesen bekleidet sich allmählich mit einer Form, und nachdem es einige Zeit in dieser Form gewirkt hat, entledigt es sich ihrer wieder. Jede Form besteht aus *Schichten*.

Wie entsteht und vergeht z.B. ein Mensch? Sein Wesen ist ein Geistesfunken, den der große Geist Gottes ausstößt. In einiger Entfernung von seinem Ursprung kühlt er am Umfang ab, so daß sich eine festere Lage oder Schale bildet, die wir *Seele* nennen. In noch größerer Entfernung verhärtet sich deren Umfang zu einer weiteren Schale, die wir *Leib* nennen. Nun hat sich der Geistesfunke zu einem Geschöpf geformt, das wir *Mensch* nennen. Der Geist hat sich im Stoff inkarniert. In einem gewissen Abstand umkreist er nun seinen Ursprung: »Unser Herz ist unruhig in uns, bis es Ruhe findet in Dir, oh Gott!« Nach einer gewissen Zeit legt der Mensch seine äußere Schale ab: Der Leib stirbt, er läßt Seele und Geist los, die zu ihrem Ursprung zurückkehren. Die stoffliche Form ent-bindet sich in ihre Urbestandteile: die lebendigen Zellkerne, die sich von einer Seele ergreifen lassen, die noch damit beschäftigt ist, einen stofflichen Leib aufzubauen. Das letzte Ziel ist allerdings, daß der Leib mit zurückkehrt, indem er sich in kurzer Zeit völlig auflöst, so daß nichts Stoffliches zurückbleibt, auch keine Zellkerne. Die Seele lebt in ihrem ätherischen Zustand noch eine Weile als Kleid des Geistes fort, bis auch sie sich auflöst. Der übrigbleibende Geistesfunke vereinigt sich mit dem großen Geist, der ihn einst ausgesandt hat.

Analog hierzu geschieht das Werden und Vergehen eines Sonnensystems; es läuft nach demselben Schema ab. Die Sonne sendet Teile ihrer selbst aus, die auf ihrem Wege abkühlen und sich eine Seele und einen stofflichen Leib schaffen. Dann umkreisen sie einige Zeit in einer festen Bahn als Planeten ihre Sonne. Nachdem sie eine bestimmte Aufgabe erfüllt haben, löst sich ihr Leib auf, der ätherische Teil oder die Seele wird mit dem Geistesfunken zum ursprünglichen Mittelpunkt zurückgegeben, löst sich unterwegs auf, und die ganze geistige Wesenheit aus Körper, Seele und Geist wird in die Sonne zurückgenommen.

Alles, was wir kennen, gehorcht diesem Schema der unaufhörlichen Schöpfung und Erlösung. Jedes Geschöpf, das aus den drei Schichten Geist, Seele und Leib besteht, wirkt an diesem ehrwürdigen Prozeß mit. Dieses Hin und Wider, Ein und Aus, diese pulsierende Bewegung bringt alles Leben, Bewegen und Geschehen auf einem Planeten wie unserer Erde zustande. Mit diesem Leben bekleidet sich der nackte Geist, die Gottheit.

So läßt Goethe den Erdgeist sagen:

> In Lebensfluten, im Tatensturm,
> wall ich auf und ab,
> webe hin und her!

Geburt und Grab,
ein ewiges Meer [...]
So schaff ich am sausenden Webstuhl der Zeit
und wirke der Gottheit lebendiges Kleid.

Die Sonne ist das große Herz, und der nach diesem Vorbild geschaffene Mensch vollzieht sein Leben lang denselben Prozeß in seinem Blutkreislauf, der von seinem pochenden Herzen angetrieben wird, in dem der Geist webt und wirkt. Der arterielle Blutstrom ist die Schöpfung, der venöse die Erlösung. Unsere Sonne ist vielleicht selbst wiederum ein Planet in einem größeren Sonnensystem und umkreist mit ihrem eigenen System eine noch geistigere Sonne.

Für die Praxis unseres Menschenlebens können wir uns vorläufig damit begnügen, etwas von unserem eigenen Sonnensystem zu verstehen. Darin ist die Sonne der uranfängliche, schöpfende Mittelpunkt, den die Menschen auf dem Planeten Erde den Allmächtigen Gott nennen.

Das Geistwesen der Sonne hat sich ebenfalls am äußeren Rand zu einer Seele verdichtet, und dessen äußerer Rand ist ebenfalls zu einem Körper geworden, von dem wir ein Bild wahrnehmen, das unsere Atmosphäre auffängt. Sehr alte Völker wie z.B. die Indianer haben sich immer *Kinder der Sonne* genannt. Im christlichen Bereich spricht man von *Kindern Gottes.* Das geistige Wesen der Sonne entspricht dem Geistesfunken im Menschen, ihre Seele der menschlichen Seele, so daß der Mensch das Gefühl hat, daß Gott ihn in seiner Seelennot versteht, und der Leib der Sonne schenkt unserem Leib die Lebenskraft.

Ein Materialist, d.h. jemand, der sich mit seinem Leib identifiziert, erlebt von der Sonne natürlich nur ihren Körper, und er betrachtet die Sonne nur als Spenderin der Lebenskraft.

Der Mensch, der sich seiner Seele bewußt ist und sich damit identifiziert, erlebt die Seele der Sonne als ein persönliches Überwesen. Der Mensch, der sich seines eigenen Geistes bewußt ist und aus ihm lebt, erlebt sich als einen Teil Gottes, des großen unpersönlichen Sonnengeistes.

So hängt die Art, wie der Mensch Gott oder die Sonne erfährt, nur von der Bewußtseinsphase ab, in der er sich selbst befindet.

Somit greift die Sonne im Menschen auf drei Ebenen zugleich an: In seinem Geist als Geistesfunken, in seiner Seele als das menschliche Ich, und in seinem Körper als Körper-Ich.

Die Formen wie die Prozesse auf den verschiedenen Ebenen sind zueinander in der Weise analog, daß die niedrigere Ebene ein Bild der höheren enthält. Hierauf beruht die alte wie die moderne Psychosomatik: Die Prozesse in der Seele (Psyche) laufen parallel zu denjenigen im Körper (Soma) ab. Das Muster des Körpers folgt demjenigen der Seele nach, so daß wir an der Form des körperlichen Leidens den Zustand der Seele ablesen können.

Parallel zu den Prozessen in Seele und Körper des Menschen verlaufen wiederum die Prozesse auf einer nachfolgenden Ebene, derjenigen der *Umstände*. Diese Ebene ist der nach außen umgeschlagene Rand des menschlichen Ich. Auch diese Umstände bilden eine Analogie, ein Sinnbild der Seele und des Körpers, und der Kundige kann hieran manches ablesen.

Wie oben, so unten bedeutet also: Was die Sonne und ihre Planeten tun und was ihnen zustößt, wiederholt sich auf jeder Verdichtungsebene und spiegelt sich daher im Menschen auf den zueinander parallelen Ebenen seiner Seele, seines Körpers und seiner Umstände.

Wenn wir mit Hilfe der Sternkunde die Geschehnisse im Kosmos kennen, dann können wir nach diesem Gesetz die Geschehnisse auf der Erde, in allen Naturbereichen und im Menschen und seiner Welt ableiten.

Umgekehrt können wir aber nach dem Grundsatz *wie oben, so unten* auch aus den Geschehnissen auf der Erde diejenigen im Kosmos ableiten. Dann kennen wir die kosmischen Kräfte und ihr Verhältnis zueinander, die die Tatsachen zustande gebracht haben müssen.

Auf diesem Gesetz der Analogien beruht die ganze Astrologie. Alles, was der Mensch aus seiner Freiheit des Handelns tut, ist wiederum die Verwirklichung des ihm gegebenen Musters – etwas anderes steht ihm nicht zur Verfügung. Man erzeugt also nur immer wieder Analogien.

Das kosmische Muster, das aus der Sonne und den Planeten besteht, die sie um sich geschart hat und die ihren Willen ausführen, spiegelt sich zum Beispiel in der menschlichen Gesellschaft:

Der Fürst, der Präsident oder der Bundeskanzler ist der Vertreter der Sonne, und jeder der Minister repräsentiert einen Planeten.

Ein Mensch inmitten seines Beziehungsgefüges bildet darin ab, wie die Sonne und die Planeten in seinem Horoskop stehen. Darum sagt man auch, nach rückwärts lesend: Zeige mir deine Freunde, und ich sage dir, wer du bist. Im Körper des Menschen zeigt sich sein Horoskopmuster in jedem einzelnen Teil. Deshalb kann man seinen Charakter wie auch seine Umgebung aus seinem Körperbau, insbesondere seiner Schädelform, seinem Gesicht, seinen Handlinien, seinen Fußlinien, seinen Blutstropfen ablesen.

Daher haben auch die Muster der von Menschen hergestellten Dinge immer ihr Gegenstück in der Natur. Die Motive in den geklöppelten Hauben der Bäuerinnen findet man z.B. auch in den Formen mikroskopisch kleiner Meerestiere und -pflanzen. Damit ist der Mensch unbewußt immer nur Nachahmer.

Deshalb heißt es auch: Es gibt nichts Neues unter der Sonne. Mit all unserem Konstruieren kommen wir Menschen nicht über die Muster hinaus, die unserem Sonnensystem schon eingeschaffen sind.

Kunst ist die unbewußte Neuschöpfung der kosmischen Muster in verschiedenen Materialien. In einem Knopf oder einer Brosche aus Seeland sieht man z.B. in der Mitte eine Kugel, die von ihrem eigenen Strahlungsfeld umgeben ist. Im Umkreis sieht man viele kleinere Kugeln ebenfalls in einem eigenen Strahlungsfeld. Dadurch wird dargestellt: Der allmächtige Gott oder die Sonne mit den sie umgebenden Planeten; der Wille mit den ausführenden Kräften in der Menschenseele; das Herz mit den ihm untergeordneten Organen im Körper; der Fürst mit seinen Ministern im Staate.

Man kann sich das System von Sein und Werden, wovon wir Menschen ein Teil sind, als eine Reihe konzentrischer Kugeln vorstellen, von denen die innerste am feinsten und die äußerste am dichtesten ist. Die Sonne ist dann der Mittelpunkt, die Planeten bilden die ersten Kugeln, und ihre Kräfte durchstrahlen alle Kugeln, auf jeder Kugel (jedem Naturreich) eine Form schaffend als Ausdruck ihres eigenen unveränderlichen Wesens. Alle diese Formen sind daher zueinander analog und immer als ein Ausdruck dieses Planeten zu erkennen. So hat z.B. jeder Faktor in der Menschenseele ein entsprechendes Organ im Körper, und hierzu paßt eine bestimmte Tierart, eine bestimmte Pflanzenart und ein bestimmtes Mineral. So kann man erkennen, welches Heilkraut und welcher Edelstein einem geschwächten Körperorgan die Kraft eines bestimmten Planeten zuführen kann.

So wie das weiße Licht sich in den Farben des Regenbogens bricht, so drückt sich die Sonne in ihren verschiedenen Planeten aus. Man benennt daher auch die planetarischen Kraftstrahlen, die durch alle Reiche hindurchgehen, nach diesen Farben. Jeder Planet drückt sich in seiner eigenen Farbe aus. So viele Farben der Mensch im Regenbogen unterscheiden kann, auf so viele Planetenstrahlen ist er eingestimmt. In den aufeinanderfolgenden Epochen der menschlichen Entwicklung wird diese Anzahl größer, beim Verfall des Menschen kleiner.

Die Astrologie lehrt den Menschen, das Wesen eines jeden Planeten zu erfassen, so daß man alle seine analogen Ausdrucksformen in den verschiedenen Reichen selbst erkennen kann.

Der Prozeß der Verdichtung und Verfeinerung, der Schöpfung und Erlösung geht immer weiter. Unaufhörlich sendet der Sonnengeist Geistesfunken aus, die sich mit einer Seele bekleiden, dann mit einem Körper, dann mit einer Umgebung, und ebenso unaufhörlich legen diese Geistesfunken ihre verschiedenen Umhüllungen in der umgekehrten Reihenfolge wieder ab. Geburt und Tod, Flut und Ebbe, in allen Phasen gleichzeitig nebeneinander.

Ein Beispiel für diesen Prozeß sehen wir in der Atmung, im Großen wie im Kleinen.

DIE KOSMISCHE ATMUNG

Wenn die Sonne ihre Lebenskraft ausatmet, dann atmen ihre Kinder, die Planeten, d.h. also auch die Erde, diese Kraft ein. Wenn dann die Erde ausatmet, dann geschieht dies deshalb, weil die Sonne ihre Kraft wieder einsaugt, d.h. also einatmet. In einem Jahr atmet die Sonne bezüglich der Erde einmal ein und einmal aus, was in den Gebieten mit vier Jahreszeiten deutlich wahrnehmbar ist:

Vom Mittwinter bis Mittsommer atmet die Erde die Sonnenkraft ein, vom Mittsommer bis Mittwinter aus.

Am Tierkreis läßt sich der Rhythmus der kosmischen Atmung ablesen. Der Frühlingspunkt der Sonne (an dem sie von der Erde aus am Frühlingsanfang gesehen wird) bewegt sich rückwärts durch die zwölf Zeichen des Tierkreises, und zwar so, daß dieser Punkt in 2160 Jahren (d.h. Sonne-Erde-Atemzügen) ein Zeichen durchläuft. Die zwölf Zeichen durchläuft sie also in 25920 Jahres-Atemzügen. Einen solchen Umlauf des Frühlingspunktes durch den Tierkreis nennen wir *einen göttlichen Tag.*

Auch der Mensch atmet ein, was die Sonne ausatmet. Das beginnt beim ersten selbständigen Atemzug des neugeborenen Menschenkindes. Deshalb ist dieser Augenblick der Beginn seines irdischen Lebens und deshalb stellen wir das Horoskop für diesen Augenblick. Mit dem ersten Atemzug nimmt das Kind die Sonnenkraft in der Form der ganzen Konstellation – der Verhältnisse der Himmelskörper zueinander in diesem Augenblick – in sich auf. Beim ersten Atemzug des Menschen atmet die Sonne diesen Atem ein, bis der Mensch mit seinem letzten Atemzug den Geist aufgibt, d.h. zurückgibt.

Nun atmet der Mensch durchschnittlich achtzehnmal pro Minute, d.h. 2160mal in zwei Stunden. Da die Erde durch ihre Drehung in 24 Stunden einmal den ganzen Tierkreis durchläuft, bewegt sich in zwei Stunden, dem zwölften Teil eines Tages, ein Zeichen über einen bestimmten Punkt der Erde. Der Mensch atmet also 2160mal während eines Zeichens ein – wie der Frühlingspunkt der Sonne! In 24 Stunden, das sind zwölfmal zwei Stunden, atmet der Mensch in 25920 Atemzügen durch den ganzen Tierkreis hindurch.

Der Rhythmus des Teils (des Menschen) ist also dem Rhythmus des Ganzen (unseres Kosmos) gleich: Der eine Lebensrhythmus offenbart sich in zueinander analogen rhythmischen Prozessen.

Ein solches Erkunden von Entsprechungen auf verschiedenen Ebenen ist analogisches Denken, und man versteht nun, daß dieser Denkansatz in einigen Wissenschaftszweigen angewandt wird, die auf dem Erkennen von Analogien basieren, wie z.B. der Schädelkunde und Physiognomik, Iriskopie, Handlesekunde (Chirologie), Handschriftenkunde (Graphologie) usw. Für einige von ihnen gibt es heute schon Computerprogramme. So gibt es ein Gerät, das anhand eines soeben einem Menschen abgenommenen Blutstropfens für den gegebenen Augenblick, aber auch für einen beliebigen späteren Zeitpunkt den seelischen und körperlichen Zustand des Menschen ermittelt – so wie man diesen auch mit einem Progressivhoroskop ermitteln kann. Das sich ständig verändernde kosmische Muster, das den Menschen in allen seinen Schichten prägt, drückt sich analog in diesem Menschen (dem Ganzen) und seinem Blutstropfen (dem Teil) aus.

Wie oben, so unten – wie unten, so oben.

DER MENSCH

Der Mensch besteht also aus verschiedenen Verdichtungsebenen: Geist, Seele, Körper und Umstände. Der Geist ist im Gegensatz zu den übrigen Schichten den kosmischen Mustern nicht unterworfen. Der Geist kommt daher auch im Horoskop nicht zum Ausdruck. Je nach seiner Phase identifiziert sich ein Mensch mit einer dieser Schichten:

Der Mensch, der sich nur an anderen orientiert und von ihnen hören will, was und wie er etwas tun soll, identifiziert sich mit seiner *Umgebung;*
derjenige, der seinen Körper als sein Ich betrachtet, der sich z.B. durch körperliche Leistungen im Sport oder auf sexuellem Gebiet hervortun will, und der glaubt, daß mit dem Tod des Körpers alles zu Ende ist, identifiziert sich mit seinem *Körper;*
der Mensch, der hauptsächlich in seiner Seele lebt und seinen Körper als ein Werkzeug betrachtet, das ihm mitgegeben ist, und die Umgebung als sein Arbeitsgebiet, identifiziert sich mit seiner *Seele;*
der Mensch schließlich, der durch die Wiedergeburt erfahren und erlebt hat, daß er sein geistiges Ich ist, das in seiner Seele wohnt, um sich darin auszudrücken, identifiziert sich mit seinem *Geist.*

Neben der Schicht, mit der man sein Ich identifiziert, haben auch die anderen Schichten ein eigenes Ich, so daß der Mensch eine Wohngemeinschaft von Ichs verschiedener Rangebenen innerhalb einer Haut ist. Wenn also jemand *ich* sagt, kann er damit etwas von anderer Art und anderem Rang bezeichnen als ein anderer, der ebenfalls *ich* sagt.

Im folgenden wollen wir uns mit Menschen befassen, die sich mit ihrem Seelen-Ich identifizieren. Das sind die Menschen, die über Probleme nachdenken und ein Buch wie dieses lesen.

Ihre Probleme bezüglich der Astrologie und verwandter Wissenschaften entstehen dort, wo ihr gängiges Kausalitätsdenken mit dem analogischen Denken kollidiert. Diese Probleme sind dann Mißverständnisse infolge ihrer Neigung, die Aussagen des analogischen Denkens im kausalen Denkschema unterzubringen, was nicht möglich ist, weil das analogische Denken andersartig ist und außerdem das kausale Denken umfaßt, weil es alles umfaßt.

Man stellt Fragen wie: Ist der menschliche Wille frei? Gibt es Zufälle oder ist alles Gesetz? Widersprechen die Erbgesetze nicht der Schicksalsbestimmung durch die Sterne?

DER FREIE WILLE

Dies sind Fragen und Probleme aus dem zweidimensionalen Denken der Seele, dem verstandesmäßigen, logischen Begründen, das eine Linie in dieser Denkfläche bildet und alles negiert, was oberhalb oder unterhalb dieser Ebene liegt. Dieses Denken löst keine Probleme, höchstens durch Winkelzüge. Die Wahrheit liegt nämlich nicht auf der Ebene der Seele, sondern im Geist. Eine geistige Eingebung kann die Verstandesebene schneiden, hinterläßt aber von der Wahrheit, die eine Kugel im Raum ist, stets nur einen Kreis als Projektion der Kugel. Das Seelendenken besteht – bestenfalls – aus solchen Projektionen. Es ist ein vereinfachtes Denken.

Die geistige Weisheit der Sterne – Astrosophie – wird, auf das Seelendenken projiziert, zu einer Wissenschaft, einer Kunde – ...logie –, und dabei ist sie schon nicht mehr sie selbst. So kommen dann Aussagen zustande wie: Die Sterne machen geneigt, aber zwingen nicht. – Unsinn.

Ob man den menschlichen Willen frei nennen kann oder nicht, hängt von dem Standpunkt ab, von dem aus man den Willen betrachtet, vom Geist oder von der Seele aus. Vom Geist aus gesehen ist alles, was geschieht, vollkommen und in allen Teilen vorbestimmt. Dies zeigt sich ja u.a. an der Tatsache, daß Hellsichtige Ereignisse vorhersehen, die selbst dann, wenn man sie nach der Warnung verhindern will, genau so eintreten. Dabei zeigt sich dann häufig, daß der Versuch, sie zu verhindern, ihr Eintreten gerade begünstigt. Der Mensch tut alles dasjenige, was zu dem Muster gehört, das im Kosmos ätherisch als eine Figur von Kraftlinien vorhanden ist. Dieses Muster benutzt der Mensch, um sich im Stoff als Tatsache zu verwirklichen. Etwas anderes ist jedoch, wie dieser Mensch vom Seelen-Ich aus dieses Geschehen selbst erlebt oder erklärt. Dabei projiziert er dasjenige, was sich ereignet, auf seine verstandesmäßige Denkebene, und dies ist nur eine Karikatur der Wahrheit, die dadurch zur Lüge wird.

Das Seelen-Ich ist im Grunde der Statthalter des Geistes-Ichs für den seelischen Bereich. Meist aber will es die Rolle des Königs spielen und sagt sich daher: Ich bin frei in meiner Wahl und meinen Entscheidungen. Ich kann dies oder jenes tun. Ich überlege jetzt, was ich tun werde, und wäge die Vor- und Nachteile ab. Dann entscheide ich mich für dasjenige, was die meisten Vorteile verspricht. Diese Rolle maßt sich das Seelen-Ich an.

So geht es aber nicht. Wenn eine Entscheidung zwischen zwei Dingen getroffen werden muß, ist der eine Faktor schon stärker als der andere und setzt sich dann auch durch. Die Projektion dieses Stärkeren auf das Denken liefert dann die Vorstellung des Abwägens und Wählens. In Wirklichkeit hatte das Ich keine andere Wahl, das Ergebnis war schon vorbestimmt. Jedes Seelen-Ich, das ehrlich ist, muß dies bei näherer Betrachtung einsehen. Man weiß sehr wohl, daß man den Zwängen seines Charaktermusters nicht entgeht. Manchmal sagt jemand: Objektiv hast du recht, daß ich B tun muß. Aber ich kann es nicht, ich bringe es einfach nicht über mich, mein Charakter ist nicht so. Also tue ich wider besseres Wissen doch A. Die Charakterstruktur, d.h. also das kosmische Muster, bestimmt die Entscheidung. Das Ich zählt nicht, muß als Statthalter den Beschluß des Schicksals ausführen, tut aber, als ob es sein eigener Entschluß wäre.

DER ZUFALL

Ein Seelen-Ich sagt z.B.: »Ich traf ihn zufällig und nützte die Gelegenheit, um ...«. Dies ist die ichhafte Begründung eines vollkommen gesetzmäßigen Ereignisses: Die eigene Struktur zog die betreffende Person zu diesem Augenblick an, denn alles, was uns zu-fällt, haben wir selbst aus der Vielheit der Dinge angezogen.

Gerade im Zusammenhang damit, was man dem Betreffenden sagen wollte, zog man ihn an. Das macht man sich aber nicht bewußt, man glaubt lieber an den Zufall. Jemand fällt aus einem Fenster und landet auf einem Misthaufen, der den Aufprall dämpft, so daß er unverletzt davonkommt. Dann sagt man: Durch einen glücklichen Zufall entging er dem Tode. Dieser glückliche Zufall ist aber einfach ein Teil der Gesetzmäßigkeit, was jeder Astrologe schon vorher im Horoskop hätte sehen können: Jupiter im Zwölften verleiht Glück im Unglück oder einen glücklichen Ausgang eines Unfalls. Der sogenannte Zufall durchbricht einen gesetzmäßigen Ablauf nicht, er ist ein Teil davon.

Eine Niederkunft wird durch eine Spritze beschleunigt. Wird das Kind nun früher geboren als es eigentlich hätte sein sollen? Aber nein, dieses Kind *mußte* zu diesem frühen Zeitpunkt geboren werden, der Eingriff war vom Schicksal von vornherein eingeplant. Der Arzt, der die Spritze gab, führte das bereits vorhandene Muster des Schicksals aus. Der Zufall ist ein Teil der Gesetzmäßigkeit.

VORHERBESTIMMUNG

Wie verhält es sich nun mit dem Schicksal, der Vorherbestimmung? Es ist die Struktur der Ereignisse, die von den Schicksalsgöttinnen, Ausbildungen der kosmischen Kräfte, vorherbestimmt ist, nicht aus jemandes persönlicher Willkür, sondern gesetzmäßig.

Wie ein Mensch sich zu dieser Vorherbestimmung verhält, hängt von der Entwicklungsphase ab, in der er sich befindet. Ein primitiver Mensch, der noch kein Seelen-Ich entwickelt hat, bietet dem kosmischen Muster keine andere Ebene, auf der es sich verwirklichen könnte, als seine *Umstände* und seinen *Körper*. Ein solcher Mensch kann das Schicksal nicht anders erfahren als als etwas von außen Kommendes, als Umstände, an denen er nichts ändern kann, eine Krankheit, die ihn heimsucht.

Wenn aber der Mensch ein Seelen-Ich ausgebildet und auskristallisiert hat, versucht sein Schicksal, sich mittels dieses Ichs zu verwirklichen. Dann wirkt also das Horoskop als Seelenstruktur, wobei das Ich (die Sonne im Horoskop) auf der Bühne der Seele steht und dort mit den Seelenkräften (den Planetenkräften) in ihren Beziehungen zum Sonnen-Ich konfrontiert wird. Dann fängt das bewußte Seelenleben an, indem das Ich lernt, mit dem eigenen Charakter umzugehen. Nun offenbart sich das Schicksal im Charakter als eine neue Ebene, die hinzugekommen ist.

Das Ich steht bewußt innerhalb der Möglichkeiten und Beschränkungen seines Charakters als Zuschauer und Hauptakteur; sein Charakter bestimmt seine Rolle, manchmal mehr passiv, manchmal mehr aktiv. Die häufig zu hörende Reaktion: Alles, was schon festgelegt ist, braucht man selbst nicht mehr zu tun, ist Unsinn, denn ein aktiver Charakter kann nicht anders als aktiv, d.h. tätig sein, welche Lehre man diesem Ich auch anbietet; ein passiver Charakter wird passiv bleiben, das Leben über sich ergehen lassen, auch wenn seine Erziehung ihn lehren wird, daß alles von seinem Ich abhängt.

ANLAGE UND ENTWICKLUNG

Das Ich erfährt seine Grenzen, die ihm sein Charakter setzt. Darf es sich dann dadurch entschuldigen, daß es sagt: Ich bin nun einmal so?! Nein, weil man nicht derjenige bleibt, der man einmal war, man kann nicht in seiner Veranlagung verharren.

Die vererbte Anlage drückt sich im Geburtshoroskop aus, das in einem bestimmten Verhältnis zum Empfängnishoroskop steht. Diese Anlage ist der Ausgangspunkt der Entwicklung und bleibt immer das Fundament der Umstände, der Konstitution und des Charakters.

Die Struktur des Schicksals ist jedoch dynamischer Art; die Himmelskörper als kosmische Aussender von Schwingungen bewegen sich nach festen Gesetzen fort und ändern fortwährend ihre Beziehungen untereinander. So entstehen fortwährend neue Möglichkeiten im Schicksal und im Charakter, die dadurch zu Wachstum und Entwicklung gelangen. Alte Beziehungen vergehen. So glaubt das Ich, daß es Dinge vergißt oder verlernt. Wenn man einem Fünfzigjährigen sein Geburtshoroskop deutet, sagt er vielleicht: Ja, so war ich früher, aber ich habe mich seither in vielerlei Hinsicht geändert, ich habe Erfahrungen gemacht und an mir gearbeitet. In Wirklichkeit haben die kosmischen Kräfte immerfort an diesem Charakter modelliert, während das Ich glaubt, dies selbst getan zu haben, und es hat es ja auch selbst getan, aber nicht ganz aus sich, sondern als »verlängerter Arm«

der Kräfte, die durch es wirken. Um nun von der Marionette zum bewußten Mitwirkenden zu werden, kann das Seelen-Ich sich z.B. an der Astrologie schulen. Dann versteht man allmählich, wie die Zusammenhänge sind und verliert den Wahn, daß man alles selbst erwägt und beschließt.

Das Progressivhoroskop zeigt, wie die Entwicklung der Seele verläuft, wie sie die ihr gegebenen Möglichkeiten nutzt. Das Seelen-Ich wählt in Freiheit aus den ihm gegebenen Möglichkeiten, man tut, was man nicht lassen kann, und man läßt, was man nicht tun kann. So entwickelt sich alles gesetzmäßig aus der Seelenstruktur des Augenblicks.

VERERBUNG

Kausal denkende Menschen, die glauben, daß jede Erscheinung nur eine Ursache haben kann, fragen manchmal: Wenn die Gesetze der Vererbung die körperliche und seelische Veranlagung bestimmen, wie können dann gleichzeitig die Sterne für diese Veranlagung verantwortlich sein?

Das räumliche Denken sieht, daß jede Erscheinung viele Ursachen zugleich hat: Die Erscheinung ist der Schnittpunkt vieler Kausallinien, die in verschiedenen Dimensionen, Flächen oder Welten verlaufen. Die Vererbung verläuft in der Linie der Zeit, in der Ebene. Die kosmischen Faktoren kommen aus dem Raum. Neben der Vererbung von den Vorfahren gibt es noch diejenige, die durch das vorige Erdenleben des einzelnen bestimmt ist. Dies sind schon drei Kausallinien, eine aus der Materie, eine aus dem Astralen und eine aus dem Lebensbereich. Wo sich die drei Linien schneiden, d.h. kurzzeitig zusammenfallen, entspringt ein neuer Mensch mit seiner Anlage, die die Ausdrucksform *desselben Musters auf drei Gebieten* ist.

Ein Kind wird also empfangen, wenn die Sterne so stehen, daß ihr Muster zu der ätherischen Erbmasse paßt, die in der ätherischen Welt des Lebens (der Sphäre des Mondes) zurückgeblieben ist, als die Seele sich einige Zeit nach dem körperlichen Tode auch ihres Lebensleibes entledigte. Dieses Muster mit allen darin vorhandenen Erbfaktoren wird nun wieder zur Bekleidung der Seele bei ihrer neuen Inkarnation. Nach diesem Muster ist die Seele und wird der Leib in neun Monaten aufgebaut. Man nimmt die Arbeit dort, wo man stehengeblieben ist, wieder auf. Dabei stehen die Planeten im Empfängnis- oder Geburtshoroskop natürlich nicht wieder genauso wie in der Todesstunde, was unmöglich ist, aber in einer gleichwertigen Konstellation. Deshalb kann man aus dem Geburtshoroskop auch viel über das vorige Leben herauslesen.

Die Empfängnis kann nur stattfinden, wenn ein Elternpaar ein gemeinsames Erbgut bereithält, das wiederum zu dem Stand der Gestirne und zu der ätherischen Erbmasse paßt, die aus dem vorigen Erdenleben zurückgeblieben ist.

Das Muster, nach dem der Mensch sein Erdendasein antritt, verändert sich also im Laufe des Lebens. Beim primitiven Menschen sieht man diese Veränderungen nur an seinem Lebensschicksal, in seinen wechselnden Umständen und in seinem körperlichen Schicksal. Bei einem Menschen mit einem Seelen-Ich sehen wir dasselbe Muster sich auch in seinem Seelenleben auswirken: Seine Seele reift.

So gibt es ein sich änderndes Muster auf drei Ebenen, die parallel zueinander liegen und sich zueinander sinnbildlich verhalten. Dieses Muster ist das Geburtshoroskop und die daraus hervorgehenden Progressivhoroskope.

Wenn der Mensch stirbt, schreiten die gesetzmäßigen Veränderungen des kosmischen Musters natürlich fort. Allerdings sind zwei der drei Ebenen weggefallen, auf denen es sich ausdrückte: Die Umstände und der Körper. An die freigewordene Stelle in den Umständen tritt dann häufig ein anderer Mensch, der dazu paßt: Der Witwer heiratet eine andere Frau, die Fabrik bekommt einen neuen Direktor. Das Muster zieht also durchaus die zu der Ebene gehörenden Mittel an, um sich in ihr zu verwirklichen. Dies ist nur dann nicht der Fall, wenn die geeigneten Mittel, d.h. in diesem Fall Menschen, nirgendwo vorhanden sind.

DER MENSCH UND SEINE UMGEBUNG

Jeder Mensch lebt in seiner eigenen Welt. Dies gilt sogar für zwei Ehepartner, die alles gemeinsam tun. Man lebt ja nicht in einer objektiven, sondern in einer subjektiven Welt. Jeder lebt in einer Welt von Vorstellungen, die seine Wesensart sich von seiner Umgebung macht, in einer Welt voller Dinge, die seine Wesensart daraus anzieht und die er bemerkt, auf die er durch Schwingungsverwandtschaft reagiert. Die Dinge, auf die er nicht abgestimmt ist, entgehen ihm. Durch die unterschiedliche Reaktion wird dieselbe Umgebung, die den einen inspiriert, den anderen deprimieren. Wenn z.B. zwei Kinder aus derselben Familie einen saturnalischen Vater haben, wird das Kind mit einem harmonisch aspektierten Saturn in seinem eigenen Geburtsbild den Vater als strenge, aber hilfreiche erziehende Macht erfahren, wofür es dankbar ist, während das andere Kind mit einem ungünstig disponierten Saturn denselben Vater als hart, dominierend, jede Initiative unterdrückend erlebt. Als Erwachsene werden sie ganz unterschiedlich über ihren Vater sprechen. Das erste wird sagen: Er hat mich gelehrt, nach dem Vollkommenen zu streben, er hat einen tüchtigen Menschen aus mir gemacht. Das andere aber wird sagen: Wegen meines Vaters habe ich immer in Angst gelebt, immer habe ich alles falsch gemacht, er hat mich völlig entmutigt, er ist schuld daran, daß ich es zu nichts gebracht habe.

Ein Planet im siebten Haus des Horoskops gibt an, welchen Menschentyp man anzieht und wie man auf diesen Menschen reagiert. Einem Menschen mit Mars im Siebten werden in einer Gesellschaft sofort die gröberen Typen auffallen; er wird sich vielleicht über sie ärgern und in einem so gereizten Ton reagieren, daß eine Mißstimmung entsteht. Menschen mit Venus im Siebten werden in derselben Gesellschaft die netten Menschen auffallen, sie werden sich freundlich und zuvorkommend zeigen und als sympathisch gelten.

Der marshafte Mensch wird vielleicht sagen: Ich halte es nicht aus mit diesem streitsüchtigen Mann (oder dieser keifenden Frau), und sie werden anderswo ihr Glück suchen, aber wohin sie auch gehen, macht sich doch immer diese Marsstellung bemerkbar. *Der Mensch schafft sich selbst seine Umgebung.*

Es hat also keinen Sinn, zu sagen: *Wenn* ich nur andere Eltern gehabt hätte, in einem anderen Milieu geboren wäre, in einem anderen Land aufgewachsen wäre usw. Es gibt kein »wenn«; solche Gedanken sind nur Ausflüchte des Gehirns. Die Dinge können nur in einer bestimmten Art und Weise geschehen – eben so, wie sie geschehen.

GESETZMÄSSIGKEITEN DER ANZIEHUNG

Wenn zwei Menschen einen Horoskopfaktor gemeinsam haben, ziehen sie sich an; die gemeinsamen Faktoren fügen sich zueinander und bilden ein bleibendes Band. Dann sagt man: Mit diesem Menschen habe ich Kontakt! Wenn A in einer bestimmten Gradzahl eines Tierkreiszeichens einen positiven Planeten und B in derselben Gradzahl einen negativen Planeten hat, dann paßt dies zusammen: Was A zuviel hat, kann er an B abgeben. Daher fühlt A sich durch den Kontakt entlastet, während B sich bereichert fühlt. Wenn jedoch zwei positive Faktoren zusammenkommen, dann entsteht eine Kollision, immer wieder, wie sehr man sich auch müht, Frieden zu wahren. Man bringt einander auf die Palme. Bei zwei negativen Faktoren kann der Zusammenprall noch heftiger sein.

Wie das Ergebnis des Kontakts ausfällt, hängt natürlich von der Gesamtsituation der beiden aufeinandertreffenden Kräfte ab. Wenn z.B. A's Saturn in einem positiven Zeichen an der Stelle von B's Sonne steht, dann ist es wahrscheinlicher, daß B's Wärme und Lebensfreude die Düsterkeit von A aufhellt, als daß A B niederdrückt. Wenn die Planeten jedoch in einem negativen Zeichen stehen, dann ist die Wahrscheinlichkeit größer, daß A mit seinem ständigen Nein, mit seinen Verboten und seiner Schwarzseherei B's Optimismus erheblich dämpft.

Wie schwierig ein solcher Kontakt auch für den einen Partner sein kann, so will man sich meist doch nicht voneinander trennen, weil das Band die Partner zu stark zusammenhält. Diese Wirkung ist noch erheblich stärker, wenn ein identischer Aspekt zwischen zwei gleichen Planeten bei dem einen separativ (aktiv), bei dem anderen applikativ (passiv) ist. Wenn z.B. jemand mit einer separierenden Sonne-Neptun-Quadratur mit jemandem mit einer applizierenden Quadratur zwischen diesen beiden verheiratet ist, wird der erstere den letzteren ausbeuten, jedoch wird sich dieser auch ausbeuten lassen. So sieht man deutlich, daß Tyrann und Sklave einander suchen und finden. Die Idealisten, die jede Unterdrückung anprangern, müssen häufig zu ihrem Kummer erkennen, daß die von ihrem Mann befreite Sklavin oder der von seiner beherrschenden Mutter erlöste verzärtelte Knabe sein Sklaventum keineswegs ablegt und sich innerhalb kurzer Zeit einen neuen Ausbeuter oder Tyrannen sucht. So werden auch Militärjuntas durch undisziplinierte Volksmassen angezogen. Hier wirkt das Gesetz der Anziehung von Gegensätzen. Sie passen zusammen wie Stecker und Steckdose.

Die Natur will offenbar die beiden Einseitigkeiten miteinander zum Ausgleich bringen. Wenn beide Parteien bereit sind, etwas von dem anderen zu übernehmen und dadurch selbst weniger einseitig zu werden, werden beide Menschen durch den schwierigen und häufig schmerzhaften Kontakt harmonischer. Wenn sie sich aber so übereinander ärgern, daß sie sich gegenseitig in das eigene Extrem treiben, dann werden sie beide noch einseitiger und ruinieren sich schließlich. So zieht z.B. eine duldsame, zur Selbstverleugnung neigende Frau eine Bestie von einem Mann an, der sie alle Lasten tragen läßt, sich niemals bedankt, sie nur beschimpft und schlägt. Die Frau klagt nur, während der Mann immer schlimmer wird, weil er kein Gegengewicht findet, und schließlich beginnt er zu trinken. Hätte ihn die Frau beim ersten Mal, als er ihr grob kam, gehörig zurechtgewiesen, dann wäre er zufrieden gewesen, seine Grenzen aufgezeigt zu bekommen, und hätte sich zusammengenommen. Aber das kann die Frau gerade nicht! Auch das Gleiche zieht sich an. Wenn Mann und Frau jähzornig sind, gibt es regelmäßig Krach, wobei sie sich das Geschirr um die Ohren werfen. Danach fallen sie sich erleichtert um den Hals, und man sagt, daß sie ein glückliches Paar sind. In diesem Fall haben beide einen positiven Planeten in der selben Gradzahl eines positiven Zeichens, und dieser Planet wird in der Regel Mars sein. Haben sie z.B. Merkur im selben Zeichen, dann ist ihr Denken und Sprechen verwandt, und sie verstehen sich praktisch ohne

Worte. In einem solchen Fall ergibt die Beziehung keine Ergänzung, sondern eine Verdoppelung. Im praktischen Leben ist dies angenehm, kann aber eintönig werden, und man lernt natürlich wenig dazu.

Für Heiratswillige und Verheiratete kann es sehr nützlich sein, sich anhand der Horoskope von einem Astrologen darüber aufklären zu lassen, welcher Art ihre Beziehung eigentlich ist. Man kann dann bewußt daran arbeiten, die Lektion zu lernen, die in der Kombination angelegt ist. Man gelangt dadurch zu mehr Selbsterkenntnis, denn der andere spiegelt einen Faktor im eigenen Charakter, dessen man sich meist kaum oder gar nicht bewußt ist. Was man an dem anderen mißbilligt, ist häufig etwas, das man selbst ebenfalls in sich hat, aber verdrängt, leugnet oder bekämpft. Was man am anderen schätzt und liebt, ist etwas, worüber man selbst zu wenig verfügt, was man aber gerne verstärken will. Im anderen und in der gesamten eigenen Umgebung sieht man gewissermaßen sich selbst ausgebreitet; alle Faktoren des Horoskops sind daran abzulesen. Schwierige Aspekte im Horoskop zeigen sowohl schwierige Charaktereigenschaften als auch schwierige zwischenmenschliche Beziehungen an.

Die astrologische Beratung würde aber ihr Ziel verfehlen, wenn die Ratsuchenden dann ängstlich alle Personen meiden würden, die einen disharmonischen Aspekt im eigenen Geburtsbild aktivieren würden. Dies ist die Haltung des Suppenkaspers, der den Teller wegschiebt, der ihm nicht schmeckt. So wie der Suppenkasper jeden Tag den Teller Suppe wieder vorgesetzt bekommt, bis er die Suppe aufgegessen hat, so wird jedem Menschen die Lektion, die er auf Erden lernen muß, so lange vorgesetzt, bis er sie akzeptiert. Wer sich von einem unbequemen Partner trennt, ohne die Lektion, die in dem Kontakt lag, gelernt zu haben, wird bemerken, daß der Typ, den er durch die Vordertür hinauswarf, durch die Hintertür wieder hineinkommt. Der neue Partner entpuppt sich schnell als Ebenbild des alten. Man wird nun einmal von seinem Lehr-Objekt angezogen!

Der Kontakt wird im Grunde nicht mit einem Menschen geknüpft, sondern mit einem Faktor aus der Horoskopstruktur, die sich in diesem Menschen verkörperlicht, personifiziert, ausbildet. Wenn man den einen Menschen fallen läßt, dann zieht die leere Stelle sofort wieder eine Person der gleichen Schwingung an, die den Leerraum ausfüllt. *Wir leben mit Typen, nicht mit Personen.*

Wer das Wesen der Planeten kennengelernt hat, wird leicht in seinem eigenen Kreis erkennen, wer seinen Saturn, seine Venus, seinen Jupiter personifiziert. Wenn er dann die Stellung dieses Planeten in seinem eigenen Horoskop kennt, wird er verstehen, warum sich diese Person ihm gegenüber so und nicht anders verhalten muß.

Umgekehrt kann man sehen, wer man selbst in der Struktur eines anderen ist. Ist man jemandes Mond, dann hat man die Neigung, denjenigen zu versorgen, ihn nachzuahmen und ihm nach dem Mund zu reden. Ist man jemandes Saturn, dann verkörpert man dessen Gewissen. Ein Arzt ist meist der Jupiter seiner Patienten. Hat er selbst einen sehr gut aspektierten Jupiter, dann wird er im allgemeinen ein guter Arzt sein. Hat sein Jupiter gemischte Aspekte, dann wird er unterschiedliche Patienten anziehen: Die eine Gruppe bildet einen ungünstigen Aspekt zu seinem Geburtsbild; mit diesen kommt er nicht gut zurecht, er gibt ihnen den falschen Rat oder sein Rat bleibt ohne Wirkung; eine andere Gruppe, die in einem günstigen Aspekt steht, zieht großen Nutzen aus seinen Verordnungen und ist mit ihm äußerst zufrieden. Ein Patient mit einem guten Sonne-Jupiter-Aspekt in seinem eigenen Horoskop findet einen guten Arzt, wenn seine Sonne irgendwo Probleme hat. Vielleicht ist dies ein Arzt, dessen eigener Jupiter die Sonne des Patienten im Radix- oder Progressivhoroskop aspektiert. Dann wird ihm dieser viel helfen können.

Es gibt auch Menschen, die mit ihrem Leiden ein halbes Leben lang von einem Arzt zum anderen gehen, ohne geheilt zu werden. Dann haben sie vielleicht einen ungünstig stehenden Jupiter, weshalb sie immer einen Arzt anziehen, der nicht zu ihnen paßt. Wenn sie dann einmal in einer Progression einen guten Jupiter-Aspekt haben, dann wird der Arzt, den sie dann aufsuchen, sie heilen und bei ihnen fortan in höchstem Ansehen stehen. Dabei ist er an sich vielleicht gar kein besserer Arzt als die vorigen. Es wurde ihm aber möglich, diesen Patienten zu heilen, weil Jupiter als die dem Patienten eingeborene Heilkraft zu diesem Zeitpunkt in der Lage war, die heilende Wirkung aufzunehmen. Jeder Kontakt muß von zwei Seiten zustande kommen! Wer nicht empfangen kann, geht an den für ihn bereitstehenden Gaben vorbei. Es kann auch sein, daß bei einem Patienten nichts helfen will, weil sein Jupiter rückläufig ist und deshalb auf der konkreten Ebene nicht wirksam werden kann. Wenn ein solcher Jupiter dann zu einem gegebenen Zeitpunkt seinen Lauf wieder umkehrt und rechtläufig wird, kommt der Genesungsprozeß plötzlich in Gang, und der Arzt, der dann gerade konsultiert wird, empfängt allen Lohn und Dank.

Es gibt Frauen, die, wenn sie alleine über die Heide spazieren gehen, immer belästigt werden. Andere Frauen, die über dieselbe Heide allein spazieren gehen, werden niemals belästigt. Woher kommt das? Die erste Frau hat sich weder herausfordernd verhalten noch gekleidet. Sie hat es gerade nicht getan, weil sie ihr Verlangen unterdrückt hat. Dasjenige, was man aber in den unbewußten Teil der Seele abdrängt, kommt mit um so größerer Macht in der Umgebung zum Ausdruck, weil die kosmische Kraft, die dahinter steht, eine Ebene weniger hat, um sich zu verwirklichen und sich daher auf der verbleibenden Ebene um so intensiver äußert.

Das gleiche gilt für die Bereiche von Leib und Seele. Was in der Seele verdrängt wird, äußert sich im Körper, und zwar mit um so größerer Intensität. Menschen, die in ihrer beruflichen Arbeit nicht sie selber sein können oder dürfen, werden daher auch besonders häufig krank.

Die Faktoren, die man in seiner eigenen Umgebung und seinem Lebensgang immer wieder auftauchen sieht und doch nicht als eigene Charakterzüge erkennt, können also sehr leicht verdrängte Faktoren sein. Das Leben ermahnt den Menschen dann, sich im Spiegelbild seiner Umgebung seiner verdrängten Faktoren bewußt zu werden. So sieht man häufig, daß Kinder die verdrängten Charaktereigenschaften der Eltern personifizieren. Wie kam der gefühlskalte Vater Kepler zu einem so lebhaften und liebenswerten Kind? Es war sein eigener unterdrückter Teil, der sich in seinem Sohn äußerte. Wie kommen kühle, intellektuelle Eltern zu einem lieben, zurückgebliebenen, mongoloiden Kind? Wie kommt die geldgierige westliche Gesellschaft zu einer Generation lieber, arbeitsscheuer und philosophierender Hippies?

»Der Sohn ist des Vaters enthülltes Geheimnis«, sagt Goethe. Die Umgebung eines Menschen ist daher nicht zufällig. Sie ist im Gegenteil ganz gesetzmäßig von dem Menschen selbst angezogen, der aus dem Material der ganzen Welt genau dasjenige auf sich zieht, was dieselbe Schwingung hat wie er selbst, oder aber das Gegenteil (was dasselbe mit umgekehrten Vorzeichen ist). Die Umgebung ist der Spiegel sowohl des unbewußten als auch des bewußten Teils seiner eigenen Struktur. Wenn sich die Umgebung verändert, dann muß sich auch in den Menschen innerlich etwas verändert haben. Dies sind die Progressionen in seinem Horoskop (oder die Transite).

In der Psychologie gibt es den Begriff der Projektion. Damit ist gemeint, daß ein Mensch dazu neigt, eine Vorstellung, die er in seiner Seele hegt, z.B. ein Wunschbild, auf eine Person in seiner Umgebung zu richten, an dieser Person »aufzuhängen« wie an einem Garderobenhaken, wenn nur irgendeine Ähnlichkeit besteht. Was geschieht dabei eigentlich?

Nehmen wir als Beispiel das Wunschbild, das jeder Mensch von Geburt an von dem idealen Partner in sich trägt. Dies ist das Bild des Zustandes seines siebten Hauses in seinem Horoskop. Dieses Bild bleibt latent und vielleicht auch unbewußt in seiner Seele, bis es aktiviert wird, wenn z.B. ein Planet in einer Progression über dieses siebte Haus geht. Dann wird eine Person angezogen, die zu diesem Bild paßt. Außer diesem einen Faktor, den diese Person mit diesem siebten Haus gemeinsam hat, besitzt diese Person noch viele andere Charakterfaktoren. Der Mensch, der plötzlich sein Wunschbild leibhaftig vor sich sieht, ist sofort hingerissen. In seiner Freude blickt er über die anderen, nicht zu ihm passenden Faktoren hinweg. Nach und nach machen sie sich im gemeinsamen Umgang schließlich doch bemerkbar, und dann ist die Enttäuschung groß, daß das Bild doch nicht ganz auf die Person paßt. Wenn das Bild dann klarer wird, kann man sich die Frage stellen, ob dasjenige, was zu einem paßt, für eine längerdauernde Beziehung ausreicht.

Dasselbe geschieht auf religiösem Gebiet. Jede Kultur trägt als Idealbild das Tierkreiszeichen in sich, in dem sich in ihrer Epoche der Frühlingspunkt der Sonne befindet, und dies dauert 2160 Jahre lang. Die eine universale Religion, die über die Zeiten hin

Bestand hat und lediglich je nach dem entsprechenden Tierkreiszeichen ihren Namen und ihre Form ändert, erhält in jeder neuen Epoche auch eine zentrale Gestalt als Gottessohn, der als Typus das Idealbild des Zeichens repräsentiert. Als zu Beginn unserer Zeitrechnung der Frühlingspunkt der Sonne vom Widder in die Fische überging, veränderte sich natürlich in der Seele der Menschheit auch das Idealbild des Gottessohnes. Nach dem Widdergott Ammon der Ägypter, nach dem streitbaren Helden, wie ihn etwa Mithras verkörpert, mußte eine Personifikation der Fische kommen, d.h. also gerade das Gegenteil: Der leidende und sich selbst aufopfernde Gottessohn. Die Fische sind der passivste, der leidende und sich selbst verleugnende Typus unter den Tierkreiszeichen. Dieses Bild des sanftmütigen, unverstandenen, geopferten und dabei selbst noch Trost spendenden Heilandes wurde nun auf den Menschen Jesus von Nazareth projiziert. Da es danach wenig mehr zu überprüfen gab, fielen keinem der Gläubigen die Faktoren auf, die nicht zum Idealbild paßten. Heute, da wir am Ende der Fische-Kultur und -Religion stehen, bedeutet uns dieses Bild nichts mehr, und man sieht heute plötzlich, was nicht dazu paßte. So betrachten manche den Menschen Jesus heute keineswegs mehr als Dulder, sondern als streitbaren Revolutionär. (Freilich kann man ihn in sehr unterschiedlicher Weise sehen; in der Bibel lassen sich für jede Auffassung Belege finden).

Im großen Bereich der Religion wie im kleinen Bereich des individuellen Lebens zwingt man also einer Person zu Lebzeiten oder danach eine Rolle auf. Der Mensch ist geneigt, ebenso mit allen seinen horoskopischen Erwartungsbildern zu verfahren. Man erwartet eine bestimmte Mutter, einen bestimmten Lehrer, eine bestimmte Wohnung, eine bestimmte Stellung usw. Die Bilder liegen im Horoskop beschlossen und werden in Personen und Dingen lebendig, aber niemals in einer ganz reinen Form. Der Mensch tendiert dazu, Unterschiede zu übersehen, solange es geht. Dementsprechend lebt man in einer subjektiven, eigenen Welt. Man sieht die Menschen, Dinge und Zustände auf seine persönliche Art. Ein anderer sieht sie wieder anders, nämlich auf seine Art. Wenn man diese Zusammenhänge versteht, braucht man über die Unterschiede nicht mehr zu streiten. Jeder Mensch erblickt um sich die Konkretisierung seines eigenen Horoskops.

Eine objektive Sichtweise gibt es nur im geistigen Gebiet, jenseits des Astralen und Persönlichen. Dies ist auch der Grund, warum ein Mensch, der die Grenze zwischen dem Psychischen und dem Geistigen überschreitet, so sehr über die Wahrheit erschrecken kann!

DIE EINFLÜSSE DER STERNE AUF DEN MENSCHEN

Daß die Sterne den Menschen beeinflussen, wird von vielen Menschen durchaus akzeptiert. Wie dies jedoch geschieht, kann kaum jemand erklären.

Und doch ist es gerade heute nicht schwierig zu verstehen, da unsere gesamte Funktechnik diesem Weltprinzip abgeschaut und nachgemacht ist. Wer das elektromagnetische Prinzip versteht, kann auch die kosmische Beeinflussung verstehen.

Die Himmelskörper sind gleichzeitig Sender und Empfänger kosmischer Kräfte. Jeder von ihnen sendet seine eigenen Schwingungen auf seiner eigenen Wellenlänge aus und ist auf die Schwingung eines anderen abgestimmt, die er empfängt, in seiner eigenen Weise transformiert und dann wieder aussendet. Alle diese kosmischen Schwingungen erfüllen den Raum und werden auch von unserer Erde aufgenommen, transformiert und wieder ausgesandt.

DER LEBENSLEIB

Jeder Himmelskörper ist von einer Sphäre oder einem Feld umgeben, das an seinem äußeren Rand durch Verdichtung eine Art Haut bildet, die die Sphäre mehr oder weniger abschließt, d.h. dieses Feld wirkt wie ein Filter, das gewisse kosmische Schwingungen durchläßt, andere nicht. Dies schützt auch die Erde vor schädlichen Einflüssen. Außerdem wirkt diese Schicht wie eine Membran, die die von der Erde und ihren Geschöpfen ausgesandten Schwingungen ebenfalls filtert: nur wenige werden in den Raum durchgelassen, viele werden zum Absender zurückgeworfen. Dies bewirkt das karmische Gesetz: Was der Mensch aussendet, empfängt er zurück (und was er empfängt, sendet er auch wieder aus!): Wie man in den Wald hineinruft, so schallt es heraus.

Unser Mond (und auch die verkohlten Leichname der beiden vorigen Erdmonde, die die Erde noch immer umkreisen) befinden sich gerade noch innerhalb dieser Haut; die irdische Sphäre ist das Sublunare. Alle kosmischen Schwingungen, z.B. diejenigen der Planeten, die durchgelassen werden, kommen in die Erdatmosphäre und gestalten dort u.a. das Klima und das Wetter. Gleichzeitig wirken sie auf die individuellen Sphären, die alle Lebewesen umgeben und die wir *Lebensleib* nennen. Mensch, Tier und Pflanze haben einen solchen Lebensleib, aber auch Entitäten wie ein Berg, ein Landstrich, eine Stadt, ein See. Ein solcher Lebensleib ist ätherisch, nicht grobstofflich. Er ist ein von Kraftströmen durchzogenes Feld, die wir in zwei Gruppen einteilen, elektrische oder Yang- und magnetische oder Yin-Ströme. Diese Ströme enthalten Kreuzungspunkte oder Transformatoren, in denen der Strom verfeinert wird (die Chakras beim Menschen).

Die Erde besitzt ein solches System in ihrer Sphäre, aber auch der Mensch, und diese beiden Systeme sind zueinander analog. Alles, was den Lebensleib der Erde beeinflußt, wirkt gleichzeitig auch auf denjenigen des Menschen. Wenn man sagt: Ich vertrage den Nordostwind nicht, den Föhn usw., meint man eigentlich: Ich reagiere schlecht auf die kosmischen Schwingungen, die in der Erdatmosphäre den Nordostwind, den Föhn usw. zustande bringen.

Vom Lebensleib aus pflanzen sich die Schwingungen, die vom Lebensleib schon einmal transformiert sind, einerseits in den stofflichen Leib, andererseits in die Seele fort, und zwar gleichzeitig. Während sie noch im Lebensleib der Erde sind, wirken sie dort bereits in die persönlichen Umstände des Menschen hinein, wobei sie aber auch schon Wirkungen im Lebensleib entfalten; dies geht so schnell, daß dazwischen praktisch keine Zeit vergeht. Im stofflichen Leib werden sie zuerst vom vegetativen Nervensystem aufgefangen, das die unbewußt bleibenden Körperprozesse regelt.

Daß jeder Mensch in seiner eigenen Weise, d.h. unterschiedlich auf die kosmischen Schwingungen reagiert, liegt daran, daß sich seine eigene Struktur, d.h. sein eigener »Radioempfänger« von demjenigen anderer Menschen unterscheidet. Aus derselben kosmischen »Sendung« erzeugt ein Empfänger schönere, harmonischere Musik als ein anderer. Es kommt nur darauf an, wie diese Sendung zu der jeweiligen Struktur paßt. Ein aktueller Aspekt zwischen Planeten aktiviert z.B. bei dem einen Menschen einen harmonischen Aspekt im Geburtsbild (Radix-Horoskop), bei dem anderen einen disharmonischen Aspekt, mit allem, was damit verbunden ist. *Jeder Mensch transformiert die kosmische Sendung in seiner eigenen Weise.* Dies hängt auch von seinem Niveau ab. Je höher jemand entwickelt ist, desto mehr und desto feinere Abstimmungen besitzt er. Wenn in demselben Haus im selben Augenblick ein Mensch und ein Kätzchen geboren werden, haben sie bei dasselbe Horoskop, jedoch hat der Mensch mehr Ebenen (soweit uns bekannt ist) zur Transformation dieser Schwingungen als die Katze; deshalb kann er aus seinem Horoskop mehr machen.

Es besteht aber auch ein *qualitativer* Unterschied. Der Lebensleib ist zweipolig, die Pole, die wir Denkpol oder Lebenspol nennen, sind die »Lampen« im Radiogerät. Je stärker der elektromagnetische Strom, desto heller brennen die Lampen, und je mehr kosmische Schwingungen aufgefangen werden können, desto reicher und desto bewußter ist das Leben. Wenn der Strom schwach ist, ist man bloß Spielball der Umstände.

Ein kräftiges Drüsensystem erzeugt einen starken Hormonstrom durch die endokrinen Drüsen, analog zu den Transformatoren im Lebensleib. Beide Pole lassen die Lampen hell aufleuchten. Jede endokrine Drüse und jeder zugehörige Transformator (Chakram) ist auf eine bestimmte Planetenschwingung abgestimmt.

Der Lebensleib der Erde mit ihrer umhüllenden Haut heißt auch *irdischer Tierkreis* und ist in zwölf gleich große Zonen gegliedert, ähnlich den Spalten einer Orange. Diese tragen die Namen der Sternbilder des Tierkreises oder Zodiaks und werden Tierkreis*zeichen* genannt. Eine solche Zone, durch die die Schwingungen eines Planeten zu einem bestimmten Zeitpunkt die Erde erreichen, gibt den Schwingungen spezielle Möglichkeiten. Außerdem ist der menschliche Lebensleib, aber auch die Seele, der stoffliche Leib und die soziale Umgebung ebenfalls in diese zwölf Zonen gegliedert. Jede Zone ist weiterhin in 30 Grade sehr unterschiedlicher Struktur gegliedert. Diese 360 schmalen Zonen korrespondieren mit bestimmten Teilen des Lebensleibes, des stofflichen Leibes, der Seele und der Umstände. Wenn ein Planet auf seiner Bahn aufeinanderfolgende Grade eines Tierkreiszeichens durchläuft, wirkt sein Einfluß daher auf jeweils andere Teile des Menschen in allen seinen Schichten.

Die Gradzahl, in der bei der Empfängnis und beim ersten Atemzug nach der Geburt ein Planet steht oder auf die ein wichtiger Horoskoppunkt fällt (wie z.B. der Aszendent, der Deszendent, Medium Coeli oder Imum Coeli), erhält dabei das Wesen, die spezifische Schwingung des Planeten an diesem Punkt eingeprägt und behält sie. Dies sind die *sensitiven Punkte* im Horoskop (neben einer Reihe anderer), die in einer Familie oft mehrfach als sensitive Punkte auftreten. Damit hängt zusammen, daß in einer Familie bestimmte Daten als Geburts- und Todestage besonders häufig sind.

Die Chinesen haben seit jeher den menschlichen Lebensleib genau studiert. Sie haben die leitenden Bahnen (die sog. Meridiane) kartographisch erfaßt. Seit 6000 Jahren wenden sie in ihrer Heilkunst die Akupunktur an, ein Verfahren, das direkt auf diese Bahnen wirkt.

Stauungen in diesen Bahnen löst man auf, indem man an einer bestimmten, damit korrespondierenden Stelle mit einer goldenen Nadel (wenn es den elektrischen Strom betrifft) oder einer silbernen Nadel (wenn es den magnetischen Strom betrifft) in den stofflichen Leib einsticht.

Analog und parallel zu den Bahnen durch den Lebensleib, längs derer der elektrische und der magnetische Strom fließen, verlaufen die Atem-, die Nerven- und die Blutbahnen durch den stofflichen Leib, sowie auch der Gedankenstrom, der zwischen dem Lebenspol mit dem Traumdenken und dem Denkpol mit dem Verstandesdenken zirkuliert. (Von daher kommt es, daß man bei kalten Füßen nur die Gedanken auf die Füße zu konzentrieren braucht, um den Blutstrom dorthin zu lenken und wieder warme Füße zu bekommen.)

Auf dieser Analogie beruhen eine Vielzahl von Heil-, Erziehungs- und geistigen Übungsmethoden, z.B. bei den verschiedenen Yoga-Systemen. Der Atem wirkt direkt auf die Gedanken; deshalb setzt man bei der Atemkontrolle an. Ebenso ziehen die Gedanken das Blut, das Gefühl und den Atem mit sich mit, weshalb man sich auf bestimmte Gedanken und Vorstellungen in Gebet und Meditation usw. konzentriert.

Da sich die Erde in 24 Stunden einmal um ihre eigene Achse dreht und damit jeder Punkt auf der Erde in 24 Stunden einmal den ganzen Tierkreis durchläuft, gibt es für die zu den Tierkreisgraden gehörenden Körperorgane oder Teile davon jeweils einen bestimmten Augenblick im Tageslauf, in dem sie über bestimmte sensitive Punkte der Empfänglichkeit für bestimmte Schwingungen gehen. Auch dies berücksichtigten und berücksichtigen die Chinesen; den zwölf wichtigsten Organen sind jeweils zwei Tagesstunden zugeordnet, die einem bestimmten Tierkreiszeichen entsprechen, zu denen sie für die Wirkung z.B. von Arzneien am empfänglichsten sind, und umgekehrt weisen körperliche Phänomene (z.B. Schmerz, Beklemmung), die immer zur selben Tagesstunde auftreten, auf ein bestimmtes Organ hin. Die Homöopathen kennen diese Rhythmen, die Chinesen berücksichtigen sie, und der gute Astrologe weiß, wie die Zusammenhänge insgesamt sind.

Die Chinesen berücksichtigen bei ärztlicher Behandlung den kosmischen und irdischen Rhythmus und die Zeit. Sie wissen, zu welcher Stunde das zu behandelnde Organ den kosmischen Lebensstrom aufnimmt. Sie wissen auch, daß man einen verstopften Yang-Strom bei zunehmendem Mond, einen verstopften Yin-Strom bei abnehmendem Mond freimachen muß, und zwar den Yang-Strom am Morgen, den Yin-Strom am Mittag. Niemals werden sie einen größeren Eingriff an den kritischen Mondpunkten oder am Beginn der Rückläufigkeit eines Planeten oder zum Zeitpunkt eines Solstitiums (Umkehrung der Sonnenbahn) vornehmen. Sie arbeiten also *mit* den Gesetzen und Rhythmen des Kosmos, und dies ist die einzig wahre Heilkunde.

Von dem durch kosmische Schwingungen angeregten Lebensleib aus verbreiten die Transformationen dieser Schwingungen sich als elektrische, chemische, psychische Wirkungen über alle Schichten des Menschen. Nachdem sie dort ihr Werk verrichtet haben, kommen sie praktisch ohne zeitliche Verzögerung aus allen Schichten und Richtungen wieder in dem großen Verstärker unseres eingebauten »Funkapparates« zusammen, im *Bewußtsein,* wenn dieses in der beabsichtigten Weise funktioniert, und zwar geschieht dies über die Zirbeldrüse oder Epiphyse, in welcher Zentrale alle Mitteilungen von außen und innen, von Umgebung, Leib, Lebensleib und Seele zusammenlaufen (der Mensch hat dies mit dem Telex-System nachgeahmt). In den meisten menschlichen Organismen brennen die Lampen jedoch so schwach, daß es kaum zu einer Bewußtwerdung kommt. Im allgemeinen sind sich Frauen der Mitteilungen aus ihrem Lebensleib bewußter als Männer. Dies gibt ihnen jene Eingebungen, die man Intuition nennt. Vielfach ist sich eine Frau der Gestalt der kosmischen Kraftlinien schon bewußt, bevor diese sich über eine Personifikation ihr auf dem Umweg der Umstände kenntlich machen; dies nennt man Vorahnungen. Sie wacht z.B. eines Tages mit der Empfindung auf, daß ihr Gefahr droht. Einen halben Tag später begegnet sie einem Mann, wobei in ihrem Bewußtsein eine rote Lampe aufleuchtet: Das ist er! So kann sie auf der Hut sein.

Die Redensart »Ein Unglück kommt selten allein« weist auf die allgemeine menschliche Erfahrung hin, daß ein kosmisches Muster sich auf jeder Ebene des Menschen und in jedem Lebensbereich zugleich zu manifestieren sucht. Eine Frau erlebt z.B. bei einer Mond-Saturn-Quadratur gleichzeitig den Tod ihrer Mutter (Umstände), Magenkrämpfe (Körper) und eine tiefe Niedergeschlagenheit (Seele). Die kausal denkende Umgebung sagt dann: Sie nimmt sich den Tod ihrer Mutter so zu Herzen, daß sie davon krank geworden ist. So trägt es sich aber in Wirklichkeit nicht zu. Der Tod der Mutter, die Krankheit und die Niedergeschlagenheit kommen *gleichzeitig* als Strahlen aus demselben kosmischen Mittelpunkt.

Je dichter und kompakter eine Schicht des Menschen ist, desto mehr Widerstand setzt sie der Verwirklichung der kosmischen Muster entgegen. Daher manifestieren sich die Erscheinungsformen nicht alle gleichzeitig. In der Regel äußern sie sich am schnellsten in der Seele, dann im Leib, und zuletzt in den Umständen. Deshalb ist der Stern von Kraftlinien nicht immer deutlich wahrnehmbar. Der Weg durch die Seele geht über Intention und Plan zur Tat. *Erst wenn der Mond den planetarischen Aspekt unterstützt,* kann sich der Plan konkretisieren, der Wunsch erfüllt oder das Gebet erhört werden.

DIE WACHSTUMSPHASEN DER SEELE, INDIVIDUELL UND KOLLEKTIV

Wir haben beschrieben, wie das Urmuster unseres Sonnensystems aus einem Kraftmittelpunkt besteht, der Teile seiner selbst aussendet, die den Sender eine Zeitlang umkreisen und schließlich wieder zu ihm zurückgesaugt werden. Das Aussenden des Teils nennen wir *Schöpfung,* das Zurücknehmen *Erlösung.* Man kann hierzu eine Vielzahl von Analogien aufstellen:

vom Geist zum Stoff:	*vom Stoff zum Geist:*
Aussendung	Zurücknahme
Schöpfung	Erlösung
Involution	Evolution
Konkretion	Abstraktion
Inkarnation, Verstofflichung	Exkarnation, Vergeistigung
Elektrizität	Magnetismus
Yang-männlich-positiv	Yin-weiblich-negativ
zentrifugal	zentripetal
extravertiert	introvertiert
Tat	Betrachtung
Individualisierung (Teilung in mehrere Formen)	Verschmelzung (Versöhnung zu weniger Formen)

Das Aussenden und Zurücknehmen geschieht unaufhörlich. Ebenso unaufhörlich wirken die ausgesandten Teile am Ende der aussendenden Kraftströme, die in diesem Abstand ihren Aussender oder Schöpfer umkreisen, als Empfänger, Transformatoren und Aussender der Kraft, die ihnen aus dem Mittelpunkt zuströmt. Wir haben gesehen, daß dies die große kosmische Atmung zwischen dem Schöpfer und seinen Geschöpfen ist. Schöpfer und Geschöpf bilden zwei Pole mit einem sie verbindenden hin- und zurückflutenden Kraftstrom, einer Zirkulation. Diese Polarität mit ihrem mehrteiligen äußeren Pol ist für die

Struktur unseres Sonnensystems charakteristisch. Den Mittelpunkt, der in unserer Sonne liegt, nennen wir Geist, die am weitesten entfernten Teile, die sich an ihrem Umfang am stärksten verdichtet haben, nennen wir Geist-im-Stoff, die Kugeloberfläche, auf der sie sich bewegen, den Stoff (Materie). Der einzige Unterschied zwischen Geist und Stoff liegt in ihrem Verdichtungsgrad. Sie bilden die Enden eines Kreisprozesses.

Der ausgehende und der zurücklaufende Radius der Kugel besteht aus derselben Kraft, die sich nur durch die Richtung unterscheidet; dies könnte man, vom Mittelpunkt aus gesehen, auch als Schieben und Ziehen bezeichnen. Diese Kraft wirkt jedoch an beiden Seiten: Das Kind wird nicht nur von den Eltern aus dem Nest gestoßen und in die weite Welt geschickt – es will auch selbst in diese Welt und läuft weg. Umgekehrt ist es nicht nur der zurückkehrende verlorene Sohn, den es zurück nach Hause zieht, sondern auch die Eltern sehnen sich nach ihm.

Dies ist eine sehr wichtige Erkenntnis. Wieviel Streit gab es nicht in den verschiedenen Theologien und religiösen Richtungen, weil jede Partei einen Teil dieses Prozesses zur Grundwahrheit erhob und alles andere negierte. Im allgemeinen gliedern sich die Menschen in

rechts und links
konservativ und progressiv

von kosmischen Gesetzen oder von menschlichen Normen ausgehend.

Das bedeutet, daß die eine Partei sich auf den ausgehenden Radius (Schöpfung) versteift, die andere auf den zurückkehrenden (Erlösung).

Natürlich hängt ihr Standpunkt von der Prozeßphase ab, in der ihr eigenes Seelen-Ich zu dem Zeitpunkt steht, zu dem sie ihre Position bestimmen: wer noch dabei ist, sich zu inkarnieren, sieht die Beherrschung des Stoffs als sein direktes Ziel an und hat insofern recht; er darf aber diese Richtung nicht auch denjenigen aufdrängen, die auf dem Rückweg sind. Diese Menschen, die den Stoff hinter sich lassen möchten, setzen sich natürlich für Vergeistigung ein und wollen ihrerseits die anderen bekehren, obwohl diese vielleicht auf dem anderen Wege sind.

DER KLEINE UND DER GROSSE ZYKLUS

Die beiden Richtungen sind nur die zwei Phasen des einen Lebensprozesses. Jedes menschliche Ich muß sich abwechselnd inkarnieren und exkarnieren, und zwar sowohl im Laufe eines Menschenlebens auf der Erde, zwischen Geburt und Tod, als auch in seinem großen Werdegang, der viele Erdenleben umfaßt. Wenn man sich einmal ganz auf Erden inkarniert und danach ganz vergeistigt hat und in den Mittelpunkt zurückgekehrt ist, hat man seine irdische Lektion gelernt. Dann kann man die Lektion eines anderen Planeten lernen. Da ein Menschenleben heute für die meisten Menschenseelen viel zu kurz ist, um alle Aspekte des Seins und Wirken im Stoff ganz kennenzulernen und zu vollenden, kommt man in der Regel für die eine Hälfte des Prozesses schon mehrmals zur Welt. Ein Mensch auf der Erde steht daher stets in zwei Entwicklungsgängen, einem kleinen, der ein Menschenleben dauert, und einem größeren, der sich über mehrere Menschenleben erstreckt.

Innerhalb eines Menschenlebens sieht man, wie der Mensch in enger Wechselwirkung zwischen Seele und Leib in seiner ersten Lebenshälfte bis etwa zum 45. Jahr immer tiefer in den Stoff und die Menschenwelt eindringt, um diese Mächte, denen gegenüber er sich zunächst klein und hilflos fühlt, allmählich unter seine Kontrolle zu bekommen. Im mittleren Lebensalter ist er am Ende des ausgehenden Strahls angelangt. Nun kann er leben, arbeiten und genießen, ohne noch viel dazulernen zu müssen, sofern er jedenfalls mit dem Gang der Dinge mitgeht. Er befindet sich nun, voll inkarniert, auf der Oberfläche der Kugel. Da aber nun der Schwung dahin ist, dauert es nicht mehr lange, bis ihn die Wiederholung langweilt; er entdeckt die andere Seite und die neue Richtung des Lebens und beginnt sich für das Geistige zu interessieren. Immer mehr wird er davon fasziniert, immer mehr Zeit und Aufmerksamkeit erübrigt er hierfür, während die gewöhnliche Welt ihn immer weniger zu fesseln vermag. Die Lebensmitte ist also ein Punkt der Um-kehr und Be-kehrung, an dem sich die bisherige Lebensrichtung umkehrt. An diesem Wendepunkt überschaut man den bisher zurückgelegten Weg, zieht Bilanz, sieht, was man übertrieben und was man vernachlässigt hat und versucht, den Schaden wiedergutzumachen. Diejenigen, die an diesem Punkt nicht zum Geistigen umschwenken, sondern nun gerade besonders intensiv dem Lebensgenuß nachstreben oder sich einer zurückgestellten Aufgabe widmen, sind anscheinend auf ihrem großen Zyklus ganz auf dem Weg in den Stoff hinein, wodurch auch in ihrem kleinen Zyklus die andere Richtung nicht sehr ausgeprägt sein kann. In einem solchen Fall dominiert der große Zyklus über den kleinen. Umgekehrt gibt es Kinder, die so stark geistig orientiert sind, daß die Erzieher größte Mühe haben, sie für die notwendigsten Weltendinge zu interessieren, damit sie wenigstens ihren Unterhalt bestreiten können. Möglicherweise ist ein solches Kind in seinem großen Zyklus auf dem Rückweg zum Geist und schon nahe an seinem Ziel. Es erweist sich dann als ein Mensch ohne Jugend, den die Ambitionen der Jüngeren unberührt lassen, für die der kleine Zyklus wichtiger ist. In diesen beiden Fällen sind die Phasen der beiden Zyklen einander entgegengesetzt. Aber auch das Umgekehrte kommt vor, daß nämlich die beiden Zyklen gleichsinnig sind, so daß z.B. die »große« und die »kleine« Jugend zusammenfallen; dann verstärken sie sich ganz erheblich und man sagt von einem solchen Menschen, daß er die ewige Jugend hat.

Die kausal denkende Wissenschaft, für die es einen großen, mehrere Erdenleben umfassenden Zyklus nicht gibt, interpretiert diese Dinge natürlich in ihrer eigenen Art: Ein Mensch, der sich wegen der Überlagerung zweier Kindheitsphasen sein Leben lang wie ein Kind beträgt, gilt ihr als ein Mensch, der in der Kinderphase des Ein-Lebens-Zyklus' stecken geblieben ist, und sie attestiert ihm *Infantilismus*. Ein Mensch, der in beiden Zyklen die Pubertät zu bewältigen hat, wird in den Kinderjahren als frühreif und schwierig für sein Alter gelten, danach in der Pubertät mit all seiner Aufsässigkeit und seinem Verbesserungsdrang als typischer Heranwachsender. Wenn er dann in späteren Jahren seine Aufsässigkeit behält, attestiert man ihm eine Fixierung auf die Pubertät, d.h. also ebenfalls eine pathologische Störung.

Eine alte Seele, die in ihrem großen Zyklus dem Ende nahe ist, wird als Kind als abnorm »alt« gelten, erfolglos zu Sport und Spiel angehalten und in spezielle Internate gegeben werden. Im Alter kommt es erst wirklich zur Entfaltung, wenn sich die beiden

Zyklen überlagern; dann wird es späten Ruhm ernten. Die Erzieher dieses *greisen* Kindes sind dann schon gestorben. Aus dem häßlichen jungen Entlein ist schließlich ein Schwan geworden!

So durchlebt jede Menschenseele schwierige Perioden, wenn die Phasen der beiden Zyklen gegensinnig sind, und ruhmreiche Perioden, wenn die beiden Phasen gleichsinnig sind und sich dadurch verstärken.

Wir haben also gesehen, daß der Zyklus eines Menschenlebens in zwei Hälften gegliedert ist, diejenige der Inkarnation und diejenige der Exkarnation. Die beiden Hälften sind ihrerseits wiederum unterteilt, und zwar im allgemeinen in Phasen von jeweils sieben Jahren Dauer. Dabei sind die ungeraden Phasen (die erste, dritte usw.) die positiven, zum Stoff hin gerichteten, d.h. Schöpfungsphasen, die sich mit geraden Phasen abwechseln, die umgekehrt vom Stoff weggerichtet, d.h. Erlösungsphasen sind. Bei den Schöpfungsphasen steht das starke Ich zentral (analog zum großen schöpfenden Mittelpunkt) und drückt sich zentrifugal zu Lasten der Umgebung aus, die be-eindruckt wird. Bei den Erlösungsphasen dagegen projiziert das Ich sich auf eine Autorität außerhalb seiner selbst, um sich in Abhängigkeit von ihr zu begeben und ihr gehorsam zu sein; es läßt sich zentripetal von der Umgebung zu Lasten der eigenen Veranlagung beeindrucken. Seelen in den ungeraden Phasen oder Ich-Phasen zeigen sich also eigenwillig, Seelen in den geraden oder Du-Phasen aufgeschlossen und wißbegierig.

Diese abwechselnden Phasen sind den Tierkreiszeichen in ihrer natürlichen Reihenfolge vom Widder zu den Fischen streng analog. Die natürliche Lebensspanne eines Menschen betrüge also 84 Jahre (12 x 7).

Diese Aufeinanderfolge von Ich- und Du-Phasen findet man nicht nur beim einzelnen Menschen, sondern auch bei einzelnen Völkern und Rassen. Alle Arten von Entitäten gehen diesen Gang. Wer den Prozeß verstanden hat, der im Tierkreis begründet liegt, versteht die Geschichte der aufeinanderfolgenden Kulturen. Damit versteht er auch die Geographie und Völkerkunde, denn so, wie sich dieser Prozeß in der Zeit als Geschichte spiegelt, so spiegelt er sich im Raum als Geographie und Völkerkunde, wobei diese Phasen auch nebeneinander, über die Erde verteilt, auftreten können, die höchstentwickelten neben den primitivsten Völkern und Kulturformen.

Überall bemerken wir auch die beiden Phasentypen: Die durch eine gegensinnige Phase im anderen Zyklus gehemmte und die durch Überlagerung der beiden Phasen verdoppelte Phase. Durch diese Zusammenhänge entstehen Erscheinungsformen, die man *Typen* nennt (die verdoppelte Phase), und andere, die man *Zurückgebliebene* nennt (die gedämpfte Phase). Wieviel können wir hierdurch nicht erkennen und verstehen!

Wenden wir uns nun den Charakteristiken dieser abwechselnden Ich- und Du-Phasen eines Menschenlebens im einzelnen zu.

DER SIEBENJAHRESRHYTHMUS

Die Menschenseele pulsiert: Abwechselnd dehnt sie sich in den Ich-Phasen aus und zieht sie sich in den Du-Phasen zusammen. Dies ist ihre Atmung, ihr Herzschlag. Dieses Pulsieren ist das kosmische Muster der Urbewegung. Beim Umschlag des *Ein* in das *Aus* und vom *Aus* in das *Ein* tritt ein Ruhemoment auf, ein schwieriger, ein kritischer Augenblick, der bereits in dem letzten der sieben Jahre einsetzt, die eine Lebensphase dauert. Dieses siebente Jahr ist ein Ruhejahr wie der siebte Tag der Woche, das mit einem kritischen Punkt im Mondlauf zusammenhängt, womit wir uns später noch befassen werden. Der Rhythmus des Mondlaufs ist demjenigen des Menschenlebens und demjenigen des Sonnenlaufs in der irdischen Erscheinung der vier Jahreszeiten streng analog. Mit dem Neumond beginnend erreicht der Mond nach einer Woche das erste Viertel, einen kritischen Punkt, an dem man sowenig wie beim Neumond keine wichtigen Unternehmungen in Angriff nehmen darf. Dies ist der erste »Sonntag« (der natürlich nicht immer auf den offiziellen Sonntag fällt, weil unser Kalender keine reinen Mondmonate kennt). Eine Woche später ist Vollmond, der zweite siebte Tag, ein sehr kritischer Punkt. Dann folgt wiederum eine Woche später das letzte Viertel, der dritte kritische Punkt, und schließlich ist der Neumond der vierte und letzte kritische Punkt des Mondumlaufs im Tierkreis.

Der Sieben-Tage-Rhythmus ist dem Sieben-Jahre-Rhythmus im Menschenleben analog. Jedes siebte Jahr ist seinem Wesen nach ein Ruhejahr. Deshalb ist es gut, wenn das Kind sein siebtes Jahr, d.h. wenn es sechs Jahre alt ist, im Kindergarten in ruhiger Verinnerlichung des Gelernten verbringt und erst nach seinem siebten Geburtstag eingeschult wird.

Anschließend sollte das Kind nach sechs Hauptschuljahren das siebte, wenn es also dreizehn ist, wieder in Ruhe dem Rekapitulieren widmen, um mit vierzehn auf das Gymnasium zu gehen. Dort sollte es sechs Jahre lang tüchtig arbeiten und lernen, um nach dem Abschlußexamen ein Jahr zu reisen oder seine Hobbys weiter zu intensivieren, damit es mit 21 in die Gesellschaft eintreten oder ein Studium an der Universität aufnehmen kann.

Es ist jedem klar, daß es nicht ohne Grund einen Sonntag gibt. So ist auch das siebte Jahr nicht ohne Grund zum Ruhejahr bestimmt. Ruhe heißt hier: Keine Anstrengung, damit sich der Übergang zur nächsten Phase möglichst reibungslos vollziehen kann. Also keine Krankheiten und Einbrüche! Die Sieben-Jahres-Phasen sind wie folgt:

INFANTIA: 0 BIS 7 JAHRE

Säuglings- und Kleinkindalter. Herrscher: Mond. Das Kind richtet seine Aufmerksamkeit nach außen, um seine Umgebung durch Erfahrung kennenzulernen; es verwirklicht sich zu Lasten dieser Umgebung; es ist äußerst aktiv.

Der Erzieher setzt diesem Expansionsdrang Grenzen: Das Gitter des Laufstalls, die Verbote. Das Kind wächst schnell. Es trägt keine Verantwortung. Es lebt in einem magischen Bewußtsein, hört gerne Märchen.

PUERITIA: 7 BIS 14 JAHRE

Kindesalter. Herrscher: Merkur. Ganz plötzlich verändert sich das Kind. Es löst sich mehr von der Natur, will statt Märchen realistische Geschichten hören. Es beginnt sich für die Menschenwelt zu interessieren, es will lernen, weshalb in diesen Übergang der Beginn des schulpflichtigen Alters fällt. Es will sich also von der Umgebung prägen lassen, der Lehrer in der Schule ist die Autorität, die nun an die Stelle seines eigenen instinktiven Gefühls tritt. Die Ich-Phase hat sich also in eine Du-Phase verändert. Dieser Übergang entspricht dem ersten Viertel des Mondes (sieben Tage sind analog sieben Jahre), wobei der Mond zum ersten Mal in einem Konfliktwinkel zur Sonne steht, nämlich in einer Quadratur. Als Reaktion auf die Umgebung (Mond) kommt das Kind jetzt zu Dingen, die nicht zur angeborenen Norm passen, zur Stimme seines Ego oder Sonnen-Ich; es beginnt nun, bewußt zu sündigen, indem es u.a. schwindelt: Die Sonne in seinem Herzen gibt die Wahrheit an, von der der Mond als Neigung abweicht. Das Kind nimmt jetzt rasch die Normen der Umgebung an, lernt schnell seinen Platz in seinem Umkreis kennen. Von Staat und Kirche wird es jetzt für sein Tun zur Verantwortung gezogen (nach seiner Sünde bedarf es der Absolution!).

JUVENTUS: 14 BIS 21 JAHRE

Pubertät. Herrscher: Venus. An der Schwelle zwischen Kindheit und Pubertät vollzieht sich im jungen Menschen die Spaltung der Persönlichkeit in eine an der Oberfläche liegende und eine unterdrückte Sexualität: Die körperliche Geschlechtsfunktion setzt ein und bringt das Kind aus dem Gleichgewicht (Vollmond). Die daraus resultierenden Spannungen machen den jungen Menschen unausgeglichen und schwierig. Große Gefühle wallen auf, die sich ausdrücken wollen: Der Heranwachsende beginnt zu dichten, zu singen und zu tanzen, will Theater spielen, als Musikant unterwegs sein usw. Er entdeckt wiederum die Natur, aber nun auf einer höheren Ebene, mehr bewußt. Er will wandern und zelten und in seiner Verliebtheit schwelgen. In diesem Alter sollten in der Schule hauptsächlich Kunst und Sprachen (das Gebiet der Venus) unterrichtet werden. Der junge Mensch ist schöpferisch, will sich in seiner Umgebung ausdrücken, seinen Überschwang loswerden. Die Autorität sieht er nicht mehr außerhalb seiner selbst, sondern wiederum in sich selbst. Er setzt seine eigene Meinung derjenigen seiner Umgebung entgegen: Eine Ich-Phase!

Er beginnt jetzt sein individuelles Seelen-Ich zu entwickeln. Er setzt sich ein Ideal, will Heldentaten vollbringen, ist wiederum für Mythen und Sagen, für das Symbol empfänglich. Bei Natur- wie Kulturvölkern werden seit jeher die jungen Menschen abgesondert (Internat!), um die Werte und Normen ihres Stammes, ihrer Gruppe, ihrer Glaubensgemeinschaft zu lernen.

ADOLESZENZ: 21 BIS 28 Jahre

Erwachsenenalter. Herrscher: Erde. Am Übergang zwischen Pubertät und Erwachsensein muß der junge Mensch eine Probe ablegen, um zu beweisen, daß er reif für die Aufnahme in die Gemeinschaft der Erwachsenen ist. In der westlichen Gesellschaft ist dies die Abschlußprüfung des Gymnasiums. Wenn er sie besteht, bekommt er einen Arbeitsplatz in der Gesellschaft. Dabei muß er sich nach dem Vorbild der Älteren richten: Die Autorität muß wieder nach außen verlegt werden. Der junge Mensch ist dann auch bereit, sich zu fügen und anzupassen, um selbständig seinen Lebensunterhalt verdienen zu können. Künstler, die dies nicht können, befinden sich in ihrem Großen Zyklus als Kinder oder Heranwachsende in einer Ich-Phase. Wer es nicht schafft, die Schwelle des Erwachsenseins zu überschreiten, bleibt in der Protesthaltung stecken.

In dieser Phase muß auch der Tribut an Mutter Erde entrichtet werden: Man pflanzt sich fort, gründet eine Familie. Als Erzieher muß man sich unaufhörlich zusammennehmen und an die Bedürfnisse des Kindes anpassen: Eine echte Du-Phase. Geistig orientierte alte Seelen fühlen sich in dieser Phase todunglücklich; daher die vielen Selbstmordversuche, um der irdischen Welt zu entfliehen. Der zweite Konflikt mit dem Sonnen-Ich an dem kritischen Punkt des letzten Viertels liegt beim 21. Lebensjahr.

VIRILITAS-FEMINITAS: 28 BIS 35 JAHRE

Herrscher: Mars. An der Schwelle des 28. Lebensjahres liegt wieder ein kritischer Punkt. Man steht am Beginn einer neuen Ich-Phase (Neumond), die Persönlichkeit (Mond) ist nun kurze Zeit ganz mit der Individualität (Sonne) eins, die sich durchsetzen will. Nach außen hin wird man des ständigen Anpassens überdrüssig, man will sich selbst werden, und in diese Zeit fällt häufig auch die erste Ehekrise, denn Partner und Familie werden jetzt als Beschränkung empfunden. Der Mann will sich in seiner Arbeit ausdrücken, und die Frau als Mutter lehnt sich gegen die ihr auferlegte Aufgabe in der Familie auf, bringt die Kinder in den Kinderhort und geht selbst arbeiten. Man drückt sich selbst zu Lasten der Umgebung aus. Die romantischen Gefühle sind abgeebt, man hat das Leben und die Welt besser kennengelernt. Die Hochachtung, die man in der vorangegangenen Phase für Autorität und Wissenschaft empfand, verschwindet.

Wer auch bereits dieses *Seelen*-Lebensalter erreicht hat – und dies sind nur wenige – erfährt im 28. Lebensjahr eine Vorbereitung für die Sonnen-Einweihung: Das geistige Ich hat man im 21. Lebensjahr erlebt, jedoch stets unter dem Schleier der Projektion: der Idealmensch, dem man zu begegnen glaubte und dem man sich widmete. Nun entdeckt man, daß die transzendente Gottheit im Grunde als Immanenz, als eigener Sonnenfunke im eigenen Herzen wohnt. Im 33. Lebensjahr, wenn der Aszendent des Jahres-Sonnenhoroskops mit demjenigen des Radix zusammenfällt, kann das Sonnen-Ich durch die Pforte nach außen treten: Man fühlt sich berufen, als Prophet die Sonnenwahrheit zu verkündigen, derer man selbst bewußt geworden ist. Viele große Propheten empfingen ihre Sendung in diesem Alter.

LEISTUNGSALTER: 35 BIS 42 JAHRE

Herrscher: Luzifer. In das 35. Lebensjahr fällt die große Probe durch Luzifer, den Planeten des Hochmuts. Man befindet sich nun im ersten Viertel, dem kritischen Punkt des Eigenwahns. Man weiß jetzt, daß man individuell, geistig Gott ist. Der Schritt zu dem Mißverständnis ist klein, daß man jetzt auch persönlich Gott ist und Anspruch auf entsprechende Ehrenbezeigungen hat. Im Geistigen gibt es keine Moral – dies hat man erfahren, aber das persönliche Ich muß, von der Sonne im Inneren gespeist, gleichzeitig in der Welt der Menschen bleiben, ihre Sprache sprechen und ihnen ein Beispiel geben. Viele bestehen diese Prüfung nicht und dienen in dieser Phase dem falschen Licht, was sie in der Welt des verkehrten Denkens groß macht. Dies sind die Jahre des Wahns im Dienste Luzifers.

MITTLERES ALTER: 42 BIS 49 JAHRE

Herrscher: Jupiter. Man befindet sich nun wieder wie im 14. Lebensjahr an der Stelle des Vollmondes, ganz und gar von sich selbst überzeugt. Die selbstzufriedene Ich-Phase desjenigen bricht an, der sich gesellschaftlich etabliert hat. Man hat seine Ziele erreicht und in Beruf, Familie, in einer politischen Partei und religiösen Gemeinschaft seinen Platz gefunden. Der geistige Schwung ist zur Ruhe gekommen und in die Grenzen einer Organisation oder Schule gelenkt, in der man jetzt selbst die Autorität ist. Gleichzeitig ist man jetzt in der Mitte des Menschenlebens angelangt, wirft einen Blick auf den zurückgelegten Weg und fragt sich, welche Faktoren man vernachlässigt hat, welche Schäden man noch gutzumachen hat. Neben der Arbeit, die Routine geworden ist, drängen jetzt die vernachlässigten Wünsche und Fähigkeiten als Hobbys an die Oberfläche, oder man vollzieht eine radikale Wendung und beginnt eine neue Karriere, was häufig durch eine Scheidung und eine neue Ehe mit jemandem eingeläutet wird, der dieses neue Ideal verkörpert. Uranus läuft jetzt in position zu seinem Radix-Ort, was häufig zur *großen Krise der Erneuerung* führt – wobei man selbst überrascht ist, daß man die Kraft dazu findet. Es ist Uranus, der dies leistet. »Das gefährliche Alter«. Es können dies sehr wichtige Jahre sein: Man hat noch Kraft und besitzt schon Weisheit. Eine gute Ich-Phase.

REIFES ALTER: 49 BIS 56 JAHRE

Herrscher: Saturn. Im 49. Lebensjahr liegt der kritische Punkt des zweiten letzten Viertels: Man fügt sich unter Protest in die übermächtige Erkenntnis, daß dem menschlichen Vermögen auf der irdischen Welt Beschränkungen gesetzt sind, die unüberwindlich sind. Man wird ruhiger und beginnt eine neue Du-Phase, wobei die Autorität wieder außerhalb des Ichs gesehen wird, nämlich im Schicksal: Saturn. Man neigt das Haupt und fühlt im Laufe dieser sieben Jahre, wie man sich immer mehr von den alten Idealen, Ambitionen und Auffassungen löst. Die Entsagung, die psychische Askese hat begonnen. Dies ist wiederum eine sehr große Einweihung, die auf einem niedrigeren Niveau nur zu einer passiven Erstarrung, zu der Einsicht führt, daß man die Zeit nicht mehr versteht, auch wenn man zum Schein noch so tut, als wäre dies so. Auf einem höheren Niveau dagegen gelangt man zu einer Bestandsaufnahme all dessen, was einem diese Welt gegeben hat. In aller Einsamkeit geht man über die Schwelle von Saturn: Man braucht den Beifall der Welt nicht mehr.

Im 63. Lebensjahr ist dann wieder ein Neumondpunkt erreicht. Es ist der Punkt der äußersten Demut. Diesmal aber bringt das Mond-Ich, die Seele, der verlorene Sohn, der zum Vater Sonne zurückkehrt, sehr viel mehr Erfahrungen mit zurück als beim ersten Mal im 28. Lebensjahr. Man ist nun eine Drehung auf der Spirale weiter, über dem Punkt des 28. Lebensjahres angelangt und tritt in eine Phase unter der Herrschaft von Uranus ein, der eine höhere Oktave von Mars ist, der im 28. Lebensjahr die Herrschaft übernahm. Während Mars nur einfach zur Arbeit befähigt, gibt Uranus die Fähigkeit zu *erneuernder* Arbeit. Wer wirklich an diesem Punkt angelangt ist, ist würdig, als weiser Mensch in einem Ältestenrat Platz zu nehmen – mit dem leider der Senat in den modernen Ländern heute wenig mehr gemein hat. Die nächstfolgenden Phasen noch zu behandeln, hat keinen Sinn: Wer soll ihre wahre Bedeutung verstehen? Und es gibt auch niemanden, den wir hier als Beispiel anführen könnten.

Die Tierkreiszeichen, die wie die Häuser des Horoskops in ihrer Aufeinanderfolge ebenfalls die Phasen der Seelenentwicklung angeben, können hinsichtlich ihrer Eigenheit ebenfalls in diese Siebenjahresphasen eingeordnet werden, und zwar so, daß der Widder, der für die Inkarnation steht, die vorgeburtliche Zeit bezeichnet, und damit die Wirkung des Stiers bei der Geburt beginnt. Damit fallen die positiven Zeichen auf die negativen Phasen, was zunächst nicht richtig zu sein scheint; es zeigt sich aber, daß die Zeichen ihrem Wesen nach genau zu diesen Phasen passen (Aufstellung S. 86).

Gruppenseelen folgen denselben aufeinanderfolgenden Phasen wie die individuelle Menschenseele. Gruppenseelen sind z.B. wirtschaftliche Stände oder Kreise, Völker, Rassen usw. So befindet sich die unterste Schicht eines Volkes stets in der magischen Kleinkindphase, dem sog. Aberglauben verhaftet.

Widder:	Inkarnation, Aufbau des Leibes von der Empfängnis bis zur Geburt	
Stier:	Wachstum des Körpers, Genuß der Materie	0– 7 Jahre
Zwillinge:	Lernbegierde	7–14 Jahre
Krebs:	Gefühlserfahrungen	14–21 Jahre
Löwe:	Schöpfen, Kinder zeugen	21–28 Jahre
Jungfrau:	Dienende Arbeit	28–35 Jahre
Waage:	Zusammenarbeit zu einem Ziel	35–42 Jahre
Skorpion:	Lebensgenuß nachholen	42–49 Jahre
Schütze:	Alles für das Ideal	49–56 Jahre
Steinbock:	Vollendung im Stoff	56–63 Jahre
Wassermann:	Dienende Intuition	63–70 Jahre
Fische:	Loslösung	70–77 Jahre

Hierauf folgt die Schicht des halbintellektuellen biederen Bürgertums, das dem reiferen Kindesalter entspricht. Darüber liegen die Künstler und unbequemen Politiker, die der Pubertätsphase zugehören. Es folgen die gesetzten Notabeln, die Erwachsenen. Dann kommen in der westlichen Gesellschaft die Großindustriellen, die die Fäden ziehen. Hier liegen die Phasen *nebeneinander* vor, im Raum.

Man versteht nun den Grund für die Verschiebungen, warum z.B. ein junger Mensch aus der zweiten Schicht so gern die Gesellschaft der dritten sucht.

Je größer eine Gruppenseele ist, desto langsamer ist ihr Gang durch die Phasen. Der Staat bleibt weit hinter dem einzelnen zurück, und eine politische Welthälfte bewegt sich noch viel langsamer als ein Staat. Der Staat tut immer noch Dinge, die so primitiv sind, daß sich der einzelne ihrer schämen würde, z.B. Krieg führen. Die Völker des Westens wissen sehr wohl, daß sie jetzt in eine Du-Phase eingetreten sind; ihre Kräfte strömen zurück zum Mittelpunkt, die Kolonien haben die Unabhängigkeit errungen, und Länder, in die der Westen früher seine Missionare schickte, um das Christentum zu verbreiten, schicken heute *ihre* buddhistischen, islamischen und anderen Missionare in den Westen. Die Rollen sind vertauscht, der Osten ist zu einer Ich-Phase erwacht. Für den

Westen als ganzes ist wohl die Phase vom 21 bis 28. Jahr angebrochen, er muß die Reifeprüfung ablegen. Ob er sie bestehen wird?

Die Aktivität der einen Entität paßt zur Passivität der anderen. Die Ausatmung der Sonne ist die Einatmung der Erde. Die Tat der wachen Volksseele schafft den Traum der schlafenden. Immer paßt eines zum anderen. Alles ist zu seiner Zeit richtig und unvermeidlich. Der Rhythmus und die Struktur sind vorgegeben. Nur im Bereich des Niveaus kann man sein Bestes versuchen. Eben ist die Lebensbahn für diejenigen, bei denen die große und die kleine Phase gleichsinnig sind. Sie können Menschen aus einem Guß sein, sich selbst und der Gemeinschaft gleichzeitig dienend, problemlose Kinder ihrer Zeit.

Mühselig ist der Weg für diejenigen, deren persönliche Phase gegensinnig zu derjenigen ihrer Gruppe liegt. Sie müssen eine der beiden opfern, fühlen sich in ihrer Zeit nicht zu Hause, sagen: Ich bin zu früh oder zu spät geboren, und sehnen sich nach einer anderen geschichtlichen Epoche, die ihnen besser zu ihrer eigenen Phase zu passen scheint. Aber einmal wird eine bessere Zeit anbrechen, denn sie holen die Gruppe ein. So ist letztlich alles gerecht verteilt.

DIE WACHSTUMSPHASEN IN SYMBOL, RELIGION UND KULTUR

Wir haben gesehen, daß das kosmische Urmuster sich zusammensetzt aus einem Kraftzentrum, sodann einem Strahl, längs dem dieser Mittelpunkt einen Teil seiner selbst aussendet, weiterhin einem Strahl, längs dem er diesen Teil später wieder zu sich nimmt, und schließlich der Kugeloberfläche, auf der sich dieser Teil eine Weile um den Mittelpunkt bewegt. Diese Oberfläche kann man das *Wirkungsfeld* nennen.

Diese Dreieinigkeit aus Mittelpunkt, Strahl und Wirkungsfeld drückt sich auf der Erde und in der Welt der Menschen in zahllosen Dreieinigkeiten aus. Die vornehmste von ihnen ist diejenige von Vater, Mutter und Kind.

Hierbei ist der Mittelpunkt der Vater, der Strahl die Mutter und der auf das Wirkungsfeld ausgesandte Teil das Kind. Dies ist jedoch nur die eine Hälfte des Prozesses, die *Schöpfung*. Der Strahl ist dabei die Mutter, weil sie es ist, die für den Geistesfunken eine Seele und einen Körper aufbaut, bis der neue Mensch so weit entwickelt ist, daß er bei seiner Geburt das Wirkungsfeld betreten kann. Im zweiten Abschnitt des Prozesses, der *Erlösung,* ist es aber wiederum die Frau, die die Menschenseele in die geistige Sphäre zurückführt. Damit besteht diese Dreieinigkeit aus Mann, Frau und Kind, und zwar sowohl auf dem Hin- wie auf dem Rückweg.

Bei der ägyptischen Dreieinigkeit von Isis, Osiris und Horus ist es Isis, die Frau, die die Körperteile des zerstückelten Osiris sammelt und die Einheit des Leibes wiederherstellt. Dies ist ihr Erlösungswerk auf dem zurücklaufenden Strahl. In der christlichen Symbolik nennt man den Mittelpunkt den Vater, den Bereich des Wirkungsfeldes den Sohn, und den zurücklaufenden Strahl den Heiligen (= heilmachenden) Geist (entsprechend der aufsammelnden Isis). Wer ist aber der ausgehende Strahl? Es ist Maria, die Mutter Gottes. Wenn man dem ausgehenden und dem zurückgehenden Strahl wegen ihrer unterschiedlichen, d.h. entgegengesetzten Tätigkeit verschiedene Bezeichnungen gibt, erhält man eine Viereinigkeit.

Im Brahmanismus hat man die Dreieinigkeit von Brahma, Vishnu und Shiva, des Schöpfers Brahma, des Bewahrers Vishnu und des Zerstörers Shiva, wobei also der hinlaufende Strahl, der Seelenführer zur Erde, fehlt.

Hier werden der Mittelpunkt und seine Ausstrahlung zu einer Einheit zusammengefaßt. Die Dreiheit des Schöpfens, Bewahrens und Zerstörens tritt als Muster des Lebensprozesses überall auf. Wir haben bereits gesehen, daß der Mensch im ersten Drittel seines Lebens sich immer mehr verstofflicht, d.h. sein Äußeres immer mehr verdichtet; im zweiten Drittel lebt und arbeitet er in dieser Gestalt; im letzten Drittel entledigt er sich allmählich seiner größten Verdichtung, des Leibes. So war es ursprünglich nicht gedacht: In diesem Drittel sollte sein Geist so sehr seine Seele und seinen Leib durchdringen, daß diese verfeinert und zu Geist verdünnt werden. Heute ist es dagegen so, daß der Leib als eine verhärtete Hülle zurückgelassen wird und die Seele sich auf dem Rückweg durch den Äther zu Geist verfeinert.

DREIERPROZESSE

Diese drei Abschnitte des üblichen Prozesses bezeichnet man auch als

Aufgang, Glanz und Niedergang

Diesem Gesetz unterliegt nicht nur der Mensch auf der Erde, sondern auch jedes Geschöpf und selbst das, was der Mensch selber schafft: Jede Unternehmung, jede Kultur. Bei einer Kultur als Ausprägungsform eines Tierkreiszeichens entfallen von den 2160 Jahren ihrer Dauer etwa 700 Jahre auf den Aufgang, 700 Jahre auf die Glanzzeit und weitere 700 Jahre auf den Untergang. Wenn dann das kosmische Muster wegfällt, zerbricht die Kultur; niemand hält sich mehr an die alten Normen, niemand gehorcht mehr den alten Gesetzen, niemand kann die alten Kunstformen weitertragen. Dies erleben wir heute deutlich bei der sog. christlich-abendländischen Kultur.

TIERKREISSYMBOLIK

Dieser Prozeß wiederholt sich nun viermal in der Abfolge der zwölf Tierkreiszeichen. Dabei unterscheidet man jeweils die drei Phasen kardinal, fest und beweglich.

WIDDER, STIER, ZWILLINGE

Der Widder als kardinales Zeichen ergreift die Initiative. Der Stier folgt dem Widder, um die Initiative fortzuführen, sobald diese lebensfähig geworden ist und der Widder sich woandershin wendet, um eine neue Initiative zu ergreifen und in Gang zu bringen. Der Stier setzt Begonnenes fort. Die Zwillinge treten auf den Plan, wenn unter dem konservativen Stier die Unternehmung erstarrt ist. Sie zerschlagen sie und halten die Stücke für eine neue Zusammenführung bereit.

KREBS, LÖWE, JUNGFRAU

Der Krebs als kardinales Zeichen geht auf auftretende Bedürfnisse ein und befriedigt sie, indem er z.B. ein Kinderheim oder ein Hotel errichtet. Wenn alles seinen Gang geht, spürt der Krebs neuen Bedürfnissen nach, um die sich noch niemand kümmert, und der ihm nachfolgende Löwe übernimmt die Führung, ohne sich – als festes Zeichen – veränderten Umständen anzupassen. Dann erscheint die Jungfrau und beseitigt die sich häufenden Mißstände: Ein bewegliches, tätiges Zeichen.

WAAGE, SKORPION, SCHÜTZE

Die Waage als kardinales Zeichen gibt einer bestehenden Gesellschaft oder einer Arbeitsgruppe das verlorengegangene Gleichgewicht zurück und erhält es durch fortwährendes Hinzufügen oder Wegnehmen aufrecht; der Skorpion als festes Zeichen legt die Grundsätze hierfür fest; der Schütze ist darauf bedacht, diese Grundsätze anderen aufzudrängen, sie gewissermaßen über die ganze Welt zu verbreiten.

STEINBOCK, WASSERMANN, FISCHE

Der Steinbock als kardinales Zeichen ist derjenige, der nach jedem Untergang einer noch unvollendeten Form wiederum damit beginnt, eine neue Form aufzubauen, die absoluten Forderungen genügen muß; er behält einen kühlen Kopf, wenn niemand mehr Rat weiß. Er ist entschlossener als die Waage, härter als der Krebs, klüger als der Widder. Der Wassermann weist ihn darauf hin, daß seine horizontalen Normen vergänglich sind, weshalb ihnen keine Dauer beschieden sein kann. Der Wassermann setzt an ihre Stelle die ewigen kosmischen Normen, die in jedem Augenblick längs der Senkrechten in das Gehirn des Menschen einfließen und bewußt werden und die eine gewisse Sicherheit auf Erden bieten; er holt seine Normen nicht aus den Tiefen. Die Fische tummeln sich im Leben der Welt mit der Norm des Augenblicks. Sie sind nicht mehr wißbegierig wie die Zwillinge, nicht mehr rubrizierend wie die Jungfrau und ohne den Ehrgeiz des Schützen, anderen Normen aufzudrängen. Sie sind frei von allem, berauben die Normen ihrer festen Gültigkeit und schaffen einen Zustand der vollkommenen Relativität.

DER MENSCH ALS DREIEINIGKEIT

Auch der Mensch hat eine dreifache Struktur:

Körper, Seele und Geist

Der Mittelpunkt ist der Geist, der Radius die Seele und das Wirkungsfeld der Leib. Der Geist ist als latente Kraft im Menschen verborgen, da er meist nicht benutzt wird; die Seele hat ein Bewußtsein des Geistes, aber auch ihrer selbst und des Leibes. Der Leib ist die ausführende Instanz. Wenn die Initiativen vom Geist ausgehen, in der Seele bewußt werden und dann vom Körper ausgeführt werden, dann befindet sich die Organisation des Menschen im Einklang mit den Absichten seines Schöpfers.

DAS MESSOPFER

Geist, Seele und Leib werden symbolisiert durch das Rundbrot (die Hostie), den mit dem Wasser vermischten Wein und den goldenen Kelch, die beim Sakrament der Eucharistie benutzt werden. So wie der Kelch das Wasser mit dem Wein aufnimmt, so birgt der Körper die Seele in sich. Das Wasser stellt das Gefühl dar, die Hingabe (Devotion), und der Wein (das Feuer) das Streben, die Intention. Die Seele, die sich mit der ganzen Kraft ihres Sehnens auf das Geistige richtet, ist bereit, den Geist zu empfangen. Deshalb taucht der Priester das Rundbrot in den mit Wasser vermischten Wein.

Wasser und Wein sind zwei: Das Wasser ist der ausgehende Strahl, es dient immer der Verkörperung; der Wein ist der zurücklaufende Strahl, das Feurige des Heiligen Geistes. So wird aus der Drei wieder die Vier.

KREUZ UND HAGAL

Diese Vier findet im Kreuzzeichen Ausdruck, wie es in der katholischen Kirche geschlagen wird. Man berührt dabei mit Zeige- und Mittelfinger (d.h. Jupiter- und Saturnfinger) zuerst die Stirn, d.h. den Denkpol, das Geistige, dann das Sonnengeflecht, das Zentrum des Unterleibes, des Lebenspols, dann links das Herz und rechts die Lunge, d.h. Kreislauf und Atmung. Damit drückt man aus: Geist, Leib und Seele in zwei Gedanken, zwei Strahlen.

Hierzu gehören wiederum die vier Zeichen des festen Kreuzes: Der zum Adler sublimierte Skorpion hat seinen Sitz im Haupt, gegenüber dem Stier im Unterleib; der Löwe bezeichnet das Herz als den Sitz des Gefühls, und der Wassermann, der ein luftiges Zeichen ist, das spirituelle Denken. Mit diesem Zeichen drückt man also aus: Die geistige Initiative verwirklicht sich in der Willenstat mittels des Gefühls und des Denkens, in dem sie bewußt geworden ist.

Das griechisch-orthodoxe Kreuz ist vollständiger. Es ist eigentlich kein Kreuz, sondern vielmehr die Rune Hagal, die auch als Emblem der ersten Christen benutzt wurde, allerdings mit einer kleinen Hinzufügung an der Spitze, die das Zeichen nicht mehr genau erkennen läßt. In der griechisch-orthodoxen Liturgie beschreiben die Gläubigen Hagal wie folgt auf ihrem Körper: Von der Stirn zum Sonnengeflecht, dann zur linken Lungenspitze, von dort schräg nach unten zur Leber, dann nach links waagerecht zur Milz und schließlich schräg nach oben zur rechten Lungenspitze.

Diese Figur weist damit zwar zwei überflüssige Verbindungslinien auf, ist aber im Grunde vollständiger und geistiger als das gerade Kreuz. Es fehlt die Waagerechte, d.h. die Linie der Zeit, der Vererbung, des Karma; dieses Kreuz enthält aber die Vertikale vom Himmel zur Erde – die Inspiration – sowie auch das reiche Seelenleben, das angedeutet ist durch das Malkreuz, welches die Vermehrung von Ausdrucksformen bedeutet, Kunst, Ästhetik. Dies paßt gut zu den slawischen Völkern, der Herzenshälfte Europas.

VIER EVANGELISTEN

Traditionell werden die vier Evangelisten diesen vier festen Zeichen zugeordnet: Johannes, der tiefste und höchste, dem Adler (Skorpion), Lukas (Patron der Maler!) dem Stier, Markus dem Löwen und Matthäus dem Wassermann (dem Engel).

Diese Einteilung besteht seit alters her und scheint auf den ersten Blick sehr sinnvoll zu sein, ist aber meines Erachtens nicht einwandfrei.

FABELWESEN

Die Verbindung von zwei oder mehr Tierkreiszeichen wird teilweise auch durch Fabelwesen oder symbolische Tiergestalten ausgedrückt, z.B. den geflügelten Stier Babylons, den Greif des mittelalterlichen Europas und die ägyptische Sphinx.

DER GEFLÜGELTE STIER

Der babylonische geflügelte Stier bezeichnet die Achse Stier-Skorpion. Der Skorpion ist dabei zum Adler sublimiert, wie dieses Zeichen auch im Osten genannt wird. Wenn die sexuelle Kraft nach oben geleitet wird, erlangt der Mensch als Magier göttliche Macht. Dies ist die Bedeutung dieses Symbols.

DER GREIF

Der Greif ist die Verbindung von Adler und Löwe: Das Tier hat Rumpf, Schwanz und Pfoten des Löwen und Kopf, Brust und Flügel des Adlers. Traditionsgemäß sind die Brustfedern rot und schwarz, die Halsfedern blau, die Augen funkelnd, und das Nest des Tiers ist golden. Als Verschmelzung von Adler und Löwe ist das Wesen eine Synthese von Kopf und Herz. Es bezeichnet daher den fortgeschrittenen Menschen, der sich der Stimme des Herzens im Denken bewußt wird und demgemäß *vollständig* denkt: Männliches und weibliches Denken, Verstand und Gefühl miteinander zu einer höheren Einheit verschmolzen. Manche Fürstenhäuser führen den einfachen oder den Doppeladler in ihrem Wappen; in weltlichen Dingen bedeutet dies das Streben nach der Oberherrschaft. Andere führen den Löwen, was mehr den Gedanken der streitbaren Selbstbehauptung beinhaltet (Niederlande, England, der Löwe von Juda für Israel).

In der Geschichte führte das Haus Habsburg den Adler, das Haus Burgund den Löwen. Karl V. als Abkömmling beider Häuser war damit die Synthese in die Wiege gelegt: Der Greif.

DIE SPHINX

Die Sphinx, die nicht vom ägyptischen Volk selbst stammt, sondern von den Atlantiern, die in Ägypten eine Kultur aufbauten und dort u.a. die große Pyramide errichteten, war eine Verbindung der vier festen Zeichen: Das Haupt des Menschen (Engel/Wassermann), Brust und Vorderpfoten des Löwen, die Flügel des Adlers (Skorpion) und der Hinterleib des Stiers. Sie stellte damit dasselbe dar wie das feste Kreuz mit den vier Evangelisten. Sie ist eine Darstellung des vollständigen Menschen. Deshalb lautete auch die Antwort auf das Rätsel der Sphinx: Der Mensch.

Dieses Rätsel lautete: Was geht erst auf vier, dann auf zwei und schließlich auf drei Beinen? Es ist eben der Mensch, der zuerst krabbelt, dann aufrecht geht und im Alter zum Gehen einen Stock braucht. Es verbirgt sich jedoch noch mehr dahinter: Vier, Zwei und Drei sind die Zahlen von Leib, Seele und Geist! Die Vier, die sich im rechtwinkligen Kreuz ausdrückt, ist im allgemeinen das Symbol des Stoffs, der Materie, d.h. auch des stofflichen Leibes. Zwei ist die zweigliedrige Seele, männlich und weiblich, Verstand und Gefühl. Erst wenn diese beiden den dritten hervorgebracht haben, die Intuition, kann der Geist seine Tätigkeit entfalten.

MITHRAS

Zu den aufeinanderfolgenden Siebenjahresphasen gehören bei jedem Volk auf der Erde gewisse Erziehungsformen, Einweihungsrituale an den Übergängen und die zugehörigen heiligen Handlungen und Symbole. Um das Wesentliche verständlich zu machen, soll als Beispiel der Mithras-Kult dargestellt werden, der einige Jahrhunderte vor und nach dem Aufkommen des Christentums die in Europa am weitesten verbreitete Religion war.*

Mithras, der Freund des Sonnengottes Helios, wurde ursprünglich in Persien verehrt; mit den Heeren Alexanders des Großen wurde er auch im Westen bekannt, bis sein Kult schließlich in ganz Europa verbreitet war; Kultstätten wurden u.a. am Schwarzen Meer, in Rumänien, in Jugoslawien, Italien, Nordafrika, Spanien, Frankreich, am Rhein, in England gefunden. Die römischen Soldaten verehrten ihn als ihren Beschützer, denn er war die Personifizierung von Aries, dem Widder, dem Zeichen von Mars. Global lassen sich Spuren des Mithras-Kultes in der Zeit von 1400 vor bis 500 nach Christus nachweisen, was recht gut dem Zeitraum von 2160 Jahren entspricht, der der Religionsform der Fische voranging – nämlich gerade dem Widder-Zeitalter!

Seine Lebensgeschichte ist auf Reliefs in seinen Heiligtümern abgebildet. Er sieht und weiß alles, niemand kann ihn täuschen; im Kampf ist er unüberwindlich, und er achtet darauf, daß Verträge eingehalten werden (das Waage-Ende der Achse Widder-Waage!). Ein Rabe überbrachte ihm den Befehl Helios', daß er den Stier töten sollte.

* Eine vorzügliche Darstellung des Mithraskultes findet sich bei A. Schütze, Mithras-Mysterien und Urchristentum. Anm. d. Übers.

Auch dies ist wiederum bemerkenswert: Das Tierkreiszeichen, das dem Widder auf dem rückläufigen Weg des Frühlingspunkts durch den Tierkreis voranging, war eben der Stier. Der Widder mußte den Stier töten, weil seine Zeit abgelaufen war.

Entsprechend heißt es in der Fische-Religion, dem Christentum, daß das Lamm (der Widder) geschlachtet werden muß; auch hier wiederum das vorangehende Zeichen, dessen Zeit abgelaufen war.

In unsere Zeit paßt als Symbol der Wassermann, der die Fische tötet. Mithras mußte also den Stier töten, weil dieser von der Macht des Bösen bedroht wurde und von einer Befleckung bewahrt werden mußte. In der persischen Religion hatte die Reinheit, insbesondere auf sexuellem Gebiet, höchsten Stellenwert. Es kostete Mithras erhebliche Mühe, den Stier zu fangen, der sich u.a. in ein Haus (den Körper!) flüchtet, das dann von Mithras in Brand gesteckt wird. Schließlich fängt er den Stier, wird von ihm mitgeschleift, fängt ihn erneut und trägt ihn auf seinen Schultern zu einer Höhle, wo er ihn unter seine Knie zwingt und widerwillig tötet. Daraufhin entsprießen dem Blut des Stiers Kornähren und Rebenzweige, und drei Tiere erscheinen: Ein Skorpion versucht, den Samen des Stieres aufzufangen, und ein Hund und eine Schlange trinken sein Blut auf. Der Samen wird dem Skorpion (der sexuellen Begierde) gerade noch entrissen und zum Mond (dem Fegefeuer) gebracht, um dort gereinigt zu werden und danach der Fruchtbarkeit der Erde zu dienen.

Der Mond ist die Kraft der reinen Fortpflanzung. Die Schlange (Kundalini) ist das Sinnbild für die Umlenkung der Schöpfungskraft nach oben (die kupferne Schlange!). Die Höhle ist der Unterleib, in dem der Lebensquell liegt. Ein Mithrasheiligtum war immer eine Höhle über einer Quelle.

Mithras selbst wurde aus einem Felsen mit einer phrygischen Mütze auf dem Haupt geboren (die Zipfelmütze oder die Erhöhung auf dem Scheitel weist immer auf die höheren Fähigkeiten hin, die im ätherischen Lebensleib über die Zirbeldrüse eine sichtbare Strahlung aussenden), in der einen Hand einen Dolch, in der anderen eine Fackel (er mußte das Alte vernichten und das Neue beleuchten!). Seine Geburt wurde am 25. Dezember gefeiert, denn er war der Sohn, Freund oder Abgesandte des Helios, der

Sonne. Er entsprach also dem Gottessohn, Jahresgott oder Lebensgeist bei so vielen Völkern, der die Sonnenkraft auf die Erde trägt und dessen Aufenthalt von einer Wintersonnenwende bis zur nächsten dauert. Er wird mit zwei Nebengestalten dargestellt, Cautes im ersten Halbjahr mit der erhobenen Lebensfackel, und Cautopates (dem Leidenden) mit der gesenkten Fackel für das zweite Halbjahr. 500 Jahre lang bekämpften die Christen, die eigentlich dasselbe meinten, den Mithraskult, vernichteten seine Heiligtümer und töteten seine Priester. Dann veränderten die Kirchenväter sechsmal das Datum von Christi Geburt, bis sie es schließlich mit demjenigen der Geburt von Mithras zusammenfallen ließen, weil die Menschen nun einmal zu diesem Zeitpunkt feiern wollten. Das Volk weiß ja sehr gut, *wen* es anbetet, unter welchem Namen auch immer: den Lebensgeist, der wirklich die Sonnenkraft bringt! (Im niederländischen Volk ist es die Gestalt Wotans mit seinem schwarzen Sohn Nut, die später Kunne Klaas und Piet hießen und schließlich von der Kirche in die Gestalt des Bischofs Nikolaus übertragen wurden, den Zwarte Piet begleitet. Daher kommt es, daß der Hl. Nikolaus die Fruchtbarkeit bringt, das Verlöbnis und den Hochzeitskuchen, und die Pfeffernüsse in den Schornstein wirft!)

Mithras, der auch mit dem Sonnenrad oder Jahresrad dargestellt wird, stellt sowohl die äußere als auch die innere Sonne dar, den transzendenten und immanenten Sonnengott: Gott im Kosmos und den Gottesfunken in unserem Menschenherzen.

Ziel des ganzen Mithraskultes war es, den göttlichen Funken im Menschen allmählich in seine Seele eindringen und diese beherrschen zu lassen, d.h. den Geist mit der Seele zu vereinigen – was letztlich das Ziel aller Religionen und Geistesschulen ist. Die Einweihungen des Mithraskultes stehen in Analogie zu denjenigen des Christentums (den Sakramenten), helfen aber viel besser, in jeder Siebenjahresphase die über diese herrschende Planetenkraft im Menschen zur Entfaltung kommen zu lassen.

Wer als Mithras-Diener aufgenommen werden wollte, mußte zuerst in der Lehre unterwiesen werden (in der christlichen Kirche die Katechese). Anschließend mußte er sich durch Baden und Waschungen sorgfältig reinigen (in der Kirche muß man lediglich auf das Frühstück vor der ersten Heiligen Kommunion verzichten). Dann kam die Tauffeier, bei der der Myste mit den vier Elementen verbunden wurde. Das Christentum kennt nur die Wassertaufe und die Feuertaufe (die Firmung); die Christengemeinschaft tauft mit Wasser, Asche (Feuer) und Salz (Erde).

Der Myste wurde dann mit gebundenen Händen in das Wasser getaucht, woraufhin der Einweihende seine Fesseln durchschnitt. (Beim Herannahen des Ertrinkungstodes tritt das ganze bisherige Leben blitzartig ins Bewußtsein).

Bei der Feuertaufe wurde auf die Stirn oder die rechte Hand ein Mal eingebrannt, wie man es noch an den Statuen einiger römischer Kaiser sehen kann. Hierzu gehörte noch eine Zeremonie mit drei ineinander passenden Gefäßen, die Sinnbilder der drei Leiber waren, des stofflichen Leibes, des Lebensleibes und der Seele. Die Erdentaufe wurde mit Lehm vollzogen.

Die Lufttaufe erfolgte auf einer Leiter, die im Heiligtum unter einer Kuppel stand, auf der Sonne, Mond und Planeten dargestellt waren, wie man es auch in vielen christlichen Kirchen findet.

Einweihungsreliefs zeigen häufig eine Szene, die der katholischen Firmung entspricht. Der Myste kniet nackt und mit verbundenen Augen (da er die höhere Wahrheit noch nicht sieht) vor dem Einweihenden, ein Schwert in der Hand (so wie ein Mann, der von seinem Fürsten zum Ritter geschlagen wird, sein Schwert dem Fürsten darreicht). Das Schwert ist Sinnbild des Phallus', d.h. der Schöpfungskraft, die man von der Sonnengottheit empfangen hat. Durch die Darreichung wird ausgedrückt, daß man diese Kraft fortan einzig zu Ehren Gottes einsetzen will; der Einweihende ist ja Statthalter des Sonnengottes. Spätere Reliefs zeigen, wie der Myste die Hände unter dem Kinn faltet und sich auf das Angesicht wirft, wie es auch bei der Priesterweihe der Fall ist. Dabei legte er ein Gelöbnis (Sakramente) ab, daß er in diesem und allen späteren Leben für das Gute und gegen das Böse kämpfen wolle, was er dadurch bekräftigte, daß er dem Einweihenden (der den Grad des »Vaters« hatte) die rechte Hand reichte.

Der somit Eingeweihte hatte damit die »schwere Last« auf sich genommen, sich allzeit in der Zucht zu haben und dem moralischen Gesetz zu gehorchen.

Die darauffolgenden Einweihungen waren nun die dramatischen Ausdrucksformen des Überschreitens einer Schwelle zwischen zwei aufeinanderfolgenden Siebenjahresphasen. In der dazwischenliegenden Zeit gehörte man einem bestimmten Rang an, wie es heute noch in bestimmten Jugendorganisationen und in Geistesschulen üblich ist. Wenn die höheren Grade zu einem zeremoniellen Mahl versammelt waren, wurden sie von den niedrigeren Graden bedient.

ERSTER GRAD, 7 BIS 14 JAHRE: RABE/CORAX

Weil Merkur der Herrscher dieser Phase und dieses Grades ist, tut der jugendliche Rabe Dienst als Bote, wie die Raben Hugin und Munin, die auf Wotans Schultern saßen und ihm alles berichteten, was sie in seinem Reich gesehen hatten (die US-Luftwaffe hat jetzt wieder Raben dressiert, die die Ankunft feindlicher Flugzeuge melden sollen, weil sie hierin zuverlässiger sind als das Radar!). Bei den Zusammenkünften erschienen die »Raben« mit einer Rabenmaske und schlugen mit den Armen wie mit Flügeln.

ZWEITER GRAD, 14 BIS 21 JAHRE: BRAUT/NYMPHUS

Bei dieser Einweihung trug der Myste einen Schleier und in der einen Hand die Hochzeitsfackel, in der anderen eine Lampe. Venus ist die Herrscherin dieser Periode, und der Aspirant wurde nun auch zu Beginn der Pubertät in einer mystischen Ehe dem Mithras verbunden. Bei der Konfirmation, die meist in der evangelischen Kirche in derselben Altersstufe vollzogen wird, tragen die Mädchen auch einen Schleier; es ist ihre mystische Hochzeit mit Jesus Christus, d.h. mit der Kirche, die sein Leib ist. Die Lampe bedeutet »das neue Licht« des Geistes, das die Seele nach der Vereinigung durchströmt.

DRITTER GRAD, 21 BIS 28 JAHRE: STREITER/MILES

Als Herrscher dieser Phase galt Mars, und auch bei uns werden die jungen Männer in diesem Alter dem Mars geweiht, indem sie zum

Militär gehen. Der Myste erschien zu dieser Einweihung in Soldatenkleidung, mit Lanze und Helm. An der Spitze seines Schwertes wurde ein Kranz aufgehängt, der von dort weggenommen und auf sein Haupt gesetzt wurde (Sublimierung). Dann schob er den Kranz auf seine Schultern und verkündete: Mithras ist mein Kranz (Ruhm). Die Kämpfer für Gottes Ehre!

VIERTER GRAD, 28 BIS 35 JAHRE: LÖWE/LEO

Diese Phase stand unter dem Schutz Jupiters, und der Myste erschien bei der Einweihungszeremonie in einem feuerroten Gewand mit einem Feuerspaten in der Hand. Seine Zunge und seine Hände wurden mit Honig gereinigt (analog der Reinigung mit heiligem Öl und Salbe in der katholischen Kirche), damit sie in Worten und Taten rein bleiben sollten. Auf Wandgemälden sieht man »Löwen« mit Löwenmasken in feierlichem Aufzug, die die Speisen für das Heilige Mahl der am höchsten Graduierten auftragen, der »Sonnenläufer« und der »Väter«, die das Mahl von Mithras und Helios darstellen.

FÜNFTER GRAD, 35 BIS 42 JAHRE: PERSER/PERSES

Da der Mithras-Kult aus Persien stammte, bedeutete dies, daß man bei dieser Einweihung mit dem Vaterland, mit dem Volksgeist verbunden wurde. Diese Phase stellte man unter die Herrschaft von Luna, des Mondes. Der »Perser« war eine Ausprägung des Perseus, der in Tarsos als Stammvater der Perser verehrt wurde. Perseus ist der Sonnenheld, der sich in die Finsternis wagt und dort der Medusa das Haupt abschlägt. Er ist also das Bild des Menschen, der den Mut hat, in das Unterbewußte hinabzusteigen, wo ihm die furchterregende Große Mutter begegnet, die er überwinden muß. Dabei löst er sich von den ererbten Normen und Vorstellungen, aber auch von den Zwängen seiner Erziehung, die sein individuelles Wachstum behindern. Erst danach ist man wirklich frei. Bei dieser Einweihung trug der Perser eine weiße Tunika, eine Falx (Sichel) und ein Bündel Kornähren. Er holte die Ernte herein. Auch der Perser wurde mit Honig gereinigt.

SECHSTER GRAD, 42 BIS 49 JAHRE: SONNENLÄUFER/HELIODROMUS

Diese Periode stand unter der Herrschaft der Sonne. Auf einer Darstellung im Mithräum unter der Kirche von S. Prisca in Rom sieht man den Heliodromus als einen bärtigen jungen Mann mit blauem Nimbus und einem goldenen Strahlenkranz ums Haupt, d.h. als strahlende Sonne. Er trägt eine rote Tunika mit gelbem Gürtel, darüber einen Mantel. Mit der erhobenen Rechten entbietet er dem »Vater« (Pater) seinen Gruß, seinem Einweiher, vor dessen Angesicht er steht. Mit der Linken preßt er eine blaue Kugel an seine Seite. Seine Embleme sind die Fackel, die Krone Helios' und dessen Peitsche (man denke an diejenige des ägyptischen Pharao!). Der Sonnenläufer darf als Bild Helios' an einer Mahlzeit mit jemandem teilnehmen, der den Grad des »Vaters« hat und Mithras darstellt. Der Sonnenläufer stellt den Menschen dar, der aus seiner eigenen inneren Sonne lebt, den zum Vater zurückgekehrten Sohn.

SIEBTER GRAD, 49 BIS 56 JAHRE: VATER/PATER

Diese Phase, die von Mithras selbst beherrscht wurde, und dieser höchste Grad befähigte den Menschen, andere zu unterrichten. Man sieht den »Vater« als Weisen auf einem Thron dargestellt, in einen langen roten Mantel mit einer phrygischen Mütze gehüllt und ein Szepter in der Hand. Er ist das Haupt der Gemeinde, Kenner der Mysterien, Meister der Astrologie, der unterweist, einweiht und über alle Eingeweihten der Gemeinde wacht, die zusammen eine große Familie bilden. Jeder Grad hat einen Vater und einer ist der Vater der Väter.

Das Heilige Mahl in der Höhle, bei dem der Stier getötet und vom Vater und dem Sonnenläufer verzehrt wurde, bestand aus Brot und Wein als dem Fleisch und Blut des Stiers, der die kosmische Schöpfungskraft verkörperte. Dasselbe heilige Mahl findet man schon bei den alten Israeliten, den Inkas und später auch bei den Christen. Es wurde bereits von Melchisedech eingesetzt, der vielleicht von einem anderen Planeten zur Erde kam, um es die Menschen zu lehren. Der gereinigte Mensch nimmt unaufhörlich die kosmische Lebenskraft in sich auf und lebt aus ihr, sich unaufhörlich erneuernd. Dies ist es, was das heilige Mahl im Bild darstellt.

So gehören die Mithrasmysterien zu den vorzüglichsten Darstellungen der Wachstumsphasen der Menschheitsseele im Gang der Zeiten, aus der Ewigkeit geführt.

UNSER SONNENSYSTEM

SONNE UND PLANETEN

DIE BEIDEN SONNEN

So wie der Mensch ein zweipoliges System mit Denkpol, Lebenspol und einem Kreislauf ist, der die beiden Pole miteinander verbindet, so ist alles in unserem Sonnensystem im Grunde zweipolig. Nur dann, wenn wir die stoffliche, für uns direkt sinnlich erfahrbare Seite betrachten, kommen wir zu einer einpoligen Vorstellung.

So hat auch unser Sonnensystem zwei Pole, zwei Sonnen als Brennpunkte eines ellipsenförmigen Kraftkreislaufs.

Die sichtbare Sonne ist der Lebenspol, die unsichtbare, geistige, der Denkpol eines Wesens, das man den *kosmischen Menschen* nennen könnte (Adam Kadmon; auch in der Weltenesche Yggdrasil dargestellt). Die Planeten umkreisen diese Pole als Raumschiffe auf dem Zirkulationsstrom.

Auf der nördlichen Halbkugel unserer Erde befinden wir uns im Winter näher an der sichtbaren Sonne (im Perihel) und im Sommer näher an der geistigen Sonne (im Aphel). Da uns geistige Schwingungen um so besser erreichen, je größer die Entfernung ist, ist der Winter für uns die geeignetste Zeit, um geistige Sonnenkraft in unser eigenes geistiges Wesen aufzunehmen. Da die Schwingungen eines Himmelskörpers unseren stofflichen Leib um so besser durchdringen, je kleiner der Abstand ist, ist der Winter für uns auch die beste Zeit für das Aufnehmen von Lebenskraft, und zwar am ehesten in dem von der Sonne beschienenen Hochgebirge, nicht unter einer Wolkendecke. Deshalb ist der Winter für uns die kraftvollste und aktivste Zeit des Jahres.

Der kosmische Mensch, dessen Abbild wir Menschen sind, ist ein ES, mit dem wir in unaufhörlicher Wechselwirkung stehen, Denkpol mit Denkpol und Lebenspol mit Lebenspol. Wenn wir am Himmel die sichtbare Sonne wahrnehmen, ist sie für uns der Zielpunkt unserer Liebe zu dem ganzen kosmischen Menschen, den wir Gott nennen. Die Sonnenverehrung durch ganzheitlich erlebende Menschen richtet sich also auf beide Sonnen, die sichtbare wie die unsichtbare. Nur gespaltene Menschen, die ihre eigenen beiden Pole als Konkurrenten erleben und die rechte Beziehung zwischen beiden nicht mehr erfahren können, sehen in der Sonnenverehrung nur die Anbetung der Spenderin der körperlichen Vitalität und setzen dem ihre ausschließliche Verehrung der geistigen Sonnen entgegen.

Wer einen Menschen um seiner Seele willen liebt, liebt auch dessen Körper, weil dieser die Ausprägung der geliebten Seele ist. So liebt der wahre Sonnenanbeter die sichtbare Sonne als das sichtbare Bild des ganzen zweipoligen Sonnenwesens. In derselben Weise bringt ein Anhänger der östlichen Religionen einem Götterbild aus Liebe Opfer, und er hält dabei nicht dieses stoffliche Bild für die Gottheit selbst, sondern betrachtet es als Bild der unsichtbaren Gottheit, an die er sich zugleich richtet. Dies ist etwas, was zu verstehen dem gespaltenen Christen des Westens so schwer fällt, zumindest dem Protestanten.

Die Astrologie arbeitet bei ihren Berechnungen mit den sichtbaren Himmelskörpern, d.h. auch nur mit der sichtbaren Sonne. Darin liegt keine Unvollständigkeit. Durch den Kreislauf bleibt ja ein zweipoliges Wesen immer ein Ganzes, von dem jedes Teil das Ganze repräsentiert und in sich trägt. Die beiden Pole haben im Grunde nur einen gegensätzlichen Aufbau: Was bei dem einen innen ist, ist bei dem anderen außen. Die sichtbare Sonne hat auch den Geist in sich.

Man kann daher beim Horoskop sowohl für die geistige wie für die stoffliche Seite mit der einen sichtbaren Sonne arbeiten.

DIE SICHTBARE SONNE

Die sichtbare Sonne ist die Lebensspenderin für alle ihre Planeten und Monde und all dasjenige, was auf ihnen wohnt. Alle ihre Geschöpfe leben aus ihrer Kraft, die sie unaufhörlich nach allen Seiten in unsichtbaren kleinen Pünktchen aussendet. Diese werden im Laufe vieler Metamorphosen zu unseren unsterblichen Zellkernen. Sie geben unserem Körper die Lebenskraft, der Seele die Wärme der Liebe und spenden auf der geistigen Ebene das Licht der Erkenntnis: Drei Formen derselben Kraft, die wir durch den Atem (sowohl durch die Poren der Haut als auch durch die

Nase), durch die Haare und, in feinerer Form, durch den ätherischen Trichter auf unserem Haupt in den Lebensleib aufnehmen.

Die Sonne ist der Ichformer im Menschen und schenkt uns den Willen. Sie gibt uns das Identitätsbedürfnis (ich bin ich), den Mut, das Selbstbewußtsein und das Selbstvertrauen, das Ehrgefühl und die Selbstachtung, Großmut und Edelmut, Herzlichkeit und Großzügigkeit, die Wahrheitsempfindung im Herzen, Ehrlichkeit, Offenheit, Unbefangenheit. Eine starke Sonne im Horoskop macht den Betreffenden selbständig und unabhängig, über das Lob, den Tadel oder die Gleichgültigkeit der Menschen erhaben. Die Sonne gibt uns die Menschenwürde und die darauf beruhende Erkenntnis der Menschenrechte und -pflichten.

Die Sonne schafft und ist im Horoskop das zentrale Ich oder die Individualität, das einmalige Ich-Wesen. Dieses muß danach streben, die Planetenkräfte ganz in seine Macht zu bekommen und zu beherrschen, wie Pferde am Zügel. Beim Massenmenschen ist die Sonne noch nicht oder noch kaum geboren. Ein solcher Mensch kann noch nicht alleine sein, noch nicht auf eigenen Beinen stehen (die Beine korrespondieren mit dem Herzen, dem ersten Organ der Sonne!). Wer mit einer nicht aspektierten Sonne geboren wird, muß zunächst durch den Willen eines anderen regiert und geformt werden, bis sich durch Progression Aspekte zwischen Sonne und Planeten einstellen. Die Sonne ist der uns einwohnende Gottesfunken, das Merkmal unserer göttlichen Abstammung und der Keim unseres Gotteswerdens.

Die Sonne drückt sich am reinsten im Zeichen des Löwen aus, im fünften Haus und in allem, was positiv, ausstrahlend, warm und feurig ist. Im Körper drückt sie sich aus, im Herzen, den Augen (Lichtorganen!) und dem Wirbelkanal. Sie verleiht dem Menschen den aufrechten Gang.

Die Sonne spendet uns die Vitalität, den Willen zum Leben und die Kraft dazu. Sie ist das Gegenstück Saturns, des Todes.

Im Tierreich tritt sie im Löwen in Erscheinung, in der Katze, dem Lama, dem Hirsch und in allen stolzen Tieren mit königlicher Haltung.

Im Pflanzenreich beherrscht die Sonne die Sonnenblume, die Ringelblume, das Johanniskraut (Hartheu), den Löwenzahn, das Schöllkraut und generell die Pflanzen mit Organen oder gelben

Blüten, die sich weit zur Sonne öffnen. Hierzu gehören auch Maidorn, Rose, Apfel und Weinraute.

Im Mineralreich gehört die Sonne zum Gold und den Edelsteinen: Diamant, Kristall, Granat, Chrysolith, Chrysoberyll, Peridot, Goldtopas. Das Gold in der Krone eines Fürsten zieht die Sonnenkraft an, die er als Statthalter der Sonne seinem Volk weitergeben muß. Gold muß man tragen, nicht im Safe liegen lassen!

Die weltlichen Positionen, die zu einem echten Sonnenmenschen passen, sind: Fürst, Präsident, Anführer, Chef, Direktor und generell Stellungen in der Gesellschaft, durch die man zum Mittelpunkt der Bewunderung und Verehrung wird, bekannt, angesehen und einflußreich. Der Wahlspruch des Sonnenmenschen lautet: Noblesse oblige.

Die Sonne ist im Menschen sein Uranfang und sein letzter Überrest, sein unsterbliches Sein.

Sol Invictus!

(Wer Weiteres über die Sonne wissen will, lese Jakob Lorber, *Die Sonne,* Lorber Verlag, Bietigheim).

DIE PLANETEN

Wir haben bereits erwähnt, daß die Planeten aus der Sonne geboren sind, ebenso unsere Erde. Die anderen Planeten sind Geschwister der Erde. Sind auch sie bewohnt? Wir meinen: Ja. Freilich haben nicht alle eine Atmosphäre. Aber dies tut ja nichts zur Sache. Sie sind natürlich nicht von Menschen unserer Art bewohnt. Ihre Bewohner sind durchwegs Wesen feinerer Art, und wenn sie uns in ihren fliegenden Untertassen oder Ufos besuchen, verdichten sie sich, um unserer Schwingung möglichst nahe zu kommen. Manchmal projizieren sie nur ihr Bild in den Äther vor uns, damit wir uns eine Vorstellung davon machen können, wie sie beschaffen sind. Nicht anders verhält es sich ja mit dem Projektionsbild, das wir von der Sonne und den Sternen sehen.

Ein Planet wird geboren, verändert sich, lebt und stirbt schließlich nach unvorstellbar langer Zeit. Seine Bestimmung liegt darin, daß er sich verfeinert, ätherisch wird und von der Sonne aufgesogen wird. Manchmal verunglückt sein Leib, und die leblosen Trümmer laufen weiter in der alten Bahn um, wie es z.B. mit dem Planeten Luzifer oder Mallona geschehen ist.

Die Planeten sind die Ausführer der Initiativen ihrer Sonne. Ihre Geister sind die großen Erbauer, die Elohim, die im Auftrag der Sonne die Gestaltungsarbeit im Kosmos leisten; sie stellen die kosmischen Muster bereit. Der *Geist* eines Planeten arbeitet fortwährend an seiner eigenen Seele und seinem eigenen Leib. Seine *Seele* fühlen wir; ihre Schwingungen beeinflussen alle anderen Planetenseelen und auch die Seelen der Geschöpfe, die diese bewohnen. In der Menschenseele auf der Erde wirken die Planetenseelen als autonome Seelenkräfte, getönt durch die Tierkreiszeichen, in denen sie jeweils von der Erde aus gesehen laufen.

Die stofflichen Kugeln, deren Bild wir empfangen, sind die *Leiber* der Planeten. Ihre Schwingungen wirken auf unsere Körper ein. Auch die Schwingungen unserer Erde, ihrer Seele und ihres Leibes müssen auf anderen Planeten fühlbar sein.

Die Kräfte von Sonne und Planeten einschließlich unserer Erde und ihre Monde bauen und formen unser menschliches Leben und alle anderen Leben und Ereignisse auf der Erde wie auch auf den anderen Planeten. Ihre Schwingungen, die von uns transformiert und erneut ausgesandt werden, beeinflussen wiederum alle anderen Geschöpfe und die Planeten selbst. Der Mensch ist ein Rädchen in der großen Organisation, das seinen ihm zugewiesenen Platz hat und nicht fehlen darf.

Manche Menschen (wie z.B. Ania Teillard) sehen in inneren Seelenbildern die Gestalten der Planetengeister. Dies ist eine ihrer Erscheinungsformen. Jede Gestalt, die man sieht, träumt, sich vorstellt, ist ein Sinn-Bild.

Was wir von den Planeten wissen, haben diese unserem menschlichen Bewußtsein selbst eingegeben. So ist die Astrologie intuitiv entstanden, woraufhin erst die Erfahrung ihre Richtigkeit bestätigt hat. Auch die griechischen Mythen und viele anderen Mythen und Sagen enthüllen uns viel über das Wesen der Planeten.

DIE GLYPHEN DER PLANETEN

Die Planeten werden seit jeher mit einem Symbol, einer Glyphe angegeben. Diese wurden im Laufe der Zeit verstümmelt. Hier wird ihre reine Form angegeben, die ihrem Wesen entspricht.

Jede dieser Glyphen besteht aus zwei oder drei Grundelementen: Kreis, Bogen und Kreuz, in jeweils anderer Zusammensetzung. Der Kreis bezeichnet den Geist, der Bogen (Mond) die Seele und das gerade Kreuz den Körper. Dies sind also drei Verdichtungsgrade ein- und desselben Wesens. Derjenige Grad, der im Charakter des Planeten maßgeblich ist, steht oben, der nächstschwächere Grad darunter, der schwächste ganz unten. Bei den dreiteiligen Glyphen besteht eine Wechselwirkung zwischen dem obersten und dem untersten Element. Wer diese Glyphen auf sich wirken läßt, kann in dieser Weise immer tiefer in das Wesen der Planeten eindringen.

Zusätzlich sind hier die Glyphen der Sonne und des Mondes angegeben.

SONNE ☉	Der Kreis mit dem Punkt in der Mitte ist das Bild der schöpferischen Mitte und des Wirkungsfeldes an der Grenze seiner Ausstrahlung.
MOND (LUNA) ☽	Eigentlich der stehende Bogen, aber wiederum mehr der Doppelbogen als die Mondsichel.
MERKUR ☿	Die vollkommene Dreizahl; die Seele (liegender Bogen, Mond) liegt oben, weil hier das Bewegliche, Anpassende, Verändernde das wesentliche Merkmal ist. Die Festigkeit des Stoffes (das Kreuz) ist bei Merkur am schwächsten ausgeprägt. Man sieht hier also die Manifestation des Geistes durch die Seele, vom Stoff getragen.
VENUS ♀	Der Kreis über dem rechtwinkligen Kreuz: Der Geist über dem Stoff. Das bedeutet: Erhöhung, Sublimierung.

MARS ♁	Das rechtwinklige Kreuz über dem Kreis (nicht der schräge Pfeil!), das ist der Stoff über dem Geist; der Gegenpol der Venus.
ERDE (GE) ⊕	Der Kreis mit dem eingeschriebenen rechtwinkligen Kreuz: Stoff und Geist miteinander verbunden.
JUPITER ♃	Der stehende Bogen ruht auf dem Querbalken des rechteckigen Kreuzes: die flexible Anpassung an die augenblickliche Situation, die Fortführung der vollendeten Tatsache.
SATURN ♄	Das rechtwinklige Kreuz über dem unten anhängenden Mondbogen: Das starre Gesetz, das auch angewandt werden muß. Das genaue Gegenteil von Jupiter.
URANUS ♅	Das rechtwinklige Kreuz oben als Wirkung im Stoff, darunter der liegende Bogen als Anpassung, und unten der Geist als der Ausgangspunkt: Vom Geist ausgehende flexible Neugestaltung der konkreten Ordnung.
NEPTUN ♆	Der liegende Bogen auf dem Querbalken des rechtwinkligen Kreuzes, darunter der Kreis: Die flexible Anpassung steht im Vordergrund, d.h. vom Geist ausgehende Verteilung des Stoffs in vielfältigen Formen.
PLUTO ♇	Das rechtwinklige Kreuz auf dem Kreis, darunter der liegende Bogen. Der Geist erstarrt im Konkreten, wie bei Mars, aber auf der Grundlage einer unmerklichen, verfeinerten Anpassung und in Wechselwirkung mit dem Nachgiebigen, Spiegelnden.

Vier Planeten weisen oben das rechtwinklige Kreuz auf: Mars, Uranus und Pluto sind die Auflöser des Stoffs; Saturn ist der Verhärter des Stoffs.

Bei drei Planeten befindet sich der Mond oben, nämlich bei Merkur, Jupiter und Neptun, die sämtlich soviel Anpassungsvermögen zeigen, daß sie es mit der Wahrheit nicht so genau nehmen. Venus ist die einzige, bei der der Kreis oben liegt; dies weist auf das weibliche »runde« Denken hin im Gegensatz zum männlichen Denken in einer geraden Linie von Schlußfolgerungen.

Elektrische, aktive Planeten sind Mars, Uranus und Pluto. Merkur und Jupiter liegen in der Mitte. Magnetische, passive Planeten sind Venus, Saturn und Neptun.

Von den offiziell bekannten Planeten ist Pluto das älteste Kind der Sonne, gefolgt von Neptun, Uranus, Saturn, Jupiter, Luzifer, Mars, Erde und Merkur, in dieser Reihenfolge.

Von der Erde aus gesehen betragen die Zeiten, die die einzelnen Planeten für einen Umlauf durch den Tierkreis benötigen (siderische Umlaufzeiten):

Sonne: 1 Jahr
Mond: 27 Tage, 7 Stunden, 4 Minuten
Merkur: rund 1 Jahr
Venus: rund 1 Jahr
Mars: 20 Monate
Jupiter: 11 1/2 Jahre
Saturn: 29 1/2 Jahre
Uranus: 84 Jahre
Neptun: 156 Jahre
Pluto: etwa 340 Jahre

Wenn man das Wesen der Planeten in einem einzigen Wort zusammenfassen will, kann man folgendes sagen:

Sonne: Ausstrahlung
Mond: Widerspiegelung
Merkur: Übertragung
Venus: Verbindung
Erde: ???
Mars: Auflösung
Jupiter: Ausdehnung
Saturn: Zusammenziehung
Urans: Neugestaltung
Neptun: Auflösung
Pluto: Übermacht

Kürzlich wurde von den Astronomen noch ein Planet jenseits von Pluto entdeckt, desgleichen ein offenbar neugeborener kleiner Planet in der Nähe der Sonne, der noch unregelmäßig läuft.

MERKUR

DAS WESEN

Der Planetengeist, den wir in der Astrologie mit dem römischen (lateinischen) Namen Merkur bezeichnen, hieß bei den Griechen Hermes, bei den alten Germanen Wotan und in Skandinavien Odin oder, in drei Personen gegliedert, Odin, Vili und Ve. Der Mittwoch, in romanischen Sprachen Merkur-Tag (z.B. französisch mercredi), war ihm geweiht. Der Name Hermes bedeutet Begleiter, Unterstützer.

Das Wesen dieses Planeten ist Umlauf, Kreislauf, Zirkulation. Er verleiht Bewegung und beherrscht daher auch die beiden beweglichen Zeichen Zwillinge und Jungfrau. Er schafft Dinge von einem Ort, an dem es davon zuviel gibt, an einen anderen, an dem es davon zu wenig gibt. *Deshalb* ist er der Gott des Windes (vom hohen zum niedrigen Luftdruck) und des Regens; des Handels, der Diebe, des Verkehrs und Transports (Warenverkehr), der Eisenbahnen und Autobusse, Reisebüros (Beförderung von Menschen), der Presse, des Journalismus, der Zeitungen und Zeitschriften, der Post (Verbreitung von Nachrichten), des Unterrichts, der Bibliotheken, Redner, Schriftsteller, Buchhändler und Schulen (Vermittlung von Wissen); er ist unterwegs, beweglich und in Eile. Er macht den Vermittler, den Ansprechpartner, den Vertreter, den Makler, den Kommissionär, den Geschäftsführer, den Handelsvertreter, der für seine Firma reist, Geschäfte abschließt und verhandelt.

Hierbei handelt es sich immer um eine kreisförmige Bewegung: vom Redner zu seinem Publikum, das durch seine gespannte Aufmerksamkeit auch auf den Redner zurückwirkt und ihm bewußt macht, wovon er zuvor selbst noch nicht wußte, daß er es wußte; der Kaufmann liefert Waren und bekommt dafür Geld, usw.

Im menschlichen Leib beherrscht Merkur alle Kreisläufe: Denjenigen des Blutes (er verleiht die sanguinische Veranlagung oder Konstitution), der Lymphe und der anderen Drüsenflüssigkeiten, der Atemluft und der elektrischen Nervenimpulse; er beherrscht daher auch die Atmung und das zentrale Nervensystem.

In der menschlichen Seele beherrscht er die Denkvorgänge, die parallel zu den Hirnströmen laufen, das Bewußt-Werden und das Bewußt-Sein, das logische Denken und das Formulieren von Gedanken in Wort und Schrift. Er steht für das Sprechen und Singen, die Anknüpfung neutraler Kontakte, das Besuchen und Reisen, Telephonieren, Korrespondieren, Tätigen von Einkäufen und allgemein das Assoziieren und Kombinieren. Weiterhin auch das Lügen und Betrügen, denn der neutrale Verstand läßt sich vor jeden Karren spannen!

Merkur ist aufgrund seiner Kindlichkeit die einzige vollkommen neutrale Planetenkraft; er beherrscht auch im Menschenleben das reife Kindesalter vom siebten bis vierzehnten Lebensjahr. Er ist ja auch selbst das jüngste Kind der Sonne. Im Horoskop steht er für den Spielkameraden, jüngere Geschwister, den Lehrer, den Schüler und die Geschäftsbeziehung.

Im Mineralreich äußert er sich im flinken, so überaus beweglichen Quecksilber. Im Pflanzenreich sind es die baumelnden Kätzchen und Glöckchen und die an sehr dünnen, beweglichen Stielchen befestigten und daher immerfort lispelnden Blätter von Birken und Pappeln, die uns Merkur als ihren Formenschöpfer erkennen lassen, sowie auch die hohlen Stengel analog zu den Blutgefäßen im menschlichen und tierischen Körper.

Im Tierreich sind es die kleinen Vögel und Affen, allgemein alle flinken kleinen Tiere, die Merkur repräsentieren. Merkurs Farbe ist das Gelb, das Gelb des Verstandes, der Sonne und des Lichts; Gelb heitert auf und stimuliert das Denken, weckt den Sinn für das Komische. Dem Merkur zugeordnete Edelsteine sind Topas und Citrin, im Zeichen Jungfrau insbesondere der Karneol. Von den Fingern leitet der kleine Finger die Kraft des Merkur; er trägt den Ring der kleinen Zuneigungen.

DER MYTHOS

Im nordischen Mythos wird die Ordnung des Lebens auf der Erde den drei Gebrüdern Odin, Vili und Ve zugeschrieben: der Dreieinigkeit von Mittelpunkt, Radius und Umfang oder von Sein,

Bewegung und Bewußtsein, den drei Phasen des Lebensprozesses, oder auch Geist, Seele und Leib. Aus dem Leichnam des Riesen Ymir schufen sie zu dritt die Erde und ihre Bewohner: »Aus Ymirs Fleisch wurde die Erde geschaffen, aus seinem Blut das Meer und die Seen, aus den Knochen die Berge, aus seinem Haar die Bäume, aus seinem Schädel der Himmel«. Unter den Schädel stellten sie vier Zwerge, die die Windrichtungen anzeigten. Aus den Funken, die das Muspelheim ausgeworfen hatte, schufen sie Sonne, Mond und Sterne, wodurch die Zeit geordnet wurde. Daraufhin schufen sie einen Mann und eine Frau: Ask und Embla; Odin gab ihnen Atem (Od = Odem = Atem) und Leben, Vili Verstand und Bewegung, Ve Antlitz, Rede, Gehör und Sehkraft. Zusammen schufen sie also die Sprache. Wer die Heilkraft des Wortes kennt, weiß, wie kostbar Odins Gabe der Sprache für uns ist.

Im griechischen Mythos wird Hermes als Sohn des Zeus und der Nymphe Maya auf dem Berg Kylene in der Hirtenlandschaft Arkadien geboren (Merkur beherrscht auch die Viehzucht, sein Zeichen Jungfrau die Pflege kleiner Tiere). Er sprang aus seiner Wiege und stahl die Rinder des Sonnengottes Apollon (als Naturmythos: Er fegte, wie der Wind, die Wolken hinweg). Als der Diebstahl entdeckt wurde, besänftigte er Apollons Zorn, indem er ihm eine selbstverfertigte Leier schenkte, woraufhin ihm Apollon als Gegengeschenk einen Stab gab, mit dem er alle Streitenden (Gegensätze) miteinander versöhnen konnte, den Merkurstab oder Caduceus (Kerykeion). Um den Stab winden sich zwei Schlangen in dreieinhalb Windungen; über ihren Köpfen verzweigt sich die Schlange in zwei Flügeln, über denen sich ein Kiefernzapfen erhebt.

Dieser Stab steht für den Wirbelkanal, die Schlangen für die Grenzstränge, die Flügel für die Lungen und der Kiefernzapfen für die Zirbeldrüse oder Epiphyse. In der ersten oder Paradiesphase der Menschheit geht das merkurialische Licht direkt durch den Wirbelkanal nach oben und erleuchtet den Menschen durch das Allbewußtsein in der Zirbeldrüse; in der darauffolgenden zweiten Phase verteilt sich das Licht über die Nebenströme, der Mensch fällt aus der Einheit in die Zweiheit, sieht alles polar (Gut und Böse usw.) und spaltet sein neutrales Menschsein in Mann und Frau; nach dieser schwierigen Phase des Strebens, Lernens und Arbeitens kann der Mensch wieder den mittleren Weg finden, d.h. den kurzen, direkten, mythischen Weg, und seine Zweiheit gegen eine jetzt bewußte Einheit eintauschen. Dann hat der Stab die Gegensätze miteinander versöhnt, die Synthese ist gelungen. Die Schlangen bezeichnen die beiden Richtungen des Kreislaufs zwischen Geist und Stoff: Involution und Evolution, Schöpfung und Erlösung.

Das germanische Gegenstück dieses Stabs ist die Irminsul, die mächtige Säule, die als Zentrum feierlicher Handlungen aufgerichtet wurde (u.a. im Heiligtum der germanischen Göttin Urd im Orderbos bei Soeren).

Nachdem Apollon Hermes diesen Stab geschenkt hatte, wollten die übrigen Götter nicht zurückstehen: Sie gaben Merkur die Flügelschuhe oder Talaria und die Flügelkappe Petasus, die ihm bei seinen Botengängen für die Götter noch größere Schnelligkeit verliehen.

Ende Mai, d.h. zu Beginn der Zwillinge, feierte man in Rom die Merkurialia, Feste zur Ehren Merkurs. Hermessäulen dienten als Grenzsteine.

An Landschaftspunkten mit stark merkurialischer Ein- und Ausstrahlung errichtete man Merkurtempel. An der Stelle eines alten keltischen Heiligtums für diese Gottheit errichteten die Römer einen Tempel für Castor und Pollux, die Zwillinge (Merkurzeichen), an dessen Stelle später die Sankt-Pauls-Kathedrale in London entstand. In dieser befinden sich zahlreiche Grabstätten und Gedenktafeln für die großen Diebe des britischen Empire, die aus der ganzen Welt zur Ehre und zum Profit ihres Vaterlandes Schätze heranschafften: die Empire Builders.

In Amsterdam findet man einen solchen typischen Merkur-Ort an der N.Z. Voorburgwal: Dort stehen nebeneinander die Gebäude der großen Tageszeitungen, das Postamt, das Telegraphenamt, bis vor kurzem auch noch die Büros der Spediteure, während auf der Straße der Briefmarkenmarkt abgehalten wird.

Die Glyphe Merkurs besteht aus einer Kugel, über der sich eine Mondsichel und unter der sich das gerade Kreuz befindet. Die Seele ist also oben, darunter der Geist, zuunterst der Stoff. Das Wichtigste und Charakteristischste ist also die Flexibilität, das

Anpassungsvermögen (Mond), das für den Geist eingesetzt wird, während die stoffliche Verwirklichung als letztes davon profitiert.

Das dem Merkur zugeordnete Element ist die Luft, das Gebiet des Geistigen. Im Luftzeichen Zwillinge verwirklicht er sich am reinsten, nämlich als das Kindliche, Verspielte, die Hingabe und die Fähigkeit des Staunens, der Humor und die Fröhlichkeit des bunten Schmetterlings, der im Sonnenlicht von Blüte zu Blüte flattert. Die Jungfrau, sein anderes Zeichen, zeigt ihn in seiner Betriebsamkeit, wobei die Hingabe zu kritischer Aufmerksamkeit und analytischer Fähigkeit wird. Beide Zeichen lieben Intelligenzspiele, die Zwillinge vor allem Wortspiele und Anekdoten, beide mögen Rätsel und Diskussionen, Streitgespräche und Debatten. Merkur macht den vorzüglichen Redner, den Sprachkundigen und Philologen, den Sprachkünstler.

VENUS

Die Bahn des Planeten Erde um die Sonne verläuft zwischen denjenigen der Planeten Venus und Mars; diese sind unsere nächsten Nachbarn, die wir vielleicht bald besuchen werden. Ihrem Wesen nach sind sie Gegenspieler: Venus ist weiblich, zentripetal, Yin, magnetisch, bejaht die ewigen Muster, reinigt, erlöst und vergeistigt, strebt nach Verbindung, Vereinigung, Verschmelzung, Versöhnung, Harmonie. In ihren Erscheinungsformen ist sie linksdrehend. Sie hält sich bedeckt: Der Planet selbst bedeckt sich mit Wolken; seine Repräsentanten decken alles mit dem Mantel der Liebe zu. Sie bedeckt selbst das Böse. Mars dagegen ist männlich, zentrifugal, Yang, elektrisch, verfolgt geradlinig sein Ziel, arbeitet und kämpft, schafft und verstofflicht, strebt nach Trennung, Unterscheidung, Individualisierung. In seiner Erscheinungsform ist er rechtsdrehend. Er tritt kraftvoll auf, drängt sich in den Vordergrund. Er bekämpft das Böse, wo er es nicht selbst betreibt, oder er tut beides zugleich.

Vor 5000 Jahren kam Venus in ihre heutige Bahn, nachdem die Geburt Merkurs alle Planeten genötigt hatte, auf Mutters Schoß einen Platz weiter zu rücken. Dies hat auch unsere Erde sehr in Mitleidenschaft gezogen; ein Steinhagel ging nieder, und die Erddrehung verlangsamte sich (man lese hierzu Velikowsky, *Welten im Zusammenstoß,* Umschau Verlag 1978). Ihre menschlichen Bewohner sind etwas größer, edler und klüger als wir auf der Erde. In ferner Vergangenheit, während der zweiten Hälfte der lemurischen Zeit, als der Mensch schon in Mann und Frau gespalten war und das Paradies verlassen hatte, kamen Venus-Menschen in Raumschiffen zur Erde, brachten u.a. die Honigbiene für uns mit und lehrten die Erdenmenschen viele Dinge. Es waren Männer, die sich mit den irdischen Frauen verbanden, und ihre Nachkömmlinge waren die Helden und Halbgötter der alten Sagen, die gewaltige Taten verrichteten und auf die die Füstengeschlechter der Erde ihre Herkunft zurückführen. Die Kraft ihrer Venus-Vorfahren ist in ihrem Blut noch als das Heil vorhanden, das sie an ihr Volk weitergeben sollen.

Venus und Merkur heißen innere Planeten, weil ihre Bahn kleiner ist als die unsere und der übrigen Planeten, da sie der Sonne näher sind. Wir sehen die Venus daher auch niemals weiter als 46° von der Sonne entfernt, so daß sie mit der Sonne nur eine Konjunktion, ein Halbsextil (30°) und ein Halbquadrat (45°) bilden kann. Deshalb sehen wir sie auch häufig in Gesellschaft der abnehmenden oder zunehmenden Mondsichel, niemals aber beim Halbmond oder Vollmond. Die große, herrliche Venus mit der Mondsichel ist ein wunderbarer Anblick; die alten Götter sagten dann: Die Göttin mit ihrem Stier (das Horn!), oder beim Spiel mit ihrem Sohn oder Mann, oder, umgekehrt, die Mondgöttin mit einem Juwel in ihrer Krone. Oder der Mond war ein Fisch im Himmelsmeer, über dem die Göttin als Stella Maris thronte. Oder man sagte, daß der Stier aus dem Meer, von dem man einmal das eine, dann das andere Horn sieht, Venus als herrliches Juwel auf seinem Kopf trägt. Hiermit hängen der Mythos des kretischen Minotauros zusammen und die Stierrituale des Mithras-Kultes, der der Ursprung der Stierkämpfe in Spanien ist.

Venus erscheint uns manchmal als Abendstern, dann nach einiger Zeit der Unsichtbarkeit als Morgenstern, woraufhin sie wiederum eine Weile unsichtbar wird. Es hat lange gedauert, bis die Menschen verstanden, daß beide Gestalten demselben Planeten angehörten.

Als Abendstern sehen wir sie bei Sonnenuntergang als ersten »Stern« am Himmel im Westen nahe der untergegangenen Sonne erscheinen. Sie zeigt sich als solcher, wenn sie nach der oberen Konjunktion mit der Sonne, d.h. also von uns aus gesehen hinter der Sonne in einem Abstand von 10° von der Sonne sichtbar wird (heliakischer Aufgang). Man sieht dann, wie sie links der Sonne ihre größte östliche Elongation erreicht und danach (aus unserer Sicht) ihre Bahn umkehrt, d.h. im Tierkreis rückläufig wird (R), und zwar etwa 28° von der Sonne entfernt, bis sie 10° von der Sonne entfernt unsichtbar wird. Schließlich erreicht sie genau zwischen Sonne und Erde die sogenannte untere Konjunktion mit der Sonne, die natürlich eine andere Wirkung hat als die obere Konjunktion.

Wenn sie um 10° an der Sonne vorbeigezogen ist, wird sie wiederum sichtbar, jedoch jetzt als Morgenstern im Osten, als der letzte noch am Himmel funkelnde »Stern« bei Sonnenaufgang. Danach wird sie aus unserer Sicht wieder rechtläufig und geht in die sogenannte direkte Bewegung (D) über, bis sie eine westliche Elongation von 28° erreicht hat und dann hinter der Sonne die obere Konjunktion bildet (was wir wissen, aber nicht sehen können). Dieser Umlauf von einer oberen Konjunktion zur nächsten dauert 584 Tage. *Für uns* beschreibt sie also nicht einen Kreis oder Ellipse durch den Tierkreis, sondern einen Kreis mit Schleifen; sie tanzt die Rondinella! D.h. dieser Tanz stellte als heiliges Ritual ihren himmlischen Tanz dar, denn auch die Sonne schreitet im Tierkreis fort.

DAS PENTAGRAMM

Wenn man die Tierkreiszeichen sich in einem Kreis angeordnet denkt und die Punkte, in denen Venus sich in Konjunktion mit der Sonne befindet, in der Reihenfolge ihrer Bewegung mit einer Linie verbindet, entsteht ein fünfzackiger Stern oder ein Pentagramm in den Zeichen Jungfrau, Stier, Schütze, Krebs und Wassermann (wobei gelegentlich Skorpion an die Stelle des Schützen tritt). Deshalb ist das Pentagramm das heilige Zeichen der Venus, das böse Geister und ansteckende Krankheiten fernhält (wobei eine Spitze in Richtung der Gefahr gerichtet sein muß). Man zeichnet es mit einer Spitze nach oben, und so findet man es z.B. zusammen mit der abnehmenden Mondsichel, als Venus mit dem Mond, in der Flagge der Türkei und mit kleinen Abwandlungen in den Flaggen Algeriens, Marokkos, Tunesiens und Ägyptens sowie auch denjenigen Pakistans und Indonesiens. Das Pentagramm gehört zum Islam und zu den Arabern, bei denen der Mond in Wissenschaft und Kultur so stark wirkt, wo er in den Bogengängen und Girlanden als Mondsichel allgegenwärtig ist. Fünf ist auch die heilige Zahl der Moslems. Damit dieser Stern magisch verwendbar ist, muß er in einem Zug gezeichnet werden und vollkommen geschlossen sein. Als Stern prangt das Pentagramm auf allem Kriegsgerät der USA, der UdSSR, Chinas und der Mongolei, Nordkoreas, Ghanas und Jugoslawiens.

Auch auf den Aushängeschildern von Gasthäusern sieht oder sah man zumindest das Pentagramm, wo es jedoch eine besondere

Bedeutung hatte: Venus als Abendstern wird nämlich auch der Bettlerstern genannt, weil bei ihrem Erscheinen jeder verpflichtet war, einem Bettler Essen und Obdach für die Nacht zu geben.

Bei den Herrnhutern entstand der Brauch, am Abend einen leuchtenden Fünfstern in das Fenster zu hängen, was auch bedeutete, daß hier jeder willkommen war. Der Fünfstern hat noch weitere Namen: Drudenfuß, Salomonssiegel (er befand sich als königliches Siegel auf Salomons Siegelring), Salus Pythagorae (Heil des Pythagoras); er ist das Zeichen des Menschen.

VENUS ALS GÖTTIN

Der Planetengeist Venus wurde seit jeher unter den unterschiedlichsten Namen verehrt, wie z.B. Astr, Astarte, Ishtar, Esther, Isis, als Himmelskönigin, Taubenkönigin, weiße Madonna (die schwarze ist der Neumond), Stern der Meere usw. Im Jahre 394 n. Chr. wurde in Rom das letzte offizielle Isis-Fest gefeiert; ihr Kult ging jedoch von selbst in den Marienkult über. Sie erscheint stets als jungfräuliche Mutter, die ihr Kind (zunächst Adonis, dessen Auferstehung vom Tode man mit Körben voll jungem Gemüse in den europäischen und asiatischen Ländern am Mittelmeer im Frühjahr feierte) an der linken Brust stillt.

Bei den Griechen hieß sie Aphrodite, bei den Römern Venus. Sie soll die Tochter Jupiters (Zeus') und der Dione gewesen sein, einer Okeanide, jedoch ist die bekannteste Version diejenige, nach der sie aus dem Schaum des Meeres geboren wurde (Venus anadyomene). Auf Botticellis Darstellung der Geburt der Aphrodite in den Uffizien zu Florenz sieht man sie nackt mit goldenem Haar auf einer Muschel stehen. Diese Muschel wird von Kephyros angetrieben, dem Südwestwind, der Flora, die Göttin der Blumen, umfaßt hält und Aphrodite Blumen entgegenbläst. Sie wird an der Insel Zypern an Land gespült, wo eine der Horen, der Frühlingsnymphen, ihr ein Kleid reicht. Auch die drei Grazien empfingen sie, und eine Schar von Göttern brachte sie zum Olymp, u.a. Himerus, der Gott des Liebesverlangens, Pothos, der Gott des Liebesschmerzes, und Hymen, der Hochzeitsgott. Dort wies sie alle Heiratsanträge der Götter ab, selbst von Jupiter, der sie zur Strafe mit Hephaistos verheiratete, dem Schmiedegott, der unter dem Ätna arbeitete. Venus aber verließ ihn, um mit Mars (Ares) das Liebeslager zu teilen. Aus dieser Verbindung gingen sieben schöne Kinder hervor, u.a. Hermione, Harmonia und Cupido (Eros, Amor), der immer klein blieb, außer in Gesellschaft seines Bruders Anteros, des Gottes der Leidenschaft, denn Liebe wird durch die Leidenschaft erwachsen. Diese Kinder schlugen nach ihrer Mutter Venus. Die anderen, die mehr nach ihrem Vater gerieten, waren Eris (die Zwietracht), Phobos (das Grauen), Metus (die Furcht), Daimos (das Entsetzen) und Pallor (der Schrecken). Mars war ja der Kriegsgott.

Venus wurde zur Göttin der Liebe, des Lebensgenusses, der Schönheit und der Kunst, der Unterhaltung, der Harmonie, der Eintracht und des Friedens, der schönen Sprache, der Bande der Zuneigung und Zusammenarbeit, von Recht und Billigkeit, der Kultur und guten Manieren.

Ihre Farben sind Blau (Stier) und das zarte Grün (Waage), die negativen, beruhigenden Farben sowie alle zarten Pastelltöne wie z.B. Rosa, Lila und Hellgelb. Ihr Metall ist das rote Kupfer. Das gelbe Kupfer oder Messing besteht aus rotem Kupfer und Zink.

Der Finger, der ihre Kraft leitet, ist der Ringfinger, an dem man den Ring der Liebe und Ehe trägt. Alle blauen und grünen Steine, insbesondere aber der Saphir und der Smaragd gehören zu Venus.

Beim Kartenspiel ist das Herz die Farbe der Venus.

Sie erzeugt in der Seele die Neigung der liebevollen Hinwendung und Bindung aus Liebe, sie macht liebenswürdig und einnehmend, feinfühlig und behutsam (so daß man aus Angst, andere zu verletzen, die Wahrheit hinter vielen Schleiern verbirgt), kultiviert, aber manchmal auch unaufrichtig, kokett und genußsüchtig; sie verleiht ein starkes ästhetisches Bedürfnis und vielfach Kunstsinnigkeit. Sie gibt Sinn für Kleidung, Zierat und harmonisches Gestalten (Haus, Garten, Ausstellungen), ein Bedürfnis nach Luxus und Komfort, Urlaubsleben und einem milden Klima. Sie verleiht Sprachgefühl, schenkt ein Leben mit Gedichten und Belletristik. Sie läßt mit Ölfarben malen (Stier) oder Klavier spielen (Waage), Zeichnen (Waage), Singen (Stier), und sie beherrscht den Modebetrieb (Widder: Designer, Stier: Textilgewerbe), die Friseur- und Schönheitssalons, den Kostümfundus von Theatern, Juwelierläden, Festgebäude, Jahrmärkte und Theater, Cafés, Schulen, Nachtclubs und Bordelle. Sie regiert auch alle Einrichtungen, die dem Ausgleich dienen, wie z.B. Schiedsgerichte. Der tortenverzierende Konditor wie auch die großen Künstler sind ihre Kinder.

Im menschlichen Körper beherrscht sie die Haut als dasjenige Organ, dem die liebkosende Berührung gilt (Saturn beherrscht die Haut als die Begrenzung und Abschließung des Ich), weiterhin die Schleimhäute, die Venen und die Nieren, die endokrinen Drüsen, insbesondere die Schilddrüse und die weiblichen Geschlechtsorgane. Sie beherrscht den Honig und den Hang zum Süßen, und damit auch die Zuckerkrankheit. Natürlich sind ihr auch die venerischen Krankheiten zugeordnet. Sie macht attraktiv, magnetisch, anziehend, empfänglich für Ansteckungen (insbesondere in einem negativen Zeichen und im Zusammenhang mit Neptun). Sie verleiht schöne Augen, die ebenfalls Venus-Organe sind.

Der Körper des Venus-Typs zeigt abgerundete Formen, eine geschmeidige, schöne Haut, strahlende Augen, gewelltes Haar und eine klangvolle Stimme. Wer Venus im Aszendenten stehen hat, nimmt jedermann für sich ein.

Venus beherrscht die Zeichen Stier und Waage. In der Erhöhung steht sie im Zeichen Fische, in dem die Liebe zu einer allgemeinen Menschenliebe erweitert wird. Im Fall steht sie im gegenüberliegenden Zeichen, der Jungfrau, die nüchtern und intellektuell ist und die eigenen Interessen nicht vergißt. Im Exil steht sie im Zeichen ihres Gegenpols, des Widders, in dem sie viele Liebestaten und Kunstwerke beginnt, aber wenige zu Ende bringt.

Mit Merkur schafft sie den Literaten. Wenn sie in einem guten Aspekt mit Jupiter steht, entstehen ein gut entwickeltes Drüsensystem und damit Sex Appeal, großer Charme. Eine harmonische Verbindung mit Mars bringt die große leib-seelische Liebe zuwege.

MARS

DAS WESEN

Der Planet Mars (griechisch Ares) ist in unserem Sonnensystem die Energie und die Begierde, die sich vor allen Dingen auf ein Dasein und die Behauptung im groben Stoff richtet, die Inkarnation und den Kampf ums Dasein. Mit einem kräftig stehenden Mars im Horoskop kann man schwere Unfälle und hohes Fieber überstehen; man stirbt nicht, weil man auf der Erde bleiben will. Mars gibt ein gesundheitsstrotzendes Äußeres, rötliches Haar, Muskelkraft und primitive Lebensfreude, ein spontanes und direktes Auftreten, schroff aber ehrlich, häufig überstürzt und vorschnell (Mars-Progressionen treten schon ein, bevor sie exakt sind!).

Die Energie kann sich äußern als Hitze, Arbeit, Kampf, Trennung oder Sexualität. An fast allen stofflichen Unglücksfällen ist der übereilte und häufig unvorsichtige Mars beteiligt. Seine Neigung zur Destruktivität macht ihn zu dem primitiven Bösen, das zerstört um der Zerstörung willen, wie es ungezogene Kinder tun, die Straßenlaternen und Fensterscheiben einwerfen; er äußert sich in Übermut, Kälberei und grobem Unfug, er ist die ungerichtete und unbeherrschte Kraft, die nach außen drängt. Die beste Möglichkeit, um die Marskraft zu leiten, ist schwere körperliche Arbeit, die richtig müde macht, am besten im Freien. Die Arbeiter sind politisch auch meist »rot« (Mars' Farbe). Rotterdam mit seinem Hafengebiet und dem offenen, ehrlichen, direkten Volkstum; das Ruhrgebiet!

Mars bringt auch den selbständigen Unternehmer, den dynamischen Geschäftsmann hervor. Marsmenschen sind Menschen, die die Ellbogen gebrauchen.

Mars macht aggressiv, streitsüchtig, auch grundlos, läßt frohgemut in den Kampf ziehen. Mars' Zeichen ist der Widder, der Rammbock, der den Weg bahnt. Mars bedrängt und kämpft, wird sofort handgreiflich, ist auf sexuellem Gebiet initiativ, fordert heraus, ist lüstern und neigt zu Vergewaltigungen. Freilich kann bei keiner Arbeit auf die Marsenergie verzichtet werden. Er gibt den Menschen den Schwung, etwas in Angriff zu nehmen und schließlich durchzusetzen. Widerstände rufen ihn zur Selbstentwicklung auf.

Mars ist positiv, feurig, schnell, elektrisch, zentrifugal. Er ist der Gegenspieler der Venus. Mars und Venus – das ist Krieg und Friede, Mathematik und Sprache, Aufbau und Reinigung, Trennen und Verbinden, Haß und Liebe, hart und weich, nehmen und geben, schöpfen und erlösen, zupackend und abwartend, Gewalt und Überredung, grob und fein, zerstören und heilen, Ungehobeltheit und Kultur, Arbeit und Lebensgenuß, Hitze und Kühle, rot und blau.

Mars macht stark und gewandt, entschlossen, abenteuerliebend und raubgierig. Mars bringt das Kapitalverbrechen zuwege: Einbruch, Wegelagerei, Bankraub und Mord, Vergewaltigung und Brandstiftung. Aber auch: Den Entdeckungsreisenden und die Feuerwehr, den Sportchampion, den Haudegen, den geborenen Soldaten, den Metzger und den Chirurgen, den Abbruchunternehmer, den Schmied, den Steinbrecher, den Bildhauer (mit Venus) und Holzfäller, den Bergarbeiter (mit Saturn), den Kohlentrimmer, Hafenarbeiter, Schweißer (mit Neptun) usw. Marshaft sind Schlägertrupps, Männerbünde, das ganze Militär und alles, was militärischen Anstrich hat, wie z.B. auch die Heilsarmee mit ihrer Losung *Blut und Feuer* und ihrer Zeitschrift *Der Kriegsruf* (Mars und Jupiter).

Das Metall des Mars ist das Eisen, aus dem Waffen und Werkzeug geschmiedet werden. Im menschlichen Körper beherrscht Mars die roten Blutkörperchen, die Muskeln, die Galle und die männlichen Geschlechtsorgane. Er verschafft Fieber, Entzündungen und Ausschläge, Pusteln, Wunden und Blutungen. Ein typisches Marsgetränk ist der Kaffee, der Leber, Herz und Nerven reizt und den Eiweißstoffwechsel beschleunigt.

In der Tierwelt herrscht Mars über die Raubtiere. Der bittere Geschmack gehört zu ihm und alles, was sticht, schneidet und durchbohrt. Im Pflanzenreich schafft Mars die Gräser und den Weizen und allgemein Stacheln, Dornen und Brennhaare. Die Quecke schreitet ebenso unwiderstehlich voran wie die römischen Legionen, und der Weizen macht unternehmungslustig und kriegerisch. Ein typisches Marsland sind die USA. Beim Kartenspiel ist Mars im Karo repräsentiert.

DER MYTHOS

Bei den Griechen war Ares wenig beliebt, dafür bei den Römern um so mehr. Er wurde in Thrakien, wo die Bevölkerung rauh und kriegerisch ist und das Wetter häufig stürmisch, als Sohn des Zeus (Jupiter) und seiner rechtmäßigen Gattin Hera geboren. Sein Vater kam nicht gut mit ihm aus. Er wird in Kriegstracht mit Speer und Schild abgebildet: Die Kriegsgöttin Bellona lenkte seinen Streitwagen. Nur Mars und Bellona brachten die Römer Menschenopfer dar, wie es heute noch in der ganzen Welt üblich ist: Unter den 19jährigen Männern trifft er seine Wahl!

Der junge Mars verführte einst die vestalische Jungfrau Ilia, die damit ihr Keuschheitsgelübde brach, weshalb sie nach der Geburt ihrer Zwillinge getötet wurde und ihre Söhne Romulus und Remus im Wald ausgesetzt wurden. Dort erbarmte sich eine Wölfin ihrer und säugte sie, bis sie ein Hirte fand und aufzog. Als junge Männer zogen sie in die Welt, bis sie an sieben Hügel kamen, auf denen sie eine Stadt errichten wollten. Sie gerieten, nach ihres Vaters Art, in Streit, wobei Romulus seinen Bruder tötete. Mit anderen Abenteurern erbaute er die Stadt Rom. Dort errichtete er als erster König der Römer eine solche Schreckensherrschaft, daß ihn die Senatoren während einer Sonnenfinsternis, als das ganze Volk auf dem Forum versammelt war, ermordeten, in Stücke schnitten und die Leichenteile unter ihren Gewändern verbargen. Als es wieder hell wurde, sagten sie der Bevölkerung, daß die olympischen Götter ihren König zu sich genommen hätten und daß man ihm einen Tempel errichten müsse. Fortan wurde er als Quirinus verehrt. Wenn sich der Speer in der Hand seiner Statue im Tempel bewegte, bedeutete dies, daß der Ausbruch eines Krieges bevorstand. Der Befehlshaber schüttelte dann Mars' Speer, berührte Mars' Schild mit seinem eigenen Speer und rief: »Oh, Mars! Wache über uns!« Die Soldaten exerzierten auf dem Marsfeld, und wenn sie in den Kampf zogen, waren sie gewiß, daß Mars ihnen voranging. Im Monat März, in dem die Sonne in Mars' Zeichen eintritt, zogen die Priester seines Tempels durch die

Straßen von Rom, wobei sie wilde Kriegslieder sangen und Kriegstänze aufführten. Dabei führten sie den Schild Ancile mit, den Mars als Zeichen seiner Gunst während einer Epidemie vom Himmel hatte fallen lassen, die daraufhin zum Stillstand kam.

Mars hatte auch ein Liebesverhältnis mit Venus, was ihren Gemahl Vulcanus (Hephaistos) sehr erzürnte, den Waffenschmied der Götter, der unter dem Ätna hauste und arbeitete. Als man ihm einmal einen Wink gab, daß das Pärchen ein Schäferstündchen hielt, warf er ein eisernes Netz über die beiden, das er zu diesem Zweck geschmiedet hatte, aus dem sie sich nicht befreien konnten. Dann gab er sie dem Gespött der übrigen Götter preis.

Aus dieser Verbindung gingen viele Kinder hervor. Diejenigen von ihnen, die nach ihrer Mutter schlugen, waren schön: die Tochter Harmonia, der Sohn Cupido (Amor, Eros), der immer ein süßes Kind blieb, aber wuchs, wenn er in Gesellschaft Anteros' (der Leidenschaft) war und als Liebesgott seine Pfeile auf die Herzen der Menschen abschoß. Die übrigen Kinder, die nach ihrem Vater schlugen, waren Eris, die Zwietracht, Phobos, das Grauen, Metus, die Furcht, Daimos, das Entsetzen und Pallor, der Schrecken. Zwei der Marsmonde heißen heute Phobos und Daimos.

Als sich Venus einst in den Jüngling Adonis verliebte, hetzte der eifersüchtige Mars einen grimmigen Eber auf den schönen Jüngling, der dessen Schenkel mit seinem Hauer aufriß. Adonis starb an dieser Wunde, worüber Venus untröstlich war. Sie bat Jupiter, Adonis wieder zum Leben zu erwecken oder sie selbst in die Unterwelt gehen zu lassen, um mit ihrem Geliebten zusammensein zu können. Daraufhin wurde mit Pluto, dem Gott der Unterwelt, vereinbart, daß Adonis im Sommerhalbjahr bei Venus auf der Erde und im Winterhalbjahr in der Unterwelt wohnen sollte. Wie Kore ist er also der Lebensgeist des Pflanzenreiches.

Mars gilt als das »kleine Übel«, der Ausführer von Plänen des Teufels oder Satans, als dessen Beelzebub er gilt. Er ist der Diener des herrlichen Luzifer. Freilich kann das Sonnensystem ohne ihn nicht sein. So wie Luzifer bekehrt werden muß, so muß Mars veredelt werden. Dann erscheint er in der Gestalt Michaels, des Anführers der himmlischen Heerscharen.

LUZIFER

Zu den Kindern, die die Sonne gebar und die sie als Planeten umkreisten, gehörte auch der Planet Luzifer (Mallona), dessen Name »Lichtträger« bedeutet. Er wurde nach Jupiter und vor Mars geboren. Als Lieblingskind der Sonne war er zu ihrem nächsten Mitarbeiter ausersehen, ihr Freund, der ihr letztlich gleich war. Seine große Lichtfülle verlieh ihm solches Wissen und solche Macht, daß er die menschlichen Bewohner seines Leibes zu einer immer höher entwickelten Kultur und Technik inspirierte, wobei ebenso wie heute auf der Erde gewaltige Gasspeicher angezapft und das Atom gespalten wurde, um über unerschöpfliche Energiequellen zu verfügen.

Experimente auf diesem Gebiet führten zum Platzen und schließlich zur Explosion des Planeten, wobei die Bewohner ums Leben kamen und der Planetenleib, der so groß war wie derjenige Jupiters, aber mit noch größerer Atmosphäre, in kleine Stücke zerrissen wurde. Nur seine vier Monde blieben unversehrt und laufen noch immer in der alten Bahn, wenn auch mit Unregelmäßigkeiten. Man nennt sie die Planetoiden oder Asteroiden Ceres (768 km Durchmesser), Pallas, Juno und Vesta, von denen man weiß, daß sie eine gewisse Wirkung auf den Kosmos, u.a. auf unsere Erde haben (Tabelle beim Ebertin-Verlag erhältlich). Zahllose, noch kleinere Asteroiden könnten Trümmer von Luzifer sein. Ihre Ekliptik ist sehr stark geneigt. Einige von Luzifers Trümmern wurden von großen Planeten eingefangen und umkreisen diese heute als Monde.

Der Bericht von Luzifers eigensüchtigem Verhalten und sein Versuch, die Herrschaft über unser Sonnensystem an sich zu reißen, d.h. selbst die Sonne zu werden, ist uns als biblischer Bericht überliefert. Vondels Schauspiel *Luzifer* hat dieses Thema zum Gegenstand.

Als Luzifers Körper zerstört war, drangen sein Geist und seine Seele in den Leib seiner Schwester Ge ein, des Planeten Erde. Dies ereignete sich in der Mitte des lemurischen Zeitalters und wird als der Sündenfall bezeichnet. Weil die Erde seit dieser Zeit zwei Planetenseelen in sich birgt, entstand eine allgemeine Zweiteilung bei den Lebewesen, die sie bewohnten. Dies ist die Trennung in Mann und Frau, in Gut und Böse usw. und insbesondere die Spaltung in Natur (Ge) und Kultur (Luzifer). Während Ge versucht, die von der Sonne vorgeschriebene Ordnung einzuhalten, versucht Luzifer stets, diese zu verändern und die gegebene Ordnung in seiner eigenen Weise nachzuschaffen.

Dies tut er mit Hilfe des Menschen. Soweit ihm der Mensch folgt, entsteht auf der Erde ein ähnlicher Zustand wie seinerzeit auf dem Planeten Luzifer. Luzifer tritt auf als der Verführer und Schänder Ges, als der Verderber der Natur. Man nennt ihn auch Satan, den Verführer, die Schlange. Die dualistischen Lebensauffassungen und Religionen der Menschen halten die unglückliche Ehe von Luzifer und Ge aufrecht und damit auch die Spaltung des Menschen. Die einzige Möglichkeit, um den heutigen gefährlichen und unglücklichen Zustand wirklich zu verbessern, besteht darin, Luzifer nicht länger offiziell zu ächten und ihm in Wirklichkeit zu dienen, sondern ihn zu bekehren. Es ist der Auftrag der Menschheit auf der Erde, ihn wieder zur Zusammenarbeit mit der Sonne zu bringen, und zwar in Eintracht mit Ge. Das sogenannte Böse kann in Gutes verwandelt und die Spaltung aufgehoben werden.

Luzifer und Ge können natürlich im Horoskop eines Erdenbewohners nicht erscheinen.

Freilich macht sich sein Einfluß durch seine Analogien bemerkbar, u.a. den Vollmond und das Medium Coeli. Er gibt den Menschen den Hochmut, der der Begleiter seiner höchsten Leistungen ist. Luzifer gibt den falschen Schein einer Wissenschaft, die die göttliche Ordnung verlassen hat. Luzifer bringt die Tendenz zur Erzeugung von Nachgemachtem, das wie echt aussehen muß und das Echte überflüssig erscheinen läßt. Luzifer versucht nach wie vor, im Menschen den Platz der Sonne einzunehmen.

In der Zeitschrift *Scientific American* erschien am 9. September 1972 ein Bericht, nach dem Michael Ovenden, Astronomieprofessor an der Universität von British Columbia in Kanada nach zwanzigjährigen Studien davon überzeugt ist, daß zwischen Mars und Jupiter vor etwa sechzehn Millionen Jahren sich ein Planet mit dem mehr als Neunzigfachen der Erdmasse befunden haben muß. Dieser soll explodiert sein, wodurch der Planetoiden- oder Asteroidengürtel entstanden ist. Diesen Planeten nennt er Aztex. Sein Erlöschen soll zur Folge gehabt haben, daß der Abstand zwischen Erde und Venus etwas größer und derjenige zwischen Mars und Merkur etwas kleiner geworden sind.

Der Professor überprüfte seine Theorie, daß Planeten eine Bahn suchen, bei der ihre Anziehungskraft auf einen anderen Planeten möglichst gering ist, anhand der Bahnen der Satelliten um Jupiter und Uranus und der Bahnen um den Stern von Barnard, der als Sonne selbst Planeten aufweist.

Damit hat die Wissenschaft den Mythos von Luzifer bestätigt.

JUPITER

Der Planet und die Gottheit Jupiter hießen bei den alten Griechen Zeus, bei den nordischen Völkern Thor oder Donar, der Donnergott, dessen Tag der Donnerstag ist. Weil seine Kraft vor allem den Lebenspol beherrscht, war er im Süden, d.h. am Lebenspol Europas, der Vater oder das Oberhaupt der Götter, der Edelste von allen. Im Norden, dem Denkpol also, war es Odin oder Wotan, Merkur als die Kraft, die Bewußtwerdung schenkt und die Formulierung von Gedanken in der Sprache. Er steht diesbezüglich Saturn nahe, der als Saetus u.a. in den Niederlanden auf dem Saetusberg verehrt wurde, der heute Sijsjesberg (bei Huizen im Gooi) heißt, wohin die Mütter die Neugeborenen über die Heide trugen, um sie dort Saetus zu weihen, damit er sie an diese Erde binde und also nicht jung sterben lasse (dasselbe bezweckt auch die Taufe mit Salz). Saturn gehört am stärksten zum Denkpol.

Jupiter und Saturn stehen einander als Gegenpole gegenüber und halten sich im Gleichgewicht.

DAS WESEN

Jupiter ist die Kraft der Ausdehnung, wie Saturn die Kraft der Zusammenziehung ist.

Jupiter ist der größte aller Planeten und weist etwa den elffachen Durchmesser der Erde auf; Mensch, Tier und Pflanze läßt er groß und (wassersüchtig) dick werden, im Aszendenten (wo er auf das körperliche Äußere einwirkt) gibt er Männern Korpulenz und Frauen eine Juno-Gestalt. Er mehrt auch den Besitz eines Menschen. Er macht reich und wohlhabend, läßt Äcker eine reiche Ernte und Vieh viele Nachkommen hervorbringen, Geld reichlich Zinsen. In sozialer Hinsicht macht er angesehen, geehrt, gibt Ehrenämter und hochrangige Stellungen. Psychisch verleiht er eine umfassende Entwicklung, steht hinter dem Menschen, der mit den bedeutenden Personen der ganzen kulturellen Welt umgeht, der weitgereist und belesen, gelehrt ist. In der menschlichen Seelenentwicklung während eines Erdenlebens beherrscht Jupiter als Phase das mittlere Alter. Er schafft den Menschen, der etabliert ist, eine Position und Familie hat, Mitglied einer Kirche und einer Partei ist, seine Arbeit durch erworbene Routine gelassen erledigt. Er repräsentiert die Normen seiner eigenen Zeit auf moralischem und sozialem Gebiet, sitzt in vielen Ausschüssen und Gremien als Wortführer oder Sachverständiger, als ehrengeachteter Bürger, als Personifikation des Establishment und Stütze der Gesellschaft.

Jupiter schenkt den Menschen seine Güte, Hilfsbereitschaft, Milde und Großzügigkeit, Verträglichkeit unter dem Motto: leben und leben lassen. Er hat Gefühl für Recht und Religion (kirchlicher Würdenträger), neigt zum positiven Denken, glaubt und vertraut auf die Vorsehung. Jupiter ist die Gottheit, die als väterlicher Erzieher auftritt, die segnet, aber auch ermahnt und nötigenfalls straft, der von seinen Kindern erwartet, daß sie unter allen Umständen treu an ihn glauben und der sie auch aus Katastrophen und Unglück rettet, häufig auf wunderbare Weise und nicht selten im letzten Augenblick. Er ist der Jehova des Volkes Israel in jedem Sinne, der keine fremden Götter neben sich duldet und vom Menschen ein moralisch einwandfreies Leben nach seinen zehn Geboten fordert.

Ein Jupiter-Mensch lebt im Jetzt, in der Vertikalen, hört auf Gottes Stimme, nicht nur im Donnergrollen, das Jupiter aussendet, sondern auch in den vielen Zeichen und Symbolen, vor allem auch im Glücksspiel. Der rollende Würfel oder die Kugel zeigen ihm Gottes Willen an. Oder er schlägt die Bibel auf und findet im Text, auf den sein Blick fällt, einen göttlichen Fingerzeig. Alle Glücksspiele, Lotterien usw. stammen als Abkömmlinge des früheren Orakels von Jupiter. Der Prophet, der spontan aus der göttlichen Eingebung predigt, ist ein Diener Jupiters. Im Kartenspiel spricht er durch das Kreuz.

Jupiter und Juno segnen die Ehe als Baustein der Gesellschaft und als Beginn der Familie: Sein Werk ist ja die Ausbreitung! Wenn Jupiter über die Himmelsmitte eines Menschen geht, gibt er diesem Heiratsgedanken ein.

Auch die Freundschaft verleiht Jupiter und die Geselligkeit; er erweitert die Person und das Paar zur Gesellschaft. Er steht hinter der Gruppe von Idealisten mit einem eigenen Geheimnis und Ritual, einer Fahne und einem Treueschwur.

Auch die Profitgier und die Konkurrenz, der Wetteifer und der Ehrgeiz, die Größen im wirtschaftlichen und politischen Leben sind jupiterhaft. Zu ihm gehört die Ausdehnung von Unternehmen durch Werbung und Propaganda. Alles, was ein Jupitermensch tut, hat einen Zweck, ein Ziel, eine Tendenz. Pfadfindertum und Rotary sind typische Ausdrucksformen Jupiters, des weiteren soziale Tätigkeit, Soziologie, Bürgerinitiativen, Fachkollegen oder Gleichgesinnte, die miteinander durch dick und dünn gehen.

Jupiter gibt das Glück der Dummen, Optimismus und Glücksgefühl, blindes Vertrauen, positives Denken; er gibt immer Kredit und hält nichts vom Sparen: Heute will ich leben! Zu ihm gehören auch Aufschneiderei, Leichtfertigkeit, Verschwendung, mangelnde Vorsorge und Kontrolle, Heuchelei. Jupiter hat immer einen Kreis um sich, den er aushält, an seinem Glück teilhaben läßt. Er ißt und trinkt reichlich. Er hat immer für alles Verständnis, teilweise aus Bequemlichkeit, und ist immer freisinnig. Er kommt zu seiner Stellung vor allem durch Protektion und Gönner und hilft auch seinerseits anderen weiter, wobei es weniger auf Fachkenntnisse als darauf ankommt, daß man in das Mileu paßt.

Jupitermenschen sind als Bürgermeister, Gesandte, Minister usw. an ihrem Platz, als Pfarrer, Arzt, Notar, Richter, Sozialarbeiter (Resozialisierung), und als Verleger, aber auch als Trainer, Lehrer oder Großhändler.

Im Gegensatz zu Saturn, der das Heute aus der Vergangenheit ableitet (kausales Denken, Erbsünde, Karma, Tradition, Herkunft), lebt ein Jupitermensch im Jetzt und in der nächsten Zukunft. Er will seinen Mitmenschen helfen, sie erziehen und zu den moralischen Normen seiner eigenen Zeit bekehren. Daher kommt es, daß sein Zeichen, der Schütze, so gerne Missionar wird und seine Kulturformen anderen Völkern aufdrängt, die in einer anderen Phase stehen. Es fällt ihm daher auch alles in den Schoß, er ist geachtet und beliebt, bekommt viele Ehren und Orden, wird aber nach seinem Tod bald vergessen, außer von denjenigen, die durch sein Beispiel beeinflußt wurden. Der Jupitermensch strebt nach Regeneration, er verändert das Böse in

Gutes, so wie sein Metall, das Zinn, als homöopathisches Heilmittel Stannum den Körper regeneriert. Er urteilt gerecht, liebt ohne Schwäche und straft ohne Haß. Er tut intuitiv zur rechten Zeit das Richtige, ist der geborene Pädagoge und Züchter. Er glaubt an das Gute im Menschen und das gesunde Empfinden des Volkes: Vox populi, vox Dei! Er besitzt Flexibilität und Anpassungsvermögen: Oben auf der Glyphe Jupiters befindet sich der Mond. Wenn gute Aspekte vorhanden sind, ist er der geborene Heiler, der schon durch einen Klaps auf die Schulter und ein aufmunterndes Wort die Krankheit heilen kann. Dasselbe bewirkt das Zinn: In einer Zinnvase halten sich Blumen am längsten! Er liebt die Natur und natürliche Verfahren. Er strahlt Lebenskraft aus und Glauben, er ist der Typ des Königs/Priesters/Heilers: elektrisch, yang, zentrifugal, gebend. Wenn ein solcher Wohltäter stirbt, entladen sich häufig Gewitter: Ihre große elektrische Ladung wird frei (wie es z.B. bei Valentin Zeileis der Fall war, dem Wunderdoktor im österreichischen Gallspach). Im Horoskop zeigt Jupiter sowohl den Arzt, den man bekommt, als auch die eigene angeborene Genesungskraft an.

Die Farbe Jupiters ist das fürstliche Purpur. Sein Edelstein ist der Chalzedon. Sein Baum ist die Eiche; seine Heiligtümer befanden sich seit jeher in Eichenwäldern (z.B. Dodona). Zu ihm gehören die großen, beeindruckenden Landschaften, Donner und Blitz. Ihm ist die Hauswurz oder Donnerwurz (Sempervivum tectorum) zugeordnet, die auf Befehl Karls des Großen zur Abwehr von Blitzschlägen auf allen Dächern wachsen mußte, weiterhin alle Pflanzen mit fleischigen Blättern wie z.B. die Aloë, die Heilkraft besitzt, und schließlich alle großen tropischen Blumen.

Zu seinen Tieren gehören die klugen, die sich gerne von Menschen erziehen lassen: Hunde, Lama, Pferd, Ziege (das Tier der Pallas Athene, Jupiters Tochter). Das Zeichen Jupiters ist daher auch der Schütze, der Kentaur, der halb Pferd, halb Mensch ist. Er ist der Lehrmeister junger Helden und Halbgötter, der Reiter und Jäger, auch Ketzerjäger, der Sportheld, der Abenteurer, der Ballettlehrer, der elegante Lebemann, der sich Wild und Wein munden läßt. Vom Typ her ist es der Ungar oder Spanier, der Mercadet Molières. Der niedrigere Jupitermensch ist dumm, der höhere weise.

Im griechischen Mythos stieß Jupiter seinen Vater Saturn vom Thron und wurde selbst Herrscher der Götter. Er verschlang seine schwangere Frau Metis, seinen eigenen weiblichen Pol, wodurch er vollständig und erwachsen, sein Denken ethisch wurde. Von heftigen Kopfschmerzen gepeinigt, ließ er sich von dem Gott Hephaistos (Vulcanus) mit einem Hammer den Schädel spalten, aus dem seine Tochter Pallas Athene, die Göttin der Weisheit, in voller Rüstung zum Vorschein kam. Er versucht ja stets, andere mit den Waffen der Rede, in der Diskussion zu überzeugen!

Der Göttervater wird mit einem Bündel Blitze in der Hand auf einem Thron dargestellt, von vier Göttinnen umgeben: Nike, der Göttin des Sieges, Fortuna, der Göttin des Glücks (mit ihrem Glücksrad), Hebe, der Göttin der Jugend, die ihm Nektar kredenzte, und Fama, derjenigen des Ruhms, die mit ihrer Trompete alles verkündete, was Jupiter ihr vorsagte, auch wenn es nicht wahr war.

Im menschlichen Körper beherrscht Jupiter die Leber, die Bauchspeicheldrüse, den Zuckerhaushalt, den arteriellen Blutkreislauf. Er gibt das cholerische Temperament, das Heißblütige und Hochfahrende. Bei einer Affliktion verursacht er Leber- und Gallenleiden, Bluthochdruck (die Zivilisationskrankheit!), manchmal Krebs durch zu üppige Ernährung und führt häufig den Tod durch einen Schlaganfall aufgrund von Plethora herbei, was man früher durch Aderlässe lange Zeit verhinderte. Der Mondfaktor im Jupiter verleiht das bildende Denken der Leber, was man träumen nennt, insbesondere den Vorhersagetraum. Jupiter macht auch den Propheten, der Gottes Willen verkündigt und auch Fürsten die Wahrheit ins Gesicht schleudert, den Wunderdoktor, der aus der Iris, dem Harn, den Haaren, den Handlinien oder den Blutstropfen eine Diagnose erstellt. Er ist das lebendige Bild im Gegensatz zur grauen Theorie Saturns. Jupiter liest und schreibt keine Bücher. Was er braucht, wird ihm eingegeben. Und wenn seine Kinder in Not sind, dann zieht er sie, und wenn es im letzten Augenblick ist, am Schopf aus dem Sumpf.

SATURN

Jakob Lorber gibt die folgende Beschreibung von Saturns Äußerem:

»Dieser Planet besitzt sieben Monde und eine Atmosphäre, die etwa fünfmal so groß ist wie diejenige der Erde. Diese fängt sehr viele Sonnenstrahlen auf, deren gebrochenes Licht ein erheblich größeres Bild der Sonne liefert als bei uns und sehr viel Licht und Wärme. Diese werden jedoch durch den Ring in rechtem Maße gedämpft, der aus fester Masse besteht und einen Teil der Sonnenkraft selbst verbraucht. Auf der Nachtseite des Planeten ist es hell, weil dann der Ring an seiner Innenseite von der Sonne beschienen wird und zusätzlich durch das Licht der Monde und der Sterne, die dort zehnmal so groß und leuchtend erscheinen als bei uns.«

Der größte Teil von Saturns Oberfläche besteht aus Wasser und Eis; das Poleis beginnt schon 40 Grade eher als bei uns, und in diesen Polgebieten ist der Himmel immer bewölkt. Der schmale Gürtel in der Mitte allerdings ist von Menschen bewohnt. Er besteht aus 77 Inseln in einem Ozean. Die Pflanzenwelt dort ist nicht überwiegend grün, sondern blau. Es gibt viele Tiere. Alles ist viel größer als bei uns. Die schweren Arbeiten werden von dressierten Menschenaffen erledigt. Die Menschen leben in Gemeinschaften von 1000 bis 5000 Personen in Wohnungen, die in gewaltigen Bäumen mit sehr breiten, flachen, horizontal verlaufenden Zweigen bestehen. Die Menschen sind bescheiden, nüchtern und kühl und dienen dem Großen Geist in vollem Gehorsam. Nach ihrem Tod kommen ihre Geister auf die vom Ring abgewandte Seite der Monde und schließlich auf den Ring, der aus drei jeweils feineren Ringen zusammengesetzt ist.

Betrachten wir nun den Einfluß des Planeten Saturn auf unsere Erde. Saturn (griechisch Kronos) ist der letzte der sieben Planeten, die das astralische oder Sternenleben im Menschen zuwege bringen: Merkur, Venus, Erde, Mars, Luzifer, Jupiter und Saturn. (Luzifer ist körperlich in Trümmer zerborsten, die wir Planetoiden oder Kleinplaneten nennen, jedoch wirkt sein Geist noch wie ehedem). Saturn schließt den Kreis der sogenannten gewöhnlichen Planeten um die Sonne durch eine Art Haut oder Panzer, wobei er auch sich selbst wiederum durch einen Ring abschließt. Typische Saturn-Menschen haben ebenfalls die sogenannte »unsichtbare Wand« um sich; sie ziehen sich in sich selbst zurück, sind zurückhaltend, halten Abstand zu den Mitmenschen, sind reserviert. Sie machen einen kühlen Eindruck. Wenn der Planet Saturn über dem Horizont der Erde erscheint, werden alle anderen planetarischen Schwingungen einen Augenblick gehemmt und gedämpft. Wenn ein saturnalischer Mensch einen Raum betritt, in dem sich Menschen unterhalten, tritt plötzlich Schweigen ein. Saturn beherrscht daher bei Mensch und Tier auch die abschließende Haut und alle Panzer und Verhornungen (Haare und Nägel, den Panzer von Schildkröten und ähnlichen Tieren).

Saturn schließt die Entwicklung aller menschlichen Eigenschaften und Fähigkeiten ab. Er schafft den Gewissensmenschen, der alle harten Lektionen des irdischen Lebens gelernt hat, der sich vollkommen unter Kontrolle hat, die Gebote befolgt und die Verbote einhält und seine Abschlußprüfung der irdischen Lebensschule bestanden hat. Er ist bereit, in die darauffolgenden Welten und Bewußtseinszustände einzugehen, diejenigen der sogenannten Mysterienplaneten (Uranus, Neptun, Pluto sowie drei weitere). Deshalb wird Saturn auch der »Hüter der Schwelle« genannt.

Das Wesen Saturns ist die Zusammenziehung. Im Gegensatz zu Jupiter, der alles zur Ausdehnung bringt, läßt Saturn alles schrumpfen, sich des Überflüssigen entledigen, abkühlen, sich zusammenpressen, verdichten, verhärten. Saturn herrscht über den Winter und den Frost, über Erstarrung und Kristallisierung; er schafft Eisblumen und Schneekristalle und die Erhabenheit des einsamen Hochgebirges mit seinen Gipfeln, die vom ewigen Schnee bedeckt sind. So verleiht er im Denken die reine, blanke Abstraktion, die Wahrheit, in wenigen Worten ausgedrückt, auf das Wesentliche reduziert.

Er ist der Planet des Absoluten und der vollkommenen Objektivität. Von ihm kann aber auch die Fixierung ausgehen, die Zwangsvorstellung, das Grübeln.

Im Pflanzenreich schafft er die starke Wurzel, den härtesten Teil der Pflanze, der von der Schwerkraft angezogen wird, deren Herr Saturn ist. Er bewirkt die Zusammenziehung der Lebenskraft in dem kleinen Samen in der zweiten Jahreshälfte, wenn die Blüten abgefallen sind und das Laub welkt. Er gibt langsames Wachstum und hartes Holz, ledrige Blätter und Nadeln, die die Winterkälte vertragen, z.B. den einzelgängerischen Wacholder mit seiner geschlossenen Form, der dort verschwindet, wo der Andrang der Menschen zu groß wird, und dessen Beeren zwei Jahre brauchen um zu reifen. Auch die Strohblume ist eine Saturn-Pflanze. Im menschlichen Leben herrscht er über das Alter, in dem der Mensch aus seinen Erfahrungen den Sinn seines Lebens abstrahiert, die Frucht seines Lebens reifen sieht.

In der Tierwelt drückt er sich in den Nagetieren aus (so nagend wie Sorgen und schlechtes Gewissen!), vor allem in den Mäusen. Seine Farbe beim Kartenspiel ist das Pik.

Die Zusammenziehung der Seele läßt die Angst entstehen, wobei das überschüssige Wasser aus dem Körper gedrängt wird (Angstschweiß). Der Druck Saturns auf die Empfindungsseele erzeugt Depression, Niedergeschlagenheit. Saturn verleiht die melancholische Konstitution, die Schwarzgalligkeit, den düsteren Blick des Hypochonders. Ein solcher Konstitutionstyp ist sparsam, verbraucht wenig, hat eine niedrige Körpertemperatur. Seine Leiden sind Verhärtung, Verkalkung, Versteifung, alles, was durch Kälte entsteht, Rheuma in allen Formen, chronische Erkrankungen der Haut und Knochen, Hämorrhoiden, Steine, Krämpfe. Ein saturnalischer Mensch wird sehr alt, ist blaß, mager und zäh, denn Saturn verhärtet alles, weshalb ihm auch das Einkochen, das Tiefgefrieren, die Mumifizierung, die Museen, die Archive zugeordnet werden. Im Körper verhärtet er diejenigen Teile, die nach dem Tode am längsten erhalten bleiben: Das Skelett, das Gebiß und die Haare.

Durch diese Verhärtungstendenz bringt die Kraft Saturns den Stoff zu seiner größten Verdichtung, weshalb auch in seiner Glyphe das rechtwinklige Kreuz, das Symbol des groben Stoffs, oben liegt, die Mondsichel unten. Da er alles auf das kleinste Maß abstrahiert, reduziert er den stofflichen Besitz eines Menschen auf das Geld, eine Zahl auf dem Kontoauszug. Er schafft den ärmlich lebenden Geizhals – im Gegensatz zu Jupiter, der sich von diesem Geld etwas leistet und es sich gutgehen läßt. Andererseits schafft Saturn auch den Eremiten und den Asketen, den nüchtern lebenden Gelehrten, der in seinem Studierzimmer Bücher verfaßt, die die Jahrhunderte überdauern. Sein Denken abstrahiert die Erfahrungen und Vorstellungen von Jupiters reicher Lebenspraxis auf dürre Begriffe, die die nackte Wahrheit ausdrücken. Diese sind das Salz in der Wissenschaft, und Saturn herrscht ja auch im Mineralreich über die Salze (Sal in Paracelsus' Einteilung in Sal, Merkur und Sulphur).

Er herrscht weiterhin über die Erdkruste, Bergwerke und Minen, über den Lebensäther, der sich nachts auf die Erdkruste senkt, über das Erdzeichen Steinbock und über die Schwerkraft, die alles zur Erde niederzieht. Menschen mit Saturn an ihrem Aszendenten empfinden daher auch das Leben als schwere Last, die sie jeden Tag aufs neue auf sich laden müssen; sie haben ein düsteres, ernstes Äußeres, nehmen alles schwer und sind, mit einem aspektbildenden Mond, schwermütig; sie sehen überall Schwierigkeiten und sagen immer erst einmal nein. Das schwere Blei ist Saturns Metall; seine Farben sind das ernste Dunkelgrün des Vorstandstisches, das Dunkelbraun und das Schwarz offizieller Feiern, das die Farbe der Trauer bei denjenigen ist, denen der materielle Überfluß über alles geht. Saturnalische Menschen gehaben sich daher auch gewichtig und pressen sich und andere in das Korsett offizieller Verpflichtungen, Verantwortungen und Selbstbeschränkungen. Ihr Ideal ist der grand old man, die graue Eminenz, der sein ganzes Leben und all seine Kraft dem unpersönlichen Staat gewidmet hat. Er dient gerne der Obrigkeit und repräsentiert sie als Senatsmitglied, Minister, hoher Beamter oder auch als Polizist. Er achtet auf die Einhaltung des Gesetzes und der Vorschriften, der Tradition und Konvention, von allem, was in und durch die Vergangenheit festgelegt ist, die stehende Ordnung, ungeachtet ihrer Berechtigung und jenseits seiner persönlichen Meinung. Dieses objektive, unpersönliche Dienen drückt er in seiner Uniform aus.

Saturn = Chronos (Chronologie, Chroniken) = die Zeit. Er zieht die lange horizontale Linie von der Vergangenheit durch das Heute zur Zukunft, die Linie der Kausalität, Erblichkeit, des

Karmas, der Erbsünde und Erbtugend; die Keimbahn der Biologen, den Stammbaum. Hier gibt es für ihn kein Entrinnen; er kettet den Menschen an den Stoff, an seinen Leib, an sein Schicksal, an das Abbüßen seiner alten Sünden ohne Vergebung oder Gnade, bis der Zyklus abgeschlossen ist. Er gibt damit die Beschränkungen, Armut, das Mißgeschick, die chronischen Krankheiten und Leiden, die Hemmung und den Rückschlag, das Verpassen von Gelegenheiten und des Glücks. Er gibt das kausale Denken, das alles aus Ursache und Wirkung erklären will, die er nur im Stoff erkennen kann, ohne das vertikale Eintreten der ätherischen Muster in den Stoff zu akzeptieren. Saturn schafft also die Religionen, die einen Gott der Rache verehren, einen großen Buchhalter, der »die Sünden der Väter an den Kindern bis ins dritte und vierte Glied rächt«. »Alles Heute wird zum Gestern, und doch wird es uns zugerechnet«. Es sind die rechtgläubigen, orthodoxen, strengen Religionen und Richtungen, die das Leben des Menschen mit Pflichten und Vorschriften, Geboten und Verboten füllen, die häufige Bußübungen für die Sünden gemäß den Anweisungen des Gewissens und Schriftgelehrter verlangen, wie es bei den Hindus, den Calvinisten, den Zeugen Jehovas der Fall ist. Wie Jupiter das Vertrauen in die Vorsehung ist, ist Saturn die Gehorsamkeit dem Gesetz gegenüber und die Angst vor Strafe. Saturn ist es, der die Menschenseele in Zeit und Raum bannt, sie zu dem harten Leben in der tiefsten Inkarnation zwingt. Andererseits ist er aber auch das Gewissen, der innere Ankläger, das Pflichtbewußtsein, das Verantwortungsgefühl, die Sorgfalt und Gründlichkeit, das Streben nach der vollkommenen irdischen Form, die Treue zur Vergangenheit, zu den Traditionen der Vorfahren, das Empfinden für die persönliche Lebensaufgabe, die *moira*. Eine geordnete Gesellschaft ist unmöglich ohne Saturn. Er bewirkt, daß Verträge, Abmachungen, Versprechungen und Pflichten eingehalten werden. Saturn steht für Selbstbeherrschung, Genußverzicht, Hinnahme eines harten Schicksals, Askese.

Konfliktstellungen zwischen Sonne (dem Ich) und Saturn führen zur Auflehnung gegen die Obrigkeit, den Vater, den Staat, wenn sie passiv sind (Kafka), und Härte gegenüber sich selbst und anderen, strenge Erziehung, das Diktat von Ordnung und Zucht, wenn sie aktiv sind.

Saturn bewirkt weiterhin die Verkrampfung der Kanäle, in denen die Lebenskraft strömt, mit der Folge von Mangelerscheinungen und Seelenverdüsterung, und er führt schließlich den Tod herbei. Sein Werk sind Traumata, Seelenwunden, die nicht heilen, und Vitaminmangel.

Saturn wird abgebildet als der alte Mann mit der Sense. Er mäht, als Kronos, die Tatsachen und die Menschen hinweg. Im griechischen Mythos ist er der Gott, der seine eigenen Kinder bei ihrer Geburt verschlingt, bis seine Frau nach der Geburt Jupiters dieses Kind in Sicherheit bringt und dem Vater einen in ein Tuch gehüllten Stein anbietet, den er für das Neugeborene hält und sofort verschlingt. Wie vorhergesagt, wird er von diesem Sohn später vom Thron gestoßen. Beide aber, Jupiter und Saturn, sind für den Menschen unverzichtbar, und sie müssen miteinander im Gleichgewicht sein.

Der introvertierte Saturn verleiht die Tragik und den Triumph des Gewissens; er schafft den Menschen, der seinem inneren Gott treu bleibt. Der extravertierte Jupiter verleiht das bequemere und oberflächliche Vertrauen auf den Retter außerhalb des Menschen, auf den Schöpfer, die Natur (Tom Bombadil). Saturn gibt dem Menschen den heiligen Zwang, der ihn stählt, während Jupiter ihm das Wohlergehen schenkt.

Der Finger Saturns ist der Mittelfinger, an dem man den Siegelring tragen sollte, das Band zu den Vorfahren, das das *noblesse oblige* auferlegt. Saturn macht ja nicht nur den Philister, den unausstehlichen Schulmeister und den seelenlosen Beamten, sondern auch den einsamen Wissenden, der aus Verantwortungsgefühl sein Wissen verschweigt und Verkennung erträgt, der am Ende alles Menschlichen sein Ich vollendet hat und von einem verborgenen Ort aus die unwissenden Massen leitet, wie Moses das Volk Israel durch die Wüste führte. Er gab ihnen die Zehn Gebote, er war ihr Gewissen und ihre Moral. Er führte sie in die zweite der drei Entwicklungsphasen, die Phase der Ratio und Ordnung in der Materie.

Als Saturns Diener war seine Aufgabe damit vollendet, und er durfte das Gelobte Land nur aus der Ferne sehen, aber nicht betreten, denn dieses Gelobte Land ist die dritte Phase, die spirituelle, das Gebiet der Mysterienplaneten.

Auch Konfuzius war eine solche Gestalt. Solche Völkerführer schenken dem Menschlichen auf der Erde die vollkommene Form und Ordnung.

(Wer mehr über den Planeten Saturn, seine Geographie und seine Natur, das Klima und die Bewohner wissen will, der lese Jakob Lorber; *Der Saturn,* Lorber-Verlag, Bietigheim. Jakob Lorber empfing sein Wissen durch Inspiration.)

URANUS

Der Planetengeist Uranus, Herrscher über den Sternhimmel, erzeugte mit seiner Gattin Ge, Herrscherin über die Erde, die zwölf Titanen, u.a. Hyperion (die Sonne), Phoebe (den Mond), Okeanos, der seine Schwester Thebis heiratete, Kronos (Saturn) usw.: gewaltige Naturkräfte. Alles Lebende nimmt Gestalt an durch die Polarität von Himmel und Erde.

Einstmals wurde ihm diese Polarität und die damit verbundene Halbheit so widerwärtig, daß er sein Geschlechtsorgan abschnitt und in das Meer warf und damit befruchtete, woraus Venus Urania hervorging, die sublimierte Liebe der Seele. Er schätzt mehr das Gleiche als das Gegensätzliche, und er bringt daher auch die Homophilie hervor, in der Kameradschaft und Freundschaft die Liebe erhöhen. Uranus schafft alle Formen der Zusammenarbeit und des Gemeinschaftslebens; sein Zeichen ist deshalb auch der Wassermann, und er beherrscht das hierzu analoge elfte Haus des Horoskops (Verein, Verband, Partei, Freunde und Geistesverwandte, Kollegen, Kunden, Patienten). Er läßt Erfinder und Genies geboren werden, indem er ihr inneres »Funkgerät« so hoch elektrisch auflädt, daß sie die Muster des Zeitgeists aus dem Äther empfangen können, und er erreicht dies, indem er einen Mann und eine Frau im hochaufgeladenen Zustand der Venus Urania, der großen überwältigenden Liebe, zur Erweckung eines neuen Menschen führt. Sind nicht sehr viele der besonders Begabten aus einer unehelichen Verbindung hervorgegangen (Jesus von Nazareth, Hans Christian Andersen, Sara Bernard usw.)? Sehr viele Menschen tragen ebensolche Fähigkeiten als Anlage in sich, die jedoch nicht zur Entfaltung kommen, wenn das elektrische Potential von Lebensleib und Seele zu niedrig bleibt.

Uranus beherrscht daher auch die Elektrizität in allen Formen, die Yang-Kraft, die kosmische Lebenskraft, die Vril, die in der Magie gebraucht wird, die Kraft, die binden und lösen, gestalten, schaffen und zerstören kann. Er ist die Kraft, mit deren Hilfe sich z.B. die Ufos fortbewegen, die Kraft des Laserstrahls, die Kraft des Zauberstabes bei allen Völkern und allen Religionen, die

Schöpfungskraft des Eros, während Mars nur Sexus ist: Uranus fügt nämlich die Seelenkraft hinzu, weshalb auch seine Glyphe aus Kreuz, Bogen und Zirkel besteht, d.h. also die Mondsichel einschließt, die bei Mars fehlt. Uranus ist im Gegensatz zu Mars nicht nur Zerstörer; er zerstört die veraltete Form, um aus den Trümmern eine neue, zeitgemäße Form aufzubauen. Er ist der Erneuerer, Reformer, Reorganisator. Er schafft immerdar die modernen, zeitgemäßen Formen, gibt vom Himmel zur Erde weiter.

Uranus erleuchtet das menschliche Gehirn mit seinen elektrischen Lichtblitzen, die senkrecht durch das horizontale Denken als intuitive Idee, als spontaner Einfall hindurchzucken. Er enthüllt die Wahrheit; man sieht plötzlich, wie es ist, war und sein wird: das kosmische Muster. Er arbeitet röntgenartig, macht den Mensch allwissend, und zwar nicht auf die neptunische, mediale Art, die Zugang zu dem ätherischen Film der Akasha-Chronik hat, sondern durch Erkenntnis des *Musters,* das den Schöpfungsformen *vorangeht.* Jeder kennt im Prinzip die Wahrheit und braucht nur genügend elektrischen Strom, um sich ihrer bewußt zu werden. Eine gute Uranus-Mond-Verbindung kann dies leisten und sogar Faktoren aus früheren Erdenleben zum Bewußtsein bringen.

Menschen mit einer schlechten Aspektierung zwischen Uranus und Merkur können die ihnen zufallenden Wahrheiten nicht recht in ihr logisches Denken eingliedern, das dann kurz unterbrochen wird. Dies führt zur sogenannten Geistesabwesenheit (»was wollte ich eben sagen?«), in schwererer Form zu Anfällen, zu Pseudo- oder echter Epilepsie, Fallsucht. Ein Anfall ist also die körperliche Auswirkung des Widerstreits zwischen Intuition und Logik, zwischen der magischen und der rationalen Einstellung oder Phase. Wenn man sich auf das Magische beschränkt und das uranisch Aufgenommene sofort weitergibt, dann ist man der Seher, der Prophet, die Sibylle, und der Lauschende muß zusehen, wie er das Orakel deutet (Mohammed war Epileptiker). Im Mittelalter nannte man die Epilepsie daher auch morbus sacer, heilige Krankheit. In dieser Zeit, dem Übergang vom magischen zum rationalen Denken in Europa, trat diese Krankheit daher auch häufig auf. Loki, der Intellekt, tötete Baldur, die Erleuchtung. Die zweite Phase setzte sich durch. Heute ist die dritte Phase angebrochen, die die Synthese, die höhere Einheit der ersten mit der zweiten ist. Bei den Jüngeren ist vielfach das uranische, direkte Wissen lebendig; daher ihr angeborenes Verständnis für dasjenige, was rationale Generationen das »Okkulte« nennen, was sie rational zu erfassen versuchten (z.B. als Parapsychologie) oder künstlich durch Erlernen magischer Techniken unter Kontrolle zu bekommen versuchten. Der Wassermann-Mensch braucht dies nicht und schert sich also gar nicht um die altmodische rationale Schule.

Uranus' Wahrheitsliebe entzaubert und ernüchtert, sein Licht durchdringt den schönen Schein und löst ihn auf. Er gibt daher auch das Bedürfnis der Nacktheit von Körper und Seele, hebt Titel auf, demokratisiert, erkennt nur den inneren Wert an.

Seine Losung war und ist: Freiheit, Gleichheit, Brüderlichkeit. Er will die Freiheit, seinen Eingebungen zu folgen, ohne Rücksicht auf Versprechungen, Pflichten und Abmachungen, Gewohnheiten, Konventionen und Disziplinen. Ein uranischer Mensch folgt dem Netz elektrischer Verbindungen, auch wenn sich dieses quer durch die leblosen Abmachungen hindurchzieht. Er kommt häufig nicht pünktlich, was die Uhrzeit betrifft, dafür aber aus einer inneren Notwendigkeit heraus immer rechtzeitig, um z.B. jemandem eine Wahrheit zu enthüllen, die er gerade zu diesem Zeitpunkt braucht.

Uranus schafft daher den rein intuitiven, aus dem vertikalen lebenden Menschentyp, den Individualisten, der unabhängig aus seinem Innern heraus lebt. Er geht dabei nicht wie der neptunische Mensch von einer völlig anderen Welt aus, sondern vielmehr von der Wahrheit der Menschen und Dinge um sich herum: Er sieht die Naturgesetze, das Wesentliche einer sozialen Situation, die Wahrheit eines Menschen. Er nennt diese Wahrheit beim Namen, bar allen Scheins, reißt mit Vergnügen Umhüllungen fort, und zwar auf jedem Gebiet (wie etwa die Gestalt Jennifers in den Büchern von Mary Noothoven van Goor).

Dies ist dann auch der Typus der heute angebrochenen uranischen Zeit, und das dazugehörige Erziehungs- und Unterrichtssystem ist dasjenige von Maria Montessori, die das Kind in direkten Kontakt mit den Erscheinungen und Gesetzen der Natur bringt und das Eingreifen des Erziehers auf ein Mindestmaß reduziert. Hierzu gehören auch die sogenannten antiautoritären Kinderläden.

Uranische Menschen untereinander bilden daher auch die einzige wirkliche Gemeinschaft: Sie anerkennen die Eigenheit des jeweils anderen und dienen zusammen freiwillig der Gemeinschaft, denn die Wahrheit des Gemeinschaftsinteresses sieht für alle gleich aus. Der uranische Mensch fühlt sich daher auch als Weltbürger, arbeitet in vielen internationalen Bewegungen mit, fühlt und handelt sozial, ohne Völker und Rassen über einen Kamm zu scheren – im Gegenteil: Er versucht, jeweils ihre Eigenheit zur Entfaltung zu bringen! Er bringt die schaffende Volkskunst zum Vorschein, die Selbstverwirklichung in schönen Formen (Collagen, Wandteppiche, Puppen), auch in der modernen Musik, in der der Rhythmus wichtiger ist als die Melodie.

Rhythmusstörungen sind daher auch Uranus-Leiden, z.B. Chorea (Veitstanz), der vielen modernen und primitiven Tänzen ähnelt, die darauf abzielen, das Drüsensystem aufzuputschen. Er verursacht auch die Spasmen und die motorische Unruhe, Erregung, die dadurch zu heilen ist, daß man den elektrischen Überschuß in Wasser und Erde über Hände und Füße ableitet. Das uranische Heilkraut ist das Gänsefingerkraut (Potentilla anserine), die Heilverfahren Rhythmik, Eurythmie (der Wassermann beherrscht auch die Unterschenkel). Die zugehörigen Steine sind die blaugrünen (Türkis, Malachit usw.).

Störungen in den Übergängen zwischen verschiedenen Bewußtseinszuständen und Aggregatzuständen, d.h. im allgemeinen unterschiedlicher Schwingungsfrequenzen, sind ebenfalls uranisch, z.B. Schlafstörungen (Uranus im absteigenden Teil des Horoskops) oder Schwierigkeiten beim Aufwachen (Uranus in der aufsteigenden Hälfte). In der Natur äußert er sich in Erdbeben (zusammen mit Mars, Unglücksfälle, zusammen mit Pluto: Eruptionen).

Die ganze Elektrotechnik wird den Menschen von Uranus eingegeben, aber auch die Luftfahrt, die Raumfahrt und die Erforschung der Ufos. Uranus ist der Befreier: Er reißt den Menschen und Gruppen aus Schlendrian, Konvention, Routine und chronischen Mißständen, aus Schein und Selbstbetrug. Daß er Revolutionen herbeiführt, liegt nicht an ihm, sondern am Widerstand gegen die Erneuerung!

Uranus, Neptun und Pluto, die Mysterienplaneten, gelten als die höheren Oktaven von Merkur, Venus und Mars, was in vielerlei Hinsicht gut paßt, aber nicht ganz in Ordnung ist, weil man dabei die Erde in der Reihenfolge übergeht. Überhaupt ist die ganze geozentrische Astrologie nur die subjektive kosmische Wahrheit für uns Erdenbewohner. Die Glyphen, die wir für diese drei Planeten benutzen, sind diejenigen des Mars mit dem Mond zwischen Kreuz und Kreis (Uranus), des Mondes auf dem Querbalken des Kreuzes (Neptun) und des Mondes unter dem Kreis (Pluto), woraus deutlich hervorgeht, wie Uranus der Vermittler und Verbinder (durch den Mond, die Seele) von Geist und Stoff ist. Er ist positiv elektrisch, praktisch, Yang in seiner Wirkung, hat jedoch dazu an der günstigsten Stelle Yin, wodurch er den Menschen frei, unabhängig und vollständig macht.

Der Planet Uranus wurde im Jahre 1781 am Himmel (wieder-) entdeckt. Im Jahre 1789 brach die Französische Revolution mit ihrer uranischen Losung aus: Freiheit, Gleichheit, Brüderlichkeit!

Politisch bringt Uranus das Prinzip der brüderlichen Gemeinschaft zuwege, in der jeder gleiche Rechte hat und freiwillig für das Ziel, den Vorteil und das Ideal der Gemeinschaft mitarbeitet. Alles geschieht in Abstimmung miteinander, auch der einfachste Mitarbeiter hat Mitspracherecht. Am schönsten wird dies in der Soziokratie verwirklicht (dieser Ausdruck stammt von Kees Boeke, der den Quäkern angehörte): Wenn man in einer Versammlung sich nicht über das weitere Vorgehen einigen kann, setzt man sich schweigend zusammen, wobei jeder aufmerksam der eigenen inneren Stimme lauscht. Wer die Antwort vernommen hat, steht auf und teilt sie mit. Erst wenn jeder dieselbe Antwort der Stimme des Herzens vernommen hat, faßt man den gemeinsamen Beschluß.

Der Nationalsozialismus war rein uranisch; man nannte einander: Genosse. Auch das Europa der Vaterländer von General De Gaulle war uranisch: selbständige Staaten in freiwilliger Zusammenarbeit.

In Erziehung und Unterricht führt die Montessori-Methode zur uranischen Gemeinschaft. Dort gibt es keine Konkurrenz, kein Abschreiben, keine Zeugnisnoten; wer den Unterrichtsstoff verstanden hat, hilft vielmehr denjenigen, die es noch nicht so gut begriffen haben. Drei aufeinanderfolgende Jahrgänge sitzen in einem Raum zusammen. Auf Fehler wird nicht mit dem Finger gezeigt; man macht noch einmal vor, wie es richtig ist. Die Lehrkraft tritt nicht als Autorität auf, macht nur vor, wie der Schüler das Unterrichtsmaterial selbst gebrauchen kann. Hier wird Selbsterziehung und Selbstunterricht im unmittelbaren Kontakt mit der Realität der Umgebung geübt.

NEPTUN

Neptun (griechisch Poseidon) ist der zweite Mysterienplanet, so Yin und magnetisch, negativ und passiv wie Uranus Yang, elektrisch, positiv und aktiv ist. Ihm wurde die Herrschaft über das Meer verliehen, und er wird mit dem Dreizack in der Hand dargestellt. Das Wesen Neptuns ist Verwässerung, Verdünnung, Auflösung, Liquidation, Auslöschung, Verfeinerung, Verwirrung, Verschleierung, Betäubung, Berauschung, Vergiftung, Düfte, Psychedelika, Verwischung der Grenzen, z.B. zwischen verschiedenen Bewußtseinszuständen, Nivellierung, Anonymität.

Zu ihm gehören Imitation, Schein, Darstellung, Täuschung, Unnatur, raffinierte Künstlichkeit; Nachlässigkeit und Indifferenz; Verführung und Bekehrung; Entführung, Verlieren und Verlorengehen, Vergessen; Leiden, Aufopferung, Verzicht. Verfall, Dekadenz, Niedergang, Verbannung, Vergeistigung, Spiritualität, Spiritismus, Erscheinungen, Geister, Spukgestalten. Mediumismus, Unpersönlichkeit, Mystik, Ekstase, Phantasie, Inspiration, Improvisation, neblige, träumerische Kunst. Musik, vor allem auf Blasinstrumenten (Flöte, Oboe) und auf Harfen und anderen Zupfinstrumenten (Spinett, Gitarre, Mandoline, Banjo, Zither).

Ihm ist alles zugeordnet, was mit Wasser zu tun hat (Seefahrt, Fischerei, Schwimmbäder, Wäschereien, Wasserleitungen).

Die Grenzen der psychischen und körperlichen Persönlichkeit werden verwischt, man geht im anderen, in der Gruppe auf: Beeinflussung, Verführung und Befleckung. Krankheitskeime, Epidemien, alles sehr kleine und in Scharen auftretende Ungeziefer, Bazillen, Bakterien, Viren, Läuse, Flöhe, Fliegen und Mükken, Heuschrecken, alles, was zu einer Plage werden kann, ist neptunhaft.

Neptun bewirkt Versklavung in jeder Hinsicht: Die Auslöschung der eigenen Persönlichkeit, dann der Mißbrauch der eigenen Triebe und Bedürfnisse, die nicht mehr der Kraft des eigenen Ichs unterworfen sind: Zombies in Südamerika (in Trance arbeitende Sklaven, deren Ich-Bewußtsein und Gedächtnis ausgelöscht sind); der Zuhälter und seine Prostituierten, und die meisten Eheverhältnisse in südlichen Ländern. Hierzu gehören auch die Abhängigkeit von Alkohol, Zigaretten, Kaffee, Putschmitteln, Schlafmitteln, Opium, weichen und harten Drogen usw.

Neptunhaft ist das schleichende und schlaue Unterminieren des Widerstandes eines Menschen, das instinktiv und unfehlbar die schwächste Stelle findet. Das Opfer denkt: Ach, der Ärmste, die Kleinigkeit kann ich ihm doch nicht verwehren. Schritt für Schritt wird der Starke dann in das unsichtbare Netz eingesponnen, bis sein Leben nur noch Sklavendienst für den scheinbar Schwachen, den raffinierten und listigen Parasiten ist.

Neptun-Menschen in der aktiven Rolle wollen schnell mühelos reich werden, vorzugsweise dadurch, daß sie anderen ein Idealbild vor Augen stellen: Photographie, Film, Fernsehen, Hologramm, spiritistisch erzeugte Erscheinungen als Verdichtung von Seeleninhalten der Gläubigen. Luftschlösser, Großprojekte auf geschäftlichem oder ideellem Gebiet: Der neptunische Mensch versteht es, hierfür gewaltige Summen zu beschaffen, jedoch werden die Fabrik, die Schule oder der Tempel niemals gebaut, und wenn die gutgläubigen Spender Nachforschungen anstellen, ist ihr Geld schon verschwunden.

Hierzu gehören die Großbetrüger, denen es immer wieder gelingt, ihre Opfer zu beschwatzen, die insbesondere wohlhabenden Witwen mit dem Versprechen der künftigen himmlischen Seligkeit das Geld aus der Tasche ziehen. Sie leben im Luxus inmitten der sie verehrenden Sklaven und halten inspirierte Vorträge, wobei ihre Zuhörer gebannt an ihren Lippen hängen; hört man sich später die auf Band aufgenommene Rede an, dann erweist sie sich aus logischer Sicht als der bare Unsinn: Der Redner hat nur die unbefriedigten Wünsche der Zuhörer, die er telepathisch aufgefangen hat, beantwortet und mit Schein befriedigt. Jede Frau wähnt sich vom Meister persönlich angesprochen und begünstigt, und jeder Mann ist im Banne der Zauberfee, die sein weibliches Idealbild zu verkörpern scheint.

Neptun-Menschen sind auf der Bühne wie im Alltagsleben die größten Schauspieler, da sie jegliche Gestalt annehmen können; sie leben in anderen und in Rollen, sind eigentlich niemand.

Sie stehen daher auch den ichlosen Naturwesen nahe, sie haben keine menschliche Moral und keinen Zeitbegriff; als gefährliche Zauberer und böse Feen betören und bezaubern sie arglose Sterbliche, so daß sie ihre Pflichten und Bindungen vergessen.

Neptun regiert die Zwischenwelt, das Schattenreich, das Land des ewigen Frühlings, in dem die Äpfel der Unsterblichkeit wachsen, das Reich der psychischen Schöpfungskraft oder Phantasie, die jegliche Form von Schönheit und Seligkeit zu jedem Augenblick und an jedem Ort zum Vorschein bringen kann. In vielen Märchen wird davon berichtet, wie ein später Wanderer in ein Elfenfest oder Wunderreich gelangt; in dem Augenblick aber, wo er etwas Falsches tut oder sagt (d.h. aus diesem Bewußtseinszustand heraustritt), sieht er plötzlich nichts mehr als einen Haufen dürrer Blätter, wo soeben noch Lampen leuchteten, Musik, Gesang und Lachen die Luft erfüllten und schöne Gestalten tanzten. Diese Welt ist freilich nicht verschwunden, man sieht sie nur nicht mehr. Dasselbe gilt überhaupt für alle Erscheinungen von Heiligen, Dämonen, Verstorbenen usw.

Die Zwischenwelt ist das ätherische Gebiet der Seelenbilder: Was wir uns vorstellen (auch beim Lesen eines Buches), das wird sofort existent. Verstorbene haben nur keinen Leib mehr; ihre Seele lebt vorläufig noch weiter. Sie leben in Vorstellungen, wie ein Lebender in seinen Tagträumen. Neptun läßt den Menschen danach verlangen, sich der konkreten Wirklichkeit zu entziehen und nur in der ätherischen oder psychischen Welt zu leben, wo freilich die Farben strahlender, die Düfte herrlicher sind und alle Dinge intensiver erlebt werden. Jede Abteilung oder Sphäre dieses unermeßlichen psychischen Reiches kann dem menschlichen Bewußtsein geöffnet werden durch die entsprechenden Gifte, bestimmte Lichtarten und Farben, bestimmte Düfte usw.; die neptunischen Religionen sind daher in der Tat »Opium für das Volk«, weil sie alles Interesse und alle Aufmerksamkeit vom konkreten Leben abziehen. Von der höchsten gnostischen Spiritualität bis zur niedrigsten Buhlerei mit dem Teufel wird alles von Neptun allen zugänglich gemacht. Jeder kommt in diejenige Abteilung, die seinem seelischen Niveau entspricht.

Alle Wesen, die durch Neptun zur Erscheinung kommen können, umgeben uns *ständig.* Es gibt einen Zustand, in dem keines von ihnen erlebt werden kann: im vollen Sonnenlicht. In ihm ist der Mensch gegen Dämonen usw. gefeit. Kaum zieht eine Wolke vor die Sonne, tauchen sie schemenhaft wieder auf. Alle Kirchen und Heiligtümer, die nur wenig und dazu noch farbiges Licht hereinlassen, dienen den Myriaden von Geistern, die die Zwischenwelt bevölkern (Heilige und Teufel, wobei der eine Typ in den anderen übergehen kann) und nicht dem allmächtigen Sonnengott, der nur auf hohen, freien Orten in der Natur und am Tage bei wolkenlosem Himmel verehrt werden kann (deshalb erzeugt Sauron in Tolkiens Buch *Der Herr der Ringe* künstlich eine Finsternis, damit seine Orks und Trolle kämpfen können. Auch Frodo und Sam reisen nachts, weil ihre Queste eine Fahrt durch das Unbewußte der Seele war). Abendmenschen, die den Morgen verschlafen, leben bevorzugt in der ätherischen Welt, in der abstrakten Anschauung, im Zaubergarten des Sexuellen und Drogengenusses oder in Gefühlsträumen, vergeistigt oder dämonisiert, über oder unterhalb des konkreten Alltags. Nur die starken und vollkommenen Menschen können gleichzeitig in den drei verschiedenen Ebenen Bewußtsein haben, leben und arbeiten. Dies ist das Endziel der menschlichen Entwicklung.

In der Natur schafft Neptun das sehr Große, den Ozean, den Elefanten. Er schafft die Giftpflanzen, wie den Schlafmohn und den indischen Hanf, die die Seele von der irdischen Wirklichkeit ablenken. Er steht hinter allem, was nebulös und unbestimmt ist: Wasservorhänge, Nebel und Dunst, Wolken und Zwielicht, weiche, verfließende Farben (die der Mensch in Aquarellen zum Ausdruck bringt), Steine wie Opal und Rheinkiesel, die alle Farbtöne zeigen können, das Lila und den Amethyst, der die Seele reinigen kann.

Bringt ein Opal Unglück? Er zieht Neptun auf der Ebene und entsprechend der Aspektierung des Trägers an. Dem hochstehenden Menschen schenkt er die kosmische Einheitserfahrung und die geistige Allwissenheit. Den Tiefstehenden bringt er Schwäche und Schlaffheit, Parasitismus und Sklaventum, Zerstreutheit und Selbstaufgabe, Verbrüderungsseligkeit und Saufkumpanei.

Weil Neptun das Bestreben hat, der konkreten Welt zu entfliehen oder diese aufzulösen, findet man seine menschlichen Werkzeuge in allen Tendenzen zum Nichts: Nihilisten und Anarchisten, Saboteure, Wühlagenten, Unruhestifter, große und kleine Priester und Prediger, Narkotiseure und Musikanten, Dealer, Menschen, die die Dinge in ihrer letzten Phase beseitigen: Trödler, Kanalbauer usw. Indem er die konkrete Wirklichkeit nachmacht, ist er der Ernährer von Photographen und Regisseuren, Plastik-Antikmöbel- und Kitschherstellern (Springbrunnen oder Milchkannen in Tiergestalt, Kuckucksuhren, Schokoladenhühner, geblümter Stoff, Kunstperlen, Fruchtessenzen, chemische Duftstoffe usw.).

Zu ihm gehören alle Berufe, die mit ätherischen Kräften arbeiten, wie z.B. Magnetiseur, Gesundbeter, Psychometriker usw. Das Körperorgan, das hierbei manchmal eine Rolle spielt, ist die Zirbeldrüse.

Das Zeichen Neptuns sind die Fische, die u.a. Portugal und Indonesien beherrschen. Neptun ist der Herrscher der großen Flüsse, Seen und Meere und der Westküsten der Kontinente, insbesondere Kaliforniens, vor allem dem Los Angeles Bowl (Kino, verpestete Luft). Früher stand auch das Inselreich Atlantis unter seiner Herrschaft, das wieder auftauchen wird. Der hl. Nikolaus, der Patron der Seefahrer, ist ihm sehr verwandt. Die katholische Kirche ist eine typische Neptunorganisation und beherrscht daher auch die Fischerdörfer der europäischen Westküste. Neptuns Tiere sind natürlich die Fische, auch der Walfisch und seine Nährpflanzen: Algen, Seetang, Diatomeen.

Politisch schafft Neptun im Gegensatz zum Sozialismus des Uranus den neptunischen Kommunismus, dessen Ziel es ist, alle Menschen auf der ganzen Welt als gleich anzusehen und auf das Einheitsmuster des Staatssklaven zu dressieren. Während der uranische Mensch von innen nach außen lebt, wird der neptunische Mensch gedrängt, von außen nach innen zu leben, so zu werden, wie ihn der Staat zu formen beliebt. Man wird indoktriniert, bis alle dasselbe Sprüchlein aufsagen; Kunst ist nicht mehr möglich.

Neptun wurde im Jahre 1846 entdeckt, woraufhin der indische Okkultismus in Europa durch die Theosophie in Mode kam und in Rußland bei Intellektuellen mit christlicher Grundhaltung wie etwa Tolstoi kommunistische Ideen auftauchten.

PLUTO

Der Planet Pluto ist der fernste und damit älteste aller von der heutigen Astronomie ermittelten Planeten unseres Sonnensystems. Es muß jedoch noch ältere geben, wie die Astrologen Alfred Witte und Th. Ram sagen, die ihre Bahnen aus den Abweichungen der Bahnen der übrigen berechnet haben. Ram nennt sie Hermes, Persephone und Demeter.

DAS WESEN

Das Wesen Plutos ist zentrifugale Schöpfungskraft, Machtausübung und Umwälzung. Er bringt neue Geschöpfe, Unternehmungen und Kulturen hervor, indem er Geist und Seele in den Stoff senkt. Im griechischen Mythos ist er der Herrscher der Unterwelt, wo er auf einem schwarzen Thron sitzt; sein Wagen wird von schwarzen Pferden gezogen. Er gehört zur Finsternis des verborgenen, okkulten Unbewußten, wie auch sein Zeichen Skorpion (Ein Skorpion hält sich ebenfalls vorzugsweise im Dunkeln auf). Er raubte die Jungfrau Persephone und entführte sie in sein unterirdisches Reich, um sie zu heiraten. Pluto ist nämlich auch die sexuelle Triebkraft aus dem Unterleib, die das Seelenbewußtsein, den Mond, nach unten in das Unbewußte zieht. So wälzt Pluto in unserer Zeit die Erde, die Menschen und die Gesellschaft um, so daß der Lebenspol oben und der Denkpol unten zu liegen kommt.

Plutos Glyphe ist daher auch diejenige des Mars mit dem unten angefügten Mondbogen: Er ist die Polarität von Tyrann und Sklave, Diktator und Masse. Er ist der Anstifter des Sklavenaufstands, der proletarischen Revolution, die die Machtverhältnisse umkehrt, woraufhin der Sklave seinerseits zum Unterdrücker wird. Pluto arbeitet unterirdisch, unterminierend, er beherrscht die soziale Unterwelt des Verbrechens, geheime Männerbünde, Femegericht, Hexerei und politische Untergrundorganisationen. Er gibt den Menschen Machtgier, Oberherrschaft, magisches Übergewicht, Despotismus, Diktatur, Fanatismus und Gewalt, den Staatsterror und die Schreckensherrschaft, die Vergewaltigung, den Lustmord und die Hysterie. Er ist der im Tartaros gefangene Titan, der sich selbst befreit. Er arbeitet mit Massensuggestion und Hypnose, als der Propagandist mit unwiderstehlicher Überzeugungskraft, der Einflüsterer, der das Publikum zwingt, etwas zu kaufen, der Demagoge, der die Masse zur Gewalt anstachelt. Er ist der Rädelsführer, der der Volksseele (Mond) das drehende Rad des Schicksals, die Swastika vor Augen hält, das durch die Seelenkraft der Masse angetrieben wird, wie ein Wasserrad von einem Wasserfall angetrieben wird. Pluto ist der Titan, der selbst Titanen schafft, die für ihn arbeiten, einst Dämonen und Riesen, heute Planierraupen, Bagger und Kräne, aber auch die großen politisch-religiösen Machtorganisationen wie die Druiden, die katholische Kirche, den Nationalsozialismus, die japanische Soka-gakkai, die Scientology Church. Er brachte die Empire Builders hervor, die »Multis« (Shell, Unilever) – er ist die Macht des Geldes!

Pluto führt die Menschen zur Kernspaltung, um sich titanische Kraft verfügbar zu machen. Er beherrscht die Radioaktivität, die die Schöpfungskraft zerstört (Kobaltbombe) oder vergrößert: Riesenwuchs in radioaktiv verseuchten Gebieten: Riesenpflanzen und -tiere.

Er herrscht über das Amazonasgebiet (die grüne Hölle), wo die einst unschuldigen kleinen Fische und Spinnen, die Pflanzenfresser waren, durch die Radioaktivität infolge der Atomversuche der alten Atlantier in größere, gefährliche, aggressive und blutrünstige Tiere verwandelt wurden, die Pirayas und die Vogelspinne, die einen Menschen töten kann. Er herrscht auch über die Wüste in Nevada, wo Tektite auf die Atomgewalt in der Urzeit hinweisen und die als verfluchtes Land von den Indianern gemieden wird, wo heute bei Las Vegas die USA ihre Atombomben zünden.

Pluto ließ Sauron im vulkanischen Feuer von Orodruin den Ring der Macht schmieden und ihn in unterirdischen Werkstätten durch seine abscheulichen Orks Rammböcke und Waffen verfertigen. Er schuf die furchtbaren Dämonen wie den Balrog, der in den Tiefen von Moria schlief, aber durch das Schürfen nach Metallen für den Kampf geweckt wurde. Er ließ ihn unterirdische Folterkammern bauen, deren Vorbild überall auf der Welt in plutonischen Ländern nachgeahmt wird, insbesondere in der Nähe des Äquators, wo die schwarze Magie ihren Höhepunkt erreicht (der Voodoo-Kult in Mittel- und Südamerika). Die große Spinne Shelob und die Trolle sind ebenfalls typisch plutonische Geschöpfe, so wie auch alle Riesen.

Pluto beherrschte die Zeit, in der riesenhafte Tiere (Saurier usw.) und Pflanzen (Farnbäume, Schachtelhalmbäume) die Erde in einer Treibhausatmosphäre bevölkerten. Der heutige Mond war damals der Erde näher als jetzt. Je mehr er sich von ihr entfernte, schrumpften die Tiere, Pflanzen und Menschen auf der Erde auf ihre heutige Größe; nur ihre Skelette und Fossilien zeugen noch von ihrer einstigen Existenz (Mammuts und Riesen mit sechszehigen Füßen).

Zur Zeit nähert sich der Mond der Erde wieder, und Pluto ist wieder aktiver, wodurch Menschen, Tiere und Pflanzen (unter Mitwirkung der Radioaktivität) wieder größer werden.

Pluto beherrscht den Prozeß der Umsetzung und Verwandlung unter Mitwirkung Neptuns, der dem heutigen Zustand entgehen möchte, und Uranus', der die Übergänge beherrscht.

Er regiert die Gestaltverwandlung, wie z.B. des Engerlings zum Maikäfer, der Larve zum fliegenden Insekt, der Raupe zum Schmetterling – und des Menschen zum Engel oder zu einem Teufel. Er läßt Werwölfe (Wargs) und Nazguls entstehen, er verkörpert und entleibt, er löst eine Gestalt auf und bindet die auseinanderfallende Materie zu einer neuen Form. Pluto ist daher zugleich auch die Macht des weißen Magiers und des Heiligen Geistes als Schöpfer, des creator spiritus. Er ist der Herrscher über den Kreislauf der Materie: Abgestorbenes wird zu Humus und Dünger, er erzeugt Kompost. Er macht den Abfall des einen zur Nahrung des anderen, regelt die Düngung.

Pluto gibt ein Gespür für die Erdkruste und alles, was sie enthält: Er bringt den Goldsucher und den Rutengänger hervor, den Bergarbeiter und den Schatzgräber, den Ölsucher. Sein Geschöpf ist auch die Analogie hierzu auf seelischem Gebiet, der Psychoanalytiker.

Erdstrahlen, die als elektrische Schwingungen an Kreuzungen von unterirdischen Wasserläufen entstehen, reflektieren die kosmischen Strahlen Plutos (das Wasser ist wiederum Sache des

Mondes) und lassen bei bestimmten Typen Krebs entstehen. Die meisten Tiere meiden sie, während Ameisen, Katzen und Eulen sie gerade aufsuchen. Die schwarze Katze auf der Hexenschulter zeigt einen plutonischen Ort an, ebenso der Ameisenhaufen und die Brennesseln. Letztere heben die Wirkung der Erdstrahlen weitgehend auf. Eine Zimmerlinde reagiert auf sie ausgesprochen negativ.

Pluto mit dem Mond treibt den Geist in die Materie und wird daher dunkel und schwarz dargestellt (die Schwarze Madonna, Les Saintes Maries de la Mer in der Camargue, wohin die Zigeuner einmal im Jahr wallfahren). Er bringt daher das Leben, die Fortpflanzung, die Bevölkerung oder Überbevölkerung. Wir leben heute in einem stark plutonischen Zeitalter. Er ist eine neutrale Kraft, und es liegt am Menschen, ob er hieraus schwarze oder weiße Magie macht. Der unbarmherzige Ausbeuter und Unterdrücker, der über Leichen geht, baut ein inneres Muster auf, das sich in seinem nächsten Leben als Krebs manifestieren kann, wobei er dann selbst als Unterdrückter sich nicht entfalten kann.

Zu den alten Pflanzen, die unter der Herrschaft Plutos schon in Lemurien vorkamen, gehört der Bärlapp (Lycopodium), der in der Homöopathie eingesetzt wird. Der große Bärlapp (L. clavatum) wächst bei uns noch in einsamen Heidegebieten; die Ähren tragen Sporen mit einem gelben, aluminiumhaltigen Pulver, das beim Anzünden explodiert; es wird in der Apotheke benutzt, um Tabletten trocken zu halten.

Lycopodium D5 bis D12 ist ein hervorragendes Mittel für Körper und Seele, zum Beispiel bei einer applizierenden Quadratur oder einer applizierenden Mond-Pluto-Konjunktion. Dabei ist die Seele einer Übermacht unterworfen, z.B. Menschen im Altersheim, die vom Personal tyrannisiert werden, oder ein Erwachsener, der sich niemals von seiner dominanten Mutter lösen konnte. In hoher Potenz (D60 oder höher) gibt Lycopodium einem solchen Unterdrückten das nötige Selbstbewußtsein.

Als D12 ist es ein vorzügliches Mittel gegen trockenes Ekzem (insbesondere am rechten Zeigefinger), das mit einer zu trokkenen Leber zusammenhängt (beginnende Zirrhose), alte Luftröhrenkatarrhe und Gedächtnisschwäche, was alles eine Folge von Radioaktivität aus Atomversuchen (Pluto) sein kann.

Typischerweise heißt die Pflanze im französischen *jalousie:* Der Neid des Untergeordneten macht den Menschen später zum Tyrannen.

PLUTOS KRANKHEIT: DER KREBS

Plutos ausstülpende Schöpfungskraft schafft alle Anhänge des menschlichen Körpers, wie z.B. die weiblichen Brüste, den Penis und die Hoden des Mannes, aber auch Geschwüre, Warzen, Polypen, Myome usw. Bei engen Pluto-Aspekten entstehen sie, werden sie weggenommen oder durch künstliche (Prothesen) ersetzt. Plutos Streben ist es, mit Hilfe des Mondes, der die ätherischen Muster zu stofflichen Formen verdichtet, einen Menschen zu schaffen, den Homunculus der Alchimisten. Er beherrscht die Mutationen und die Transmutation des Stoffes.

Die Urform seiner Schöpfungskraft ist die Kugelform auf einem Stiel, wie etwa der junge Pilz oder die Gebärmutter und die Geschwulst. Durch Gegendruck wird diese Kugel abgeplattet, wie beim älteren Pilz und dem Atompilz. Wenn ein Mensch bei seinen Schöpfungsversuchen durch seine Umgebung behindert wird, so daß er weder Kinder noch Unternehmungen noch Kunstwerke erzeugen kann, wird die Kraft in den Körper zurückgedrückt, wo sie häufig sinnlose Formen aufbaut wie z.B. Gebärmuttermyome, Geschwulste und Warzen. Durch die Unterdrückung ihrer Schöpfungskraft müssen die unglücklichen Menschen dann auch noch die Schmerzen erleiden. Die Reizung der Schöpfungskraft durch sexuellen Umgang, wobei gleichzeitig die Befruchtung verhindert wird, kann daher ebenfalls krebserregend wirken. Die operative Entfernung von Gebärmutter oder Eierstöcken nimmt die Quelle der Schöpfungskraft weg. So kann die geistige Schöpfungskraft und die weiße Magie in Krankheit und schwarze Magie verwandelt werden. Daher ist es auch nicht erstaunlich, daß umgekehrt Warzen durch Zaubersprüche entfernt und Krebs durch Geisteskraft überwunden werden kann. Im Märchen wird der Prinz durch eine böse Fee in eine Kröte verwandelt (Geist in Krankheit), und diese wird durch eine Prinzessin erlöst. Die Seele kann beides sein, Hexe oder Prinzessin!

PLUTOS TIERE: KRÖTE UND KREBS

Zu Plutos Tieren gehören die Eidechse, die Schlange (die ihre Beute hypnotisiert!), der Tintenfisch, die Spinne (Shelob!), der Skorpion, der Krebs (!) und die Kröte.

Die Kröte kündigt sowohl im Märchen wie auch in der Realität häufig eine Geburt an. Bei einem Pluto-Aspekt erscheinen Kröten im Garten, und wenig später gibt es häufig eine Geburt (oder Krebs tritt auf). Zugleich kann er Krebs heilen: In Surinam bindet man eine Kröte, die dort von Natur aus mit Warzen besät ist, zur Heilung auf ein Krebsgeschwür. Die Kröte sitzt auf dem Pilz, ist daher die Gegenkraft der Wucherung. Zugleich ist der Pilz, d.h. der Fruchtkörper eines Schimmelpilzes, ein plutonisches Gewächs. In den Vereinigten Staaten hat man aus einem Schimmelpilz ein Heilmittel gegen Krebs hergestellt! Schimmelpilze, Moose und Farne gab es schon im Lemurischen Zeitalter der Erde, das von Pluto zusammen mit dem damals noch mit der Erde verbundenen Mond beherrscht wurde.

Der Krebs dient als Heilmittel: In einem alten Kräuterbuch wird empfohlen, männliche Krebse feinzustampfen und mit Knoblauch vermischt 24 Stunden auf ein Krebsgeschwür zu binden, bis sie das Krankheitsgift herausgezogen hätten.

Je stärker Pluto in der Menschenwelt wirkt, desto größer sind die Katastrophen, desto größer sind die Wunder!

Pluto wurde 1930 von einem Astronomen entdeckt, der zu Hause bei Tisch erzählte, daß er einen neuen Planeten entdeckt habe, den er vorläufig mit einem Buchstaben bezeichnete. Seine Tochter sagte daraufhin: Nenne ihn doch Pluto, wie unseren Hund! Hier zeigt sich wiederum die Wahrheit des *vox populi, vox dei,* denn dies war genau der richtige Name. Es zeigte sich, daß die Wirkung dieses Planeten mit demjenigen übereinstimmte, was der griechische Mythos über Pluto berichtet.

Zwei Dinge, die Pluto bringt, haben seit dieser Zeit daher auch stark zugenommen: die Freisetzung ungeheurer Kräfte durch die Atomspaltung und die Atombombe, und der Krebs, den man mit Kobaltquellen bekämpft.

Im Pflanzenreich gehören die Schimmelpilze und ihre oberirdischen Fruchtkörper zu Pluto. Das Penizillin (ein Schimmelpilz) sowie der krebshemmende Pilz Mucorrhycin kamen in Gebrauch, die Champignons als Nahrungsmittel, während die Atomwolke sowie auch das Krebsgeschwür Pilzform haben. Auf diesem sitzt die plutonische Kröte – die auch als Volksheilmittel gegen Krebs eingesetzt wird.

DIE WACHSTUMS-
PHASEN
IM HOROSKOP

DIE HÄUSER

Die Häuser (Felder) des Horoskops, die man als zwölf Kreissektoren zeichnet, sind eigentlich zwölf Abschnitte in der Spirale eines Schneckenhauses, die als Wirbel im Äther entstanden sind (auf dem Hinterhaupt des Menschen folgt der Haarwuchs ebenfalls einem solchen Wirbel des Äthers, der dort schraubenförmig als kosmische Inspiration nach innen gesaugt wird, die sich zu menschlichen Gedanken umsetzt. Auch in der Pflanzenwelt begegnet man solchen Spiralen, u.a. bei einer bestimmten italienischen Blumenkohlsorte). Das Spiralhoroskop ist daher auch eine viel korrektere Wiedergabe auf dem Papier.

Diese Häuser sind Phasen des spiralförmigen Lebensweges auf der äußeren und inneren, der sozialen, physischen und psychischen Ebene des Menschen auf der Erde.

Sie laufen parallel zu den zwölf Tierkreiszeichen: Das erste Haus ist analog zum ersten Zeichen, das zweite Haus zum zweiten Zeichen usw. Daher gibt es auch in der Reihe der Häuser gewisse Gruppierungen: Die Häuser 1, 2 und 3 bilden zusammen wieder den Prozeß kardinal – fest – beweglich, die Häuser 1, 5 und 9 entsprechen den Feuerzeichen, sind also Feuerhäuser, usw.

DIE SOZIALE EBENE

Auf der sozialen Ebene, in den äußeren Umständen, bezeichnen die Häuser Bereiche des praktischen Lebens:

1. die direkte Umgebung des körperlichen Ichs;
2. die Besitztümer, Gelddinge, Arbeitsmaterial;
3. die »kleinen« Kontakte, Geschwister, Nachbarn, Lehrer und Schüler, die Hauptschule, Briefwechsel, Telephongespräche, Ausflüge und Besuche;
4. Eltern (bei einer Taggeburt die Mutter), Heim und Herd, Heimat, Vaterland, Familie, Vorfahren, Erbfaktoren, Familientraditionen, Grundbesitz, Haus, Familie, Hausgenossen;

5. Kinder, Kunsterzeugnisse, selbständiges Auftreten, Erziehung, Festlichkeiten und Vergnügungen und die Orte hierfür, Liebeserlebnisse, der Liebhaber/die Liebhaberin, das Gymnasium, Spekulationen;
6. Broterwerb, festes Arbeitsverhältnis, Beruf, Personal; der Leib, der uns dient, Gesundheit und Krankheit;
7. der Ehepartner, die Gruppe, das Team, in dem man mitarbeitet; rechtliche Vereinbarungen und Verträge, offene Feinde, Prozesse;
8. der Besitz des anderen, an dem man Nutznießung hat, der Schuldner, der Erblasser und der Erbe, derjenige, den man bestiehlt oder ausbeutet; sexueller Genuß; der Magielehrer, der Psychiater; der Tod und diejenigen, die damit zu tun haben; Totengräber, Notar usw. Jedes verborgene Gebiet, das man zu erforschen versucht;
9. die großen Verträge, Fernreisen, die Universität, die Mission, Religion, Verbreitung von Gedanken und Idealen, Propaganda, Lebensanschauung, Bücherschreiben, Bibliotheken;
10. die Stellung in der Welt, Ruf, Ansehen, Ruhm oder Schmach, Bekanntheit, auf dem Laufenden sein, das öffentliche Leben, Berufung und Bestimmung;
11. Kameraden und Kollegen, Parteigenossen, Vereinskameraden, elegante Gesellschaft; Kunden, Patienten; Spezialarbeiten, internationale Beziehungen;
12. die geschlossene Gesellschaft, Kommune, Kloster, Krankenhaus, Gefängnis, Konzentrationslager; Laboratorium; der Landstreicher, Anonymität, Masse, Anarchismus, Nihilismus; Verlust, Bankrott, Konkurs, die letzte Phase der stofflichen Formen; Abfallbeseitigung, Abwasserbeseitigung, Trödelladen, fliegende Händler; der unpersönliche Großkonzern, Staatsbetriebe, Börsen; geheime Feinde, Subversion.

Deutlich sind hierbei die aufeinanderfolgenden Phasen des menschlichen Lebens zu erkennen (siehe hierzu auch den Abschnitt über den Glückspunkt in den Häusern), der Aufbau der stofflichen Formen und deren Verbreitung und Beseitigung.

DIE KÖRPERLICHE EBENE

Auf der körperlichen Ebene stehen die Häuser gleich wie die Tierkreiszeichen für Körperteile und deren Funktionen:

1. (Widder) das Haupt mit seinem Inhalt und dem Wirbelkanal;
2. (Stier) Hals, Nacken, Kehlkopf, Stimmbänder usw.;
3. (Zwillinge) Atemwege, Rippen, Gliedmaßen, Thymusdrüsen;
4. (Krebs) Magen, weibliche Brust, Gebärmutter, Zwerchfell, Milz, Bauspeicheldrüse;
5. (Löwe) Herz und Blutkreislauf, Wirbelsäule, Schlüsselbein;
6. (Jungfrau) Bauchraum, Gedärme, Leber und Galle;
7. (Waage) Nieren, Nebennieren, Haut, harnableitende Wege, Venen, Augen, Mund;
8. (Skorpion) männliche Geschlechtsorgane und Harnleiter, nach Ansicht einiger Autoren auch die weiblichen Geschlechtsorgane, weiterhin der After und die Nase mit den zugehörigen Knochen;
9. (Schütze) Oberschenkel und Hüfte, Ischiasnerv, Gesäß, untere Lendenwirbel;
10. (Steinbock) Knie mit zugehörigen Nerven, Venen und Lymphgefäße;
11. (Wassermann) gesamte Unterschenkel, Nervensystem des Rückenmarks;
12. (Fische) Füße, Knöchel.

Gegenüberliegende Zeichen und Häuser korrespondieren stets miteinander: Es besteht eine Wechselwirkung zwischen den zugehörigen Organen wie z.B. zwischen Herz (Löwe) und Unterschenkel (Wassermann); Kehlkopf (Stier) und Geschlechtsorganen (Skorpion); Gedärme (Jungfrau) und Füße (Fische).

DIE PSYCHISCHE EBENE

Auf der psychischen Ebene bezeichnen die Häuser Seelenbereiche und die Phasen, in denen sie sich entfalten:

1. Körperbewußtsein, Selbständigkeit, Eigen-Sinn;

2. Bewußtsein für die eigene Kraft und Schönheit, Kinder- und Elternliebe;
3. Gedankenaustausch, Aufmerksamkeit, Wißbegierde;
4. das kollektive Unbewußte mit den Archetypen, das Traumleben, die Erbfaktoren, die Stimme des Blutes, das große Gedächtnis (das an die Chromosomen gebunden ist), Familienkrankheiten;
5. Schönheitsbedürfnis, das Verlangen, bewundert zu werden, Leiten und Erziehen; Verliebtheit, Flirt;
6. Dienstbarkeit, Neigung zum Ordnen und Reinigen, Liebe zum Detail;
7. Zusammenarbeit, Beziehung, Streit und Versöhnung;
8. Erforschung des Verborgenen, Todessehnsucht, Genußsucht, Intuition, Perversion;
9. Parteilichkeit, Einseitigkeit, fanatisches Durchsetzen der eigenen Pläne oder Gedanken, einem Ziel, Idealen nachjagen; Religiosität, Lebensanschauung, »das Haus Gottes«;
10. Ehrgeiz, Ambition, unermüdliches Streben nach dem Gipfel, Anpassung an die Außenwelt, Konventionalität;
11. Streben nach Gleichheit, Freiheit und Brüderlichkeit, sozialer Gerechtigkeit, das Bedürfnis, in der Gruppe zu leben und zu arbeiten;
12. Weltflucht, Sehnsucht nach Einsamkeit, Beschaulichkeit, Indifferenz; Maßlosigkeit, Neigung zu Berauschung.

Man sieht, daß auch hier die gegenüberliegenden Häuser wie die entsprechenden Zeichen zueinander gegensätzlich sind, z.B.:

6. pflichtbewußt im Beruf,
12. Ablehnung der gesellschaftlichen Ordnung;

1. alles auf eigene Faust tun,
7. nur mit anderen etwas erreichen können;

2. vertrauensvolle Anhänglichkeit,
8. raffinierte Ausbeutung anderer;

4. das Glück des häuslichen Herdes,
10. Leben für die Rolle in der Welt, Bedürfnis nach Publikum und Publizität;

5. Autokratie, Majestät,
11. Gleichberechtigung, Mitsprache, Demokratie;

3. Neutralität, notfalls mit dem Feind verhandeln,
9. Parteilichkeit, Boykott aus prinzipiellen Gründen.

VERWANDTSCHAFTSBEZIEHUNGEN IN DEN HÄUSERN

Ausgehend vom Kreuz im Kreis, d.h. den vier Eckhäusern: 1. das Ich; 7. der Partner; 4. die Mutter; 10. der Vater, ergeben sich hieraus die übrigen Beziehungen durch Zusammenzählung, wobei man die Person selbst nicht mitzählt, d.h. eins abzieht:

Die Großmutter ist z.B. die Mutter der Mutter: 4 + 4 - 1 = 7 (oder 1, wenn es die Mutter des Vaters ist); der Großvater ergibt sich aus 10 + 4 - 1 = 1 bzw. 10 + 10 - 1 = 7; Kind = 5; Bruder oder Schwester = 3; Enkel = 9; Stiefbruder oder Schwester = 9; Stiefkind = 11; Schwager oder Schwägerin = 9; Onkel und Tante = 6; Schwiegereltern = 4 bzw. 10; Cousin oder Cousine = 7, Neffe oder Nichte = 10.

DIE WÜRDE DER HÄUSER

DIE HÄLFTEN

Betrachtet man den in 12 gleiche Häuser eingeteilten Kreis, dann ist der Horizont die Verbindungslinie von Aszendent und Deszendent, die das Horoskop in zwei Hälften teilt. Die obere ist die Taghälfte, die untere die Nachthälfte. Entsprechend hierzu ist der obere Teil der bewußte Teil der Seele und beim Menschen der sichtbare und am deutlichsten wahrnehmbare Teil, der nach außen gerichtete oder extravertierte. Die untere Hälfte ist der unbewußte Teil der Seele und der nach innen gewandte, introvertierte Teil des Menschen. Planeten im vierten Quadranten sind Kräfte der Seele, die erst im letzten Lebensviertel zur Entfaltung und zum Vorschein kommen.

Die Vertikale, die MC und IC verbindet, teilt den Kreis in eine linke oder Saathälfte und eine rechte oder Erntehälfte. Was in der

Saathälfte steht, kann in gewissem Umfang noch frei gewählt werden; was jedoch in der Erntehälfte steht, muß als Produkt der Vergangenheit einfach akzeptiert werden.

DIE ECKHÄUSER

Die vier Schnittpunkte der Vertikalen und Horizontalen mit dem Kreis nennt man die Spitzen der *Eckhäuser* 1, 4, 7 und 10. Diese Spitzen und Häuser sind sehr wichtig für den Platz des Menschen in der Außenwelt.

Am Aszendenten geht ein Planet auf; dort wird alles geboren, nimmt alles eine Erscheinungsform an. Was progressiv vom Zwölften zum Ersten geht, erscheint urplötzlich aus der Anonymität des Zwölften vor unseren Augen. Solange z.B. bei einem Kind der Mond nach der Geburt im Zwölften läuft, hat es entweder keine Mutter oder es erlebt diese nicht als mütterlich. Wenn dann der Mond über den Aszendenten geht, erscheint eine Mutter oder Pflegemutter, oder die eigene Mutter wird fürsorglich. Ein Mann, dessen Mond im Zwölften läuft, erfährt erst, was eine Frau ist, wenn der Mond über den Aszendenten geht. Wenn in umgekehrter Richtung ein Planet durch Drehung des Rades vom Ersten in das Zwölfte kommt, verliert man plötzlich dasjenige, was der Planet bezeichnet.

Im Hinblick auf den Deszendenten sagt man häufig, daß jemandes »Stern sinkt«, wenn sein Erfolg oder seine Beliebtheit abnehmen. In der Tat: Wenn der Stern, der ihm Ruhm gab, vom 7. zum 6. geht, d.h. untergeht, versinkt er in der grauen Masse der Arbeitstiere.

Wenn sich ein Planet durch das zehnte Haus zur Himmelsmitte bewegt, wird man immer bekannter. Wenn der Planet von der anderen Seite aus dem Neunten kommt und das MC passiert, erfährt man wegen seiner Ideen oder Gelehrtheit öffentliche Würdigung, wird man z.B. zum Minister ernannt, während man vorher Professor war (9).

Ein Planet, der über das IC vom Dritten zum Vierten geht, kann eventuell die Neigung verleihen, sich als Einsiedler im eigenen Haus einzuschließen. Zugleich taucht man in seine eigenen Seelentiefen ein, sucht in Träumen nach Botschaften der eigenen unbewußten Kräfte, erkundet die eigene Ahnenreihe usw.

Die vier Eckhäuser haben also ausgesprochen mit dem Ich in der Welt zu tun. Wenn diese Punkte im Radix besetzt sind, hat ein solcher Mensch, vor allem wenn ein positives Zeichen am Aszendenten und MC steht, einen starken Willen und Initiativkraft, und in seinem persönlichen Leben gibt es plötzliche Umschwünge. Die Spitzen der vier Eckhäuser sind gewissermaßen die Schaufeln eines Wasserrades oder die Flügel einer Windmühle, an denen die Kraft des Schicksals angreift.

Die darauffolgenden Häuser, das zweite, fünfte, achte und elfte, nennt man *nachfolgende* Häuser. Diese sind nicht wie die Eckhäuser auf Leistung gerichtet, sondern auf Genuß; man lebt mehr für seine unmittelbare Befriedigung: Gut essen, Ausstellungen besuchen, Lustbarkeiten, Flirt und Geselligkeit.

Die nächstfolgenden Häuser 3, 6, 9 und 12 nennt man *fallende* Häuser; sie geben viel Bewegung und Geschäftigkeit; ein solcher Mensch ist immer bei der Arbeit oder nicht zu Hause, auf Reisen oder einsam unterwegs, ohne eine Adresse zu hinterlassen. Sein Leben ist ohne Kontinuität, eine Kette zufällig genutzter Chancen.

Diese Gliederung entspricht der Tierkreiseinteilung in Kreuze.

HÄUSER-DREIECKE

Anhand der Elemente kann man die Häuser auch in Dreiecke einteilen.

Feuer:	1–5–9,	die Häuser der Selbstäußerung und des Glücks;
Erde:	2–6–10,	die Häuser der wahrgenommenen Aufgabe;
Luft:	3–7–11,	die Häuser der Kontakte;
Wasser:	4–8–12,	die Übergänge zu anderen Welten.

Da dies wiederum mit den Elementen als den Urfunktionen der Seele zusammenhängt, ist diese Einteilung sehr tiefreichend und wesentlich.

1–5–9

Als Prozeß liegt in der Reihe 9–5–1 der Gang des Denkens, Wollens und Tuns. In einer günstigen Verbindung bewirken diese

Häuser also fortwährende Selbstverwirklichung, z.B. durch ein großes Trigon in diesen Häusern, oder wenn der Herr des Neunten im Fünften und der Herr des Fünften im Ersten steht. In der Reihenfolge 1–5–9 liegt eine qualitative Steigerung, z.B. des Glücks.

Im Ersten liegt das reine, ungetrübte Lebensglück, so wie ein Kind aus schierer Lebenslust singt und lacht.

Im Fünften liegt das Glück der menschlichen Liebe. Man begegnet seiner Ergänzung, seinem vorbestimmten Lebensgefährten; der Funke springt über, und plötzlich erwacht das Leben der Seele; Quellen brechen auf, Blumen sprießen, schlafende Talente erwachen, man wird sich jetzt erst darüber klar, daß man noch gar nicht gelebt hat! Der Schüchterne wird lockerer, der Langweilige bekommt Esprit, der Farblose Farbe. Die Liebe macht den Menschen zu dem, was er eigentlich ist. Man legt das Narrenkleid ab, mit dem man sich schon beinahe angefreundet hatte. Man spiegelt sich im Auge des anderen, wie eine Blume im Teich; man denkt in Versen und begreift plötzlich, warum alles existiert: Um im reichen schöpferischen Tun seiner Bestimmung entgegenzugehen.

Im Neunten wartet das himmlische Glück auf die Menschenseele. Wenn das innige Verlangen der Seele von unten und die göttliche Gnade von oben einander begegnen, bricht der Same der Ewigkeit in einer Lichtfülle auf, die das Bewußtsein bis zur Unendlichkeit erfüllt. Man ist nicht mehr Eins, nicht mehr Zwei-in-Einem, sondern Eins in allem und alles in Einem. Wenn das Neunte in Erfüllung geht, sitzt man auf dem Thron der Himmelsmitte mit dem Stab der Allmacht, Neun, in der einen Hand, und der Weltkugel, Zehn, in der anderen.

Im Ersten ging das Herz vor Freude auf, im Fünften wurde es so warm und groß, als wolle es bersten. Im Neunten ist man selbst schlagendes Herz im Meer des Glücks.

2–6–10

Dies sind die drei Häuser, die sich für die *gute Tat* zusammenfinden. Das Zweite gibt die Kraft zum Tun, die im Sechsten aus einem Bedürfnis zu Dienen eingesetzt wird und im Zehnten der Vollendung zustrebt.

Sie sind die Arbeit, die man als seine irdische Bestimmung verrichtet. Das Schicksal gibt das Muster vor, nach dem man gehorsam und willig strickt, bereit zur schwierigen Aufgabe, denn dies sind negative Häuser, Häuser der pflichtgetreuen Hinnahme. Wer bis zum Ende durchhält, empfängt die Krone des Lebens. Gewissenhaft arbeiten, ohne Selbstbetrug. Noch einmal in Angriff nehmen, was mißlungen ist.

Im Sechsten tut man das Gute um des Guten willen in aller Bescheidenheit, sieht auch in die staubigen Winkel und kontrolliert sich selbst mit strenger Kritik. Im Zehnten steht man wie ein Fels in der Brandung im Leben, vom Lob oder Tadel der Menschen unberührt. Man tut, was man tun muß, nur Gott Rechenschaft schuldig.

2–6–10 schafft den gewissenhaften Grübler, der weiß, daß er sein Talent nicht begraben darf, sondern damit wuchern muß, ob es klein oder groß ist. Wenn dann der Ruhm kommt, ist man dafür gar nicht mehr empfänglich. Dies ist ein Weg der Läuterung.

3–7–11

Dies sind wiederum positive Häuser, in denen der Mensch sich selbst ausdrückt, jedoch hier durch das Mittel des *Kontakts.* In ihnen liegt eine stufenweise Steigerung:

Im Dritten spielt man mit dem nächstbesten Nachbarskind, wenn man nur Resonanz findet, einen Partner für das Frage- und Antwortspiel, das ein Gedankenbild aufbaut. Diese Häuser sind Lufthäuser; es steht also der Austausch im Geistigen im Vordergrund.

Im Siebten kommt man mit Reden allein nicht mehr aus; man braucht logisches Denken und Argumentieren. Für und Wider im Streitgespräch müssen die Wahrheit an den Tag bringen! Unparteiisches Abwägen ergibt sich im Haus der Waage.

Im Elften findet man seine Geistesverwandten, das Sich-Zueinanderfinden durch dieselbe Wahrheit oder Lebenshaltung, die Begegnung in Vereinigung und Versammlung, ein heiliges Privileg. Jeder trägt etwas zur Vertiefung der Wahrheit oder zur Festigung des Lebensstils bei, den man gemeinsam pflegt. Die Kommune – gemeinsam das Muster der guten Gesellschaft verwirklichen – die edle Tat!

4–8–12

Das Beste kommt doch wiederum zuletzt! 4–8–12, das sind wiederum negative, abwartende und empfangende Häuser, zu denen tiefes Wasser und tiefes Empfinden gehören.

Es sind stille Quellen, auf deren Grund vergessene Schätze im Mondlicht aufleuchten. Wer sie einmal gesehen hat, verläßt Haus und Hof, Pflicht und Arbeit, Glanz, Ruhm und Festlichkeit und geht allein und ungesehen auf den überwucherten Pfaden durch den alten Wald. Im Vierten liegt die Quelle der Nornen, im Achten die Höhle zur Unterwelt, im Zwölften die unermeßliche, sich bis zum Horizont dehnende Steppe.

Das Vierte, Achte und Zwölfte gibt Zugang zu anderen Welten, zu anderen Bewußtseinszuständen. Sie sind nicht durch Drogen zu erlangen, sondern nur auf den Fußspuren des Verlangens zu erreichen.

Im Vierten ist man das Mädchen, das in den Brunnen springt, weil es seine Spule mit dem Lebensfaden hineinfallen ließ. Man steigt ab in das persönliche Unterbewußtsein, in den Spiegelsaal der eigenen Seele, in dem alles, was wir selbst sind, auf uns zuzukommen scheint. Danach geht es eine Ebene tiefer, in die Gruft des kollektiven Unbewußten, wo man die Einheit des Stammes erlebt und die Stimme des Blutes vernimmt. Hier ist die Einweihung in die Mysterien und die Verpflichtung, die Kette nicht abreißen zu lassen. Das Geheimnis der Mutterschaft, des Erdenschoßes, aus dem der Stammbaum sich nährt und seine hohen Zweige zum Himmel reckt, in denen Vögel zwischen den grünen Blättern nisten. Im großen Himmelbett der Großmutter wieder niederzukommen, wo die alten Spielsachen noch im Schrank liegen und der alte Holunder seinen süßen Duft durch das geöffnete Fenster ins Zimmer schickt. Meine Vorfahren leben in mir fort, verkörpern sich in mir aufs neue. Dies lehrt das vierte Haus.

Im Achten betreten wir die finstere Höhle, mit einer Kerze, die ein kühler Lufthauch auslöscht. Hier gibt es keine warme Innigkeit und kein Wiedererkennen; hier flüstern die Toten, die noch schuldbeladen sind, hier braucht man Mut, um durch die Schreckbilder der Hölle hindurchzugehen. Hier fällt die Entscheidung Aragorns, hier muß man alles auf eine Karte setzen, das

Reich des Todes auf der Suche nach dem verlorenen geliebten Menschen durchqueren, über die dunklen Wasser segeln, ohne zu wissen, ob man jemals zurückkehren wird. Hier gilt es, Schattengestalten zu durchbohren und Schleier von Bildern abzureißen, damit hinter jedem Schein wieder eine Wahrheit entdeckt wird, und niemals ist es die letzte.

Das achte Haus sind die Minengänge Moiras, in denen die schlafenden Ungeheuer aus den eigenen früheren Leben geweckt werden und man mit ihnen abrechnen muß. Stirb und werde! Es gibt keinen anderen Weg als denjenigen über die schmale Brücke, die über dem Abgrund schwankt. Das achte Haus ist dasjenige der großen Einweihungen, der gelungenen wie der mißlungenen. Und etwas läßt man gewiß in ihm zurück.

Das zwölfte Haus, das keinen guten Ruf hat, betritt mancher mit Schauder. Und doch ist es das beste Haus des Horoskops, denn es ist das Haus der Befreiung.

Im Gefängnis erkennen, daß man im Mittelpunkt des Alls steht, ein Tropfen im Meer der kosmischen Liebe ist, fließend, ungreifbar. Im Gebrüll des Wahnsinnigen, im Lallen des sabbernden Säufers, im Nachtasyl das verlorene Kleinod liegen sehen: Gott, der sich schenkt.

In den teuflischen Raffinessen der Folterkeller, im unermeßlichen Leid, im Flehen um den Tod, der nicht kommen will, irgendwo tief den ewigen Frieden erkennen. Ein kleiner Vogel, der in der Nacht singt.

Und *nur* in der Nacht. Weil die Befreiung, die das zwölfte Haus verleiht, nur um den höchsten Preis erworben werden kann: Um alles. Um die ganze Welt. Dann fällt sie ab wie eine Schale. Dann steht man nackt im Licht, das keine Kleidung verträgt, keinerlei Erscheinungsform – nur das *Wesen,* das übrigbleibt. Das keinen Namen hat und nicht beschrieben werden kann.

Das zwölfte Haus bedeutet Verlust für denjenigen, der noch etwas behalten möchte, eine kleine Illusion – die ihm dann auch noch genommen wird. Es ist Befreiung für denjenigen, der alles gibt und sich plötzlich im Licht wiederfindet, das nicht von dieser Welt ist.

Das zwölfte Haus ist der Bestimmungsort des Menschen.

DER MOND, SEIN WESEN UND SEINE PHASEN

DAS LAND MU

So wie die Sonne ihre Planeten nach und nach als ihre Kinder geboren hat, so gebiert ein Planet seine Monde, indem er tief aus seinem Innern einen Teil seiner selbst ausstößt.

Der heutige Mond heißt Luna und wurde aus dem Gebärmuttermund der Erde in der Nähe der Insel Tahiti geboren, wo heute der Stille Ozean liegt. Vor dieser Geburt lag dort vor über 500 000 Jahren der riesige Kontinent Mu oder Lemurien. Dieser bestand aus drei langgestreckten, in ost-westlicher Richtung liegenden Inseln zwischen Hawaii und den Philippinen. Sie waren von zehn Völkern bewohnt, die verschiedenen Rassen angehörten, weißen und farbigen, wobei die weiße beherrschend war; insgesamt war das Land von 64 Millionen Menschen bevölkert (siehe hierzu James Churchward, *The lost continent of Mu*).

Dies war das Paradies, wie es in der Bibel und anderen alten Büchern beschrieben ist. Zunächst war dieses Land weich und schlammig, die Atmosphäre warm und feucht. Dort wuchsen Bäume, die bei uns heute noch als kleine Kräuter in Form von Farnen, Schachtelhalmarten und Moosen vorkommen. Weiterhin gab es riesenhafte große Tiere (Saurier und ähnliche), die heute noch als kleine Eidechsen und Salamander existieren. In dieser Landschaft erschien der Mensch auf der Erde zuerst in einer ätherischen Verkörperung, die sich allmählich zu einer durchscheinenden, gallertartigen Gestalt verdichtete, in der man die Organe liegen sehen konnte, etwa wie bei einer Qualle; die Menschen hatten kein Skelett und leben in der Überlieferung als sogenannte Schlangenmenschen fort. Allmählich nahmen sie festere Form an. So inkarnierte sich der Mensch auf der Erde in diesem Paradies, das immer von einer Wolkenschicht bedeckt war und in dem er wie in einem Brutkasten ausgebrütet wurde.

Viel später dann, als der menschliche Körper ganz verstofflicht war, errichteten die Lemurier eine große Kultur mit einem Straßennetz, Tempeln (wovon noch Überreste auf der Osterinsel,

Tonga-Tabu, Panape, den Marianen und vielen anderen Inseln vorhanden sind) und vielen Kunstwerken. Sie befuhren das umgebende Meer nach allen Windrichtungen, trieben Handel und schickten Lehrer nach Ost und West, um ihre Urweisheit über die Erde zu verbreiten.

In westlicher Richtung gingen sie u.a. als die weisen Naacals nach Burma, die das Volk dort unterrichteten; ihre Schüler zogen nach Deccan in Indien, von dort weiter nach Persien, Griechenland, Bulgarien und Jugoslawien, Äthiopien und Oberägypten. Im Ägyptischen Totenbuch heißt es daher auch, daß die Seelen der Verstorbenen in das Ursprungsland im *Osten* zurückkehren.

Mu-Embleme findet man noch in alten Bauwerken in diesen Ländern; so sahen wir die dreizackige Krone Mus als Zinnenform auf der Johanniterburg auf Rhodos. In Burma findet man bei einem Tempel steinerne Löwen, deren Kopf nach Osten gerichtet ist und deren Kiefer in Form eines langgestreckten liegenden Rechteckes aufgerissen sind, das ebenfalls ein Emblem von Mu war, und zwar nicht des Reiches, sondern des Landes, denn dieses Symbol bezeichnet einen Mund oder eine Gebärmutter. Weiter nach Osten zogen die Missionare Mus nach Amerika, wo sie in Mexiko auf der Halbinsel Yucatán die Maya-Kultur in ihrem Reich Mayax entwickelten. Als später ein anderer Volksstamm von Mu mit dunklerem Haar ihnen nachfolgte, zogen die Mayas, die eine weiße Haut, blaue Augen und blonde Haare hatten, weiter nach Osten und brachten ihre Kultur in das große Inselreich Atlantis, das damals im Atlantischen Ozean lag und wovon heute noch die Kanarischen Inseln, die Azoren und die Kapverdischen Inseln übriggeblieben sind, die ursprünglich von einer weißen, blonden und großwüchsigen Rasse bewohnt wurden, bevor sie von den Spaniern ausgerottet wurde. Von Atlantis aus zogen sie, als dort die Sintflut einsetzte, die die großen Inseln überschwemmte, weiter nach Osten; sie waren die ersten Kelten in Irland und Wales, die Dunedain (Thuata de Danaan), die Basken in der Biskaya, die Tuaregs im Sudan und die Etrusker in Italien (das Walisische ist noch immer eine Ursprache, die hauptsächlich in Konsonanten geschrieben wird; beim Tschechischen ist dies in geringerem Umfang ebenfalls noch der Fall). Die Druiden stammten von diesem Lehrmeistern ab. Nach der letzten Sintflut, die die zuletzt übriggebliebene Insel (von den Griechen Poseidonis genannt) verschlang, zogen sie nach Unterägypten, errichteten dort die große Pyramide »als ein Zeichen in Ägypten«, und einer von ihnen, Thot, wurde später vergöttlicht. Im unterägyptischen Totenbuch steht daher auch, daß die Seelen der Verstorbenen nach *Westen* gehen, in das Land des Ursprungs, Mu – zu »den Inseln der Glückseligen«. Ursprünglich waren die Menschen in Mu unsterblich; später wurde ihr Körper dort sterblich, während ihr Lebensleib fortlebte, wie auch die Geister der Zurückgekehrten.

Unser heutiger Mond ist das dritte Kind der Erde. Die vorangegangenen hießen Lilith und Lulu, die heute noch als ausgebrannte Schlacken ihre Mutter umkreisen und bei besonderen Verfinsterungen als Schatten wahrnehmbar sind, so daß ihre Umlaufzeiten und -bahnen ermittelt werden können (wie es der Astrologe Waldemar getan hat). Sie haben noch einen gewissen Einfluß auf die Erdengeschöpfe. Lulu macht den Menschen kunstsinnig, während Lilith eine abweichende Behaarung, eventuell fellartig, verleiht, und wirkt insbesondere bei Primitiven, den Tieren nahestehenden Menschen, insbesondere auf sexueller Ebene; im siebten Haus z.B. verleiht Lilith die Neigung, sich mit einer älteren Rasse zu verbinden.

DIE GEBURT DES MONDES

In den apokryphen (d.h. nicht offiziell von der Kirche anerkannten) biblischen Büchern wird berichtet, daß Adam zuerst die beiden Frauen Lilith und Lulu hatte, die jedoch verschwunden waren. Danach beginnt der Bericht, der auch in der offiziellen (kanonischen) Bibel steht, nach dem Gott Adam in einen tiefen Schlaf sinken ließ, aus seinem Körper eine Rippe nahm und diese mit Fleisch zu seiner Frau Eva bekleidete, die ihm als Gesellin beigegeben wurde. Dies entspricht nun dem darauffolgenden Ereignis, der Geburt des Mondes Luna = Eva:

Eines Nachts stemmten gewaltige unterirdische Kräfte, die die alten Griechen Titanen nannten, das ganze Land Mu in die Höhe, warfen es zweimal hoch, woraufhin es wieder niederfiel, und dann, begleitet von einem brüllenden Feuermeer, tosenden

Flutwellen und einem Orkan, zum drittenmal, woraufhin eine furchtbare Stille eintrat. Als die Sonne aufging, war Mu verschwunden. An seiner Stelle lag das Meer, auf dem sich keine Welle kräuselte, das seitdem der Stille Ozean genannt wird. Nur kleine Inselchen ragten noch aus ihm heraus.

Deren Bewohner errichteten Monumente mit der Inschrift: Zum Gedächtnis von Mu. So blicken die gewaltigen Statuen auf den Osterinseln nach Westen, wo Mu verschwand. Und so steht auf dem Tempel von Uxmal auf Yucatan: »Dieser Tempel ist zum Gedächtnis unseres Ursprungslandes im Westen errichtet, woher unsere heiligen Mysterien und Rituale stammen.«

Was war geschehen? Das dreimalige Hochstemmen des Kontinents läßt an Geburtswehen denken, und solche waren es in der Tat: Ein gewaltiges Stück des Erdenkörpers mit Mu an der Oberfläche wurde in den Raum hinausgeschleudert, und als es zum Stillstand kam, blieb es über eine unsichtbare Nabelschnur mit seiner Mutter Erde verbunden und umkreist diese noch heute als ihr Kind: Luna, unser Mond.

Der Bericht von dieser Katastrophe, der 65 Millionen Menschen das Leben kostete, wurde in vielen alten Sprachen niedergeschrieben, und zwar nach James Churchward im griechischen Alphabet, das seine Entsprechung im Caramaya, der Sprache der Mayas hat. In einem Mayatext findet sich dieser Sinnspruch: »Der König der Tiefe brach sich gewaltsam Bahn!« Ja, das war der Mond! Am Boden des Stillen Ozeans hat man Erhebungen gefunden, die in die Krater auf der Mondoberfläche passen. Damals war die Erdkruste noch weich wie Teig, und bei der Entbindung zog diese Masse Fäden, die abrissen. Das entstandene Loch hat das Meer gefüllt.

Von jener Zeit datiert die Scheidung von Wasser und Land. Die Erdkruste begann zu trocknen. Der Mond war dasjenige Organ des Erdenkörpers, das mit den Flüssigkeiten zu tun hatte, und es war und ist noch immer so, daß in denjenigen Zeiten, in denen der Mond näher bei der Erde ist, dort alles nasser und größer wird, während in den Zeiträumen, in denen der Mond weiter von der Erde entfernt ist, die Gestalten von Mensch, Tier und Pflanzen auf der Erde schrumpfen. So kommt es, daß die früheren Bäume heute kleine Farne und Moose sind, die Saurier Eidechsen und die

Riesen Menschen unserer Größe. Zur Zeit nähert sich der Mond wieder mehr der Erde an, weshalb seit einem Jahrhundert die Körpergröße der Menschen immer mehr zunimmt und auch einige Pflanzen- und Tierarten größer werden. Die Bettstellen und die Hosenbeine müssen immer länger gemacht werden! Bemerkenswert ist, daß Farnsporen, die in dem von den Mondfahrern mitgebrachten Material ausgesät wurden, wieder zu Riesenfarnen wuchsen. Es war ja der alte Mu-Boden!

Polynesien wurde in einigen umliegenden Ländern »das Land von Kui« genannt, d.h. das Land der dahingegangenen Seelen. Und wo waren die Seelen der Lemurier geblieben? Auf dem Mond! Dort liegt Mu. Dies ist jetzt das Land des Ursprungs, wohin die Seelen der Verstorbenen gehen! Der Mond ist das Purgatorium, das Fegefeuer, der Läuterungsort für jeden und alles, was auf der Erde seinen stofflichen Leib verliert. Die alten Griechen wußten dies. Wenn sich heute jemand benimmt, als ob er noch nicht wüßte, wie es auf der Erde zugeht, sagt man: Der ist noch hinter dem Mond! Auf dem Mond ist ja auch der Aufenthaltsort derjenigen Seelen, die sich noch auf der Erde inkarnieren müssen. Dort liegt »das Schloß auf dem Glasberg«, nämlich hoch oben im Himmel, wo Mutter Holda die Seelen hütet, und wo eine andere kosmische Kraft, Luna oder Anne, die Seelen abholt, um sie zur Erde zu bringen. Dies wird in vielen alten Mysteriendramen dargestellt, und die Überreste davon findet man noch in vielen modernen Kinderspielen. Vom Mond geht nämlich die Kraft aus, die mittels des Wassers die Verkörperung im groben Stoff zustande bringt, d.h. das Keimen der Pflanzen und die embryonale Entwicklung bei Tier und Mensch.

DER MOND UND DIE INKARNATION

Die Mondgöttin bringt die Seelen zur Erde. Wir sehen sie dargestellt als die Sixtinische Madonna Raffaels, wo sie auf den Wolken schwebt mit den Engelhäuptern der noch Ungeborenen im Hintergrund. Später sah man sie nicht mehr als Frau Luna, sondern als weißen Vogel, der in vielen Märchen eine Rolle spielt, als Seelenbegleiter sowohl von der Erde zum Mond wie auch vom Mond zur Erde, z.B. als das weiße Vöglein, das Hänsel und Gretel zum

Hexenhäuschen (Erde) bringt, und als die weiße Ente, die sie über den Bach (den Fluß des Vergessens) zurückbringt zum Hause ihres Vaters. Dieser Vogel wurde zum Storch, der die Kinder bringt, worin eigentlich eine sehr tiefe Wahrheit liegt.

Die Tätigkeit des Mondes bei der allmählichen Inkarnation ist die Bekleidung oder Verdichtung des Seelenmusters. Der Äther ist voller Muster, die durch die Kraftlinienfiguren der planetarischen und anderer kosmischer Schwingungen entstehen, die unaufhörlich ausgesandt werden. Diese Figuren bleiben im Äther, wie die Wellen von Rundfunksendern, bis sie durch die Kraft des Mondes umgesetzt, transformiert, d.h. verdichtet, und konkretisiert werden – so wie ein Rundfunkgerät die aufgefangenen elektromagnetischen Wellen in menschliche Stimme oder Musik verwandelt. Ein ätherisches Muster bleibt auch als Plan oder Wunsch so lange in der Menschenseele präsent, solange der Mond daran arbeitet und den Plan zur Ausführung bringt oder den Wunsch erfüllt. Dies geschieht dann, wenn der Mond in dieselbe Tierkreisstellung kommt wie einer der Planeten, die den Aspekt, d.h. das Muster bilden.

Dies ist ein wichtiges Gesetz in der Astrologie und insbesondere in der Horoskopie: Ein Planetenaspekt kann erst dann auf der Erde wirksam werden, wenn der Mond in eine Aspektbeziehung hierzu eintritt!

Bei der Fortpflanzung des Menschen ist das Muster des neuen Menschen von der Empfängnis an vorhanden, d.h. ab der Verschmelzung der männlichen und der weiblichen Keimzelle. Der Mond verdichtet nun dieses Muster nach einem festen Schema, wobei in jedem der neun Monate, d.h. Mondumläufe durch den Tierkreis, ein anderer Planet seine speziellen Organe in den werdenden Leib einbaut. Dies wird in dem Märchen von Dornröschen beschrieben, in dem zwölf Feen zum Geburtsfest einer Prinzessin eingeladen werden. In diesem Land wohnte noch eine dreizehnte Fee, jedoch hatte die Königin nur zwölf goldene Teller für das Festmahl.

Nun bringen die zwölf Feen dem Neugeborenen alle ein Geschenk, einen Wunsch. Natürlich sind diese zwölf Feen die zwölf Planeten, und die goldenen Teller ihre äußere Erscheinungsform am Himmel! So bringt die Fee des Planeten Merkur ihr klaren Verstand, die Fee der Venus Schönheit, diejenige von Mars Kampfesmut, diejenige von Jupiter Güte usw. Die damals noch nicht offiziell bekannten, aber von den Astrologen doch mitgerechneten Planeten Hermes, Demeter und Persephone (von dem Astrologen Ram so genannt), müssen also mitgerechnet werden. Als die zwölfte Fee an der Wiege stand, aber noch keinen Wunsch geäußert hatte, stürmte eine schwarze Fee herein, die der Prinzessin wünschte, daß sie sich im vierzehnten Lebensjahr an einem Spinnrocken stechen und sterben sollte. Daraufhin verschwand sie, eine entsetzte Gesellschaft zurücklassend. Dies war ihre Rache dafür, daß sie nicht eingeladen war. Daraufhin sprach die zwölfte Fee: Ich darf noch einen Wunsch äußern. Ich kann zwar den vorigen Wunsch nicht ganz ungeschehen machen, aber ich kann ihn abmildern: Die Prinzessin wird sich zwar an der Spindel stechen, aber nicht sterben, nur in Schlaf fallen.

Diese dreizehnte Fee ist offenbar Luzifer, der Planetengeist, der den Menschen in Mann und Frau gespalten hat. Seine Wirkung setzt ein, wenn um das vierzehnte Lebensjahr das Menstruationsblut wie durch eine Verwundung am Rad des Lebens zu fließen beginnt. Dann fällt in der Tat die Seele des jungen Menschen vorübergehend in Schlaf: Die Sexualität zieht die Seelenkräfte zum unteren Pol des Organismus. Es ist aber gleichzeitig auch der schwarze Mond oder die schwarze Madonna, d.h. Hekate, der Mond im Dienste Luzifers. Die erste Menstruation wird ja durch das weibliche Hormon zustandegebracht, das die weiblichen Geschlechtsdrüsen absondern. Der Mond beherrscht bei Mensch und Tier das Drüsensystem; er läßt die Drüsen ihre Sekrete erzeugen, so auch das Hormon, das bei den Schwangeren die Geburtswehen auslöst! Bei einem schwachen Mondstand, d.h. bei Neumond, ist die Tätigkeit der Drüsen sehr gering, und wenn ein Kind genau zu einem solchen Zeitpunkt ausgetragen ist, wird zu wenig von diesem Hormon abgeschieden, um die Wehen auszulösen, so daß das Kind nicht geboren werden kann. Kluge Ärzte greifen in einem solchen Fall nicht ein, solange es der Mutter noch zumutbar ist. Freilich steht das betreffende Hormon heute aus dem Labor zur Verfügung und kann gespritzt werden; dann muß aber ein solches Kind, das bei Neumond geboren wird, sein Leben lang die Last eines schwachen Mondes in seinem Horoskop mittragen und wird bei jedem Neumond durch die schwache Drüsentätigkeit schlapp und lustlos. Es wird wenig Lebenslust und Appetit haben, die Einsamkeit suchen, denn es wird die Fülle menschlicher Schwingungen nicht ertragen können und wenig Widerstandskraft gegen Vergiftungen und feindliche Angriffe haben. Dieser Neumond, die schwarze Fee, schwarze Madonna oder auch Hekate genannt, hat daher auch auf das Leben auf der Erde eine ungünstige Auswirkung.

DER RHYTHMUS DES MONDES IST DER RHYTHMUS DES WEIBLICHEN LEBENSPOLS

Der Mond ist die Kraft, die alle ätherischen Muster zu konkreten, stofflichen Formen verdichtet, der also auch das ätherische Muster des Menschen, das schon bei der Empfängnis vorhanden ist, in neun Monaten zu einem stofflichen Leib verdichtet. Der Mond beherrscht daher auch alle Keimung, alle embryonalen Prozesse. Deshalb ist jedes weibliche Wesen so sehr mit dem Mond verbunden. Der schwingende Rhythmus der Mondwirkung im Laufe eines Monats bestimmt das weibliche Leben auf der körperlichen wie auf der seelischen Ebene.

Von der Erde aus sieht man, daß der Mond in 27 Tagen seinen Lauf durch den Tierkreis vollendet und in rund drei weiteren Tagen die Sonne einholt, die in diesem Zeitraum ein Zeichen durchlaufen hat, d.h. einen Abstand von 30 Grad (dieses dreizehnte Zeichen ist wiederum die dreizehnte Fee). Dann ist also wieder Neumond und ein dreißig Tage dauernder Monat vorüber. Da dieser Umlauf nicht genau dreißig Tage dauert, beginnt bei unserem offiziellen Kalender der Monat schon lange nicht mehr bei Neumond. Viele alte Völker ließen aber jeden Monat genau mit dem Neumond beginnen, was durch ein Zeichen, z.B. durch einen Posaunenstoß von den Zinnen des Tempels kundgetan wurde. Dies war viel besser, weil der Mensch dann bewußt in all seinem Tun und Lassen mit dem Mond mitleben konnte, was am effizientesten ist, wie wir gleich sehen werden.

Bei *Neumond* befindet sich der Mond in genauer Konjunktion mit der Sonne, d.h. für unsere Wahrnehmung vor der Sonne. Nachts sehen wir ihn daher nicht, und wenn diese Konjunktion am Tage eintritt, ist der Mond im hellen Sonnenlicht ebenfalls unsichtbar. Er geht gewissermaßen in der Sonne auf, befindet sich am Punkt seiner geringsten Kraft.

An diesem Tag kann daher auch nichts konkretisiert werden. Die Mohammedaner z.B. legen dann einen Ruhetag ein, an dem sie beten, fasten und sich reinigen. Danach wird der Mond wieder sichtbar, zunächst als ganz feine Sichel. Er wächst oder nimmt zu; es ist zunehmender Mond, denn da er sich viel schneller als die Sonne bewegt (aus unserer Sicht), entfernt er sich immer mehr von der Sonne. An der Stelle, an der er ein Viertel seines Umlaufs vollendet hat, so daß er von der Erde aus im rechten Winkel (Quadratur) zur Sonne erscheint, bildet sein leuchtender Leib einen Halbkreis; der Mond steht im *ersten Viertel.* Dies ist ebenso wie Neumond ein kritischer Punkt, da dann Sonne und Mond auf der Erde nicht zusammenwirken. Dann ist eine Woche vorüber. Der Tag des ersten Viertels sollte auf den Sonntag fallen oder jedenfalls ein Ruhetag sein, an dem wie bei Neumond keine wichtigen Dinge in Angriff genommen werden.

Dann wächst der Mond weiter, bis er sich nach zwei Wochen seines Umlaufs genau gegenüber der Sonne (d.h. in Opposition) befindet. Nun reflektiert er mit seiner ganzen kreisrunden Oberfläche das Sonnenlicht; es ist *Vollmond,* der dritte kritische Punkt des Monats, der ebenfalls wieder ein Ruhetag sein sollte. (Wenn dabei Sonne, Erde und Mond in einer Ebene liegen, entsteht eine Mondfinsternis, weil der Schattenkegel der Erde dann kurzzeitig auf den Mond fällt). Bei Vollmond hat der Mond die größte Kraft.

Vom Punkt des Vollmonds aus wird die beleuchtete Fläche des Mondes wieder geringer, es ist abnehmender Mond, und seine Kraft wird geringer. Am Ende der vierten Woche hat er die Gestalt eines Halbkreises angenommen. Er bildet an dieser Stelle wiederum einen rechten Winkel mit der Sonne, und dieser Punkt, der wiederum kritisch ist, heißt *letztes Viertel.* Auch an diesem Punkt können Sonne und Mond auf der Erde nicht zusammenwirken.

Der Mond nimmt dann weiter ab, bis er am Ende der vierten Woche, d.h. also nach einem Monat, wiederum die Konjunktion mit der Sonne erreicht. Er ist unsichtbar. Es ist *Neumond,* der letzte kritische Punkt und gleichzeitig der erste des neuen Mondumlaufs um die Erde.

Nun ist die Wirkung des *zunehmenden Mondes,* d.h. in den ersten beiden Wochen, natürlich der Wirkung in den letzten beiden Wochen, derjenigen des *abnehmenden Mondes,* entgegengesetzt.

Der zunehmende Mond gibt zunehmende Konkretisierung, Inkarnation, Schöpfung, Extraversion, Formausdehnung, Individualisierung; er wirkt also vom Geist zum Stoff.

Der abnehmende Mond gibt zunehmende Abstraktion, Exkarnation, Erlösung, Introversion, Formauflösung, Verschmelzung; er wirkt vom Stoff zum Geist.

Wenn man also einen Plan (d.h. ätherisches Muster in der Seele) ausführen will, dann muß man dies bei zunehmendem Mond tun (Feldherrn eröffnen einen Blitzkrieg kurz nach Neumond; dann haben sie zwei Wochen Zeit für den Feldzug und können danach zwei Wochen lang den Zustand konsolidieren). Wenn man dagegen Besinnung sucht, sich zurückziehen möchte, dann muß man dies beim abnehmenden Mond tun. Wenn man kurz nach Vollmond beginnt, dann hat man zwei Wochen Zeit, an deren Ende die mystische Einheitserfahrung steht.

DER MONDZYKLUS DER FRAU

Mit dem ersten Tag der Menstruation beginnt bei der Frau ihr individueller Mondzyklus; es ist ihr eigener Neumond. Im allgemeinen nimmt in den zwei Wochen ab dem ersten Tag der Periode die Elektrizität zu; der zwölfte Tag wäre günstig für die Zeugung eines Sohnes, und der sechste, der magnetischer ist, für die Zeugung einer Tochter. Doktor Eugen Jonas hat entdeckt, daß man bei jeder Frau ermitteln kann, an welchen Tagen sie fruchtbar und an welchen sie unfruchtbar ist, welche Tage überhaupt für die Zeugung eines Kindes optimal sind, und an welchen Tagen auf keinen Fall ein Kind gezeugt werden sollte; letzteres ist dann der Fall, wenn in ihrem Geburtsbild ein ungünstiger Aspekt zwischen Sonne und Mond vorhanden ist und dieser Aspekt sich gerade wiederholt. Man lese hierzu das Buch von Art Rosenblum, *Geburtenkontrolle im Einklang mit der Natur,* (Hugendubel Verlag).

In der heutigen westlichen Gesellschaft, in der die Frauen individualisiert sind, gelten die alten Regeln nicht mehr unbedingt.

Bei jeder Frau ist es anders. Das persönliche Gefühls- und Erfahrungsleben beeinflußt den körperlichen Zyklus.

Der Eisprung ist der persönliche Vollmond der Frau.

Je mehr der persönliche Zyklus mit dem sichtbaren Zyklus des Mondes übereinstimmt, desto mehr wird die Frau von diesem großen Rhythmus getragen, desto besser fühlt sie sich, und desto weniger verschleißt sie. Dann fällt ihre Menstruation also jeden Monat mit dem Neumond am Himmel zusammen. Sie kann versuchen, die Menstruation durch Einnahme bestimmter Kräuter (Johanniskraut, Majoran) zu verfrühen, damit sie die Tage an Neumond bekommt (und sie kann Karottensamen kauen, um unfruchtbar zu bleiben).

Während der Menstruation ist die Mondkraft in der Frau also am geringsten, woraus sich die Verhaltensregeln alter Kulturen für die menstruierende Frau erklären, die ihr Zurückgezogenheit vorschreiben: Zuhause bleiben, nähen, teilweise außerhalb des Orts an einem speziell hierfür vorgesehenen Ort bleiben (um einen Verkehr mit einem unbeherrschten Mann zu vermeiden). Weil die Menstruation zugleich eine Reinigung ist, bei der der Körper schädliche Stoffe in die Blutbahn bringt, damit sie ausgeschieden werden, war es der menstruierenden Frau verboten, Essen zuzubereiten, im Gemüsegarten zu arbeiten oder Wein zu zapfen. In modernen Konservenfabriken hat man aufgrund einschlägiger Erfahrungen entsprechende Richtlinien aufgestellt; dort dürfen Frauen während der Periode nicht abfüllen, sondern müssen bestimmte Packarbeiten verrichten. Die Ausstrahlung der menstruierenden Frau läßt Speisen, Blumen usw. früher verderben. Sie reinigt dabei nicht nur sich selbst, sondern die ganze Umgebung, wobei sie das (ätherische) Gift in sich aufnimmt und dann ausscheidet.

Während dieser Zeit sind psychische Ruhe und Einkehr am Platze, kein Sport und keine Vergnügungen. Wenn der subjektive Neumond mit dem objektiven zusammenfällt, hat man hieran auch gar kein Interesse.

Wenn der eigene Neumond z.B. genau auf den sichtbaren Vollmond fällt, dann hat man vielleicht gerade Lust auf das Ungehörige und muß sich beherrschen. Eine Menstruation, die nicht zu ihrem Recht kommt, führt auf die Dauer zu einer Verschmutzung des Körpers, verringert die schöpferische Kraft und beeinträchtigt die mystischen Fähigkeiten.

Bei Vollmond hat die Frau, die im kosmischen Rhythmus steht, die stärkste elektrische Ausstrahlung. Dies ist die Zeit, um in der Welt aufzutreten und Kraft auszustrahlen; alles, was sie dann berührt, ist mit ihrer Mondkraft geladen. Ihre Denk- und Lernkraft ist dann auch am größten (während der Menstruation haben viele Mädchen in der Schule Schwierigkeiten mit der Mathematik!).

Bei abnehmendem Mond wird die Frau dann immer magnetischer zum geistigen Pol hingezogen. Dies wird die Zeit zum Meditieren, Singen und Beten, allein oder mit anderen, die Zeit zur Einkehr, zum Lesen und zu tiefen Gesprächen.

Derselbe Rhythmus gilt für alle zugleich gemäß den Phasen des aktuellen sichtbaren Mondes. An den vier kritischen Stellen darf man nichts Wichtiges beginnen, nicht operieren, auf Reisen gehen, mit einem Kunstwerk beschäftigt sein, ein wichtiges Bauteil in einem Bauwerk installieren usw. Dies gilt drei Stunden vor und drei Stunden nach dem exakten Ort, den jedermann mit Hilfe einer Ephemeridentafel berechnen kann.

Zur Zeit des Vollmondes ist das Eintreten in die stoffliche Erscheinung am stärksten; dann werden auch die meisten Kinder geboren, wie Krankenschwestern wissen, und zudem während der Flut, wie man auf den Inseln weiß.

DER MOND UND DAS WASSER

Der Mond konkretisiert mittels des Wassers, das er anzieht. Bei Vollmond ist der menschliche Körper am wasserreichsten und daher auch am schwersten. Dies gilt auch für Tier und Pflanze. Holz ist deshalb auch bei Vollmond am feuchtesten, weshalb man Bäume für Bauholz möglichst bei Neumond fällt; Kohl, den man bei Vollmond schneidet, bringt durch die viele Feuchtigkeit das Krautfaß zum Überlaufen. Wenn ein karger Rasen oder eine kahle Hecke nach dem Mähen bzw. Schneiden wieder kräftig nachwachsen soll, dann muß man zu Beginn des zunehmenden Mondes mähen und schneiden; dann wird der Saft kräftig nach oben gezogen und neues Wachstum gefördert. Dasselbe gilt für das

Haareschneiden. Die wassersaugende Kraft des Vollmondes zieht auch durch den Tau hartnäckige Flecken aus der Wäsche, die man über Nacht auf dem Rasen auslegt.

Auch die Drüsen sondern bei einem kräftigen Mond mehr Säfte ab: Der Vollmond macht Mensch und Tier verliebt und gefühlsselig. Aussäen bei zunehmendem Mond bewirkt eine rasche Keimung der Saat durch die Feuchtigkeit. Das Pflänzchen schießt aus dem Boden! Verpflanzen sollte man wiederum am besten beim abnehmenden Mond, weil die Pflanze wegen des absinkenden Wassers besser einwurzelt.

So erlebt man die pulsierende Bewegung, in der der Kosmos atmet, das Ein und Aus zwischen den Polen Geist und Stoff auch im Umlauf des Mondes um die Erde, in seiner Bewegung von der Sonne weg und wieder auf diese zu.

DER MOND ALS EMPFINDUNGS- UND REAKTIONSSEELE

Im Körper beherrscht der Mond das Drüsensystem, die weiblichen Fortpflanzungsorgane, die weibliche Brust und den Verdauungstrakt sowie auch das Lymphsystem. In der menschlichen Seele beherrscht er das Empfindungsleben, die Aufnahme und Verarbeitung von Eindrücken und die Reaktionen hierauf, die Disposition zur Unterwerfung und Bildung von Gewohnheiten, das Aufbewahren von Eindrücken im Gedächtnis und die Fähigkeit, sie wiederzugeben (Unterrichtsstoff hersagen, Dressur).

Der Mond beherrscht demgemäß das Kleinhirn im Hinterhaupt und das verlängerte Rückenmark, wo die Enden der Nerven, die die Eindrücke der Außenwelt zum Bewußtsein bringen, und die Enden der Nerven, die in umgekehrter Richtung die Befehle des Gehirns zu den Muskeln übertragen, zusammentreffen. Wenn derselbe Eindruck immer wieder dieselbe Reaktion des Gehirns auslöst, bringt der von außen nach innen gehende sensorische Nerv schließlich die Information nicht mehr ganz zum Gehirn, und es entsteht statt dessen eine direkte Verbindung zwischen diesem und dem anderen, dem motorischen Nerv. Dann geht die Reaktion auf den Eindruck am Bewußtsein vorbei, d.h. sie verläuft automatisch. So entsteht eine *Gewohnheit.* Während der ersten sieben Lebensjahre, die vom Mond beherrscht werden, findet diese Dressur statt, und zwar sowohl die gewollte, die die Eltern oder andere sog. Erzieher beabsichtigen, wie auch die ungewollte durch die Umstände. Alles anfängliche Lernen geschieht daher durch den Mond. Dies ist das Lernen, das nur Nach-denken und nur Nachsprechen ist, das stumpfe Wiedergeben dessen, was man vorgesagt bekommt. Viele Menschen kommen ihr Leben lang über diese Mondperiode und ihre Dressur nicht hinaus. Sie können nichts anders als ihren Erziehern, Autoritäten, Büchern, ihrer Zeitung und dem Radio nachplappern.

Freilich ist diese Fähigkeit zur Reproduktion unverzichtbar. Alle nachschaffenden Künste beruhen hierauf: Die Ausführung eines von einem anderen (dem Komponisten, der schöpferischen Sonne) geschaffenen Musikwerkes, das Spielen eines von einem anderen geschriebenen Theaterstückes usw. Je stärker jemandes Mond ist, desto besser wird er als nachschaffender Künstler sein (sofern ihm jedenfalls die Planeten hierzu die entsprechende Begabung verleihen).

Den Unterschied zwischen schöpferischem Denken und reproduzierendem Denken hat Hans Christian Andersen in seinem Märchen *Der Schatten* genial dargestellt. Darin ist der gelehrte Mann die Sonne im Menschen, sein Schatten der Mond. Dieser Schatten verläßt ihn (zunehmender Mond) und hat Erfolg in der Welt, indem er alles nachsagt, was er von seinem gelehrten Meister gehört hat. Schließlich heiratet er sogar die Prinzessin (die Seele), d.h. die Seele identifiziert sich mit der eingebildeten Weisheit, dem nachgeplapperten Wissen. Dann läßt er den gelehrten Mann töten, denn die Sonne im Menschen, die Wahrheit, könnte offenbaren, daß dieses Vollmondlicht nur reflektiertes Sonnenlicht ist.

In der Welt zählt in der Tat der Vollmond mehr als die Sonne. Der Mond schafft ja den Formenreichtum, er verkompliziert die einfache Wahrheit zu Gelehrsamkeit, die der einfache Mensch nicht mehr versteht und die er daher fürchtet und respektiert.

Journalisten reden dem Mondpublikum (der Masse) nach dem Mund, indem sie jede Erscheinung auf eine anerkannte Autorität zurückführen: Ein junger Künstler muß aus einer Schule hervorgegangen sein, sein Werk muß unter dem Einfluß eines bestimmten Meisters entstanden sein! Das Ursprüngliche, vollkommen Eigene, wird nicht gewürdigt.

Mondhaft ist z.B. folgendes:

> Was macht man aus einem gelehrten Buch?
> Einen Zeitungsbericht.
>
> Aus zwei gelehrten Büchern?
> Eine Fachrezension.
>
> Aus drei gelehrten Büchern?
> Eine Dissertation.
>
> Aus vier gelehrten Büchern?
> Ein fünftes gelehrtes Buch.

Eine Wissenschaft, die fast ausschließlich auf dem Mond beruht, strickt nur an dem bereits Bekannten weiter und versucht jeden, der eine ursprüngliche Erkenntnis publiziert, aus ihrem Bereich zu verdrängen. Dies ist die Vollmond-Wissenschaft, die die Sonne, der sie gegenübersteht, nicht als Urheberin ihres Glanzes anerkennen will. Der Vollmond ist der Mensch, der sich selbst an Stelle Gottes verherrlicht, der Sonne. Vollmond ist freilich auch der Punkt, an dem *Bekehrung* stattfinden kann, das Ablegen des Hochmuts und die Erkenntnis der Überlegenheit des aus sich selbst Licht spendenden Gottes.

Im Horoskop zeigt die Stellung des Mondes (Tierkreiszeichen, Haus und Aspekte), wie der Mensch von der Umgebung beeinflußt wird und wie er darauf reagiert. Selbstverständlich steht der Mond in Wasserzeichen und in negativen Häusern in seinem Element; dort kann er er selbst sein. In positiven Häusern gibt er Schein-Können, z.B. der Mond im Fünften: Erziehung nicht von innen heraus, sondern nach einem Buch. Man ist dann genötigt, selbständig aufzutreten, kann dies jedoch nur nach der erfolgten Dressur spielen. Es ist der Mond, der die Sonne *repräsentiert.*

Mond-Wünsche sind Reaktionen auf Eindrücke: Man sieht etwas in einem Schaufenster und will es kaufen, obwohl man es nicht wirklich braucht. Sonnen-Wünsche kommen aus dem Inneren ohne Beeinflussung durch die Umgebung, sind also unabhängig davon. Wenn Sonne und Mond in einem Aspekt der Zusammenarbeit stehen, dann werden die Wünsche erfüllt; bei einem Viertel- oder Vollmond natürlich nicht, denn die Sonne ist maßgeblich.

Es kann auch sein, daß der Wunsch zunächst erfüllt wird, jedoch hat das Erlangte keinen Bestand, wie alles, was Schein ist. Eine Monddressur kann aber auch durch eine Gehirnwäsche gelöscht und durch eine andere Dressur ersetzt werden.

GRUPPENSEELE, ERBFAKTOREN, DRESSUR UND VERHALTEN

Im Kleinhirn liegen die Bindungen an Blutsverwandte, Ehepartner, Landsleute und Menschen der gleichen Rasse, weil der Mond über die Lebensleiber der Menschen und über diejenigen der Gruppenseele herrscht. Hierin liegen nämlich die ätherischen Verwandtschaftsbeziehungen, insbesondere im aufsteigenden Mondknoten (siehe hierzu das entsprechende Kapitel). Je primitiver ein Mensch ist, je weniger er individualisiert ist, desto stärker ist er mit der Gruppenseele verbunden und von ihr abhängig, und desto mehr ist er vom Mond beherrscht. Dies sind z.B. Menschen, die es nicht wagen, gegen die in ihrem Kreis gültigen Konventionen zu verstoßen. Es ist der Massenmensch, weshalb auch der Mond über die Masse herrscht, die sich von den Medien gängeln und dressieren läßt, die den bereitwilligen Gehirnen bestimmte Normen, Vorlieben und Wertvorstellungen einprägen. Diese Menschen befinden sich aus psychologischer Sicht noch in ihrer Mondphase, d.h. der Zeit vor dem siebten Lebensjahr.

Hierzu gehört auch die Bindung an die Erbfaktoren, an die Vorfahren, an Familien- und Volkstraditionen, an Heimat- und Vaterland, an das regierende Fürstenhaus, an die Muttersprache, kurzum: An die Engramme, das in die Seele Eingeprägte.

Nicht umsonst hieß es bei den Jesuiten: Gebt mir ein Kind bis zum siebten Lebensjahr, und alle darauffolgenden Einflüsse werden es unbeeindruckt lassen, wenn sie nicht mit dem bis dahin Eingeprägten übereinstimmen.

Die Dressur bestimmt das Verhalten, die guten Manieren, alles, was unbewußt und automatisch getan wird. Die offizielle Psychologie befaßt sich hauptsächlich hiermit, insbesondere natürlich der Behaviourismus. Er ist das Mondgebiet im Horoskop. Der Aszendent und das Zeichen, in dem der Herrscher des Aszendenten steht, bestimmen das Verhalten, soweit es durch die angeborene Konstitution bestimmt ist; der Mond bestimmt das Verhalten, das ererbt ist, und das seit der Geburt eingeprägte Verhaltensmuster. Die Himmelsmitte bestimmt das gesellschaftliche Verhaltensmuster, das durch die Wechselwirkung der Seele mit der Welt entsteht, die Rolle, die dem Menschen durch die Welt aufgezwungen wird. Dies nennt man die Persönlichkeit (personare = durch ein Sprachrohr sprechen). Die angelsächsischen Astrologen achten mehr auf Aszendent und Mond, die deutschen mehr auf die Himmelsmitte!

Dressur, konditionierte Reflexe, erzeugt man durch die Ausnutzung sog. Lust- und Unlustgefühle. Dies sind eigentlich keine Gefühle, sondern Empfindungen. Die Gefühle gehören zu Venus. Tiere haben keine Empfindungen; man kann sie daher auch dressieren.

Je schwächer die Sonne als Individualität und eigener Wille auf das Mondleben im Menschen einwirkt, desto besser funktioniert die Dressur. Je weniger ein eigener Gedanke das Angelernte stört, desto zuverlässiger funktioniert das eingeprägte Gedächtniswissen. Zurückgebliebene Kinder haben das beste Gedächtnis. Die Masse lebt, wenn vielleicht auch mit einem lachenden und einem weinenden Auge, komfortabel, indem sie unbewußt auf ihre Dressur vertraut, die wie ein aufgezogener Wecker abläuft. Sie braucht sich niemals wirklich zu entscheiden, sie kennt keine Probleme, ihre Vorfahren und Dompteure bestimmen ihr Leben.

PERSONIFIKATION DES MONDES

Im Horoskop bezeichnet der Mond Ab- und Anhänglichkeit, Widerspiegelung, Reaktion, Reflektion, Nachfolge, Gehorsamkeit und Ordnung, Unterwerfung, Anpassung.

Labilität, sogenannte Grillen, Launen, Manien.

Phantasie, Bilder und Vorstellungen, Wünsche und Pläne.

Die Wechselwirkung mit der unmittelbaren Umgebung, Empfindlichkeit und Empfindungen; der bedingte Reflex; die Gewöhnung, die Dressur, die zu einer zweiten Natur gewordenen Gewohnheiten.

Lust- und Unlust: Arbeitslust, Kampflust, Eßlust, geschlechtliche Lust, Rachlust, Herdentrieb, Schadenfreude.

Beeinflussung: Versklavung, Hörigkeit.

Pflegen und Versorgen: Kuscheln, Gemütlichkeit, Häuslichkeit. Zusammengehörigkeit, Geselligkeit, Mitgefühl, Sorgfalt, Gefühl für Familienbande und Heimat, Haus, Hof und Besitz.

Als Personen: Im Zusammenhang mit dem Vorgesagten, als Spiegelung der psychischen Faktoren: Untergebene, Kinder, der Versorger, der Anhänger, das Volk, die Masse.

Im Horoskop eines Mannes bezeichnet der Mond nur dann seine Frau, wenn er in ihr nur oder überwiegend seine Versorgerin sieht.

Im allgemeinen, jedoch nicht immer und nicht in jeder Hinsicht, steht der Mond für die Mutter, allerdings immer für die leibliche Mutter. Häufig ist er aber auch das Kindermädchen, die Pflegemutter, kurz diejenige, die als Versorgerin erlebt wird.

Weiterhin steht der Mond meist für eine Frau, aber auch für einen weiblichen Mann oder einen aufmerksamen Kammerdiener. Entscheidend ist das Prinzip, das Wesen!

Mondberufe sind: Amme, Pfleger/in, Kindermädchen, Kindergärtnerin, Diätetikerin, Sekretärin, Arzthelferin, Dienstbote, Handlanger. Ausführende Künstler, insbesondere als Gruppe. Monteur, Restaurateur, Übersetzer, Küster, Liftboy, Butler; früher auch Waschfrau, Reiniger, Putzfrau, Tellerwäscher usw. Angehörige aller Berufe, die nichts erzeugen, sondern unterhalten, instand setzen, darstellen, reparieren, bedienen.

Mondkrankheiten sind Epilepsie, Hysterie (starkes Übergewicht des Lebenspols und der Instinkte), vegetative Dystonie, manisch-depressive Zustände, Gedächtnisschwäche, Nervosität, Überempfindlichkeit, Drüsenkrankheiten, Krebs, Frauenleiden, Wassersucht, Verdauungsstörungen, Störungen des vegetativen Nervensystems usw. Die Krisen bei akuten Krankheiten treten an den Tagen auf, an denen der Mond in Quadratur, Opposition oder

Konjunktion zu dem Ort steht, an dem er sich bei Ausbruch der Krankheit befand, d.h. also meist nach einer Woche.

Mondtiere sind Fische und im Wasser lebende Säugetiere, Amphibien, Kaninchen, Schweine, Nilpferde, Schildkröten, Hummer, Krabben, Garnelen, Elefanten, Bären, Kühe, Hühner, Esel, Biber, Hamster. Es sind allgemein alle Schlacht- und Arbeitstiere, freundliche, pflanzenfressende, langsame und sich stark vermehrende Tiere.

Mondpflanzen sind Wasserpflanzen, Gemüse; Gurke, Melone, Kürbis usw., nachts blühende Pflanzen; Nachtkerze, Judas-Silberblatt, Taubnessel, Königskerze, Eibisch, Irisches Moos und andere Schleimpflanzen, Fettpflanzen, Dachwurz, Aloë, Saprophyten und Parasiten, u.a. die Mistel.

Mondsteine sind Mondstein, Opal, Karneol, Milchstein. Zum Mond gehören weiterhin Perlen, Bernstein, Korallen, daneben auch Saphir, Heliotrop, Aquamarin.

Zeichen: Der Mond äußert sich am stärksten im Zeichen Krebs und im vierten Haus des Horoskops.

MONDPHASE UND TYP

Vergleicht man Neumondgeborene mit Vollmondgeborenen, dann fällt sofort die unterschiedliche Mondwirkung auf: Der Neumondmensch mit wenig Mondkraft lebt ganz individualistisch, am liebsten alleine in seiner Stube, in seine Bücher vertieft, oder er liebt einsame Wanderungen, allein mit seiner Inspiration. Es ist Jungs Introvertierter und Kretschmers schizoider Typ.

Der Vollmondmensch mit großer Mondkraft sitzt gerne gemütlich im Familienkreis, vor allem am Sonntag, hat auf der Straße immer Zeit für einen Schwatz mit Bekannten, nimmt an allem Anteil, was Nachbarn, oder auch ihm unbekannten Menschen in seiner Nähe zustößt. Es ist Jungs extravertierter und Kretschmers zykloider Typ.

Zwischen diesen beiden Extremen liegen viele Typen, die man entsprechend dem Abstand zwischen Sonne und Mond im Horoskop unterscheiden kann. Dabei verändert sich alle dreißig Grad das Verhältnis zwischen der Sonne als Individualität und dem Mond als Persönlichkeit, oder der Sonne als dem Ich und dem Mond als dem Ausführenden und dem Spiegel dieses Ichs, desjenigen, der dem Ich die menschlichen Erfahrungen vermittelt.

An den Spitzen der 30°-Abstände findet man dann gewissermaßen eine Flutwelle von Mondkraft, die einen bestimmten Typus hervorbringt. In der Mitte, d.h. an dem Vielfachen von 15°, liegt ein Rückgang oder eine Ebbe vor, so daß sich eine Wechselfolge von Aktion und Reaktion, von Aus-Drücken und Beein-Drucken ergibt.

In dem Buch *Mondphasen-Psychologie* von Dr. Ir. J. van Slooten und Else Parker sind diese Typisierungen vorzüglich ausgeführt. Wenn man sich die zwölf dargestellten Typen in einem Kreis angeordnet denkt, dann ergibt sich, daß gegenüberliegende Typen sich wie Gegenpole zueinander verhalten. Im praktischen Leben zeigt sich, daß Menschen mit derselben Mondphase gerne und gut zusammenarbeiten.

In diesem vorzüglichen Buch wird zunächst eine Einteilung in drei Gruppen vorgenommen:

1. Diejenigen, die kurz vor Neumond (NM) bis kurz nach dem ersten Viertel (EV) geboren sind;
   Individualisten.
2. Diejenigen, die kurz nach dem ersten Viertel (EV) bis zur Mitte zwischen Vollmond (VM) und letztem Viertel (LV) geboren sind:
   Gesellschaftsmenschen.
3. Diejenigen, die zwischen Vollmond (VM) und letztem Viertel (LV) und kurz vor Neumond (NM) geboren sind:
   Verwaltende.

Dies sind gelungene Benennungen: Der junge Mond muß seine Sonne ausdrücken und weiß noch wenig von der Welt, muß daher individualistisch sein. Der Vollmondmensch geht ganz in der ihn umgebenden Gesellschaft auf, lernt aus seiner Wechselwirkung (Spiegelung) mit anderen Menschen. Der Mensch des abnehmenden Mondes, der die Welt kennengelernt hat, lebt wiederum für seine Sonne, den Auftrag des Geistes, ein abstraktes Ideal.

Die zwölf Typen, deren Mond in 30°-Abständen von der Sonne liegt, werden von den Autoren wie folgt benannt:

0°: Öffner	180°: (VM) Schließer
30°: Realist	210°: Spiritualist
60°: Künstler	240°: Apostel
90°: (EV) Schlüsselträger	270°: (LV) Würdenträger
120°: Ritter	300°: Schiedsrichter
150°: Revolutionär	330°: Prophet

Alle diese Typen werden in diesem Buch ausführlich beschrieben. Dazu werden viele Beispiele von bekannten Persönlichkeiten gegeben. Wer dieses längst vergriffene Buch noch irgendwo aufstöbern kann, der lese es!

Die Chinesen teilen das Jahr in reine Mond-Monate ein und ordnen jedem Monat ein eigenes Wesen zu, das in einem Symbol zusammengefaßt wird, meist einem Tier. Auch diese sind sehr treffend gewählt.

Freilich sind all die Variationen und Möglichkeiten, die im Mond-Rhythmus beschlossen liegen, letztlich unerschöpflich!

DER GLÜCKSPUNKT

Der Glückspunkt oder Pars Fortunae ist ein Punkt im Horoskop, der die Lebensaufgabe des Menschen bezeichnet. Er wird in der Weise berechnet, daß man bei einer Taggeburt den zodiakalen Gradabstand – vom Widder aus gemessen – von Aszendent (aufsteigendes Zeichen) und Mond zusammenzählt und hiervon denjenigen der Sonne abzieht. Bei einer Nachtgeburt zählt man Aszendent und Sonne zusammen und zieht hiervon den Mond ab. In einer Formel ausgedrückt: P = A + M – S bzw. P = A + S – M.

Warum wird in dieser Weise verfahren, und welchen Wert hat diese Methode? Gehen wir dieser Frage einmal nach.

Bei Neumond ist der zodiakale Abstand von Sonne und Mond gleich, und der Punkt fällt auf den Aszendenten. Dieser Punkt bezeichnet die Einleitung eines neuen Werdezyklus auf der Erde. Das Mond-Ich muß noch aufgebaut werden, man ist noch ganz ich und muß die Botschaft der Welt, aus der man gerade herabgestiegen ist, zur Erde bringen. Hierzu muß man selbst und alleine den eigenen Weg suchen, als Pionier eines relativ neuen Gedankens (analog zum ersten Zeichen!).

Man bleibt immer das neugeborene Kind, von außen noch schwach, von innen stark. Wenn man versucht, Hilfe zu erlangen, dann wird man von den Helfern im Stich gelassen, verleugnet und enttäuscht, denn die Aufgabe heißt: Bewußtwerdung der eigenen Kräfte. Man muß den Mut haben, seine Aufgabe zu ergreifen, dann gelingt es auch!

Je mehr nun der Mond zunimmt, d.h. je größer der zodiakale Abstand zwischen Sonne und Mond wird, desto weiter schreitet der Punkt in den Häusern fort. Dieser Lauf des Punktes durch die Häuser entspricht aber dem Werdegang des Menschen, und zwar sowohl im Großen über viele Erdenleben hin wie auch im Kleinen, in einem einzigen Erdenleben.

Im *ersten Haus* sieht sich das kleine Kind (bzw. die neuinkarnierte, nicht junge! Seele) als getrennten Leib und muß sich dieses Körper-Ichs bewußt werden. Ein Klaps auf den Körper ist eine Beleidigung des Ichs!

Im *zweiten Haus* dehnt sich der Mensch den Bereich des Ichs auf die umgebende Materie aus: Er ergreift Besitz. Die Aufgabe lautet also: Bewußtwerdung des Stoffs. Wer sich an meinen Spielsachen vergreift, vergreift sich an mir!

Im *dritten Haus* wird das Gebiet des Ichs auf die Hausgenossen und die Familienangehörigen ausgedehnt: Bewußtwerdung anderer Ichs. Die Aufgabe lautet also: Herstellung von Beziehungen. Wer meine Schwester ärgert, bekommt es mit mir zu tun! Identifikation mit den Familienangehörigen und den Spielkameraden!

Im *vierten Haus* muß sich das Ich wieder mit der Erfahrung von etwas Passivem auseinandersetzen (gerade Häuser ergeben passive Aufgaben), nämlich seiner Erbmasse, wie sie in Familienbräuchen und -traditionen verankert ist, in der Tradition, in der man verwurzelt ist: Bei *uns* gehört sich das so. Wer dem Stamm oder Clan schadet, wird von einem (anderen) Mitglied des Clans bekämpft, denn der Clan, mit dem sich das Ich identifiziert, wird gerächt! Es gibt Rechte und Pflichten im Sippenverband.

Im *fünften Haus* wird der Kreis auf Fremde ausgedehnt, mit denen man eine Wechselbeziehung aufnimmt, die als Genuß erlebt wird (Flirt, Tanz, Kunstgenuß). Das Alter der Pubertät!

Die Aufgabe lautet: Das Erlernen des Spiels der Liebe und des schöpferischen Künstlertums. Man identifiziert sich mit dem geliebten Menschen.

Im *sechsten Haus* muß sich das Ich des *Dienstes* bewußt werden; der Mensch identifiziert sich mit dem Meister, dem er dient (sage nichts Nachteiliges über meinen Meister!), aber auch mit demjenigen, der bzw. das ihm selbst dient, wie z.B. seinem Körper. Das rechte Dienen ohne Ausbeutung oder Verwöhnung bringt Gesundheit. Die Arbeit als Dienst an der Gemeinschaft tritt in das Leben des jungen Menschen ein.

In den darauffolgenden sechs Häusern wiederholt sich der Rhythmus, jedoch nun nicht mehr bezüglich des eigenen Ichs, sondern im Hinblick auf das Gegen-Ich, den inneren und äußeren Partner, den Lebensgefährten.

Im *siebten Haus* weist der Punkt auf die Aufgabe, *gemeinsames Arbeiten* zu lernen. Der junge Mensch befindet sich in der Ehe mit einem anderen Ich. Wer meinen Partner beleidigt, beleidigt mich!

Man identifiziert sich mit dem Partner, zieht mit diesem bezüglich der Außenwelt an einem Strang.

Im *achten Haus* dehnt das Ich seine Sphäre auf die Besitztümer des Partners aus; man betrachtet einander, Seele und Leib und Besitztümer des anderen als gemeinsames Eigentum und *genießt* dies. Hier ist der Ansatzpunkt der Eifersucht. Die Aufgabe lautet: Lernen, in rechter Weise zu genießen, das Wesentliche an sich ziehen, nachdem man es des Scheins entkleidet hat.

Im *neunten Haus* zeigt der Punkt *Besinnung* an. Man identifiziert sich mit seiner erworbenen Lebensanschauung: Wer meinen Grundsätzen, Dogmen und Glaubensvorstellungen zu nahe kommt, der kommt mir zu nahe!

Im *zehnten Haus* erobert das Ich seine Stellung in der Gesellschaft; man identifiziert sich mit seinem Amt und seiner Stellung, seinem Ansehen und seiner Reputation. Verliert man seinen Rang, seine Ehre und den guten Namen, dann fühlt das Ich sich selbst verloren. Man muß lernen, sich im Rampenlicht der Öffentlichkeit zu behaupten!

Im *elften Haus* dehnt sich das verdoppelte Ich auf die Gemeinschaft mit Geistesverwandten oder den Freundeskreis aus. Sage nichts gegen meinen Verein oder meinen Club, denn ich bin sein Repräsentant! Die Aufgabe liegt im Erwerb des Gemeinschaftssinns und der Befähigung, sich zusammen mit anderen für ein gemeinsames Ideal einzusetzen.

Im *zwölften Haus* zeigt der Punkt die Aufgabe an, alle vorangegangenen Ich-Identifikationen aufzugeben, entweder durch freiwillige Distanzierung oder durch erzwungenen Verlust, um sich, von den äußerlichen Formen befreit, im vollkommenen Dienst am Unbegrenzten aufzulösen.

Dort, wo der Punkt liegt, liegt also die Aufgabe für dieses Erdenleben, weil der Punkt angibt, welches Stück des Weges zwischen menschlichem Monden-Ich und göttlichem Sonnen-Ich noch zurückzulegen ist und wo man in seinem letzten Erdenleben stehengeblieben ist. Weil aber auf jeden abgeschlossenen Zyklus ein neuer folgt, ist damit nichts über den absoluten Punkt auf der Werdespirale ausgesagt, sondern nur über den relativen Ort bei diesem Durchgang. Es ist also nichts über das *Niveau* der Seele ausgesagt.

Der Punkt bewegt sich im Horoskop jährlich ein Grad entgegen der Reihenfolge der Tierkreiszeichen. Wesentliche Erkenntnisse lassen sich aus der Berechnung der Aspekte ableiten, die er auf diesem Weg mit der Sonne, dem Mond, den Planeten, den Eckpunkten und den Häuserspitzen bildet. So viele Grade, wie der Punkt in den Zeichen vom Aszendenten entfernt liegt, so viele Jahre dauert es, bis der Punkt durch Progression auf den Aszendenten fällt; dies ist die Anzahl der Jahre, die die progressive Sonne braucht, um den Platz des Mondes zu erreichen, wobei also eine Art Neumond-Situation entsteht. Dabei tritt, bewußt oder unbewußt, eine Vereinigung der Seele mit Gott ein, und ein Zyklus ist abgeschlossen. Manche behaupten sogar, daß man damit eigentlich schon seine Aufgabe für dieses Leben erfüllt hat. Freilich darf dann die Mond-Phase höchstens etwas mehr als ein Viertel betragen, wenn man dies innerhalb eines Menschenlebens (91 Jahre) erreichen will!

Bei einer Taggeburt zählt das Stück Weges, das der Mond der Sonne voraus ist und das am Aszendenten nach vorwärts auf dem Weg in den Stoff abgetragen wird, denn der Tag ist die stoffliche Hälfte des Tages, die Zeit der Involution, des Wachbewußtseins.

Bei einer Nachtgeburt zählt das Stück, das die Sonne voraus bzw. der Mond zurück ist, d.h. vom Aszendenten aus ein negatives Stück, ein Stück rückwärts, denn die Nacht ist die Zeit der Evolution, der Bewegung vom Stoff weg in Richtung des Geistes, d.h. weg vom Aszendenten und weg vom irdischen Leben.

Es gibt noch weitere Zusammenhänge zwischen Aszendent, Mond und Sonne bzw. zwischen Körper, Seele und Geist. Wo bei der Geburt der Aszendent steht, stand der Mond bei der Empfängnis, denn an diesem Punkt begann der Mond die Form für die inkarnierende Seele im Stoff zu schaffen, und bei der Geburt schreitet die wohlgeformte neue menschliche Form von ihrem Eintrittspunkt aus hinein in die Welt.

Am Punkt der Empfängnis ereignete sich im großen Zyklus eines Ichs ein Übergang von der Sonne- oder Geistessphäre in die Mond- oder Erdenspähre. Hieraus könnte man folgern, daß der Platz des Mondes bei der Empfängnis derselbe ist wie der Platz der (progressiven) Sonne am Ende der vorigen Inkarnation, und da dies der Aszendent bei der neuen Geburt ist, wäre dieser Aszendent der Endpunkt der Sonne bei der vorigen Inkarnation. Der in unserem vorigen Leben erworbene Charakter drückt sich also jetzt in unserem Temperament aus. Und wo jetzt der Glückspunkt steht, stand im vorigen Leben der Aszendent.

Die Glyphe für den Glückspunkt ist dieselbe wie diejenige der Erde: Das rechtwinklige Kreuz im Kreis, das Kreuz des Stoffs im Kreis des Geistes, das uralte lemurische Symbol, das man in alten Ländern noch auf den Friedhöfen als Kreuz mit einer dahinterliegenden oder umgebenden Sonne findet. Der Glückspunkt gibt unsere irdische Aufgabe an, die darin besteht, den Geist im Stoff zum Ausdruck zu bringen. Er zeigt an, wie der Mensch Gott auf der Erde dient.

Der Punkt ist das irdische Ich im Horoskop.

In den positiven, aktiven Häusern (ungerade Zahlen) ist der Punkt mehr die *Aufgabe,* in den negativen, passiven, mehr die *Lektion.*

Der Punkt an den Eckpunkten des Horoskopes hat eine besondere Bedeutung, da dann der Mond bezüglich der Sonne an seinen eigenen kritischen Stellen steht. Der Punkt gibt ja das Verhältnis zwischen Sonne, Mond und Aszendent an, d.h. zwischen Geist, Seele und Leib. Die Eckpunkte sind daher auch kritische Punkte im Verhältnis zwischen dem irdischen Ich und seinem Geist oder Gott.

Bei Neumond steht der Punkt am Aszendenten; das irdische Leben beginnt, der Mond ist noch bei der Sonne, das Ich noch bei Gott, wie Johannes am Beginn seines Evangeliums sagt: Das Wort war bei Gott, und Gott war das Wort. Das Ich weiß dann noch alles vom Wesen und noch nichts von dessen Erscheinungsformen auf der Erde.

Im ersten Viertel steht der Punkt am IC; die Erbfaktoren der Vorfahren mendeln sich heraus, die Erbsünde, derer sich der Mensch bei diesem ersten Konflikt seiner Seele mit Gott bewußt wird. »Das Gute, das ich will (Sonne), das tue (Mond) ich nicht, und das Böse, das ich nicht will (die Mondreaktion, die nicht mit dem Willen der Sonne übereinstimmt), das tue ich!« (Paulus, der dies sagt, hatte offensichtlich seinen Mond im ersten Viertel!)

Bei Vollmond liegt der Punkt auf den Deszendenten. Während er am Aszendenten die Frage stellte: Wer bin ich und was tue ich hier?, lautet die Frage jetzt: Was fehlt mir? Dies ist die Stelle und der Zustand der Projektion: Wessen man sich von sich selbst noch nicht bewußt ist (es liegt auf der anderen Seite!), das sieht man in einem anderen Menschen. Der Vollmond mit seinem geliehenen Glanz plappert die Theorien anderer nach. An dieser Stelle wird er sich dessen bewußt; er erkennt, daß er das Wesentliche verloren hat und bekehrt sich: »Ich will aufstehen und zu meinem Vater zurückgehen!«

Im letzten Viertel steht der Punkt am MC. Man hat gelernt, die Welt zu beherrschen und erkennt: »Was nützt es dem Menschen, wenn er die ganze Welt gewinnt, und Schaden leidet an seiner Seele«. Dies ist der letzte Konflikt zwischen Menschenseele und Gott, zwischen Mond und Sonne, wobei die Seele das letzte Opfer bringt und nun der Welt und ihrem Ruhm entsagt: »Er muß wachsen, und ich muß weniger werden«. Es geht darum, der Versuchung zu widerstehen. Bei Neumond ist der Mond zunichte geworden, der Zyklus vollendet, die Seele in Gott aufgegangen: Die Unio mystica.

Dies ist der menschliche Lebensweg des Lernens und Dienens. Die Aspekte des Punktes im Radix- und Progressivhoroskop zeigen an, was diesen Seelenweg begünstigt und was ihm entgegenwirkt. Harmonische Aspekte bewirken eine Annahme der Aufgabe und Lektion, während disharmonische Aspekte eine – vergebliche – Auflehnung bewirken. Eines Tages muß man seine Lektion ja doch lernen!

Man kann auch untersuchen, in welchem Aspekt der eigene Glückspunkt zu Punkten im Horoskop eines anderen steht, und in welches Haus des anderen der eigene Glückspunkt fällt; so kann man feststellen, welche Aufgabe man gegenüber einem anderen Menschen hat.

So dreht sich das Rad des Schicksals, und jeder ist durch seinen Glückspunkt mit ihm verbunden.

WEITERE SENSITIVE PUNKTE

In derselben Weise wie den Glückspunkt kann man auch andere Punkte berechnen:

Karma: Aszendent plus Saturn minus Sonne (Saturn ist das Karma).
Krankheit: Aszendent plus Mars minus Saturn (Kampf zwischen Leben und Tod).
Liebe: Aszendent plus Venus minus Sonne.
Erbe: Aszendent plus Mond minus Saturn (Familie minus Tod).
Kinder: Aszendent plus Saturn minus Jupiter.
Reisen: Aszendent plus Merkur minus Mond.
Kunst: Aszendent plus Merkur minus Venus (Geschicklichkeit minus Kunstempfinden).
Ruhm: Aszendent plus Jupiter minus Sonne.

Wenn ein solcher Punkt aspektiert wird, wird sein Einfluß wirksam.

Ähnliche Punkte sind auch die Mondknoten und die Halbsummen.

HALBSUMMENPUNKTE

In der Mitte zwischen zwei Planeten liegt ihr Halbsummenpunkt (H S), und zwar sowohl in der Mitte ihres größeren wie auch des kleineren zodiakalen Abstandes. An diesen beiden Punkten begegnen sich ihre Schwingungen, so daß dieser Punkt, wenn er in einer Aspektverbindung steht, im Sinne einer Konjunktion der beiden Planeten *und* des aspektierenden Planeten wirkt. Es ist klar, daß eine HS, die zu jedem Planeten ein Sextil bildet, die besten Eigenschaften dieser Planeten zur Wirkung bringt. Bei zwei Planeten, die in Opposition stehen, bringt die HS, die dann zwei Quadraturen bildet, natürlich die ungünstigsten Wirkungen zum Vorschein. Der aspektierende Planet tritt also als Aktivierer einer in der Figur vorgegebenen Eigenschaft auf, die er mit beeinflußt; er wird durch sie gefärbt, angeregt, behindert, geändert oder ähnliches. Man nehme etwa eine weite Konjunktion von Neptun und Pluto, wobei Venus genau in deren Mitte läuft. Dann tritt in die Figur die Liebe der Schatten (Neptun) in der Unterwelt (Pluto), und man kann zu einem liebevollen Angedenken an einen Verstorbenen kommen oder deren spiritistische Aufrufung durch eine Liebesbindung erreichen.

Ein anderes Beispiel: Wenn Mars in die Distanz Saturn-Pluto tritt, dann muß man um das durch Gewalt (Pluto) bedrohte Leben (Saturn als der Tod) kämpfen (Mars).

Der dritte Planet kann ein Radix-, Transit- oder Direktionsplanet sein. Die drei Planeten bilden dann miteinander ein Planetenbild. Dieses kann noch erweitert werden, wenn z.B. der Halbsummenpunkt auch die Mitte zwischen zwei anderen Planeten bildet. Wie bei den Komplexen, die durch Aneinanderfügung von Aspekten entstehen, muß man dann versuchen, das ganze Planetenbild zu ergründen, um über die Auswirkung Klarheit zu gewinnen.

Diese Punkte benutzte schon im 13. Jahrhundert Bonatti, der Hofastrologe Kaiser Friedrichs II. Im Jahre 1900 nahm Albert Kniepf in Hamburg diesen Gedanken wieder auf; ihm folgte Alfred Witte nach. Später führte Reinhold Ebertin in Aalen diese Methode nach eigenen Erfahrungen weiter und machte sie zum Kernpunkt seiner Lehre, der sogenannten Kosmobiologie. Er schrieb hierüber das praktische Nachschlagewerk *»Kombination der Gestirneinflüsse«*, das auch für die gewöhnlichen Aspekte brauchbar ist. Bei der Interpretation wird hierin zwar alles, was von Venus und Jupiter stammt, zur günstigen, und was von Mars, Saturn und Neptun stammt, zur ungünstigen Seite gedeutet, jedoch ist es im übrigen ein sehr brauchbares Buch, sachlich und fundiert.

DIE MONDKNOTEN

Die Mondknoten sind sensitive Punkte im Horoskop. Sie sind die beiden Schnittpunkte der Sonnenbahn oder Ekliptik mit der Umlaufbahn des Mondes um die Erde, d.h. die beiden Kreise im Tierkreis, in denen wir Sonne und Mond von der Erde aus sich scheinbar bewegen sehen, die Sonne im Laufe eines Jahres, den Mond im Laufe eines Monats. Da sie nicht in derselben Ebene liegen, schneiden sie sich.

Der Schnittpunkt, bei dem der Mond auf seiner Bahn nach Norden wandert, heißt aufsteigender Mondknoten oder Drachenkopf.

Der Schnittpunkt, bei dem der Mond auf seiner Bahn nach Süden wandert, heißt absteigender Mondknoten oder Drachenschwanz.

Im Osten erblickte man nämlich im Tierkreis einen Drachen, der sich um die eine Hälfte der Mondbahn wand. Von diesen Mondknoten berechnet man im Horoskop die Aspekte in derselben Weise wie für andere sensitive Punkte wie den Glückspunkt, den Aszendenten usw.

BEDEUTUNG DER MONDKNOTEN

Die Mondknoten korrespondieren mit dem Ätherleib oder Lebensleib des Menschen, der sich mit einem oder mehreren anderen Lebensleibern verbindet, wie z.B. denjenigen des Ehepartners, von Blutsverwandten und, auf einer höheren Ebene, von Seelenverwandten. Er greift im stofflichen Leib im verlängerten Rückenmark und Nacken und im Hinterhaupt an, d.h. im Kleinhirn. (Deshalb hat auch der Stier, das Zeichen des Halses und des Hinterhauptes, wie auch der Krebs große Bedeutung für solche Bindungen, für Familiensinn, Anhänglichkeit, Zusammengehörigkeitsgefühl.) *Gemeinsame Körper- und Seelenerlebnisse hängen immer mit den Mondknoten zusammen.* Der Lebensleib birgt u.a. das *große Gedächtnis* (das zu Krebs gehört), das die Erinnerungen an alle Erdenleben umfaßt. Es gibt verschiedene, heute wieder angewandte Verfahren, um diese Erinnerungen wieder ins Bewußtsein zu bringen (Hypnose, LSD usw.). Eine Verbindung des Lebensleibes mit einem anderen Lebensleib in einem früheren Leben kann auch ohne besondere Methoden als ein Gefühl intensiver Zusammengehörigkeit oder als die Empfindung ins Bewußtsein treten, daß man sich schon lange und vollkommen kennt. Bei Mond-Uranus-Aspekten werden häufig durch das erhöhte elektrische Potential des Mondes diese Erinnerungen und Bindungen bewußt. Ein Mann glaubt, eine Frau zu »kennen«, wenn er sexuelle Beziehungen mit ihr hatte. Er hat dann ihren Lebensleib durch den seinigen »erkannt«.

Sexuelle Hörigkeit entsteht durch die Beherrschung des weiblichen Lebensleibes durch den männlichen. Eine Verbindung zwischen Pluto (Herrscher der Unterwelt, der das Unterbewußte bewußt werden lassen kann) und dem Mondknoten führt immer zu einer Verbindung mit jemandem, mit dem man karmisch verbunden ist, z.B. mit einem Liebes- oder Ehepartner aus einem früheren Leben.

Da Drachenkopf und Drachenschwanz einander gegenüberliegen, entsteht durch einen Aspekt mit einem der beiden immer auch ein Aspekt zu dem anderen. Konjunktionen des Drachenkopfs lassen Verbindungen mit demjenigen entstehen, über das er gerade läuft. Konjunktionen mit dem Drachenschwanz lösen Verbindungen auf.

Das Haus des Horoskops, in dem der Drachenkopf liegt (wo er sich im Tierkreis befindet, ist den Ephemeriden zu entnehmen), bekommt daher die Gelegenheit, Dinge auf diesem Gebiet zu konkretisieren, sofern der progressive Mond dies begünstigt.

Alles, was aus dem Kosmos auf der Erde eine Erscheinungsform annehmen will, geht über den Mond, der das ätherische Muster (den Lebensleib) allmählich materialisiert; der Drachenkopf bringt es an seinen Ort, wie der Storch die Kinder bringt (dies hat eine tiefe Bedeutung). Ob das Ergebnis besser oder schlechter ist, hängt von den Aspekten des Mondknotens hierzu ab.

Alles, was auf Erden stirbt, d.h. seine Erscheinungsform im Stoff verliert, geht zum Mond, und der Drachenschwanz ist das Tor, durch das es verschwindet.

Die beiden Mondknoten sind also Durchgangsstationen zwischen Sonne und Erde bzw. Erde und Sonne, wobei man vorübergehend auf der Mondbahn bleibt, gewissermaßen im Leib des Drachen.

Der Mondknoten schafft daher einen Zugang zur Gruppenseele, der man angehört (Familie, Volk, Rasse, aber auch Schule, Sportverein, studentische Verbindung). Je besser der Drachenkopf im Geburtsbild aspektiert ist, desto leichter paßt man sich den Gebräuchen und Normen der Gruppe an. Desto fester kann man ihnen aber auch verhaftet sein.

BEISPIELE

Befindet sich der Drachenkopf im Sechsten mit guten Aspekten, dann tut man, was für den Körper gut ist und läßt von Gewohnheiten des Zwölften ab, z.B. dem Gebrauch von Drogen (sofern der progressive Mond mitwirkt).

Bei schlechten Aspekten wird man krank und unterläßt gute Dinge des zwölften Hauses, z.B. Entspannung.

Befindet sich der Drachenkopf im Ersten, dann tut man, wozu man selbst Lust hat, und nimmt keine Rücksicht auf den Partner (7). Wenn der Kopf im Siebten liegt, dann tut man umgekehrt, was der Partner gerne will.

Befindet sich der Kopf im Zehnten, erlangt man Bekanntheit und hat keinen Sinn für Häuslichkeit. Im umgekehrten Fall bleibt man zuhause, um sich der Familie und dem Heimwesen zu widmen, und man hat kein Interesse an öffentlichen Ereignissen.

Der Drachenkopf durchläuft den Tierkreis in 18²/3 Jahren. Nach Ablauf dieser Zeit bieten sich daher wieder dieselben Möglichkeiten durch den Mondknoten. Wenn man den Gang des Schwanzes durch die Häuser verfolgt, dann sieht man alles, was man aufgegeben, abgeschafft, vergessen, übersehen, geopfert oder verloren hat.

Alles, was eine Gruppe erlebt (Feste, Katastrophen, Verkehrsstaus, Epidemien) vereinigt zu diesem Zeitpunkt diejenigen Menschen, deren Drachenkopf durch das gleiche Haus oder das damit korrespondierende Zeichen läuft. Wenn z.B. dreißig Menschen durch einen Tanzboden brechen, dann könnte bei ihnen der Drachenkopf im Fünften oder im Löwen mit einem ungünstigen Aspekt stehen.

Der Mondknoten zwingt das Muster der Gruppenseele allen auf, die Teil davon sind, und kann für denjenigen zum feuerspeienden Drachen werden, der sich diesem Muster entzieht, der »nicht mitmacht«, z.B. bei Trinkgelagen oder Streiks. Diesem Drachen, der manchmal den Namen »Konvention« oder »Geselligkeit« trägt, werden Menschenopfer gebracht, und zwar in jedem Kreis der Gesellschaft.

DER LEBENSLAUF DES MENSCHEN

Das Muster des Menschen ist der in zwölf gleiche Sektoren geteilte Kreis. Der Kreis ist der Geist, das rechtwinklige Kreuz der Stoff; in beider Mittelpunkt steht der Mensch als an den Stoff gekreuzigter Geist. Die Linien *zwischen* den Balken des rechten Kreuzes bezeichnen das Leben der Seele.

Dieses Muster, die Projektion einer zwölffach durchschnittenen Kugel auf die Ebene, zeigt die *räumliche* Struktur der Seele wie des Körpers des Menschen, aber auch seiner Umstände. Die Bedeutung der oberen und unteren Hälfte, der linken und rechten Hälfte usw. haben wir bereits besprochen.

Daneben zeigt dieses Muster aber auch den *zeitlichen* Verlauf des Menschenlebens an.

BIOLOGISCHER ZYKLUS

Wir haben bereits gesehen, daß die untere Hälfte den unbewußten Teil der Seele bezeichnet. An ihrem tiefsten Punkt, dem Imum Coeli, liegt der dunkle Urquell des Lebens, wo an den Wurzeln der Weltenesche Yggdrasil die drei Nornen oder Schicksalsgöttinnen wohnen, die das Menschenlos bestimmen. Aus dieser Quelle entspringt das Leben aus der geistigen Welt, sie ist der Empfängnis-Punkt.

Dort unten wohnt Frau Holle, die die Menschenseele auf ihrem Weg zurück zur Erde mit dem Gold (Erbtugend) oder mit Ruß (Erbsünde) begleitet, dem Ergebnis des vorigen Lebens, dem Lohn der Arbeit.

Nun wird das Muster dieses Karmas in neun Monaten in den Körper eingewoben, der diese Seele bekleiden soll. Wie die Seele im vorigen Leben war, so wird jetzt der Körper. Die neun Monate liegen in den drei Häusern, die nach links aufsteigen, drei, zwei und eins, die jeweils drei Monate der Inkarnation umfassen. Dabei durchläuft der werdende Mensch verkürzt die ganze Geschichte der Menschheit (biogenetische Grundregel), und es leuchtet ein, daß hierfür ein Viertel des ganzen Lebensschemas benötigt wird.

Später, wenn der Mensch einmal vor seiner Geburt seine ganze Entwicklung abgeschlossen haben wird, werden hieraus zwölf Monate werden. Die Seele schwebt jetzt gleichzeitig in der kleinen, persönlichen Gebärmutter, dem limbus minor, und im kosmischen Mutterschoß, dem limbus maior, unterstützt von Frau Luna, dem Mond, der jeden Monat von einem darauffolgenden Planetengeist das Muster von dessen Organen empfängt, die er im Stoff nachbaut.

Erster Monat: Die Organe der Sonne: Wirbelkanal für das Einströmen der Lebenskraft, der Beginn von Herz, Kopf und Augen. Nach der indischen (I) Überlieferung wirkt hieran Saturn mit. Die Gestalt ähnelt einem Fisch. Entsprechendes Erdzeitalter: Paläozoikum.

Zweiter Monat: Aus den Flossen entwickeln sich die Anlagen der Gliedmaßen, weiterhin diejenigen des Skeletts, der Muskeln und des Sympathikus; der Schwanz bildet sich zurück. Übereinstimmung mit einer Schildkröte. (I: Jupiter). Erdzeitalter: Mesozoikum (Hyperboreer).

Dritter Monat: Trennung der Geschlechter, Anlage von Gallenblase, Haar, Nägel und Augenlidern. Die Ohren können sich weiter entfalten. Gestalt: Das Schwein (I: Mars). Erdzeitalter: Lemuria.

Vierter Monat: Etwa in der Mitte zieht das Ich in den Stoff ein, die Sonne (I: Sonne). Das Gesicht wird menschlich, das Ich bringt Bewegung zustande. Die Knochen werden hart, der Wirbelkanal schließt sich, die Mandeln erscheinen. Hier liegt der Übergang zwischen Tier und Mensch (Kentaur, Sphinx). Der Embryo wird nun als Fetus bezeichnet; er bekommt eigene Züge. Gestalt: Löwe.

Fünfter Monat: Gebißanlagen, Lymphdrüsen und Haupthaar erscheinen, der Darmfortsatz ist so groß wie bei Nagetieren und Affen. Die Geschlechtsorgane werden weiterentwickelt. Ein Fell bedeckt die Haut. Gestalt: Affe. (I: Venus).

Sechster Monat: Rasche Entwicklung des Gehirns; das dritte Auge versinkt. Atmungs- und Bewegungsapparat entwickeln sich (I: Merkur). Gestalt: Kuh (I).

Siebter Monat: Die Gehirnwindungen zeichnen sich ab; das ererbte Wissen prägt sich ein, jedoch ist die Seele noch recht lose mit dem Körper verbunden (I: Der Mond). Gestalt: Mensch (Erdzeitalter bis hierher: Lemuria).

Achter Monat: Kreuzbein ausgebildet, Knochen verhärtet. Die Adepten- oder Christusanlage entsteht. (I: wiederum Saturn). Unseres Erachtens Uranus.

Neunter Monat: Verfestigung der Gestalt. Buddha-Anlage entsteht. (I: wiederum Jupiter). Unseres Erachtens Neptun.

Zehnter Monat: Der Heilige Geist baut am Lebensleib. (I: Mars). Unseres Erachtens Pluto. Sogenannte supernormale Fähigkeiten.

Im elften und zwölften Monat würden zwei darauffolgende Mysterienplaneten ihre Gaben einbauen. Dies alles geschieht im ersten Quadranten links unterhalb des Horizonts.

ASZENDENT

Nun ist der Aszendent als der Punkt der Geburt erreicht. Der neue Mensch »taucht auf« und durchläuft nun jeweils vierzehn Jahre lang die nächsten drei Häuser, zwölf, elf und zehn. Wie in der Mitte des vorigen Quadranten der entscheidende Punkt des viereinhalbten Monats lag, so liegt bei der nächsten Mitte, bei 21 Jahren, die Grenze zum Erwachsenenalter.

Von 0 bis 7 Jahren: Das Instinkt-Ich wird vom Mond entwickelt. In der Mitte, bei 3 1/3 Jahren: Das Körper-Ich erwacht: »Ich!«.

Von 7 bis 14 Jahren: Das Verstandes-Ich wird von Merkur entwickelt.

Von 14 bis 21 Jahren: Das Gefühls-Ich wird von Venus entwickelt.

Von 21 bis 28 Jahren: Das Willens-Ich wird von Sonne und Erde entwickelt.

Von 28 bis 35 Jahren: Zweite Stoff-Geburt, Beginn der zweiten Spiraldrehung des Mondes, Entwicklung des Begierden-Ichs durch Mars.

Von 35 bis 42 Jahren: Zweite Verstandes-Geburt, jetzt das höhere Denken. Entwicklung des Bewußtseins-Ichs durch Jupiter.

So erreicht der Mensch den Mittel- und Höhepunkt seines Lebens: Die Himmelsmitte.

MEDIUM COELI

Nun wird geerntet, was im vorigen Quadranten gesät wurde. Man ist nun soweit wie möglich in den Stoff und in die Welt eingedrungen; jetzt ist der Wendepunkt erreicht und die Vergeistigung beginnt. Körperlich setzt nun in der Regel ein langsamer Abbau ein, der aber eigentlich eine langsame Verfeinerung sein sollte. Der Mensch durchläuft die Häuser 9, 8 und 7, leistend und profitierend, sieben Jahre in jedem Haus, bis er im 63. oder 65. Lebensjahr am Deszendenten seinen gesellschaftlichen Untergangspunkt erreicht hat. Abstrahierend wächst seine Weisheit.

DESZENDENT

Hier am Deszendenten tritt er eigentlich wieder in das ätherische Reich ein, das er bei seiner Geburt verlassen hat. Er begrüßt seine Enkel an der gegenüberliegenden Seite; sie verstehen einander als Gegenpole, sind eins im Märchen. Beide erkennen aus der Distanz die Parallelität ihres Zustands. Die Sinne für den groben Stoff werden schwächer, diejenigen für den feineren kräftiger. In den Häusern 6, 5 und 4 tauchen die früheren Erinnerungen wieder auf, wenn man sich dem Tor der Frau Holle erneut nähert, diesmal von der anderen Seite, um es zu durchschreiten. Am Imum Coeli ist die Inkarnation vollzogen, und die Seele nimmt Abschied bis zur neuen Inkarnation im Stoff.

Die vier Eckpunkte entsprechen wiederum denjenigen im Umlauf des Mondes: Das Imum Coeli dem Neumond, der Aszendent dem ersten Viertel, das Medium Coeli dem Vollmond, der Deszendent dem letzten Viertel. Am Aszendenten reißt sich die Mondseele von der Sonne als dem Geist los, um im Menschenleben aufzugehen. An der Himmelsmitte hat der Mensch den Stoff unterworfen. Am Deszendenten reißt er sich von seiner irdischen Aufgabe los, um wieder dem Sonnengeist zu begegnen.

Es ist klar, daß Menschen mit einer Häufung von Elementen in einem der Quadranten in der damit übereinstimmenden Periode am meisten erleben. Hieraus entstehen natürlich durch die laufenden Planeten neue Zusammenhänge und eventuell Änderungen.

EINFACHER MONDZYKLUS

Was der Mond tatsächlich in einem Monat zurücklegt, tut der Mensch durch Progression in 28 Jahren, und zwar nach der Regel: Ein Tag nach der Geburt = 1 Lebensjahr (Mondprogression oder Sekundärdirektion). Dabei gehen wir von der Geburt am Aszendenten, d.h. bei Neumond aus.

Nach sieben Jahren ist der Mensch dann am Imum Coeli angelangt, an dem der Mond nach sieben Tagen ist. *Erstes Viertel.*

Mit dem vierzehnten Jahr ist der Deszendent erreicht, entsprechend dem *Vollmond* (Partnerwahl).

Mit dem 21. Lebensjahr ist die Himmelsmitte erreicht, entsprechend dem *letzten Viertel* (Eintreten in die Welt).

Wieder am Aszendenten angelangt, ist mit dem 28. Lebensjahr die erste Spiraldrehung vollendet. Hierauf treten alle Möglichkeiten erneut in derselben Reihenfolge auf (siehe hierzu auch den Abschnitt über den Glückspunkt).

BESCHLEUNIGTER ZYKLUS

In derselben Reihenfolge, jedoch mit einer Beschleunigung, beginnt man ebenfalls am Aszendenten mit der Geburt, befindet sich mit dreieinhalb Jahren in der Mitte des ersten Quadranten und mit sieben Jahren am Imum Coeli. Im folgenden geht es jedoch schneller: Mit 14 Jahren steht man in der Mitte des nächsten Quadranten, mit 21 erreicht man den Deszendenten. Dies ist dann wiederum ein Vollmond.

Die Mitte des dritten Quadranten fällt etwa auf das 33. Lebensjahr (genau 31½, gegenüber dem 3½.: Die Geburt des geistigen Ichs gegenüber derjenigen des körperlichen Ichs.

Mit dem 42. Lebensjahr hat man dann die Himmelsmitte erreicht, LV gegenüber EV. Im letzten Quadranten fällt dann die Mitte auf das 63. Jahr, das Alter, in dem man in Rente geht, gegenüber dem 14., an dem viele schon ins Berufsleben eintreten. Mit 84 Jahren ist dann der Zyklus vollendet.

Dabei ist der Kreis nicht in zwölf Teile unterteilt, aber dafür nicht nur vom rechtwinkligen Kreuz, sondern auch vom Malkreuz durchschnitten, das die Fruchtbarkeit angibt. Ebenfalls ein Schema, das des Nachdenkens wert ist!

DIE ZICKZACK-BAHN

Es gibt auch Menschen, die den Lebensweg vom Imum Coeli aus im Zickzack verlaufen sehen. Sie nehmen dort die Geburt an und lassen dann entsprechend der Bedeutung der Häuser den Menschen erst nach rechts gehen, wo er das vierte Haus als seine Wiege, die Mutter, das Zuhause erlebt. Dann geht er nach links in das dritte Haus mit den Geschwistern, den Nachbarn und der Schule. Anschließend kommt er in das fünfte Haus, das die Pubertätsjahre bezeichnet. Es folgt das zweite Haus als das Erleben von Kunst und Schönheit. Das nächste ist das sechste Haus als die erste Berufstätigkeit. Es folgt das Erste als ein selbständiges Auftreten.

So kann man den Weg weiter verfolgen: 7 der Busenfreund, 12 das Opfer für das Ideal, 8 die Fortpflanzung, 11 der Freundeskreis oder die Partei, 9 die erworbene Lebensanschauung, 10 die Stellung in der Welt: Der Gipfel ist erreicht.

Außer diesen vier Bahnen gibt es natürlich auch diejenigen, die durch Progressionen bezeichnet werden, wobei natürlich die Progressionen der Sonne als dem Ich besonders wichtig sind. Schließlich folgt jeder Faktor im Menschen seiner eigenen Bahn.

Alle diese Zyklen wirken gleichzeitig.

Bei einem Horoskop muß man nicht alle Zyklen erkunden. Manchmal aber tritt einer von ihnen zutage. Und so wächst die Weisheit.

DAS WESENTLICHE SCHEMA

Für jeden Lebensprozeß auf der Erde gilt, daß er nicht in einer geraden Linie verläuft, sondern als Aufstieg und Abstieg: Aufgang – Gipfel – Niedergang. In einem Menschenleben liegt z.B.: der Höhepunkt um das 42. Jahr, in der vorgeburtlichen Zeit von neun Monaten beim 4½ten Monat, wo das Ich einzieht. So bedeutet ja auch im Schema kardinal – fest – beweglich dreier aufeinanderfolgender Zeichen des Tierkreiszeichens kardinal den Aufgang, fest den Höhepunkt und beweglich den Niedergang.

Der höchste Punkt oder die Mitte ist das Betätigungsfeld des kosmischen Schemas, die Kugeloberfläche oder der Kreisumfang; der Aufgang ist der vom Mittelpunkt ausgehende Strahl, die Schöpfung, der Niedergang der zurückkehrende Strahl, die Erlösung. So zeigt sich schließlich, daß jeder Prozeß wieder diesem einen kosmischen Schema entspricht, dem Bilde Gottes!

DER TIERKREIS

DIE TIERKREISZEICHEN

Unter den *Zeichen* (also nicht den Stern*bildern*) des Tierkreises oder Zodiaks versteht man die zwölf gleich großen, den Stückchen einer Apfelsine vergleichbaren Zonen, in die man das die Erde umgebende Himmelsgewölbe eingeteilt hat. Wenn man diese Apfelsine quer durchschneidet, erhält man die Projektion dieser Gebiete auf der Zeichnungsebene des Geburtsbildes. Diese Gebiete tragen die Namen der Sternbilder, die einst in ihnen standen. Sie bilden in einer festen Reihenfolge eine kreisförmige Bahn vor dem Hintergrund des Himmels, auf der wir die Sonne, den Mond und die Planeten sich bewegen sehen.

Diese Tierkreiszeichengebiete dürfen natürlich nicht mit den zwölf Häusern oder Feldern des Horoskops verwechselt werden. Dies sind zwölf Abschnitte, in die man den die Erde umgebenden Himmel einteilt, wobei man vom Horizont des Geburtsortes ausgeht und unter dem östlichen Horizont zu zählen beginnt; dabei liegen sechs Abschnitte unter und sechs über dem Horizont. Diese Abschnitte zeigen *Lebensgebiete* an. Je nach der Tageszeit ergibt sich jeweils eine andere Konstellation zwischen Häusern und Zeichen, da sich die Erde in 24 Stunden einmal durch den Tierkreis dreht. Für uns scheint es so, als ob die Erde stillstünde und der Tierkreis sich um sie drehte: Am Ostpunkt des Horizonts (Aszendent) tauchen die Zeichen der Reihe nach auf, wobei alle zwei Stunden ein Zeichen den Fixpunkt des Aszendenten passiert.

Die Zeichen des Tierkreises wie auch die Häuser des Horoskops bilden in ihrer Reihenfolge einen Entwicklungsprozeß in zwölf Phasen, die überall auf der Welt und im Leben auftreten. Da beide für denselben Prozeß stehen, bestehen Übereinstimmungen zwischen den Häusern und den entsprechenden Feldern. Die Zeichen modifizieren durch ihre eigene Art die Wirkung des Himmelskörpers, der von der Erde aus vor dem Hintergrund dieses Zeichens zu sehen ist.

KARDINALE, FESTE UND BEWEGLICHE ZEICHEN

Die zwölf Zeichen werden in drei Gruppen eingeteilt: kardinale Zeichen, feste (fixe) Zeichen und bewegliche (gewöhnliche) Zeichen.

Kardinale Zeichen:	Widder, Krebs, Waage, Steinbock.
Feste Zeichen:	Stier, Löwe, Skorpion (Adler), Wassermann.
Bewegliche Zeichen:	Zwillinge, Jungfrau, Schütze, Fische.

Kardinal, fest und beweglich sind drei aufeinanderfolgende Phasen eines jeden Lebensprozesses: Aufstieg, Glanz und Niedergang.

Die Kardinalzeichen gehören stets zur ersten Phase des Lebensprozesses, in der der Mensch selbständig, unabhängig und aus eigenem Antrieb den ersten Anstoß gibt, etwas unternimmt oder irgendwo die Führung übernimmt.

Die festen Zeichen gehören zur zweiten Phase des Lebensprozesses, in der der Mensch eine von einem Vorgänger eingeleitete Unternehmung fortführt und mit Sorgfalt und Verantwortungsbewußtsein in dessen Sinne fortführt.

Die beweglichen Zeichen gehören zur dritten Phase des Lebensprozesses, in der der Mensch eine bestehende Unternehmung, einen Betrieb oder eine Einrichtung, deren Zeit abgelaufen ist, auflöst, ändert oder liquidiert, um Raum zu schaffen für einen neuen dreiphasigen Prozeß. Es kann aber auch sein, daß jemand ständig von einem Arbeitsgebiet zum anderen wechselt.

Die kardinalen Zeichen überwinden die Widerstände oder Disharmonien. Die festen Zeichen machen eine Unternehmung fruchtbar; die beweglichen Zeichen benutzen die gemachten Erfahrungen für Erneuerungen.

Die vier Zeichen einer solchen Gruppe gehören jeweils einem anderen Element an: So ist der Widder ein Feuerzeichen, der Krebs ein Wasserzeichen, die Waage ein Luftzeichen und der Steinbock ein Erdzeichen. Dadurch ergibt sich eine vierfache Differenzierung der kardinalen Zeichen. Entsprechendes gilt für die festen und die beweglichen Zeichen.

Man sieht, daß in der Reihenfolge der zwölf Zeichen die ersten drei, Widder, Stier, Zwillinge, die drei Phasen des Prozesses prägen. Danach beginnt mit dem Krebs wiederum ein Zyklus von kardinal-fest-beweglich: Krebs, Löwe, Jungfrau, und dies wiederholt sich noch zweimal (man verfolge dies!). Der ganze Tierkreis ist damit eine vierfache Aneinanderreihung des Zyklus von Aufgang, Glanz und Niedergang, von Initiative, Fortführung und Auflösung. Jede Dreiergruppe steht aber auf einem höheren Niveau als die vorangegangene; derselbe Prozeß läuft jeweils in verfeinerter und komplizierterer Art ab, in Richtung von Natur zu Kultur. Der Prozeß findet bei Widder-Stier-Zwillinge in seiner primitivsten, einfachsten und kindlichsten Art statt; bei Steinbock, Wassermann, Fische dagegen in seiner edelsten, kompliziertesten und reifsten, wenn nicht überreifen Art. Wir wollen uns hiermit im folgenden näher befassen.

DAS KARDINALE KREUZ

Dieses rechtwinklige Kreuz besteht aus den vier kardinalen Zeichen oder, anders ausgedrückt, aus der rechtwinkligen Kreuzung der beiden Achsen Widder-Waage und Krebs-Steinbock. Die Achse Widder-Waage besteht also aus den gegenüberliegenden Zeichen Widder und Waage, in deren Mitte sich die Erde befindet. Ein Zeichen bildet zu dem ihm gegenüberliegenden Zeichen (das also sechs Zeichen weiter liegt) einen echten Gegenpol. Im Grunde hat man in der Praxis immer mit einer solchen Achse zu tun, nicht mit einem einzigen Zeichen. In gewisser Weise beinhaltet jedes Zeichen doch immer auch etwas von seinem Gegenpol.

ACHSE WIDDER-WAAGE

Bei beiden geht es um das Verhältnis zur Umgebung, zum Anderen. Diesbezüglich verhält sich das eine genau umgekehrt wie das andere:

Widder nimmt die volle Verantwortung für sein Tun auf sich. Er will und kann darüber nicht mit einem anderen sprechen.

Waage hat das Bedürfnis, sich anderen gegenüber zu rechtfertigen. Verteidigt sich unaufgefordert und erläutert, motiviert.

Widder nimmt auf niemanden Rücksicht, überrennt andere in seinem Tatendrang. Waage stimmt sich stets mit der Umgebung ab, berücksichtigt andere, kommt deren Wünschen zuvor. So tut der eine mit demselben Eifer alles für sich, der andere alles für den Partner.

Widder ist nicht mehr interessiert, sobald er den ersten (An-) Stoß gegeben hat. Waage gibt ihre Hingabe an die Sache an ihren Nachfolger weiter.

Widder ist der Despot, der keinen Widerspruch duldet; er geht voran, und die anderen haben ihm durch dick und dünn zu folgen. Waage lädt die Mitarbeiter ein, sich ebenfalls über die gemeinsame Unternehmung Gedanken zu machen. Widder dient dem Ich, Waage dem Ich in der Projektion.

ACHSE KREBS-STEINBOCK

Beide sind hervorragende Schauspieler! Der Krebs vereinigt und identifiziert sich mit seiner Unternehmung; auf der Bühne lebt er sich so sehr in seine Rolle ein, daß er die betreffende Person *ist.* Steinbock setzt seine Ehre darein, von seiner Unternehmung und seiner Bühnenrolle unabhängig zu bleiben; er läßt keine Regungen aufkommen und macht Späße während einer tragischen Szene, die er – formal – perfekt spielt.

Krebs geht bei einem Scheitern mit unter. Steinbock beginnt nach dem Fiasko unverzagt von neuem. Beide dienen ihrer Sache mit Herz und Seele, wobei beim Krebs das Wesen außen und die Form innen, beim Steinbock die Form außen und das Wesen innen sind.

Der Krebs hält das Wesentliche hoch: Das Leben, das sich in Lachen und Weinen ausdrückt (Melodrama, Volksbühne). Auch wenn es ungehobelt ist. Der Steinbock hält gerade die Form hoch, führt den offiziellen Empfang protokollgemäß fort, wie erschüttert er vielleicht auch ist. Beiden ist sehr daran gelegen, ihre Art nicht zu verleugnen.

DAS FESTE KREUZ

Das feste Kreuz wird gebildet aus der rechtwinkligen Kreuzung der Achsen Stier-Skorpion und Löwe-Wassermann.

ACHSE STIER-SKORPION

Beides sind Zeichen des Genusses. Beim Stier ist es ein primitiver sinnlicher, d.h. körperlicher Genuß (Erdzeichen!). Beim Skorpion ist es ein raffinierter psychologischer Genuß, manchmal Sadismus; man genießt, was in der Seele des Partners vorgeht. Er ist (als Wasserzeichen) reifer in seinem Verhalten, von höherem Niveau, tiefer in seinem Empfinden. So naiv gutgläubig der Stier ist, so scharfsinnig-mißtrauisch ist der Skorpion. Es sind zwei Extreme auf demselben Gebiet.

Der Stier bleibt sein Leben lang ein Kind, malt daher auch gerne. Der Skorpion dagegen durchschaut von Kind an seine Mitmenschen, beginnt bereits als Erwachsener.

Beide sind eigensinnig: Der Stier in seiner schlichten Sturheit, die keine Veränderung will; der Skorpion in seine weitreichenden Feldherrnpläne verbissen, für den das Leben ein Schachspiel ist, das er gewinnen will.

ACHSE LÖWE-WASSERMANN

Beide Zeichen suchen Umgang mit dem Mitmenschen. Der Löwe tut es deshalb, um sich in ihrer Bewunderung und Anerkennung zu sonnen. Dem Wassermann ist es um den kameradschaftlichen Umgang auf gleichberechtigter Basis zu tun. So bilden beide wiederum die Enden einer Achse: Autokrat und Demokrat.

Beide sind beharrlich: Der Löwe pocht auf seine Rechte aufgrund seiner fürstlichen Abkunft. Der Wassermann bleibt seiner prophetischen Aufgabe treu, seiner himmlischen Geburt. So sehen wir die gleiche Gestalt auf zwei verschiedenen Ebenen.

Der Löwe lebt als Feuerzeichen aus seiner Intuition. Der Wassermann als Luftzeichen lebt aus seinem logischen Denken. Der Löwe ist kindlich eitel, hält seinen Kreis klein, um umso unangefochtener König spielen zu können. Dem weiseren Wassermann ist nichts an persönlichem Ruhm gelegen; er will den Interessen der Gemeinschaft dienen!

DAS BEWEGLICHE KREUZ

Dieses besteht aus der rechtwinkligen Kreuzung der Achsen Zwillinge-Schütze und Jungfrau-Fische.

ACHSE ZWILLINGE-SCHÜTZE

Beide wollen Gedanken verbreiten. Sie tun dies an den entgegengesetzten Enden der Achse, die Zwillinge so neutral objektiv wie möglich, der Schütze ebensosehr überspitzt und einseitig, um eine bestimmte Auffassung als alleinseligmachend zu propagieren. Beide sind beweglich, wobei die Zwillinge nach allen Richtungen offen sind, während der Schütze nur eine Richtung kennt.

Die Zwillinge hören allem kindlich zu, ohne einen eigenen Standpunkt zu bilden. Der Schütze kennt die Standpunkte seiner Gegner oder Feinde, legt aber bewußt Scheuklappen an, um sie ignorieren zu können.

Beiden ist gemeinsam, daß sie in ihrer Beweglichkeit keinen Tiefgang erreichen. Sie reisen viel, sprechen mit vielen Menschen, wobei die Zwillinge nur Wissen in der Welt sammeln, während der Schütze Ideale sammelt; der eine geistige, der andere intuitive Muster.

ACHSE JUNGFRAU-FISCHE

Beide wollen Menschen helfen. Die erdhafte Jungfrau tut dies, indem sie bei ihnen Ordnung schafft, die himmlischen, mitleidsvollen Fische, indem sie sie in ihrem Unglück trösten. In ihrer Beweglichkeit schießen beide häufig über ihr Ziel hinaus; die Jungfrau will dienen, wobei ihr aber manchmal das ordentliche Haus wichtiger als der lebendige Mensch ist und sie daher letztlich den Menschen nicht dient. Die Fische weinen mit und hören den Jammer an, tun aber im Gegensatz zur Jungfrau nicht wirklich etwas, so daß der Leidende zwar lernt, sein Unglück gelassen zu ertragen, aber auch nicht davon befreit wird. Die Jungfrau hat kein Wort des Trostes; die Fische vergessen, die Spritze zu geben. Die Jungfrau hat nur Augen für die Kleinigkeiten und die stoffliche Ordnung. Die Fische verlieren sich in den Weiten des Kosmos, so daß sie nichts mehr zustande bringen. Übertrieben ordentlich und grenzenlos schlampig: Zwei Enden derselben Achse!

DIE ELEMENTE

Die Elemente sind Urmuster der Schöpfung, die auf jeder Verdichtungsebene in jedem Natur- und Menschenreich zueinander analoge Formen hervorbringen. Um das Wesen der Erscheinungsform zu begreifen, muß man in das Wesen dieser Archetypen, der Elemente, eindringen. Hieraus sind Ableitungen möglich; so ergibt sich z.B. die Natur der Planetenaspekte aus der Beziehung der Elemente, in denen die Planeten stehen (Wasser und Feuer können z.B. nur einen disharmonischen Aspekt ergeben). Auch im Hinblick auf die Konstitution eines Menschen ergeben sich Erkenntnisse aus dem zugehörigen Element (die lymphatische Konstitution trieft von wässrigen Ab- und Ausscheidungen! Der melancholische Typ ist fest und unverrückbar wie ein Fels in seinen Gewohnheiten gefangen).

Im Osten kennt man fünf Elemente: Erde, Wasser, Feuer, Holz und Gold. Im Westen sind es seit jeher vier: Erde, Wasser, Feuer, Luft. Dies mutet etwas willkürlich an, weil das Feuer nicht wie die drei übrigen Elemente ständig vorhanden ist.

Man ordnet die Elemente als Symbole den verschiedenen Naturrreichen zu, den Schichten des menschlichen Wesens, den Funktionen der Seele, den sogenannten Körpersäften, dem Temperament usw.

Element	*Naturreich*	*Körper*	*Seelenfunktion*	*Saft*	*Konstitution (Temperament)*
Erde	Mineral	stoffl. Leib	Wahrnehmung	Schwarze Galle	melancholisch
Wasser	Pflanze	Lebensleib	Empfindung	Lymphe	lymphatisch
Feuer	Tier	Astralleib	Intuition	Galle	cholerisch
Luft	Mensch	Geistleib	Denken	Blut	sanguinisch

Diese Darstellung ist natürlich sehr unvollständig. Auch in der Zuordnung der Tierkreiszeichen zu den Elementen merkt man einige Unstimmigkeiten: *Erd*zeichen sind Stier, Jungfrau und Steinbock, wobei der Stier als Venus-Zeichen auch viel Gefühl hat und deshalb auch ein wenig zum Element Wasser gehört!

*Wasser*zeichen sind Krebs, Skorpion und Fische. Der Skorpion ist aber das Zeichen der Leidenschaft, des siedenden Wassers, und gehört damit auch in gewissem Umfang zum Element Feuer.

*Feuer*zeichen sind Widder, Löwe und Schütze; hier gibt es keine Einwände.

*Luft*zeichen sind Zwillinge, Waage und Wassermann; die Waage hat als Venuszeichen aber doch auch Gefühl, d.h. Wasser, und zwar Gefühl für Recht und Billigkeit.

Freilich zeigt sich in der Praxis, daß diese Einteilung nach Elementen (die der Psychologe C.G. Jung für seine Typenlehre übernommen hat) sehr hilfreich ist. Auch folgende Zuordnung wird häufig benutzt:

Erde ist negativ, magnetisch, kalt und trocken
Wasser ist negativ, kalt und naß
Feuer ist positiv, elektrisch, heiß und trocken
Luft ist neutral, (schwach) elektrisch, warm und feucht.

Wenn in einem Horoskop eines der Elemente stark überwiegt, kann man hieraus Konstitution, Temperament und Charaktertyp in den großen Grundzügen gut ableiten, vor allem wenn Sonne, Mond und Aszendent im selben Element stehen. Für den Körpertypus geben das aufsteigende Zeichen und das Zeichen, in dem der Herr des Aszendenten steht, doch meist den Ausschlag. Das Verhältnis der Elemente zueinander ergibt eine Akzentuierung.

Ein Mensch gehört einem bestimmten Temperament an, wenn eine der vier Hauptfunktionen in Seele und Leib deutlich vorherrscht. Bei einem harmonischen Menschen überwiegt keines der Temperamente!

STEIGERUNG

Bei jedem Element findet man bei den drei zugeordneten Zeichen eine Steigerung:

FEUERZEICHEN WIDDER-LÖWE-SCHÜTZE

In diesem Dreieck liefert das Feuer des Widders nur den ungestümen Drang nach vorwärts, der hofft, einen Widerstand zu finden. Dem Löwen verleiht das Feuer den Glanz, der andere jubeln läßt.

Der Schütze benutzt es für sein feuriges Zeugnis seiner Wahrheit, mit der er andere zum Heil führen will.

ERDZEICHEN STIER-JUNGFRAU-STEINBOCK

Der Stier genießt das Erdhafte, lebt genußvoll davon. Die Jungfrau macht sich die Erde zunutze, bebaut das Land, schafft Werkzeuge und setzt die Naturkräfte ein. Der Steinbock strebt die perfekte Form aller erdhaften, praktischen Dinge an: Straßenkleidung, Computer.

LUFTZEICHEN ZWILLINGE-WAAGE-WASSERMANN

Die Zwillinge hören demjenigen aufmerksam zu, der sie unterrichtet. Die Waage erwägt das Für und Wider des Gehörten. Der Wassermann durchdenkt die Angelegenheit unter allen Gesichtspunkten und kommt bei seiner Schlußfolgerung zu einem neuen Gedanken.

WASSERZEICHEN KREBS-SKORPION-FISCHE

Der Krebs sammelt emotionelle Eindrücke und bewahrt sie in seinem Gedächtnis. Der Skorpion verarbeitet die Emotionen allmählich in seinem Unterbewußten und drückt das Ergebnis in einer neuen, häufig nicht mehr zu erkennenden Gestalt aus (Rache). Die Fische nehmen die Gefühlseindrücke auf, gewinnen Weisheit aus ihnen und lassen sie als verbrauchtes Lernmaterial ohne weitere Folgen wieder abfließen.

So ist der Entwicklungsgang der vier wichtigsten Seelenfunktionen im Tierkreis beschlossen. Die vier Typen nach C.G. Jung stimmen mit den vier Elementen und vier Temperamenten überein:

Feuer – intuitiver Typ – cholerisches Temperament – (jähzornig);
Erde – Wahrnehmungstyp – phlegmatisches Temperament – (langweilig, unzufrieden);

Luft – Denktyp – sanguinisches Temperament – (übereilt);
Wasser – Gefühlstyp – lymphatisches Temperament – (sentimental).

Die so zu Dreiergruppen geordneten Zeichen bilden einen Umlauf der Entwicklungsspirale. Bei jedem höheren Umlauf kehren dieselben Elemente wieder, jedoch in verfeinerter Form. An jeder Unternehmung müssen dabei alle vier Kreuzpartnerelemente teilnehmen, und zwar jeweils an einem Drittel des Prozesses!

Sobald etwas irdische Form annehmen muß, kommt die Kreuzform zum Tragen; erst das kardinale Kreuz, dann das feste Kreuz, schließlich das bewegliche Kreuz. Dies alles spielt sich in der Horizontalen der Zeit ab: Nach Aufbau und Auflösung ist man wieder genauso weit. Vier ist die Zahl des Stoffes.

Die Dreiecke der Elemente aber schrauben sich in vertikaler Richtung von der Erde zum Himmel empor. Drei ist die Zahl des Geistes!

So liegt im Tierkreis sowohl die endlose Wiederholung des irdischen Musters, der Lehrplan der Erde als Lernschule beschlossen, als auch der fortwährende Strom von Individuen durch diesen Lehrplan, von Schülern durch die Klassen der Lebensschule. Der Tierkreis ist also sowohl die Projektion der Wahrheit in den Raum (alle Formen gleichzeitig nebeneinander, Erdkunde) als auch die Projektion in die Zeit (alle Formen in Phasen aufeinanderfolgend, Geschichte).

Indem man so den Tierkreis erlebt, erkennt man darin das wohlgeordnete Schema aller irdischen Geschicke, wie es sich für uns Erdenmenschen subjektiv, aus geozentrischer Sicht darstellt. Dieser Tierkreis hat daher auch nichts mit den Sternbildern zu tun, die denselben Namen tragen, oder auch mit den Sternen selbst, die die Bilder formen. Die Zeichen sind zwölf Faktoren, Zustände, Wesenheiten. Aus ihnen ist der Mensch zusammengesetzt. Ein Menschenleben ist nicht lang genug, um sie ganz zu ergründen. Sie sind das Funkeln in der Aura der Erde und in derjenigen des Menschen: Eines in der Mitte von Zwölfen.

DIE 360 GRADE DES TIERKREISES

Jedes Tierkreiszeichen hat 30 Grade, die in drei *Dekanate* von jeweils 10 Graden unterteilt werden. Zwar ist allen 30 Graden als zugehöriger Planetenherrscher der Planet dieses Zeichens zugeordnet, jedoch stehen jeweils 10 Grade noch unter dem Einfluß des sogenannten Mitherrschers, der zu diesem Dekanat gehört. Diese Mitherrscher sind die Planeten, die – in der natürlichen Reihenfolge – über die anderen Zeichen desselben Elements herrschen.

So ist z.B. Widder ein Feuerzeichen. Die anderen Feuerzeichen sind in der Reihenfolge des Tierkreises Löwe und Schütze. Der Herrscher des Löwen ist die Sonne, derjenige des Schützen Jupiter. Also ist der Herrscher

des ersten Dekanats von *Widder:* Mars (über Widder);
des zweiten Dekanats von Widder: Sonne (über Löwe);
des dritten Dekanats von Widder: Jupiter (über Schütze).

Stier (Erdzeichen): Erster Dekan: Venus (Stier). Zweiter: Merkur (Jungfrau). Dritter: Saturn (Steinbock).

Zwillinge (Luftzeichen): Erster Dekan: Merkur (Zwillinge). Zweiter: Venus (Waage). Dritter: Uranus (Wassermann).

Krebs (Wasserzeichen): Erster Dekan: Mond (Krebs). Zweiter: Pluto (Skorpion). Dritter: Neptun (Fische).

Löwe (Feuerzeichen): Erster Dekan: Sonne (Löwe). Zweiter: Jupiter (Schütze). Dritter: Mars (Widder).

Jungfrau (Erdzeichen): Erster Dekan: Merkur (Jungfrau). Zweiter: Saturn (Steinbock). Dritter: Venus (Stier).

Waage (Luftzeichen): Erster Dekan: Venus (Waage). Zweiter: Uranus (Wassermann). Dritter: Merkur (Zwillinge).

Skorpion (Wasserzeichen): Erster Dekan: Pluto (Skorpion). Zweiter: Neptun (Fische). Dritter: Mond (Krebs).

Schütze (Feuerzeichen): Erster Dekan: Jupiter (Schütze). Zweiter: Mars (Widder). Dritter: Sonne (Löwe).

Steinbock (Erdzeichen): Erster Dekan: Saturn (Steinbock). Zweiter: Venus (Stier). Dritter: Merkur (Jungfrau).

Wassermann (Luftzeichen): Erster Dekan: Uranus (Wassermann). Zweiter: Merkur (Zwillinge). Dritter: Venus (Waage).

Fische (Wasserzeichen): Erster Dekan: Neptun (Fische). Zweiter: Mond (Krebs). Dritter: Pluto (Skorpion).

Worin liegt der Nutzen dieses Systems? Wenn in einem Horoskop ein Planet in einem bestimmten Zeichen steht, nimmt er dessen Tönung an, daneben aber auch die Tönung des Zeichens und Planeten, die zu diesem Dekanat gehören. Der Mond in 25° Skorpion steht z.B. im Krebs-Dekanat. Bei einem Menschen, der an Krebs litt, flammte die Krankheit immer dann auf, wenn der Mond durch dieses Krebs-Dekanat lief, obwohl das Zeichen Skorpion war, weil diese Krankheit dem Zeichen Krebs zugeordnet ist.

DIE GRADE

Außer mit den 36 verschiedenen Dekanaten hat es der Astrologe auch noch mit jedem einzelnen der 360 Grade zu tun, denn jeder Grad hat sein eigenes Wesen und Muster, seine eigene Tönung und Erfahrungsebene. Außerdem besteht eine Wesensverwandtschaft und Steigerung bei allen zwölf ersten Graden, allen zwölf zweiten Graden usw. bis zum jeweils dreißigsten Grad. Und wie die Zeichen abwechselnd positiv (ungerade Zahlen) und negativ (gerade Zahlen) sind, so bilden die beiden jeweils ersten Grade zusammen ein positives und negatives Gegensatzpaar, die beiden darauffolgenden ebenso usw. Man kann hier verschiedene Rhythmen entdecken.

Das Wesen einer jeden Gradzahl haben verschiedene Astrologen symbolisch dargestellt, und zwar auf der Grundlage von Visionen, der Kabbala usw. Hier sind zu nennen die Arbeiten von Sabian, von Charubel und insbesondere von Janduz: *Les 360 degrés du zodiaque.*

Um hier zu einem tieferen und eingehenderen Verständnis zu gelangen, kann man sich den Tierkreis wie folgt vorstellen: Jedes individuelle Lebewesen dreht sich um seine eigene Achse. Jeder

Mensch dreht sich um sein eigenes Ich. Die Erde dreht sich in 24 Stunden um ihre Achse (Erdrotation). Der Mond nicht, denn er besitzt noch keine Individualität, er ist abhängig. Die Erde ist wie der Mensch mit einem ätherischen Schwingungsfeld oder Lebensleib bekleidet, der durch eine dichtere Schicht oder Haut begrenzt ist, die nicht alle Einflüsse von außen nach innen durchläßt und umgekehrt, d.h. als Filter wirkt. Dieses ätherische Schwingungsfeld tragen Erde und Mensch wie einen Faltenrock, der sich in zwölf verschiedenen Farben auffächert. Jedes Tierkreiszeichen ist eine Falte. In diesem Rock drehen wir uns. Wenn eine der Falten vor eine kosmische Lichtquelle tritt, dann dringt deren Licht vorübergehend durch diese Falte und läßt die Farbe aufleuchten. Wir nehmen dann diese spezielle kosmische Schwingung in der Art und Tönung dieser Farbe war.

Was in dieser Weise wirkt, ist also ein Planet in einem bestimmten Zeichen.

Nun ist jede Falte in 30 kleinere Fältchen in drei Zehnergruppen gegliedert, die jeweils eine Schattierung der Hauptfarbe aufweisen. So trägt der Mensch wie auch die Erde einen bunten Rock in 360 Farbtönen entsprechend 360 latenten Möglichkeiten, die auf jeder Ebene vorhanden sind: In der Seele, im Leib und in den Umständen.

Jedes Fältchen weist nicht nur seine eigene Tönung, sondern auch ein ganz eigenes Muster auf. Diejenigen, die in einem bestimmten Augenblick vom kosmischen Licht durchstrahlt werden, bilden unsere Wirklichkeit. Alle Menschen haben im Prinzip dieselben 360 menschlichen Möglichkeiten, jedoch sind bei dem einen andere Möglichkeiten verlebendigt und aktiviert als bei dem anderen; hieraus resultieren die Unterschiede, die wir zwischen den einzelnen Menschen feststellen.

Diese Bilder oder Muster können bei manchen Menschen als Vision oder Traum ins Bewußtsein treten. In unserem Körper sind nach den 360 Graden unsere Organe und die Zellverbände geschaffen (siehe hierzu das Buch von R. Ebertin: *Anatomische Entsprechungen der Tierkreisgrade)*. In unserem äußeren Leben reihen sich die durchstrahlten Muster als unser Schicksal aneinander.

Die großen kosmischen Lichter zaubern Leben in das Muster und schaffen den großen Traum, den Schein, die Maya, die astrale

Form der Wirklichkeit, das Sternenkleid oder den Astralleib des Menschen (Siehe hierzu das Märchen von der Eselshaut mit ihrem Sonnenkleid, Mondkleid und Sternenkleid!). Der ichbegabte Mensch erfährt diesen bilderreichen Traum bewußt und dreht sich tanzend in seinem vielfarbigen Kleid im Kreise, wobei er abwechselnd ein positives Bild der Aktivität und ein negatives der Beschaulichkeit, Glück und Leid durchtanzt. In der geistigen Welt dagegen gibt es keine Bilder. Aber ist der reiche Traum des menschlichen Lebens die Schmerzen und die Mühen nicht wert?

DIE PLANETEN ALS ZEICHENHERRSCHER

HERRSCHER DER ZEICHEN

Die Planeten wirken als Kräfte, die durch die Zeichen, in denen sie laufen, getönt werden. Sie wirken im Sinne des Zeichens. Nun gibt es immer eines unter den zwölf Zeichen, das mit einem bestimmten Planeten wesensverwandt ist, d.h. ihre Schwingungen zeigen eine große Übereinstimmung. Deshalb kann der Planet sich in diesem Zeichen am reinsten ausdrücken, er kann darin er selbst sein. Dann nennen wir diesen Planeten Herrscher dieses Zeichens. Die Erfahrung zeigt, daß es folgende Übereinstimmungen gibt:

Zeichen	*Herrscher*
Widder	Mars
Stier	Venus oder der noch nicht gefundene Planet Persephone (nach Ram)
Zwillinge	Merkur (oder, nach Ram, Hermes)
Krebs	Mond oder besser der noch nicht aufgefundene Planet Demeter (Ram)
Löwe	Sonne (oder Luzifer?)
Jungfrau	Merkur (bei Ram Vulcanus genannt)
Waage	Venus
Skorpion	Pluto (den Ram Herrscher von Widder nennt, womit wir durchaus nicht übereinstimmen; Pluto gehört eindeutig zum Skorpion; beide gehören der Unterwelt an!)
Schütze	Jupiter
Steinbock	Saturn
Wassermann	Uranus
Fische	Neptun

PLANETEN IM FALL, IN DER ERHÖHUNG UND IM EXIL

Es versteht sich von selbst, daß ein Planet in dem Zeichen gegenüber seinem eigenen Zeichen bereits sehr unglücklich ist und sich dort keineswegs nach seiner eigenen Art ausdrücken kann. So kann etwa der Mond, durch und durch ein Empfindungswesen, in dem Zeichen gegenüber seinem eigenen Zeichen Krebs, d.h. im Steinbock, dort nicht er selbst sein, so trocken, nüchtern und sachlich wie der Steinbock ist. Man sagt daher, daß ein Planet in einem solchen Zeichen in der *Verbannung* ist.

Weiterhin gibt es immer auch ein Zeichen, in dem er so günstig steht, daß er darin über sich selbst hinausragt; man sagt dann, daß er in diesem Zeichen *in der Erhöhung* ist, z.B. Venus in den Fischen, in denen die Liebe sich auf alle Leidenden ausdehnt und unpersönlich geworden ist.

Weiterhin gibt es meist auch noch ein Zeichen, in dem ein Planet besonders unglücklich steht, da er mit diesem noch weniger gemeinsam hat als mit dem Zeichen gegenüber seinem eigenen Zeichen, das doch immerhin noch auf derselben Achse liegt. Dieser ungünstige Ort heißt seine *Erniedrigung* oder sein *Fall.* Hierin ist seine Wirkung am schwächsten. Damit ergibt sich folgendes Schema:

Zeichen	*Eigenes Zeichen* (Domizil)	*Verbannung* (Exil)	*Erhöhung*	*Fall*
Widder	Mars	Venus	Sonne	Saturn
Stier	Venus	Pluto	Mond	
Zwillinge	Merkur	Jupiter		
Krebs	Mond	Saturn	Jupiter	Mars
Löwe	Sonne	Uranus		
Jungfrau	Merkur	Neptun		Venus
Waage	Venus	Mars	Saturn	Sonne
Skorpion	Pluto	Venus		Mond
Schütze	Jupiter	Merkur		
Steinbock	Saturn	Mond	Mars	Jupiter
Wassermann	Uranus	Sonne		
Fische	Neptun	Merkur	Venus	

PLANETEN ALS DISPOSITOREN

Man nennt einen Planeten A den Dispositor des Planeten B, wenn A der Herrscher des Zeichens ist, in dem B in einem Horoskop steht. Wenn z.B. in einem Horoskop Jupiter in den Fischen steht, ist dort Neptun (der Herrscher der Fische) der Dispositor Jupiters. Er sagt gewissermaßen: Du verrichtest meine Arbeit! Wenn der Dispositor durch einen Aspekt geschwächt ist, dann ist auch sein Planet geschwächt. Das eine bringt das andere mit sich.

Ein Planet kann nicht nur Dispositor eines anderen Planeten sein, sondern auch Dispositor oder Herr eines Hauses, wenn er nämlich Herrscher des Zeichens ist, in dem dieses Haus steht. Wenn z.B. das Zeichen Wassermann bei jemandem im sechsten Haus steht, dann ist Uranus dort Herr des sechsten Hauses. Dadurch bestimmt er den Stil von allem, was in diesem Haus geschieht, und er nimmt dieses Haus mit in das Haus, in dem er selbst steht.

Wenn z.B. der Herrscher des Achten in einem Horoskop im Zweiten steht, dann geht der Besitz anderer in die eigenen Hände über, sei es durch Erbe, sei es durch Diebstahl oder wodurch auch immer; auch bei einem Bankier, der die Wertpapiere anderer in einem Schließfach aufbewahrt, kann diese Konstellation bestehen. Bei der Beurteilung eines Horoskops ist unbedingt festzustellen, wo die Herrscher der Häuser stehen!

Was ist nun wichtiger: Der Planet, der in einem Haus steht, oder der Planet, der dessen *Herrscher* ist? Man kann dies nicht vergleichen, weil sie unterschiedliche Funktionen haben. Das Verhältnis ist ähnlich wie dasjenige zwischen dem tatsächlichen Bewohner eines Hauses und dem Eigentümer, der woanders wohnt. Die großen Entscheidungen bezüglich dieses Hauses fällt der Eigentümer (Herrscher), während das alltägliche Geschehen in diesem Haus von seinem Bewohner gestaltet wird. Man kann die Analogie sehr eng fassen. Wenn z.B. der Herrscher des Sechsten in das Zwölfte kommt, verliert man (zwölf) seinen Arbeitsplatz (sechs), trotz der Tatsache, daß man, z.B. durch Jupiter im Sechsten, dort immer gut mit den Kollegen zusammengearbeitet hat.

Das Haus, in dem der Herr des Ersten, d.h. der Herr des Aszendenten steht, ist immer dasjenige Lebensgebiet, das von Kindheit an die wichtigste Rolle spielt. Das Haus, in dem der Herr des Zweiten steht, ist das Gebiet, für das man sein Geld ausgibt. Der Herr des Vierten im Neunten: man wird im Ausland leben. Der Herr des Elften im Vierten: Viele Freunde im Haus. Der Herr des Zehnten im Sechsten: Die Berufung findet Erfüllung im Beruf. Der Herr des Dritten im Siebten: Man heiratet jemanden aus der Nachbarschaft oder eine(n) Schulkameraden/in!

Man kann in einem Horoskop den Weg der Dispositoren verfolgen. Man prüft z.B. in einem Horoskop mit Widder als Aszendenten, wo sich Mars als der Herr des Ersten (Herr des aufsteigenden Zeichens) befindet, z.B. im Schützen im Neunten. Dann ist Jupiter sein Dispositor (als Herr des Schützen), und dieser steht z.B. im Krebs. Davon ist der Mond der Dispositor. So entsteht eine Linie von Mars über Jupiter zum Mond usw., die durch bestimmte Häuser verläuft. Dies ist das Grundmuster des Ereignisablaufs in dieser Seele, jenem Körper und jenem Schicksal. Häufig kehrt dabei ein Planet zu einem anderen zurück, der ihm voranging, so daß der Weg hier endet. Bei solchen Menschen erlebt man es daher sehr häufig, daß die Gedanken sich im Kreise drehen und stets wieder auf denselben Punkt zurückkommen.

Wenn ein bestimmter Planet außerhalb dieses Kreises bleibt, kann man auch von diesem Planeten ausgehen, der dann einen eigenen Weg zurücklegt. Damit laufen in einer Menschenseele oder in einem Menschenschicksal unterschiedliche Prozesse nebeneinander ab. Wenn z.B. der Herr des Vierten einen eigenen Weg zurücklegt, dann sind bei dem Betreffenden die Familienangelegenheiten ein Prozeß für sich, der ihn in seinem Leben begleitet.

Ein Beispiel: Wenn die Häuser 1, 9, 4, 6, 2, 1 durchlaufen werden, dann ergibt sich etwa folgendes. Das Hauptinteresse ist das Selbststudium (9), bei sich zu Hause (4), jedoch muß hieraus ein Beruf (6) werden, mit dem man Geld (2) verdient, das man für die persönlichen Bedürfnisse (1) ausgibt. Von den vier verbleibenden Planeten steht z.B. der Herr des Elften im Fünften, der Herr des Fünften im Siebten, und der Herr des Siebten im Zwölften. Dies könnte folgendes bedeuten: Ein Mann erzieht (5) eine Stieftochter (11), heiratet (7) sie nach dem Tode seiner Frau, verliert sie aber schließlich.

Bei den meisten Menschen sind Charakter und Leben nicht aus einem Guß. Bei ganz wenigen fügt sich alles nahtlos aneinander. Wenn dazu noch alle Planeten untereinander Aspekte bilden, dann kann man wirklich von einem gutstrukturierten Horoskop sprechen!

Wenn ein Planet in seinem eigenen Zeichen steht, dann findet also bei ihm die Dispositorenreihe keine Fortsetzung. Er entfaltet seine Wirkung nur in demjenigen Haus, in dem er steht; wenn er jedoch durch Progression in ein darauffolgendes (oder durch Regression in ein vorhergehendes) Haus kommt, dann kommt dieses neue Arbeitsgebiet hinzu.

Wenn über einem Haus noch ein zweites Zeichen steht, nennt man den Planeten, der über das Zeichen an der Spitze herrscht, den Herrscher dieses Hauses, den anderen den Mitherrscher; häufig besteht ein solches Haus dann praktisch aus zwei getrennt voneinander wirksamen Teilen, wobei nicht selten das eine nach dem anderen zum Zuge kommt (z.B. zwei Berufe nacheinander, zwei Ehepartner nacheinander usw.).

DAS WESEN DER ZEICHEN

Bei den nun folgenden Beschreibungen der zwölf Zeichen ist zu beachten, daß es sich dabei *nicht* um die Charakterisierung eines Menschen handelt, bei dem die *Sonne* in diesem Zeichen steht. Sie sind eine theoretische Darstellung eines Menschen, den es nicht geben kann, bei dem alle Planeten, Sonne und Mond, alle Häuserspitzen, der Glückspunkt, die Mondknoten und alle anderen sensitiven Punkte in diesem Zeichen stehen. Damit soll versucht werden, dem Leser das *Wesen* dieses Zeichens nahezubringen.

Es gibt viele Horoskope, in denen die Sonne und ihr Zeichen durch ungünstige Stellung und fehlende Aspekte nur wenig zum Ausdruck kommen. Das Zeichen ist nur einer von vielen Faktoren. Man kann niemanden nur mit seiner Sonne gleichsetzen (und dies tun leider viele Menschen, die nur den Geburtstag eines anderen, aber nicht dessen ganzes Horoskop kennen). Man vermeide es also unbedingt, die nachfolgenden Beschreibungen unbesehen auf Menschen anzuwenden, deren Sonne in dem beschriebenen Zeichen steht!

WIDDER

Der Widder ist das Zeichen (nicht das Sternbild), mit dem das Tierkreisjahr im Frühling am 21. März beginnt. Dies gilt für die nördliche Erdhalbkugel, die dem Oberkörper des Menschen entspricht und auf der der bewußte Mensch wohnt. Daher sind für das bewußte Seelenleben auch die Jahreszeiten der nördlichen Halbkugel maßgebend.

DER INKARNATOR

Die zwölf Tierkreiszeichen bezeichnen die zwölf aufeinanderfolgenden Phasen des Lebensprozesses, der menschlichen Entwicklung und all desjenigen, was hierzu analog ist. Der Widder eröffnet also die erste Phase des Lebens, des Prozesses, den der Geist durch sein Vorhandensein und sein Wirken im Stoff auslöst. Der Widder ist daher auch der Inkarnator, der Anstoß, der geistige Impuls, der in den Stoff eindringt, der Roder, der Sämann.

Der Widder ist also die Kraft, mit der der Geist *beginnt,* sich zu einer stofflichen Gestalt zu verdichten, der Geist, der als Sonnensohn (Baldur, der nordische Sonnensohn), als Gottesfunke von der Sonne herkommt. In den skandinavischen Ländern war früher den geistlichen Führern daran gelegen, daß die meisten Kinder im Widder geboren wurden, d.h. also zwischen dem 21. März und dem 21. April. Das Feuerzeichen Widder bringt das himmlische Feuer mit, das in die Materie einzieht. Die erste Schöpfungsphase entspricht dem Vokal I, wie Impuls, Initiative, Inkarnation, Intuition, Inspiration, wie Individuum und Ich. Dieser Feuereinzug geschieht beim entwickelten Menschen am höchsten Punkt der menschlichen Gestalt, am Haupt, wo er die Sonnenkraft empfängt. Daher beherrscht das Zeichen Widder auch den *Kopf.* Von seinen 30 Graden beherrscht das erste das Großhirn, das zweite das Mittelhirn und das dritte das Kleinhirn, das vierte die Zirbeldrüse (Epiphyse), das fünfte die Augen, das siebte die Ohren, das elfte den Gesichtsnerv, das zwölfte die Zunge, das sechzehnte die Varolsbrücke, das siebzehnte den Wirbelkanal usw.

KALI PHOS

Der Widder ist der Leiter des elektrischen Lebensfeuers; er hat die höchste Frequenz, ist am stärksten geladen von allen zwölf Zeichen. Er läßt die elektrischen Lichtkerne herniedersteigen, die sich zu lebendigen Zellen in den Naturreichen verdichten. Die erste stoffliche Form, die das Sonnenfeuer im Menschen annimmt, ist das Kalium phosphoricum oder Kali phos, das gemeinsam mit Eiweiß und Sauerstoff die Graue Hirnmasse entstehen läßt.

Kali bedeutet Mutter, *mater,* Materia. *Phos-phor, phos-fer,* heißt Licht-Träger. Das Licht verbindet sich mit der Materie zu Kali phos. Dies ist das Salz des Widders. Es unterstützt die Lecithin-Bildung, der Nahrung für Gehirn und Nerven, des Sonnengoldes. Es ist die Basis, der Beginn der Gehirnflüssigkeit, die aus Schleiern feiner Blutgefäße vom Dach der Schädelhöhle als leuchtender Nebel nach unten taut.

Kali phos ist die Nahrung für das Denken, das Bewußtsein. Man gibt es als D6 Kopfarbeitern, die sich erschöpft und müde fühlen, denjenigen, die leicht in Ohnmacht fallen, weil dabei ja dem Geist die Kontrolle über die Materie entgleitet. Weiterhin ist es angezeigt bei Gehirnverletzungen und Gehirnerschütterungen, bei Lähmungserscheinungen, Nervosität, Schlaflosigkeit und Depressivität.

Kali phos hält Geist und Seele oder Leib und Seele zusammen! Es verbindet ja auch das Kleinhirn mit der Epiphyse oder Zirbeldrüse, dem höchsten Punkt des Bewußtseins.

Was bewirkt Kalium im Kunstdünger? Es baut stoffliche Gestalten auf, bewirkt z.B. ein starkes Blattwachstum bei Gemüse. Es ist der Inkarnationsstoff!

DER KOPF

Der menschliche Kopf ist die Analogie zur Erdkugel. Man denke an Atlas: Er ist diejenige mythische Gestalt, die die Erdkugel dreht, so wie der gleichnamige Halswirbel die Drehung des Kopfes ermöglicht. Das Atlas-Gebirge in Afrika liegt ja ebenfalls im Nacken der Erde.

Gleichzeitig steht der Kopf in Analogie zu dem kugelförmig gedachten Himmelsgewölbe, in dem die Planeten beheimatet sind, wie unser Kopf Nervengeflechte oder Plexi in sich birgt. Die Planetengeister oder Götter, die in uns als die autonomen Seelenkräfte wirken, greifen an diesen Plexi an, die wie die Planeten in unserem Horoskop in unserem Kopf liegen, strahlen aber in die Gehirnkammern aus, in denen sie ihre eigentliche Wirkung entfalten.

Von diesen Gehirnkammern oder Ventrikeln liegen zwei an der Vorderseite, nämlich links und rechts der erste und der zweite Ventrikel, die vom Mond bzw. von der Sonne beherrscht werden. Dort befindet sich mehr oder weniger der Sitz der Phantasie bzw. des Verstandes.

In der Mitte liegt Saturns »worry-centre«, und oben im Schädel die sehr wichtige dritte Gehirnkammer, in der Jupiter wirkt: Der Sitz des Urteils. Der vierte Ventrikel liegt im Hinterhaupt. Dort wirken im Kleinhirn Venus und Mars; dort ist der Sitz der natürlichen Liebe. Die sechste Kammer ist diejenige des Wirbelkanals (die Suschumnâ), durch die Merkur einen Lichtstrom sendet, um das Licht des Bewußtseins mittels des Gehirnnervs und seiner Verzweigungen im Gehirn zu verbreiten. Global kann man sagen, daß vorne im Haupt, im Großhirn, das beim Menschen viel weiter entwickelt ist als bei den Tieren, das Denkvermögen, die Intelligenz liegt, in der Mitte das sittliche Urteil und der Idealismus, im Kleinhirn die instinktiven Triebkräfte; durch den Wirbelkanal aber wird von unten die neutrale Energie zugeführt, die alle »Apparate« im Kopf mit elektrischem Strom versorgt, damit sie funktionieren können.

DER MYTHOS

Was sich im Kopf des Menschen ereignet, wird symbolisch in vielen Mythen alter Völker erzählt. Es ist eine Erinnerung an die Zeit des später versunkenen Weltteils Lemurien, der dort lag, wo heute der Stille Ozean liegt, als der Mensch noch einen durchsichtigen Körper hatte und dank der offenen Verbindungen zwischen allen Gehirnkammern und zwischen der Epiphyse und der Hypophyse alles wußte, was sowohl in ihm selbst als auch um ihn herum vorging. Man findet diese Beschreibungen in den ersten Kapiteln des Alten Testamentes, bei Ezechiel und anderen Propheten, in der Geheimen Offenbarung, sowie auch bei den alten Ägyptern, den alten Griechen, im nordischen Mythos usw.

Zu der Zeit, in der der Frühlingspunkt der Sonne im Widder stand, verehrten die alten Ägypter den Widdergott Ammon. Nach ihm ist das Ammoniak genannt. Diese Substanz kräftigt den Denkpol im Kopf: Wenn ein Betrunkener Wasser trinkt, in dem einige Tropfen Ammoniak aufgelöst sind, wird er nüchtern!

In der Geheimen Offenbarung des Johannes (ein Blick nach innen) ist das Lamm (der Widder) die zentrale Gottheit, die Epiphyse (Zirbeldrüse) der Thron Gottes, der gläserne See die leuchtende dritte Gehirnkammer, und die 24 Ältesten sind die zwölf Gehirnnervenpaare.

In vielen Mythen wird der Kopf mit dem Heiligen Berg verglichen, auf dem man die Gottheit anbetet oder auf dem die Gottheit thront, z.B. der Berg Meru in Indien, der Fudschijama in Japan, der Olymp in Griechenland, der Berg Moria in Palästina. In den Psalmen Davids, die in die katholische Meßliturgie übernommen wurden, heißt es: Sende Dein Licht und Deine Wahrheit, daß sie mich führen zu Deinem Heiligen Berg und zu Deiner Wohnstatt bringen! Damit ich zum Altar Gottes komme, zum Gott meiner jubelnden Freude, und mit der Harfe will ich Dich preisen, oh Gott, mein Gott!

Der Gipfel des Heiligen Berges ist der höchste Punkt im Schädel, beim höchsten Chakra, das sich beim geheiligten Menschen trichterförmig öffnet und die Einstrahlung der Sonnenkraft empfängt. Dort lag beim lemurischen Menschen noch das eine allessehende Auge, das bei vielen Tieren (vor allem Eidechsenarten) und beim Menschen noch rudimentär vorhanden ist. (Auf einer kleinen Insel vor der Küste von Neuseeland leben noch Hunderte von Tuatatas, 70 cm lange Tiere mit dem Aussehen der riesigen Saurier in Lemurien und einem noch funktionstüchtigen Auge oben auf dem Schädel.) Dieses Auge sieht man häufig in einem Dreieck abgebildet. Der *Altar* ist das *Herz,* in dem der göttliche Funke wohnt, und das Bewußtsein dieser Anwesenheit und all desjenigen, was das Herz als Funkempfänger aus dem Kosmos und aus dem eigenem Leib und der eigenen Seele auffängt, dringt nach oben (sursum corda! Erhebet die Herzen!) auf der Leiter der aufeinanderfolgenden Chakras von Kehle und Nasenwurzel im Lebensleib zum Gipfel des Bewußtseins in der Epiphyse im Kopf, die dort in einem Hohlraum hängt.

Bei dem heutigen blockierten Menschen, dessen Bewußtsein so sehr beschränkt ist, hängt die Epiphyse als undurchdringliche Tür zwischen den Räumen der Epiphyse und Hypophyse. Das geistige Wissen (Epiphyse) und das irdische Wissen (Hypophyse) sind deshalb voneinander getrennt. Wenn der Mensch aber seine Seele vom niedrigeren Ich mit all seinen Begierden und Wahnideen reinigt, wird die Strahlung in den Kammern so stark, daß sie sich einander annähern und die Epiphyse nach oben drücken, wie der Psalmist singt: Hebt eure Häupter auf, ihr Pforten, und erhebt euch, ihr ewigen Tore, damit der König der Ehre Einzug halte! In diesem heiligen Augenblick strömt das geistige Licht durch alle dann vereinigten Kammern, und dies ist die *Erleuchtung,* die die große Halle (die dritte Gehirnkammer) und alle Säle des Tempels Gottes im Haupt festlich zu umfassendem Wissen erleuchtet: Man schaut das Wesen des Kosmos, des Makro- wie des Mikrokosmos, des Sonnensystems wie der eigenen Seele und des eigenen Körpers. Man ist auf dem Gipfel des heiligen Berges. Das Haupt des Menschen wird auch *Gralsgefäß* genannt, das mit ewigem Licht gefüllt wird. Das Symbol hierfür ist der mit Wasser und Wein gefüllte Kelch.

NEKTAR UND AMBROSIA

Die Griechen glaubten, daß die Götter auf dem Olymp wohnten und sich von Nektar und Ambrosia nährten.

Der nordische Mythos sagt, daß im Menschen der heilige Baum Yggdrasil aufgerichtet ist, von dessen Zweigen der Honigtau träuft.

Dieser Nektar oder Honigtau ist die Gehirnflüssigkeit, die vom Dach der großen Halle aus feinen Blutgefäßen als Zweige des Paradiesbaums tropft. Dieser Nektar ist das Gold der geistigen Sonne in der Epiphyse (höchster Punkt des Pingala, des rechten Ganglienstroms).

Sein Gegenpol ist die Ambrosia, das Silber des psychischen Mondes, der bei der Hypophyse wohnt (höchster Punkt des Idâ, des linken Ganglienstroms).

Der Nektar verhält sich zur Ambrosia wie der Honig zum Wachs (der Biene, die darüber schwebt, Brahmarandhra), oder wie die Nadel zur Wachsplatte, in die sie das Wissen schreibt. (Der Mond ist die *Erinnerung* des *Wissens* der Sonne). Die Ambrosia wird auch Milch oder Manna genannt. Wachs =cera = die graue Hirnmasse (Cere-brum = Großhirn, Cere-bellum = Kleinhirn).

So spaltet sich die göttliche Einheit im Menschen sofort in zwei Pole, Yang und Yin, aus denen das Leben entsteht. Der Geist Gottes taucht in die Wasser der Seele ein, die ihn widerspiegeln. Daraus entsteht der Wirbel des Lebens (dies ist auch die Grundlage des ersten Buchstabens des hebräischen Alphabetes Aleph: Aa = lebendes Wasser).

Die Glyphe für das Zeichen des Widders stellt dessen Hörner dar, aber zugleich auch den Trichter oder das Gefäß oder, wenn man so will, das keimende Pflänzchen. Der Paradiesbericht in der Schöpfungsgeschichte (und auch in anderen Mythen) beschreibt den Zustand des lemurischen Menschen, der Mann und Frau war, ein Hermaphrodit, zweigeschlechtlich. Der Mensch befand sich damals noch im Zustand der Allwissenheit, wie heute noch mehr oder weniger der Säugling. (Biogenetische Grundregel: Bei jedem Menschenkind wiederholt sich von der Empfängnis an der Entwicklungsgang auf der Erde). Sein eines Auge offenbarte ihm alles (siehe auch *Einäuglein, Zweiäuglein und Dreiäuglein*). Danach aber begab sich der Geist noch tiefer in die Verbannung der Materie; der Mensch nahm eine festere Gestalt an nach dem Austreten des Mondes (Eva) aus der Erde (Adam) an der Stelle Lemuriens. Von da an wurden Mensch, Tier und Pflanze immer fester und kleiner, je weiter sich der Mond von der Erde entfernte; Saturn, der Verdichter, wurde in gleichem Maße stärker, wie die Kraft des Mondes schwand. Damit fiel der Vorhang (die Epiphyse) im Tempel und trennte das Allerheiligste von den übrigen Räumen (die Hirnkammern). Die Allwissenheit war verlorengegangen, und das Bewußtsein mußte sich mit dem begnügen, was der Mondenverstand bereitstellen konnte (Schwelle des siebten Jahres, Ende des magischen Zeitalters oder der ersten Phase).

Die geistige Wissenschaft (Gnosis) hat die Erinnerung daran bewahrt und zugleich den Menschen den Weg gewiesen, wie ersich durch Selbstreinigung erneut erleuchten und vergeistigen kann, und zwar nicht auf einem Weg zurück, sondern auf dem Wege vorwärts durch den Stoff. Die Alchimisten und Rosenkreuzer, die Manichäer, die Bogomilen und Katharer waren es, die dies in die Praxis umsetzten. Der Weg des stofflichen (alchimistischen) Stoffmachens verläuft parallel zu dem Weg des geistigen Goldmachens, zu der Erleuchtung des Lebensleibes mit Sonnengold.

So sammelten die Rosenkreuzer beim Sonnenaufgang den Tau in reinen Glasschalen, parallel zum Auffangen des geistigen Honigtaus in einem reinen Glas-Meer der Seele, wenn die Geistessonne beim Hochziehen der Epiphyse aufgeht. *Rosenkreuz* hat eigentlich nichts mit Rosen zu tun, sondern kommt von *ros crucis* = Kreuzestau. (Man denke an ros marinus, Meerestau, das zu Rosmarin verstümmelt wurde!). Alle Phasen der Seelenreinigung verlaufen parallel zu denjenigen des Goldmachens.

Dies alles kann im Menschenhaupt geschehen, im Tempel des Bewußtseins, wenn der Mensch durch ein reines Leben die Kräfte seiner Geschlechtsdrüsen zu einem Lichtstrom verfeinert, der nach oben steigt und seine Seele nährt und rein hält. Jeden Augenblick kann der Mensch mit seiner Selbstreinigung beginnen. Aber nicht dadurch, daß er ein Loch in seinen Kopf bohrt, indem er LSD nimmt oder auch nur durch eine Palette von Übungen, sondern auf dem Königsweg: indem er die Seele vom falschen Ich reinigt und sich mit allem, was in ihm ist, mit Leib und Seele, seinem höchsten Selbst weiht: seinem Gott. Dann kann der Strom nach oben durch den Rücken und das Licht von oben einander im Haupt begegnen (die Heilige Hochzeit).

DER WIDDER ALS MENSCHENTYPUS

Ein Widdertyp, bei dem dieses Zeichen z.B. am Aszendenten oder MC steht, hat ein frisches Äußeres, rote Wangen, manchmal rötliches Haar und einen spitz zulaufenden Haaransatz in der Mitte über der Stirne, ähnlich der Glyphe des Widders selbst. Er hat dazu ein markantes Profil und eine gewisse Aggressivität –

sein Herrscher ist ja der Planet Mars! Er ist daher meist auch ein recht impulsiver Streit-Hammel – sobald ihm etwas nicht paßt, wird er handgreiflich.

Er ist ein Mensch der Tat, eigenbrötlerisch und eigensinnig, nimmt keinen Rat an, überlegt nicht, wartet nicht auf andere, kann nicht zusammenarbeiten. Er stürzt sich in das Abenteuer, von seinem elektrischen Überschuß getrieben, den er in blindem Tatendrang loszuwerden versucht. Er stürmt dem Unbekannten und der Gefahr entgegen; er ist Soldat, Entdeckungsreisender, Pionier, Eroberer. Er ist unternehmend, ungestüm und kühn, feurig, unbesonnen, sein Temperament cholerisch, trocken und heiß. Immer muß er wegen etwas kämpfen, sucht den Widerstand (Widder-Kinder stoßen mit ihrer Stirn gegen das Holz ihres Bettchens, einfach so!). Durch seine aufbrausende Art ist er häufig der Anlaß von Streitigkeiten und Unglücksfällen. In seiner Hast merkt er nicht, daß er andere umrennt. Wenn er dann einmal erkennt, was er angerichtet hat, steht er erstaunt wie ein Kind vor den Scherben.

Nur kurz sucht er Trost, wenn er einmal wirklich hilflos ist. Wenn der erste Schrecken einmal vorüber ist, stürmt er schon wieder fort, um etwas Neues zu beginnen. Er ist der Typ, der sich im Dschungel durchschlägt, der immer mehr Filialen einer Firma oder Zweige eines Verbandes gründet, der auf allen Gebieten den Widerstand bricht, um die Grundlage für etwas Neues zu legen. Sobald alles in seinem Sinne läuft, ist es für ihn schon nicht mehr interessant, er überläßt die weitere Verwaltung einem Stier und fängt woanders etwas Neues an. Er beginnt also viel, führt aber wenig zu Ende. Welches Element es auch ist, das im Widder steht – es macht sich auf dem Gebiet dieses Elements immer in dieser Weise bemerkbar. Wenn z.B. Venus, Liebe und Schönheit, im Widder steht, dann ist man immer sehr schnell Hals über Kopf, bis über die Ohren verliebt, versucht, den bzw. die Angebetete schnell zu erobern – sobald dies jedoch gelungen ist, ist es auch bald wieder vorbei. Eine Frau mit diesem Element fängt immer neue Handarbeiten an, bringt sie aber nie zu Ende.

Im allgemeinen ist ein Widder unerziehbar; er muß sich die Hörner abstoßen und aus Schaden klug werden. Er überschätzt seine Kraft und holt sich des öfteren eine Gehirnerschütterung.

Seine kindliche, naive Art bewirkt freilich, daß man ihm auch nicht lange böse sein kann. Er sieht alle Dinge einfach, haßt das-Komplizierte, kann es auch nicht begreifen. Er ist aber auch der Typ, der es versteht, den Nagel auf den Kopf zu treffen!

Wenn er sich einer Übermacht beugen muß, eventuell in einem Erziehungsheim, in dem er als Mitglied einer Schlägerbande wegen eines Gewaltdelikts gelandet ist, dann gibt er den Druck an Schwächere weiter, indem er Jüngere oder Tiere unbarmherzig quält. Er zeigt ein starkes Unabhängigkeitsgefühl und läßt keinen Schlag oder Stoß unbeantwortet. Wenn sich die Widder-Art in seinem Körper ausdrückt, dann eignet er sich für schwere körperliche Arbeit, wird als Künstler Bildhauer, während der psychische Widder für oder gegen etwas kämpfen muß und Dinge ins Leben ruft. Er stürmt nach vorne und pflanzt die Flagge des Sieges auf!

Wenn es eigentlich nichts zu besiegen gibt, dann wird er zum Don Quichote!

STIER

DER STIER ALS SYMBOL

In den Zeiten, als der Frühlingspunkt der Sonne im Zeichen des Stiers stand, d.h. 6000 bis 4000 Jahre vor unserer Zeit, war in allen Kulturen, die den Zeitgeist ausdrückten, der Stier das heilige Tier, in dem sich die Gottheit verkörperte. Aber auch davor und danach begegnet er uns in dieser Funktion, und zwar eigentlich als das *Rind:* In den zwei Gestalten der *Kuh* mit ihrer verträumten Milde, als das Sinnbild der zarten Liebe und Anhänglichkeit, und als der *Stier,* als das Bild der latenten Schöpferkraft.

Die Kuh steht für die weibliche Seite der Fortpflanzung und ist daher eng mit dem *Wasser* und dem *Mond* verbunden.

Die Mondsicheln gelten als die glänzenden Hörner der Wasserkuh, die der Mondgöttin zugeordnet ist. Man findet Darstellungen von Göttern in Menschengestalt mit einem Kuhkopf oder von Kühen mit Menschenhäuptern inmitten von Pflanzen und Ähren, d.h. in der vegetativen Sphäre des Mondes. Als Abkömmlinge der gehörnten Mondgötter trugen Könige sowohl im alten Ägypten vor 5000 Jahren wie auch bei den alten Germanen vor 2000 Jahren mit Hörnern geschmückte Helme.

An Euphrat und Nil finden wir die heilige Kuh und den Stier schon vor der Zeit vor 5000 Jahren, in Ninive den geflügelten (sublimierten) Stier. In Ägypten regierte zu der Zeit die zweite Dynastie, welche den Apis-Stier von Memphis zu einer Mondgottheit erhob; er soll durch einen Mondstrahl gezeugt worden sein. Man hielt dort im Tempel einen lebenden Stier als die Inkarnation des Mondgottes Ptah. Dieses Tier war eigens ausgesucht und trug auf der rechten Flanke einen weißen Fleck in der Form einer zunehmenden Mondsichel. Es soll bei einer jungfräulichen Kuh durch einen aus dem Himmel kommenden Lichtstrahl gezeugt worden sein. An seinem Geburtsort errichtete man für dieses Tier ein nach Osten gerichtetes Gebäude, in dem es vier Monate lang mit Milch aufgezogen und gepflegt wurde. Danach brachte man es bei Neumond zu der Stadt Nilopolis; dort wurde es vierzig Tage lang gepflegt und dann in dem vergoldeten Frachtraum eines geweihten Schiffes über den Nil nach Memphis befördert, wo man ihm im Tempel zwei kostbar geschmückte Räume zuwies. In der Mitte des Sommers wurde beim Anschwellen des Nils sein Geburtstag festlich begangen. Der Apisstier wurde dann im feierlichen Aufzug zum Nil gebracht, wo eine silberne (Mond) und eine goldene (Sonne) Schale in den heiligen Strom geworfen wurde.

Wenn der lebende Stier im Tempel starb, wurde er in einem eigenen Grab, später sogar in einem granitenen Sarg in einer Krypta unter dem Sarapion-Tempel beigesetzt, der zum Wallfahrtsort wurde. Man hat 24 Sarkophage mit mumifizierten heiligen Stieren gefunden.

Wie oben erwähnt, spielte auch die Sonne eine Rolle. In der Tat galt die Sonne als sein Vater, und man nannte den Sonnengott als Vorfahren der Könige den großen milden Stier und die Mondgöttin als ihre Mutter die milde Kuh. Der Mondgott Thoth als Vertreter Res, der Sonne, wurde der Stier unter den Sternen genannt. Es gibt auch Abbildungen eines goldenen Apis-Stiers mit der runden Sonnenscheibe zwischen seinen Mondhörnern. So wurde auch die ägyptische Göttin Hathor dargestellt.

In Nachahmung der goldenen Stiere Ägyptens schufen die Israeliten in der Wüste das Goldene Kalb. Goldene Stiere standen in den israelitischen Heiligtümern von Beth-El und Dan, aber auch in den königlichen Palästen und Tempeln der Sumerer, Babylonier, Assyrer, Hethiter und Perser.

Auch in der indischen Rig-Veda ist die Rede von einem Stier, der dreißig Schritte lang herrscht (die dreißig Tage des Mondmonats), und von einem Stier, der aus dem Meer auftauchte.

Dasselbe Motiv findet man im alten Griechenland, wo man bei Mykene ein goldenes Stierhaupt mit einer sechzehnblättrigen Rosette (dem Vishuddha-Chakra der Kehle, d.h. des Stiers) an der Stirn ausgegraben hat. Der aus dem Meer auftauchende Stier erscheint im griechischen Mythos des Minos, des Königs von Kreta. Dieser bat Poseidon (Neptun), den Gott des Meeres, für ihn einen Stier aus dem Meer aufsteigen zu lassen, damit Minos der Gottheit ein angemessenes Opfer bringen könne. Tatsächlich stieg der Stier aus dem Meer auf, und die Bevölkerung huldigte darauf Minos als König, der es jedoch unterließ, den Stier Poseidon zu opfern. Aus Rache ließ der Gott Minos' Gemahlin Pasiphaë sich in den Stier verlieben. Aus dieser Verbindung ging ein Knabe mit einem Stierhaupt hervor, der *Minotaurus,* der in einem Labyrinth eingesperrt wurde. Zugleich wurden gewöhnliche Stiere im Tempel untergebracht, für die und mit denen geübte Knaben und Mädchen tanzen mußten, bis sie von einem der Tiere zerrissen wurden. Sie waren Opfer für den Stiergott, die alljährlich von den tributpflichtigen Nachbarländern wie z.B. dem Königreich Attika geliefert werden mußten. Als einst der Königssohn Theseus unter ihnen war, lebte er eine Weile unter den Stiertänzern und tötete den Minotaurus, als bei einem Erdbeben die Tempel verwüstet wurden, woraufhin er seine Mittänzer nach Attika zurückbrachte. Es war Minos' Tochter Ariadne, die ihm den Weg zum Labyrinth wies und ihm ein Garnknäuel mitgab, damit er mit Hilfe des abgespulten Fadens den Rückweg finden konnte. Auf der Heimfahrt ließ er sie als Priesterin des Dionysos auf Naxos zurück. Was hat dies alles nun zu bedeuten?

Das Stier-Gebiet im Menschen ist der Schöpfungsinstinkt, der dem Menschen durch Sonne und Mond, durch Impuls und Formgebung eingegeben ist. Dieser Instinkt ist im Meer beheimatet, in den Wassern des Unbewußten, in der Unterwelt. Wenn Zeus in Stiergestalt die Jungfrau Europa in die Unterwelt entführt, zieht der Instinkt die Seele in das unbewußte Triebleben hinab, so wie auch Ariadne sich Dionysos hingab. Wenn der Stier aus dem Meer auftaucht, dann tritt der Instinkt in die Seele ein, dann wird man verliebt und/oder künstlerisch inspiriert. Hält man den Stier im Tempel gefangen, dann kann man mit ihm spielen (flirten). Viele werden aber doch eines Tages von ihm zerrissen, die Beute ihres Sexualstriebs. Man muß wie Theseus (eine Ausprägung des unverzagten Widders!) den Stier töten, d.h. überwinden (man lese hierzu Mary Renault: *The King Must Die* und *The Bull from the Sea*).

In der *Mithras*-Religion, die vor und noch einige Jahrhunderte nach dem Christentum in Europa lebendig war und beinahe das Christentum verdrängt hätte, stand das Bild des Mithras als Sonnengott, der den Stier tötet, im Mittelpunkt. Dies bedeutet freilich nicht, daß man ganz auf das sexuelle Leben verzichten mußte.

Man strebte vielmehr an, den Stier in sich zu sublimieren, seine Kraft zu verfeinern und zu schöpferischer Arbeit und künstlerischem Tun einzusetzen. Der geflügelte Stier von Ninive!

Von Zeit zu Zeit darf man sich dem Rausch hingeben, in das Labyrinth der halb- und unbewußten Gelüste absteigen, wenn man nur wieder mit Hilfe des Ariadne-Fadens herauskommt, wenn man das Empfinden für die menschliche Würde und Verantwortung niemals aufgibt. Der Dienst an *Dionysos* und seine wilden Orgien dienten dazu, den Mensch in sein Instinktleben eintauchen zu lassen (wie es heute noch im Karneval geschieht), damit er danach die durchlebten Triebgewalten mit nach oben, zum Bewußtsein nehmen sollte! Die Kraft muß nach oben gebracht werden!

DER STIER ALS MENSCHENTYPUS

Der Stier ist ein Erdzeichen, das Sinnbild der *Materie,* und der Stier-Mensch ist daher in erster Linie der vollkommene Materialist, der Genießer aller guten Dinge der Erde: Gut essen und trinken, Liebschaften, schöne, kostbare, auffallende Kleidung und Schmuck, teure und luxuriöse Wohnung: Ein Palast mit einem Park mit Springbrunnen, oder ein großes Landhaus mit großen Stallungen, altem Baumbestand und einem Fischteich, das ganze eingefriedet mit einem hohen schmiedeeisernen Zaun. Von Gestalt ist er breit und massig mit dem typischen kurzen, wie aus Bronze gegossenen Stiernacken, in dem seine Hartnäckigkeit und Halsstarrigkeit ihren Sitz haben. Dementsprechend braucht er eine Umgebung, in der alles kolossal ist: Wandgemälde oder -teppiche, riesige Vasen, hohe Säle mit funkelnden Kristallüstern, glänzendes Gold und Juwelen. Alles muß teuer, wertbeständig und von erster Qualität sein. Der Stier in der Stadt lebt gerne in Luxus, Festesprunk und gesellschaftlicher Betriebsamkeit; er geht in die Oper und in Konzerte, ist bei Galavorstellungen anwesend und sitzt gerne in Künstlerkneipen. Der Stier auf dem Lande ist Großgrundbesitzer und hält vorzugsweise große Herden Milchvieh. Er liebt grüne Weiden mit schönem Stammbuchvieh, an dem er gut verdient, und auf seinem täglichen Speisezettel sind immer Milchprodukte und Eier zu finden.

Er liebt die Kunst und schöne Dinge, umgibt sich mit Kunstgegenständen. Besitz schafft ihm Befriedigung. Er betrachtet gerne schöne Dinge, ob es nun eine Vase oder eine Frau ist. Wenn er selbst Künstler ist, dann vorzugsweise Opernsänger, denn er verfügt meist über eine schöne und kräftige Stimme. Sein Lieblingsinstrument ist die Orgel. Als Maler trägt er gerne reichlich schwere Ölfarben auf große Flächen auf. Manchmal ist er Blumenzüchter oder stellt Blumenarrangements in einem teuren Geschäft zusammen. Die ganze Modeindustrie ist praktisch in Stier-Händen: Der Entwurf und die Herstellung von Kleiderstoffen, die Haute Couture. Er entwirft Theaterkostüme oder ist Luxusfriseur.

Der einfache Stier arbeitet im Baugewerbe, vor allen als Maurer. Vor allem an der Errichtung imposanter Gebäude arbeitet er gerne mit. Auf der geistigen Ebene wird er vorzugsweise Freimaurer.

Der *Besitz* materiellen Eigentums oder von Geld ist für ihn neben dem Genuß die wichtigste Empfindung. Er hat ein besonderes Gespür für die sichere und gewinnbringende Anlage von Geld. Man findet ihn daher auch in der Hochfinanz; viele sind Bankiers. Er kann den Geldwert von Dingen sehr gut *einschätzen.* (Marx, der *Das Kapital* schrieb, war ein Stier).

Geldbesitz gibt ihm ein Gefühl von Sicherheit, und neben seinem großzügigen Lebensstil ist er doch auch recht geizig. *Wenn* er einmal etwas für einen guten Zweck spendet, dann muß es auch in der Zeitung stehen und seinem Ansehen zugute kommen. Im Verein wird er der Schatzmeister, er sitzt auf dem Geldsack, aber die aktiven Mitglieder klagen darüber, daß er kein Geld für die Aktivitäten zur Verfügung stellen will, für die der Verein gegründet wurde!

Der Stier liebt *Ruhe* und *Komfort;* er läßt gerne einen anderen mit Kunst oder Arbeit Geld verdienen, während er sich selbst um das Geschäftliche kümmert. Er ist der *Manager* und *Impresario* derjenigen, die etwas leisten, wobei er mindestens die Hälfte des Ertrages für sich beansprucht. Er heiratet immer einen vermögenden Partner; auch wenn es ihm gar nicht bewußt ist, macht er immer eine gute Partie. Er läßt ein Wunderkind auftreten oder einen Filmstar, oder er ist Zuhälter.

Die auffallende körperliche Trägheit des Stiers entspringt seiner Unfähigkeit und seinem Widerwillen, von dem einen Zustand oder der einen Phase zur nächsten überzugehen. Es ist, als ob seine Beine im Lehm feststeckten. Er kommt nicht von seinem Stuhl weg, bleibt im Wirtshaus bis zur Polizeistunde sitzen. Diese Unfähigkeit zur Veränderung macht ihn in jeder Hinsicht konservativ und unbeugsam, treu, geduldig und scheinbar gutmütig. Er bewegt sich nicht, wenn es nicht gerade ganz schlimm kommt. Er hält sich an die Normen, die ihm seit der Kindheit vertraut sind, weshalb er bis ins hohe Alter einen kindlichen, frischen, naiven Eindruck macht.

Einerseits ist er diplomatisch, versteht es, im rechten Augenblick das rechte Wort zu sagen, um nützliche Beziehungen aufzubauen, Verbindungen zu schaffen, die ihm einen leichten gesellschaftlichen Aufstieg ermöglichen. Andererseits ist er gutgläubig und rührend vertrauensseelig denjenigen gegenüber, die er liebt. Starrsinnig kann er die Unschuld der Seinigen verteidigen, auch wider besseres Wissen. Er tritt für seinen Besitz ein. Auch wenn er ein Erdzeichen ist, so spielt beim Stier doch auch das Wasser eine große Rolle, d.h. das *Gefühl*. Er sucht immer jemanden, an den er sich binden kann, mit dem er alles teilt, den er liebkosen kann und von dem er liebkost wird. Es ist eine Liebe, die zugleich Eigenliebe ist. Solange der Stier die geliebte Person noch nicht besitzt, ist er außerordentlich zuvorkommend und aufmerksam und erreicht so das vorsichtigste Gemüt. Viele Stier-Heiratsschwindler werden noch vor Gericht von ihren Opfern in Schutz genommen: »Er hat zwar mein Geld durchgebracht, aber er war so nett, brachte immer meine Lieblingsblumen mit, dachte immer an meinen Geburtstag!« Seine Unwiderstehlichkeit dauert genau so lange, bis er seine Kuh im Stall hat – dann taugt sie nur noch dazu, ausgemolken zu werden. Aber wehe, sie schaut einen anderen an! Der Stier oder die Kuh, die erst so mild und gutmütig war, alles hinnahm, mit ihren seelenvollen, samtenen Augen höchstens betrübt dreinschaute, verwandelt sich dann plötzlich in einen wütenden, rasenden Stier! Sein Sturzbach von Vorwürfen macht klar, daß er jede Kränkung registriert hatte und nur zu träge war, um sofort zu reagieren – dies tut er erst, wenn der letzte Tropfen das Faß zum Überlaufen gebracht hat. Dann gibt es für ihn auch kein Zurück mehr, die Beziehung ist zu Ende. Eifersucht und Mißgunst bedrohen, beeinträchtigen und beenden seine Liebesbeziehungen. Exemplarische Stier-Darstellungen hat man in der männlichen Hauptperson des Buches und Films »Gaslicht«, die ihre Milchkuh nur heiratet, um in den Besitz ihrer Familienjuwelen zu kommen, und in Soames Forsyte in Galsworthys *The Man of Property,* der eine schöne Frau kauft, um sie anzuschauen, sie zu genießen, mehr nicht.

Musik, insbesondere schöne Vokalmusik, ist der Trost des Stiers, aber auch der *Glaube,* denn er wird häufig Priester: Als Erd-Typ sucht er in der »heiligen« Handlung sich zu verwirklichen. Der Lehre hängt er in blindem Vertrauen an. Er ist ein treuer und hingebungsvoller Nachfolger, der die vom Widder initiierte Unternehmung von diesem übernimmt und liebevoll fortführt. Der heilige Lukas, der Schutzpatron der Maler, ist der Patron des Stiers; er ist der Evangelist, der sich auf die greifbaren Fakten beschränkt. Von Jakobs zwölf Söhnen ist er Asher, der Gesegnete, von den zwölf Jüngern Thaddäus.

KÖRPERLICHE VERANLAGUNG

Im menschlichen Körper beherrscht der Stier Hals, Nacken und Kehle, die Stimme, die Halsmandeln, Nase, Ohr und in einem weiteren Zusammenhang die Eierstöcke, die Leber, die Bauchspeicheldrüse und die Nieren sowie das Kleinhirn.

Der erste Grad beherrscht die Kehle, der zweite den Gaumen, der dritte das Zäpfchen, der fünfte den Kehlkopf, der sechste die Taschenbänder, der vierzehnte die Stimmbänder, der sechzehnte die Halsschlagader, der siebzehnte die Schilddrüse und die Rachenmandel, der 23ste die Zähne, der 24ste den Ober- und der 25ste den Unterkiefer, der 26ste das Nasenbein.

Im großen beherrscht der Stier den auf den Stoff gerichteten Teil des menschlichen Körpers, den Unterleib. Durch seine Trägheit kommt es häufig zur Verstopfung.

Das große Problem des Stier-Typs ist sein Überschuß an Feuchtigkeit. Wenn er durch eine Hemmung sein Gefühl nicht in Liebe, Zärtlichkeit, Musik, Gesang oder Malerei äußern kann, dann verdichtet das Gefühl sich zu Wasser, das er ausschwitzen muß.

Wenn die Luft um ihn zu feucht ist, so daß er sein überschüssiges Wasser nicht los werden kann, dann wird es manchmal zu seinen schönen Kuh-Augen getrieben, und er bekommt ein Glaukom, oder der Körper steigert die Temperatur zu Fieberhitze, damit er mehr schwitzen kann; immer wenn der maximale Feuchtigkeitsgehalt des Blutes erreicht ist, bricht dieses Fieber als Wechselfieber oder Drei- oder Viertagefieber aus. Mal-aria bedeutet schlechte (zu nasse) Luft! Wenn seine Lymphdrüsen zu viel Wasser aufnehmen müssen, wird er wassersüchtig dick.

In allen diesen Fällen hilft das Stier-Salz Natrium sulfuricum D6, das verdünnte Glaubersalz. Dieses wirkt durch Anregung der Nieren wassertreibend, stimuliert die Galleabscheidung der Leber und die Insulinabsonderung der Bauchspeicheldrüse und fördert so die Verdauung, heilt *Diabetes.* Zuviel Wasser in den Gehirnzellen macht dumm und langsam von Begriff. Zuviel saures Wasser im Gewebe macht stark emotional mit einer direkten Neigung zum Selbstmord, da es »nicht mehr auszuhalten ist!«

Das Natrium sulfuricum reizt die sensorischen und motorischen Nerven verschiedener Kanäle, so auch der Harnleiter. Bei Bettnässen regt es die sensorischen Nerven an, so daß sie melden, wenn die Blase voll ist. Bei Kindern, die nie »müssen«, werden die motorischen Nerven gereizt, ebenso die Darmnerven, wodurch Verstopfungen beseitigt werden.

Manchmal befreit sich der Körper von zu viel Feuchtigkeit durch juckende Wasserbläschen unter der Haut, die aufgekratzt werden.

Das Wasser, das abgeschieden wird, enthält die verbrauchten weißen Blutkörperchen. Wenn diese nicht in ausreichendem Maße abtransportiert werden, dann entsteht Leukämie. Natrium sulfuricum D6 heilt daher auch diese Krankheit. Das *sal mirabilis glauberi* tut wirklich Wunder!

Menschen mit Wasseransammlungen im Gewebe fühlen sich aufgebläht, vertragen z.B. ihr Rockband nicht mehr. Dann hilft Natrium sulfuricum D6 in kurzer Zeit.

Von den Edelsteinen ist der blaue Saphir der Stein des Stiers: Er gibt Bindung und treue Liebe. So verwandelt sich das Wasser in Gefühl.

ZWILLINGE

DAS WESEN

Das Zeichen Zwillinge, in dem die Sonne vom 21. Mai bis zum 21. Juni läuft, ist das erste Doppelzeichen des Tierkreises; es läßt alle Erscheinungen *doppelt* auftreten. Das Prinzip ist dabei die *Verzweigung* eines Stamms in zwei oder mehr Zweige, so wie sich das Organ der Zwillinge, die Luftröhre, in zwei Bronchien gabelt, die Hand in fünf Finger, wie Fasern und Haargefäße sich verzweigen, wie der Darm seine Oberfläche durch Darmzotten und die Lungen die ihrige durch Lungenbläschen vergrößern. Analog hierzu ist das *Denken* der Zwillinge ein unaufhörliches Verzweigen: Man sieht bei jedem Punkt, den man im Denkprozeß erreicht, die Zusammenhänge mit anderen Punkten. Alle diese Verzweigungen, Zusammenhänge und Verbindungen werden schließlich überblickt, wodurch die Zwillinge zu ihren universellen Interessen, ihrem großen Wissen und ihrem weiten Blick auf die Grundlinien des Geschehens kommen.

DER MYTHOS

Die Zwillinge werden häufig als zwei Kinder dargestellt, manchmal als zwei junge Menschen, gelegentlich auch als ein Knabe und ein Mädchen. Der griechische Mythos berichtet von den Dioskuren, den Zwillingen Castor und Pollux, die Zeus (Jupiter) in Gestalt eines Schwans mit Leda zeugt und die aus einem Ei geboren werden.

Castor (man denke an castus = keusch) war sterblich; er war ein geschickter Wagenlenker. Pollux (man denke an Pollen, Pollution, das Ausstoßen des männlichen Samens) war unsterblich; er war ein Faustkämpfer, der auf alles losging. Sie waren ein unzertrennliches Paar. Nun gerieten sie in Streit mit zwei anderen Brüdern, Idas und Lynkeus. Sie hatten zu viert eine Herde Rinder gestohlen (die Zwillinge folgen auf den Stier! Merkur beherrscht die Viehzucht!). Idas legte nun fest, daß derjenige, der das meiste

Rindfleisch essen konnte, Anspruch auf die gesamte Beute haben sollte; das waren aber er und Lynkeus, die daraufhin die Herde mitnahmen. Castor und Pollux verfolgten sie, um ihren Teil der Beute zurückzuerobern. Als sich Castor in Gefahr wähnte, verbarg er sich in einem hohlen Baum, wo er jedoch von dem scharfsichtigen Lynkeus entdeckt und getötet wurde. Daraufhin riß Idas den Grabstein vom Grabe seines Vaters aus der Erde und bedrohte damit Pollux, woraufhin Jupiter eingriff und seinen Sohn rettete, indem er Idas mit einem Blitzschlag tötete. Pollux flehte Jupiter an, auch ihn sterben zu lassen, damit er bei Castor sein könne, woraufhin Jupiter Castor unter der Bedingung wieder zum Leben erweckte, daß Pollux die Hälfte der Zeit im Hades verbringen mußte.

Dies bedeutet, daß der Mensch in der dritten seiner zwölf aufeinanderfolgenden Entwicklungsphasen vor die Aufgabe gestellt ist, die ihm verliehene Schöpfungskraft (Stier) auf einer möglichst hohen Ebene einzusetzen. Nun setzen sich aber die Zwillinge aus *Vorsicht* (Castor) und *Wißbegierde* (Pollux) zusammen. Castor ist zu vorsichtig, um einen Streit anzuzetteln, und so verbirgt er sich als die reine Kraft unten, im hohlen Baumstamm, d.h. im Wirbelkanal, als die schlafende Kundalini, die unerreichbar ist. Er wird getötet – und zwar zu Beginn der Pubertät, denn Castor ist die Unschuld der Kinderzeit. Lynkeus ist die Sinnenlust, die die Keuschheit tötet. Nun muß sich die Wißbegierde alleine durchschlagen. Pollux geht das Wagnis ein: Er will alles wissen, Böses wie Gutes, er bleibt *neutral*. Dabei wird er vom väterlichen Grabstein bedroht: Die Vergangenheit wird ans Tageslicht gezerrt, das Unterbewußte, das vierte Haus des Horoskops. An dieser Stelle braucht er nicht weiterzugehen (denn hier beginnt die Krebs-Phase), und er wird also gerettet. (Hierzu analog ist das Andersen-Märchen vom Feuerzeug, in dem der mutige Soldat die Kraft (das Feuerzeug) aus dem hohlen Baum holt, die Hexe tötet und die Prinzessin heiratet). Man könnte sagen: Bei der kindlichen Art von Homosexuellen ist es nicht Castor, der stirbt, sondern Pollux. Sie haben ja eine starke Mutterbindung, überwinden das vierte Haus nicht und sind sehr intuitiv!

Nach einer späteren Version der Erzählung versuchten die Zwillinge, einem anderen Bruderpaar die Bräute zu rauben, die

Mädchen Hilaeira und Phoibe, beides Namen des *Mondes.* So steigt die Kraft zum Verstand auf, zum Lerngehirn (Mond). Castor, die Keuschheit, war als Wagenlenker dazu bestimmt, als sublimierte Schöpfungskraft direkt zum Haupt aufzusteigen und von dort aus den ganzen Menschen zu beherrschen. Wenn er aber durch Neugier auf alles einschließlich der Sünde oder durch die Genußsucht im Menschen getötet ist, dann muß der Mensch wie Pollux den großen Umweg über die verstandesmäßige Dressur machen, statt das direkte Allwissen der gestorbenen ersten Phase zu haben. Jupiter, der Erzieher, der das Wachstum fördert, geleitet den Menschen durch die Gefahren der Entwicklung.

DIE ZWILLINGE ALS MENSCHENTYPUS

Zwillinge ist ein positives, bewegliches Luftzeichen, verleiht also geistige Aktivität und Anpassungsvermögen. Sein Herrscher, *Merkur,* ist Götterbote, der Gott des Windes, des Atems und der Sprache, des Handels und der Viehzucht, des Reisens, des Schreibens und des Unterrichts. Er bringt Dinge von einem Platz, an dem sie zu reichlich vorhanden sind, zu einem anderen, wo es an ihnen mangelt.

So treten Zwillinge auch immer als *Überbringer* auf: Von Waren (Handel, Transport, Maklertätigkeit), von Nachrichten (Journalismus), von Wissen (Unterricht) oder von Personen (Verkehr).

Merkur trägt den *Caduceus,* den von zwei Schlangen in dreieinhalb Windungen umschlungenen Stab (der Wirbelkanal und die beiden Ganglienstränge, die sich in den Kraftzentren oder Chakras kreuzen) und der oben zwei Flügel und den Kiefernzapfen (Epiphyse) trägt. Er beherrscht ja den nach aufwärts gerichteten Kraftstrom, der aus dem Kosmos in den Bereich der Geschlechtsdrüsen eintritt (beim Kreuzbein und Plexus sacralis), die als Transformatoren die Kraft vermenschlichen, individualisieren und verfeinern, die danach zum Gehirn aufsteigt, um dieses mit elektrischem Strom zu versorgen. Wenn Merkur in einer Progression rückläufig wird, dann geht der Strom zurück, und die intellektuelle Leistungsfähigkeit nimmt ab; dann wird die Kraft unten gestaut und sucht einen Ausweg in Pollution und Geschlechtsverkehr. Dann ist Castor tot, und Pollux bleibt alleine zurück. Merkur setzt auch an der Atmung an: In der Luft ist auch der Äther und in diesem das Geistesfeuer, das *Pneuma hagion,* der Heilige Geist, der bei jedem Atemzug in den Menschen eintritt und der durch die Flügel oben am Stab (die auch für die Lungenflügel stehen) angedeutet wird. Wenn beim Ausatmen die Stimmbänder in Schwingung gebracht werden, weil der Geist etwas mitzuteilen hat, dann sprechen oder singen die Zwillinge! Die niedrigeren Zwillinge plappern, die höheren halten Vorlesungen oder schreiben Artikel, in denen die tieferen Zusammenhänge klar und deutlich ausgesprochen werden. Die Zwillinge machen den Lehrer.

Je besser man atmet, desto besser denkt man. Die Zwillinge drängt es daher immer an die frische Luft, die dem Denken Sauerstoff geben, und sie machen Atemübungen. Spitama Zarathustra gab den alten Persern ihre Atemlehre in der Zeit, in der der Frühlingspunkt der Sonne in den Zwillingen lief (in der Zeit vor 8000 bis 6000 Jahren).

Das Temperament der Zwillinge ist sanguinisch, der *Blutkreislauf* spielt bei ihnen eine Hauptrolle; Zwillinge suchen ein mildes, warmes und feuchtes Klima, Küstenregionen in subtropischen Ländern mit viel Sonne, mildem Regen und Südwestwind (in Europa). Luftveränderung beeinflußt sie zum Guten wie zum Bösen sehr stark. Sie müssen viel *Bewegung* haben, unternehmen schon als Kinder auf dem Roller oder Dreirad Ausflüge, sind immer unterwegs, um mit Nachbarn oder Bekannten Neuigkeiten auszutauschen, um etwas zu sehen und zu lernen. Sie holen viele Bücher aus Bibliotheken, um ihren Wissensdurst zu befriedigen, verleihen auch viel an andere: »Das ist genau etwas für Dich!«.

Sie sind körperlich und geistig sehr flink, und was sie in Angriff nehmen, muß schnell erledigt sein, denn sie haben keine Geduld. Ihre Interessen sind so umfassend, daß sie manchmal flüchtig lesen und in der Gefahr sind, sich zu überanstrengen. Am liebsten tun sie *zwei Dinge zugleich,* z.B. lernen und an einem Gespräch teilnehmen, oder mit Kopf und Händen zugleich arbeiten. Alles in ihrem Leben erscheint doppelt: Zwei Berufe zugleich, zwei Liebesbeziehungen, zwei Parteien, zwei Lehren, bis in die kleinste Kleinigkeit hinein, immer eines für Castor und eines für Pollux.

Zwillinge haben ein freundliches, kindliches und sonniges Wesen. Ihre Neutralität wird durch ihren Gegenpol Schütze als Charakterlosigkeit gebrandmarkt und als Opportunismus geschmäht. Sie verstehen dies nicht, stehen allen Dingen objektiv gegenüber, flattern wie ein Schmetterling in der Sonne von Blüte zu Blüte, saugen überall etwas Nektar, ohne eine Vorliebe zu haben. Zwillinge sind luftig, gehen nicht in die Tiefe, haben aber einen weiten Blick, der sehr umfassend ist. Sie haben einen Blick für das Wesentliche von Dingen, das sie behalten und im rechten Augenblick anzubringen wissen, wodurch sie noch gelehrter erscheinen als sie schon sind. Sie brauchen nur wenige Anhaltspunkte, um den Zusammenhang zu erkennen. Sie können vorzüglich erklären, denken mit dem Schüler mit. Sie sind schlagfertig in Gespräch und Diskussion, und zwar einfach in der Freude am Austausch, nicht aus Geldgier oder Rechthaberei. Sie können vorzüglich *imitieren;* Pantomime und Taschenspielerei sind ihr Metier. Sie sind immer zu *Scherzen* und Späßen aufgelegt, und sie haben einen ausgeprägten Sinn für Humor, insbesondere Sprachhumor. Sie schreiben kleine Stücke, geistvolle Kolumnen in Zeitungen, verstehen ihre Gedanken gut zu formulieren, auch in anderen Sprachen. Sie sind die geborenen Dolmetscher. Auf der ganzen Welt haben sie in allen Kreisen der Gesellschaft gute Freunde und Bekannte. Sie können gut mit Kindern umgehen, schreiben Kinderbücher, spielen mit Kindern. Denksport liegt ihnen ganz besonders; hier sind sie durch ihre Fähigkeit zur blitzschnellen Assoziation und Kombination, wegen ihrer Übersicht und Einsicht unschlagbar. Sie sind das intelligenteste der zwölf Zeichen.

Zwillinge findet man in der Verkehrstechnik, bei der Eisenbahn, der Post, in Omnibusbetrieben, Reisebüros, bei der Presse, insbesondere beim Breifmarkenhandel (der N.Z. Voorburgwal in Amsterdam mit den großen Zeitungshäusern, dem Postamt und der Telefondienststelle, früher den Zustelldiensten, dem Briefmarkenmarkt!). Sie finden immer wieder Arbeit, als Vermittler, Vertreter, Repräsentant, sind auf allen Märkten zu Hause. Sie sind ausgezeichnete *Händler* (die St.-Pauls-Kathedrale in London steht an der Stelle eines Tempels, der Castor und Pollux geweiht war, und birgt die Grabmonumente der großen Diebe, der sog. Empire Builders, die fremden Völkern raubten, was sie für Mutter Viktoria gebrauchen konnten!).

Zwillinge haben geschickte (manchmal lange) Finger, nehmen sich, was sie brauchen (häufig für einen anderen!), ohne viel auf Eigentumsrechte zu achten (Plagiat), weil sie selbst so ichlos sind. Sie basteln gerne, zeigen sich geschickt in Sport und Spiel. Beim Sprechen sind stets auch die Hände in lebhafter Gestik beteiligt.

Was den Zwillingen in der Welt und im Leben auffällt, ist die *Relativität* der Dinge. Sie verabsolutieren keine Werte; sie erkennen, daß die Wahrheit sich immer wieder in ein anderes Kleid hüllt. Sie sind daher auch stets zum Kompromiß bereit. Diskussionen sehen sie als Spiel, nicht als den Versuch, andere zu bekehren; sie sind auch bereit, für die andere Partei zu argumentieren, geht es doch nur darum, die Dinge von einer bestimmten Seite zu beleuchten.

Im Umgang sind die Zwillinge freundlich und gesellig: Wenn man nur miteinander reden kann! Sie gehen leicht Beziehungen ein und lösen sie ebenso leicht wieder auf, gönnen jedem seine Freiheit. Für die Ehe sind sie weniger geeignet. Gemeinsam ein Geschäft führen geht noch am besten. Häufig bleibt dieser Typ kindlich (Castor).

Die Doppelnatur der Zwillinge, die Castor und Pollux in sich vereinigen, schafft keine Gespaltenheit und auch keine Konflikte, sondern eher einen Kompromiß zwischen Vorsicht und Wißbegierigkeit, zwischen der Anknüpfung von Kontakten und der freilassenden Distanz.

Im Körper beherrschen die Zwillinge die *Zirkulation* von Luft, Blut und Nervenelektrizität, Gehirn und Nerven, Atemwege, Schultern, Arme und Beine. Der Körper ist beweglich, die Arme lang, die Finger schlank, das Haar schlicht, die Augen hell. In der Liebe besteht mehr Interesse am erotischen Spiel als an der Sexualität. Schwere Arbeit oder häufiger sexueller Verkehr passen nicht zu Zwillingen. Ihre Krankheiten können sein nervliche Überreizung, Allergien, Entzündung von Drüsen oder Schleimhäuten, Bronchitis/Asthma/Lungenentzündung, Schwellungen und Ausscheidungen, Kinderkrankheiten. Durch die wenige Galle bleibt ihre Aggressivität gering. Der Name Juni für den Zwillinge-Monat hängt mit jungo = ich verbinde zusammen; man denke etwa an Kon-junktion. Die Zwillinge lassen im Körper die Verbindungsphasen entstehen. Schleim mit Fäden! Zwillinge brauchen viel Schlaf, Sonne und sauerstoffreiche und feuchte Luft, wenig, leichte und trockene, aromatische Nahrung.

KALIUM MURIATICUM

Im Nordmeer enthält das Wasser viel Kalium muriaticum oder Kalium chloratum. Dies ist das Meersalz für die kühlen Zwillinge. Wenn sein Blut zu wenig hiervon enthält, dann wird nicht genügend Fibrin hergestellt, und der dadurch überflüssige Schleim wird ausgeschieden: Erkältung. Genügend Kali mur für die Bildung neuer Hautfasern verhütet häßliche Pockennarben. Dieses Salz baut alle Muskeln- und Nervenfasern auf. Man gibt es als D6, meist zusammen mit Ferrum phos D12, um den Sauerstoff aus der Luft anzuziehen, und zwar bei Entzündungen von Nase, Kiefer, Hals, Mandeln, Augen, Ohren, Bronchien und Lungen, bei Drüsenschwellungen (Mumps), bei Diphterie, Masern, Scharlach und Windpocken.

KREBS

DAS SYMBOL

Krebs ist ein kardinales Zeichen, negativ (introvertiert) und das erste Wasser- (Gefühls-)zeichen des Tierkreises. Die Sonne läuft vom 21. Juni, dem längsten Tag, bis zum 21. Juli in diesem Zeichen, d.h. in derjenigen Zeit, in der auf der nördlichen Halbkugel der Formenreichtum in der Natur am größten ist, zum Zeitpunkt der stärksten Konkretion, die zur Mittwinterzeit unsichtbar einsetzte und sich zur Frühjahrstagundnachtgleiche geoffenbart hat (über der Erde erschienen ist). Zur Herbsttagundnachtgleiche wird sie wieder verschwinden. Krebs ist daher auch das *Mutterzeichen,* das vom Mond beherrscht wird; es gebiert, was der Widder sich inkarnieren ließ. Die Glyphe des Krebses besteht aus zwei umgekehrt zueinander liegenden Embryonen oder den beiden Halbjahresspiralen, die die Sonne beschreibt. Es ist das Zeichen der Mondensphäre, des Formenbaus der Seele (Phantasie), des Bildes, des reichen Vorstellungslebens des Gemütes in Erinnerungen und Erwartungen mit den zugehörigen Erkrankungen. Es ist der überströmende Lebenspol, der aber nach innen gerichtet ist (negatives Zeichen!); kein anderes Zeichen kann so intensiv leiden und genießen. Es ist auch der Formenbau im Stoff, alles Embryonale, Keimende und Wachsende, wobei auch das Wasser beteiligt ist.

DAS TIER

Der Krebs ist ein Weichtier in einem harten Panzer, das auf dem Meeresboden in einer Höhle oder Spalte lebt und auf Beute lauert. Was er mit seinen Scheren ergreift, läßt er nicht mehr los. Bei Gefahr zieht er sich rückwärts in die Sicherheit seiner Höhle zurück.

DER KREBS ALS MENSCHENTYPUS

So lebt auch der Krebsmensch überwiegend in den tiefen Wassern der Seele, im emotionalen Leben, stets nach neuen Gefühlseindrücken hungernd. Er saugt die Dramatik der Menschenschicksale um sich herum auf, leidet mit, genießt mit, lebt mit in aller Stille, in seinem »Panzer« verborgen, hinter dem er seine empfindsame Seele nur dann zum Vorschein kommen läßt, wenn er sich in einer Umgebung vollkommen sicher fühlt. Nur in den seltenen Augenblicken der Vertraulichkeit gibt er einen Teil seines gewaltigen Schatzes an Gefühlserinnerungen preis, die alle Erlebnisse seit der frühesten Kinderzeit bergen. Er läßt diese nicht mehr los, und sobald ihm das Leben zu unsicher wird, flieht er nach rückwärts, zurück in die Vergangenheit, die er romantisiert und idealisiert, vor allem die Heimat, das Elternhaus, die Familienzusammengehörigkeit, das Vaterland, den Geburtsort und die erste Liebe, die der Krebs im reiferen Alter manchmal noch heiratet, wenn er/sie auf seinem Weg zurück denselben Punkt nochmals passiert.

Wenn seine Umgebung zu langweilig ist, dann flieht er in Romane und Filme oder sucht eine Betätigung inmitten des farbigen Lebens, indem er z.B. soziale Tätigkeiten verrichtet oder einen ständig wechselnden Strom von Gästen in Kinderheimen, Jugendherbergen oder Hotels betreut. Er hört sich die Lebensgeschichte anderer Menschen an und bringt sie manchmal als Familienroman heraus. Nichts Menschliches ist ihm fremd, und alle die Menschen, die in ihm leben, stellt er gerne auf der Bühne dar, vorzugsweise auf der Volksbühne. Er lebt sich ganz in seiner Rolle ein, er *ist* der Mensch, den er darstellt.

Geht der Krebs auf Reisen, dann macht er sich aufs Geratewohl auf, in köstlicher Erwartung des Abenteuers, vielleicht des Glücks! Er tut dies am liebsten in alten Kleidern, mit dem Rucksack, zu Fuß, auf dem Fahrrad oder mit einem Wohnwagen. Er muß eine Höhle, eine sichere Schale haben, in die er sich in seine Privatsphäre zurückziehen kann. Am liebsten hat er ein langgestrecktes, flaches Haus in Hufeisenform mit einem Strohdach und vielen, vielen Zimmern, Anbauten, kleinen Gängen und Treppchen, Balkonen und Türmchen, geheimen Schränken, großen

Kellern und Speichern. Er braucht ein warmes, intimes Familienleben, wo sich jeder um jeden fürsorglich kümmert. Hilflose und verlassene Wesen nimmt der Krebs in seine Obhut und Pflege. Er bemuttert, versorgt und ernährt, macht aus seinem Haus ein heimeliges, sicheres Nest, in dem das Alltagsleben mit allerlei Familientraditionen, Bräuchen und Festlichkeiten bereichert wird, die häufig dem Brauchtum entlehnt sind. Der Krebs hat von Natur aus Sinn für Symbole, heilige Handlungen.

Dies kommt daher, daß der Krebs die *Seele* der Dinge erlebt, das Still-Leben, weil er die Sprache von Pflanze, Tier und Volk versteht, die ihn grüßen. Die Krebs-Frau spricht mit ihren Dingen, ihrer alten Jacke, die soviel mit ihr erlebt hat, ihrer Stickarbeit, in die sie alle ihre Seelenregungen hineingelegt hat, ihrem Teekessel, den sie liebevoll putzt. Dadurch schafft sie Atmosphäre in ihrem Haus. Sie kann aber auch nichts weggeben, hütet verschlissene alte Erbstücke, an denen Erinnerungen hängen und die Schwingungen geliebter Menschen. Niemals darf man einem Krebs-Kind die geliebte Puppe wegnehmen, und wenn es nur eine schmutzige Lappenpuppe ist! Ein Krebs wird verwelkten Blumen für den empfangenen Genuß danken und eine alte Puppe in Ehren begraben.

Sammeln und Aufbewahren ist ihr Hobby, auch alte Schachteln und Flicken, Material, aus dem man ohne Geld wieder einmal etwas Neues machen kann. Auf jedem Gebiet ist sie die Mutter, die den Leib ihres Kindes aufbaut. Gerne macht sie phantasievolle Puppen und Wandbehänge, Kleider und praktischen Schmuck, Webarbeiten und Töpferwaren. Mit einem Gespür für den Kreislauf der Stoffe verwandelt sie, wie Mutter Natur, das eine Ding in ein anderes, wobei sie sparsam und haushälterisch mit dem Material umgeht, von dem sie sich sogar aus dem Abfalleimer einen Vorrat zugelegt hat. Alles was alt ist, hat für sie einen besonderen Reiz; deshalb studiert sie gerne Geschichte und Archäologie, Volkskunde, liest Biographien und historische Romane. Sie kauft gerne gebrauchte Dinge, die also bereits eine Geschichte haben, und Antiquitäten. In ihrem Zimmer sind die Wände voll mit Reisemitbringseln.

Wie überströmend reich das Innenleben eines Krebses ist, zeigt sich meist nur an seiner Arbeit, entgeht aber seiner unmittelbaren

Umgebung, denn der Krebs klagt und seufzt zwar, wenn sein Gemüt schwer ist von Kummer, äußert sich aber weiter nicht, weil ihn seine große Verletzlichkeit schüchtern macht. Er geht still seinen Weg, zeigt nach außen nur seinen Panzer und gilt manchmal als gefühllos, gerade weil er so übersensibel ist. Emotionen werden ihm schnell zu groß; er ist dann verwirrt und bestürzt, vor Schreck gelähmt, schockiert, unfähig etwas zu tun. Die Gefühlsbewegung muß nach und nach verarbeitet werden; der Krebs hüllt sich tagelang in Schweigen und geht mit starrer Miene und wortlos umher. Wer in ihn zu dringen versucht, treibt ihn nur noch tiefer in seine Schale.

Die Sprache des Krebses ist mit kräftigen, farbigen und humoristischen Volksausdrücken durchsetzt, und er versteht es, Milieus und Personen in unvergeßlicher Weise zu schildern.

Die *Seele* des Krebses ist gezeichnet von vielen unverheilten Wunden. Er stürzt sich so begierig in das Leben, daß er es auch mit Unverdaulichem zu tun bekommt. Als Leckermäulchen und Schlemmer überißt sich dieser Typ auch häufig. Er kann von Natur aus gut kochen und backen; die berühmten Köche und Konditoren sind häufig Krebse (letztere allerdings häufig auch Stiere).

Den behaglich das Leben genießenden Krebs, auch den niederländischen Volkstypus mit seinen vielen Verkleinerungsformen in der Sprache, der gemütlich in oder vor seiner Höhle sitzt, hat Tolkien in den Hobbits unnachahmlich dargestellt. Häuslich und abenteuerlustig zugleich ist der Hobbit!

Viel leidet der Krebs durch enttäuschte Erwartungen, weil ihm seine Phantasie alles viel schöner darstellt, als die Wirklichkeit es zuläßt.

So wie die Krebs-Hausfrau die Reste der Mahlzeit aufißt, damit sie nichts wegwerfen muß, und dadurch ihren Körper zum Abfalleimer macht, so nimmt sie auch den Ärger anderer in sich auf und bewahrt ihn. Wenn er nicht zu Weisheit verarbeitet wird, dann wird die Seele zu einem Gefäß voller Kummer, analog zu einem Körper voller Giftstoffe, die mit Atmung und Ernährung aus der Umgebung oder als verstofflichtes Seelengift aufgenommen werden. Auch der Fisch nimmt viel Ärger in sich auf, läßt ihn aber wieder abfließen, während der Krebs sich nicht von ihm lösen kann; er hegt ihn, manchmal in weichlichem *Selbstmitleid*. Die Lymphdrüsen saugen die Gifte auf; wenn jedoch ihre Leistungsfähigkeit erschöpft ist, dann entstehen mehr oder weniger bösartige Geschwulste, der Krebs, die Krankheit dieses Sternzeichens.

Krebs kann heute durch das Übermaß chemischer Gifte in der Atemluft, im Wasser und in der Nahrung entstehen, aber auch von innen heraus durch unverarbeitete Gefühlseindrücke und festsitzenden Kummer, die die Seele zu einem giftigen Sumpf machen. Dann wird die Empfindungsseele (Mond) zu einer siebenköpfigen Hydra, die in einem Sumpf haust und von dem Helden Herakles, dem Willens-Ich, bekämpft wird. Wenn dieser ihr ein Haupt abschlug, wuchsen dafür drei neue nach: Wenn man sich eines Kummers entledigt, treten sofort viele neue an seine Stelle. Die Hydra kann nur überwunden werden, wenn das primitive Mond-Ich begreift, daß es sein Baumaterial zum Aufbau verwenden muß und nicht nur darin schwelgen darf. Der bis zur Neige geleerte Kelch des Leidens wird dann ein heiliger Gral voll heilender Weisheit.

CALCIUM CARBONICUM, CALCIUM FLUOR

Der Krebs hat ein blasses, rundes Vollmondgesicht und eine gedrungene, rundliche Gestalt; er ist ein Dickerchen, dessen Gewebe schwammartig mit Wasser vollgesogen ist. (Wasser ist analog zum Gefühl!). Er hat schlaffe Muskeln, neigt zur Unförmigkeit und hat wenig Körperkraft. Die Konstitution ist lymphatisch; die Lymphe, das von den Lymphgefäßen aus dem Gewebe gesaugte und abtransportierte Wasser spielt neben den feuchtigkeitsabscheidenden Drüsen die Hauptrolle. Die große Arbeit des Krebs-Körpers ist der *Zellaufbau,* das *Wachstum.* Die Milz schafft die weißen Blutkörperchen, die Gebärmutter das Kind, die Brüste die Milch. Diese sind auch die Krebs-Organe; hinzu kommt der Magen, der die Nahrung aufnimmt, die als ebenfalls vom Krebs beherrschter Speisebrei (Chylus) dem Blut zugeführt wird. Ernährung und Fortpflanzung sind die Gebiete des Krebses. Ist ein Krebs-Körper allzu schwach, dann wird er skrofulös; die Drüsen schwellen an, entsprechend der übervollen, übermüdeten

Seele, die die vielen Eindrücke des Lebens nicht mehr verarbeiten kann. Einseitige Milchernährung kann dies bei einem Kind begünstigen. Das Eiweiß in den Drüsen verkäst dann durch die Milchsäure, wodurch die Drüsen verhärten.

Auch das *Ausdehnen und Schrumpfen* (Mond und Saturn) wird vom Krebs beherrscht, d.h. die *Elastizität,* z.B. der Haut: Wenn diese zu gering wird, dann entstehen Risse und Schrunden. Dies betrifft auch die Elastizität der Spinngewebehaut, die die innere Auskleidung des Wirbelkanals bildet und in gewisser Weise der Sitz des Gedächtnisses ist. Wenn die Nervenfäden, die die gesuchte Erinnerung zum Vorschein bringen müssen, ihre Elastizität verlieren, bekommt man Schwierigkeiten, sich an einen Namen zu erinnern.

Das Heilmittel ist daher auch zweiteilig: Calcium Fluor D12 und Calcium carbonicum Hahnemanni D1 oder D3, das nach der Vorschrift Hahnemanns aus Austernschalen gewonnen wird. Der Kalk hilft die Emotionen verarbeiten und beherrschen, er stärkt und beruhigt, baut den Panzer auf. Diese Salze, die man gerne zusammen mit Silicea D12 gibt, kräftigen die elastischen Nerven und Muskelfasern, den Zahnschmelz, die Nägel, die Knochen und die Augenlinse. Sie verhüten und heilen Depressionen, Ausstülpungen des Anus, der Gebärmutter und der Venen (Krampfadern, Hämorrhoiden) und Paradontose (das Zurückweichen des Zahnfleisches, wodurch sich die Zähne lockern), Star, Knochenwucherungen, harte Geschwulste, verminderte Ausdrucksfähigkeit und psychisch die übermäßige Angst vor Armut und den damit verbundenen Geiz.

Tee von Himbeer- und Brombeerblättern wirkt in derselben Richtung, kräftigt auch die Muskeln, die bei der Geburt das Kind austreiben müssen.

DAS WESEN DES KREBSES

Das Wesen des Krebses ist *das Hüten der unermeßlichen Schatzkammer der Vergangenheit.* Hierzu gehört sowohl das bewußte Gedächtnis als auch das Unbewußte: Der riesige, verschlossene Keller, in dem das Erbe der Vorfahren bewahrt wird und von dem aus diese in der Erinnerung wirken. Im Äther sind dies die Erfahrungen und die Erinnerung an die vorherigen Erdenleben, die als ein ätherischer Film aufbewahrt sind, der z.B. unter Hypnose abgespult werden kann. Außerdem gibt es Kräuter, deren ätherische Stoffe die Tür zur Vergangenheit aufstoßen. Sie können den Menschen in einen Trance-Zustand bringen, in dem er mit seinen Vorfahren spricht oder sich an Ereignisse aus früheren Leben oder aus dem Beginn des jetzigen Lebens, z.B. an seine Geburt erinnert.

Aus diesem großen unterbewußten Seelengebiet tauchen auch die unterbewußten Wahrheiten auf, die sich in *Traumgestalten* und -bildern verkörpern. C. G. Jung hat die Psychologie durch seine Erkenntnis des persönlichen und kollektiven Unbewußten bereichert, nachdem Freud, ein Skorpion, die Tür bereits aufgestoßen hatte.

Auch über die *Gene,* die Träger der Erbfaktoren und der mit ihnen verbundenen *ätherischen Muster,* aus denen die neue Lebensform, das Kind in den neun Mondmonaten der Schwangerschaft aufgebaut wird, herrschen Krebs und der Mond. Als Uranus im Krebs stand (Mitte 1949 bis 1956) wurde den Krebs-Menschen viel aus der kollektiven und zunächst unbewußten Vergangenheit geoffenbart, und es traten durch Strahlung hervorgerufene Mutationen der Gene auf, die zu neuen Menschentypen führten.

Der Krebs fühlt sich als Zweig am *Stammbaum* und erfüllt die Aufgabe, die ihm die *Tradition* auferlegt, indem er z.B. als ältester Sohn einer Arztfamilie wieder Arzt wird. Er fühlt die Pflicht, das Geschlecht durch einen Stammhalter fortzuführen, der den Namen weiter trägt, das Geschäft und die Reputation fortsetzt. Er pflegt die *Kontinuität,* d.h. auch die Treue zu den alten Göttern. Die Vaterlandsliebe und die damit verbundenen Verpflichtungen sind ihm wichtig.

Der Krebs ist weit und tief wie das Meer. Die seltsamen, grotesken und manchmal scheußlichen Tiere der Tiefsee bringen zum Ausdruck, was in den Tiefen der Seele, in der Finsternis des Unbewußten haust und west.

Der Krebs versteht die Sprache der Symbole, Analogien, er kann auf das logische Denken verzichten. Verstanden wird er nur von seinesgleichen.

LÖWE

DAS WESEN

Der Löwe ist ein positives, festes Feuerzeichen. Ein Vergleich der Feuerzeichen ergibt, daß das erste, der Widder, von seinem Feuer getrieben wird; der Löwe beherrscht sein Feuer und prahlt damit, während der Schütze sein Feuer anderen aufdrängt. Das Feuer ist positive elektrische Kraft, Schöpfungsfeuer, Ausstrahlung.

Das Zeichen Löwe wird von der *Sonne* beherrscht. Wie die Sonne der Mittelpunkt unseres Sonnensystems ist, so ist auch der Löwe Mittelpunkt einer Sphäre der Machtausübung. In der Menschenseele ist er das Selbstbewußtsein und das Ehrgefühl: Noblesse oblige. Im Körper ist er das Herz, das das arterielle Blut hinausschickt und das venöse an sich saugt. In der Gesellschaft ist der Löwe der Fürst, der von seinen Höflingen wie die Sonne von den Planeten umgeben ist (König Artus und seine zwölf Ritter, Jesus und seine zwölf Jünger). Der Fürst repräsentiert den Sonnengott auf der Erde, er braucht nichts anderes zu tun als auf seinem goldenen Thron zu sitzen, seine goldene Krone zu tragen und das Heil der Sonne seinem Volk über die Höflinge weiterzugeben, wie die Sonne und das Herz die Lebenskraft aussenden. So ist der Löwe seinem Wesen nach der strahlende, unverrückbare, selbständige Mittelpunkt: Ich bin, der ich bin.

Wenn die Sonne am 21. Juli in das Zeichen Löwe eintritt, hat die Natur auf der nördlichen Halbkugel ihren Höhepunkt schon seit einem Monat überschritten; sie prunkt mit ihrem Überfluß an Formen, ihrem Reichtum an Blumen und Früchten, ist aber relativ untätig; der Mensch nimmt Urlaub und legt sich in die Sonne. Der Löwe gehört zum mittleren Lebensalter, zum Genuß des Erreichten, zu Führertum, Festlichkeit, Reichtum und Pracht.

DAS TIER

Der Löwe ist der König der Tiere, er kann mit seinen goldglänzenden Augen direkt in die Sonne blicken, denn er ist mit ihr verwandt! Sein gewaltiges Haupt, von einer langen Mähne umrahmt, gibt ihm ein fürstliches Aussehen. Wenn ihm in der Wildnis ein anderer Löwe begegnet, dann grenzen sie mit Gebrüll ihre Gebiete gegeneinander ab: In einem Reich hat nur ein Löwe Platz. Der mutige Löwe wird von allen anderen Tieren geachtet, denn er beschützt sie; wenn freilich eines von ihnen seine Majestät zu beleidigen wagt, dann dröhnt sein Gebrüll durch den Wald!

Als *Totemtier* bestimmter Stämme und Völker prangt der Löwe noch immer in ihrem Wappen. Er ist das Sinnbild stolzer Kraft, von Mut und Majestät. Wer den Löwen in seinem Wappen führt, gibt seine Eigenart niemals auf.

DER LÖWE ALS MENSCHENTYPUS

Wenn ein Löwe die Gesellschaft betritt, ist er sofort der Mittelpunkt, denn vor seiner starken Ausstrahlung weichen alle zurück. Sein Auftreten ist liebenswürdig und charmant, und je mehr man ihm huldigt, schmeichelt und Komplimente macht, desto strahlender wird sein mächtiges, von Locken umrahmtes Haupt! Er übernimmt sofort die Führung, wird selbstverständlich Vorsitzender oder Präsident. Er hat Lebensart, läßt sich bedienen, weiß, was ihm zusteht. Er läßt sich kleiden und fahren, gibt viel Geld für einen vornehmen Lebensstil aus. Auf der anderen Seite ist er Schirmherr der Schwachen, seinen Freunden gegenüber spendabel, läßt anderen etwas zukommen und feilscht niemals.

Er lebt stark im Gefühl seiner Adelsverpflichtungen, sein Ehrgefühl bestimmt sein Tun. Alles Kleinliche und Klammheimliche ist ihm fremd; er tritt immer offen für die Sache ein, die er für gut hält. Typisch für ihn ist die große, edelmütige Gebärde, mit der er seinen Schuldnern vergibt. Sein starker Wille macht ihn selbständig und unabhängig, stolz und selbstbewußt, würdevoll, manchmal auch hochmütig. Im Bewußtsein dessen, was er sich selber schuldig ist, nimmt er den Ehrenplatz ein, posiert und ernennt seine Bewunderer zu seinem Gefolge. Er ist der geborene Fürst, der absolute Monarch wie z.B. die französischen Könige. Wie der König der Tiere duldet er keinen anderen Löwen in seiner Nähe, sondern grenzt sein Gebiet ab, in dem er Alleinherrscher ist. Sein Temperament ist cholerisch, feurig, begeistert oder entrüstet, wegen Majestätsbeleidigung brüllend, oder leidenschaftlich in einer seiner romantischen Liebschaften, auf die er im Gegensatz zum gemeinen Mann ein Recht zu haben glaubt. Als Optimist sieht er alles von der guten und schönen Seite, stellt seine Abenteuer in gutem Licht dar und macht sich selbst und andere glauben, daß er nur aus Idealismus und fürstlicher Pflicht handelt. Wenn Merkur ebenfalls im Löwen steht, dann versteht er es, begeisternde Reden zu halten, die Eindruck machen, auch wenn ihr Inhalt gering ist. Mit schönen Worten und Gebärden, beeindruckender Kleidung und Schmuck und einem großen Selbstbewußtsein weiß er die Menge zu beeindrucken. Nicht selten ist er aber innerlich hohl.

Das Löwen-Land ist Frankreich, die Löwen-Stadt Rom, die beide in der ganzen Geschichte nach *Macht* und *Ruhm* strebten. Paris fungiert als das *Herz* Frankreichs, denn dort werden alle Landbau- und Viehzuchterzeugnisse aus den Provinzen angeliefert und vermarktet, woraufhin sie teilweise über die Provinzen verteilt werden, genau wie das venöse und arterielle Blut im menschlichen Leib.

Rom hat sowohl als Hauptstadt des Römischen Reiches als auch Sitz des Oberhauptes der katholischen Kirche versucht, die Welt unter seine Herrschaft zu bringen. Viel Prunk und wenig Wahrheit. Ein gut bemaltes Gesicht ist wichtiger als die Ausstrahlung eines gesunden Körpers. Man hat lieber eine Schule, in der man lernt, mit klassischen Zitaten um sich zu werfen, als eine, die den Charakter bildet und Erkenntnis vermittelt. Mechanismen lassen Heiligenbilder bluten oder sprechen, und von einem verstorbenen Kirchenfürsten wird im Trauerzug das Bildnis statt des Leichnams selbst mitgeführt. Das ist der verdorbene Löwe.

Im Alltagsleben gehört der Löwe (mit Stier, Waage und Fischen) zu den trägen Zeichen; im übrigen ist es ihm sehr wichtig, sich selbst und seine Garderobe zu zeigen. Tanz und Autofahren sind seine Leidenschaften; ersteres nur in exklusiver Gesellschaft, letzteres nur in einer Nobelkarosse. Er erscheint auf Galaabenden und begrüßt illustre Gäste. Sein Lebenszweck ist die Erhaltung des Rufes seines Standes.

Im menschlichen Körper beherrscht der Löwe das *Herz* und den arteriellen Kreislauf, den Rücken und die Augen, genau die drei Dinge, die sich als Ausdruck der schöpferischen Sonnenkraft als erstes im Protoplasma abzeichnen, aus dem sich der Embryo bildet. Das Herz ist das Zentrum des Oberkörpers, wie das Sonnengeflecht, das ebenfalls dem Löwen angehört, dasjenige des Unterleibs ist. Beide repräsentieren die Sonne im Menschen, das Herz die geistige Sonne, das Sonnengeflecht die körperliche Sonne.

Das Herz in seiner ätherischen Form ist der Sitz des göttlichen Lichtfunkens im Menschen, der die Wahrheit erkennt, weshalb man auch an einer Unregelmäßigkeit des Herzschlages mit Hilfe des Lügendetektors feststellen kann, ob jemand die Unwahrheit sagt. Man sagt auch: In seinem Herzen wußte er genau...! Außerdem ist das Herz der Sitz der *Liebe,* wofür es in der Bildersprache und Symbolik eine unerschöpfliche Fülle von Beispielen gibt. In der Tat trägt der Mensch das Bild desjenigen, den er liebt, in seinem »ätherischen« Herzen. In der wechselseitigen Liebe verbinden sich tatsächlich die beiden ätherischen Herzen; wenn sie voneinander gerissen werden, dann können die Zurückgebliebenen tatsächlich an gebrochenem Herzen sterben. Die Herzschlagader bricht, wie man es auch bei Hunden festgestellt hat, die nach dem Tod ihres Herrn vor Kummer sterben. Vom Herzen strömt die Wärme der Liebe, die Herz-lichkeit aus. Das Herz ist auch der Sitz des Mutes; darum faßt sich jemand ein Herz. Wenn ihn der *Mut* verläßt, dann rutscht ihm das Herz in die Hose. Ein großes Herz und Großzügigkeit gehen zusammen, ein anderer ist engherzig. Wenn man ein Kind »mein Herz, mein Augapfel« nennt, dann gibt man damit zu erkennen, daß einem das Kind so lieb ist wie das Wesentlichste, was man besitzt: Die Geschenke der Sonne.

Das Herz ist ein Funkempfänger; es weiß alles, ohne daß das Gehirn daran beteiligt sein muß, und die Stimme des Herzens ist die uns eingepflanzte Richtschnur. Es weist uns den Königsweg der Offenheit und Wahrheit. Es gibt Völker, die nicht mit dem Kopf, sondern mit dem Herzen denken, wie z.B. die Indianer.

MAGNESIUM

Magnesium oder Bittererde ist das zum Löwen gehörende Mineral, das die Natur uns schenkt. Es kräftigt Herz und Sonnengeflecht, und in Ländern mit magnesiumreichen Böden wie z.B. in Ägypten tritt praktisch kein Krebs auf (das magnesiumreiche Nilwasser tränkt den Boden, auf dem das Getreide wächst). Magnesium entspannt und entkrampft den Menschen, da es sowohl Kraft gibt als auch das Bewußtsein für diese Kraft. Die Kamille enthält viel Magnesium, ebenso manche Edelsteine wie z.B. der Chrysolith (Magnesium-Eisen-Silikat), der schädliche Einflüsse abwehrt. Magnesium bildet eine Isolierung um die doppelte Leitung eines sensorischen und eines motorischen Nervs, wodurch es gegen von scharfen Säuren hervorgerufene Schmerzen schützt.

Magnesium phos D6 ist das beste Mittel gegen alle Krämpfe, z.B. auch Tätigkeitskrämpfe (Schreibkrampf, Lenkkrampf, Geigenspielerkrampf usw.). Es hilft gegen Nervenschmerzen, Menstruationsschmerzen, Tics, Schlaflosigkeit und Überanstrengung, Nervenentzündung, Geruchsverlust, Wärmeüberempfindlichkeit, Herz-, Kopf- und Ohrenschmerzen usw.

Alles, was durch Wärme, Druck und Reibung besser wird, wird auch durch Magnesium phos besser. Herz-, Magen- und Darmkrämpfe, Schluckauf, nervöses Asthma, Gallen-, Darm- oder Nierenkoliken.

Gegen Gallensteine mit Kopfschmerzen nimmt man Magnesiumchlorid (Magnesium muriaticum D6). Auch bei chronischen Leberleiden, pochenden Schmerzen, Unruhe in den Beinen, schlaffer, gelber Zunge. Es kräftigt den skrofulöen Typus und läßt Zysten eintrocknen.

Magnesium carbonicum gibt man bei Muskelrheuma, vor allem an der rechten Schulter, grünen Windeln von Kleinkindern, Sodbrennen, bohrenden nächtlichen Zahnschmerzen, Aphthen. Widerwillen gegen Milch und Fleisch weist auf den Magnesium-carbonicum-Typus hin.

Magnesium befindet sich in allen Vollkornarten, Milch, Eigelb, Nüssen, Pfirsichen und Pflaumen, Trauen, Äpfeln, Kirschen und Feigen.

GOLD

Das Gold ist das Metall der Sonne und ihres Zeichens Löwe. Daher die goldene Königskrone. Wenn ein Staat die Goldwährung aufgibt, verrät er die Sonne, durch deren Gnade wir alle bestehen! Goldschmuck zieht die Sonnenkräfte an, kräftigt unsere Lebens- und Abwehrkräfte; dies ist der Sinn des Goldes auf den kirchlichen Gewändern und Altären. Unser Schöpfer, der allmächtige Gott, ist der Sonnengeist. Deshalb spricht man vom inneren Wert des Goldes. Menschen, deren Sonne von Saturn bedroht ist und die deshalb Herzkrämpfe oder Rheuma haben, behandelt man mit Gold (Aurum), das nur in homöopathischer Verdünnung hilft. Lebensrettende Elixiere wie Aquavitae, Essentia aurea usw. enthalten Gold.

Das Gold gehört zum Löwen, weil er seinem Wesen nach der Vertreter der Sonne und deshalb mit Glanz und Pracht, manchmal auch mit heilkräftiger Ausstrahlung begabt ist. Menschen mit dem Löwen im sechsten Haus werden Goldschmied oder Juwelier.

Löwe-Menschen sind Kinder der Sonne, die sich im Menschen im Geistigen selbst widerspiegelt, auf einer niedrigeren Ebene aber auch im menschlichen Ich. Wenn der Löwe sich mit diesem menschlichen Ich identifiziert, geht es ihm nur zu oft wie Phaëthon, der glaubte, sich selbst auf dem rechten Pfad halten zu können, dessen Triebe (die Pferde vor dem Sonnenwagen) ihn jedoch in den Abgrund schleuderten, als er dem Skorpion zu viel Aufmerksamkeit widmete. Dann wird er zum Hanswursten, und sein Stolz ist fehl am Platze.

Wenn der Löwe jedoch erkennt, daß seine königliche Herkunft ihn verpflichtet, aus seinem Sonnen-Selbst zu leben, dann strahlt er wie eine Sonne, wärmt, tröstet und heilt das Herz seiner Mitmenschen und erlebt, wie alles in seinem Leben wie von selbst geht. Sein Reden ist wahr, er tut, was recht ist, und er ist niemandem Rechenschaft schuldig als seinem väterlichen/mütterlichen Sonnen-Selbst. Wie der freie germanische Bauer von einst, der sein Land und seinen Hof als Sonnenlehen betrachtete!

JUNGFRAU

Jungfrau, das sechste Zeichen des Tierkreises, ist ein negatives, bewegliches Erdzeichen unter der Herrschaft des Planeten *Merkur,* unseres Erachtens jedoch mehr unter der Herrschaft unseres eigenen Planeten Erde, Ge, oder Demeter (nicht zu verwechseln mit dem hypothetischen Planeten Demeter des Astrologen Ram).

PSYCHISCHER TYPUS

Nach seiner merkurialischen Art gehört dieses Zeichen eindeutig zur menschlichen Phase des Kindesalters vom 7. bis 14. Lebensjahr, insbesondere vom 9. bis zum 12. Jahr, demjenigen Alter, in dem die kleinen Menschen sich mit ihrem erwachsenen niedrigeren Verstand bereits gesellschaftlich mit einer eigenen Unternehmung behaupten können, insbesondere im Handel. Sie haben die besonderen Eigenschaften der Jungfrau: Sinn für *Ordnung* und *Reinheit,* scharfe Sinne und eine *gute Auffassungsgabe, kritisches, analytisches Denken,* das die Erfahrungen sortiert und rubriziert, und die Fähigkeit, aus der Erfahrung zu lernen. Sie besitzen ein schulisches Faktenwissen und glauben nichts ohne greifbaren Beweis. Sie haben den Glauben des Stiers, des ersten Erdzeichens, verloren und andererseits die abstrakteren, statischen Beweise des dritten, des Steinbocks, noch nicht erreicht. Als Erdzeichen geht es ihnen um den praktischen Nutzen der Dinge.

Die Jungfrau strebt nach vollkommener Ordnung und Reinheit, und da ihr jede kleine Abweichung auffällt und sie diese beseitigen muß, wird sie niemals fertig und ist daher immer beschäftigt: das Tätigste aller Zeichen! Weil die statische Ordnung, die sie mit Mühe und Eifer zustande bringt, im nächsten Augenblick durch das Leben schon wieder in Unordnung gebracht ist, das Gewaschene schon wieder schmutzig geworden ist, ist die Jungfrau häufig unzufrieden und unbefriedigt, hat etwas auszusetzen, nörgelt und kritisiert, weist andere zurecht. Sie ist *nüchtern, praktisch, kleinlich, unwirsch, vernünftig* und manchmal geziert, akkurat und sorgfältig, kleinbürgerlich, spießig. Sie hat nur Augen für die Teile, so daß sie das Ganze nicht sieht. Sie ist wählerisch, pingelig und pedantisch, regt sich über den kleinsten Schmutzfleck und den kleinsten Kratzer auf und glaubt immer gleich, eine schreckliche Krankheit zu haben (eingebildete Kranke!). Daher kommt ihre *übertriebene Hygiene,* Bazillenangst, die Überladung ihrer Hausapotheke und die Neigung zum Experimentieren mit jedem neuen Heil- oder Körperpflegemittel.

Die Jungfrau ist daher auch die perfekte *Krankenschwester,* die die Vorschriften des Arztes mit manchmal übergroßer Genauigkeit befolgt und mehr auf den ordentlichen Bettbezug als auf den Zustand und die Bedürfnisse des Kranken achtet. Sie ist dienstbar (aber nicht hilfsbereit), jedoch hauptsächlich deswegen, weil sie immer in Bewegung sein muß und gerne in besserwisserischer Art Macht über Schwächere ausübt. Sie ist nüchtern berechnend und vergißt ihre eigenen Interessen nicht; sie ist der Typ, der glaubt, daß die Krankenhäuser für die Krankenschwestern da sind und die Kranken sich im Interesse der Gesundheitsindustrie an die Regeln anpassen müssen.

Weiterhin ist die Jungfrau die geborene *Hausfrau,* immer in der Schürze und mit dem Staubtuch bewaffnet, deren aufgeräumtes Haus vor lauter Sauberkeit ungemütlich ist und deren Kinder nichts dürfen. Sie ist auch gerne Dienstmädchen, Putzfrau oder als Mann Butler oder Kammerdiener. Nichts entgeht ihrem scharfen Blick; sie können gut kontrollieren und beaufsichtigen sowie Prüfungen durchführen: Ihre scharfen Sinne machen sie zu Riechern in der Parfumindustrie und zu Wein- und Teeverkostern.

Durch ihre Sorgfalt werden sie zu Herstellern von Präzisionswerkzeugen wie Uhren, Barometern, Thermometern und medizinischen Instrumenten. Die Schweiz ist das Jungfrau-Land! Nützliche und schöne Handarbeiten wie z.B. Spitzenklöppeln und Frivolités liegen ihnen ausgezeichnet. Ganz und gar Jungfrau ist das Handarbeitsfräulein oder die Hygienelehrerin an der Haushaltungsschule.

Die Schweiz ist auch das Land der Internate, wo man gute Manieren lernt. Alles für das perfekte Äußere. Das Kindermädchen und die Gouvernante, die gerne drillt.

Die Neigung zur *Analyse* und zum *Experiment,* vor allem im Zusammenhang mit der körperlichen Gesundheit, führt die Jungfrau in die Chemie und in die Pharmazeutik, läßt sie Laborantin, Apotheker oder Arzt werden. Sie hat ein gutes Gespür für Arzneimittel, Heilkräuter, Diäten. Auch hier wieder die Schweiz mit ihren vielen Kurorten und der chemisch-pharmazeutischen Industrie!

Manchmal ist die Jungfrau so sehr von ihrem Perfektionsdrang besessen, daß sie sich in übertriebener Besorgtheit fragt, ob auch alles in Ordnung ist; wenn sie z.B. mit ihren Kindern spazieren geht, plagt sie plötzlich die Sorge, ob sie auch den Gashahn abgedreht, die Tür abgesperrt oder die Katze hinausgelassen hat. Wenn sie sich nicht sicher ist, kehrt sie sofort um, auch wenn der Ausflug dann ins Wasser fällt.

Auch die große Haushaltung, die *Wirtschaft,* ist das Gebiet der Jungfrau. Die Eskalation der Löhne und Preise entstand durch Uranus und Pluto im Zeichen der Jungfrau. Die Spitzenverbände der Wirtschaft sind Jungfrau-Einrichtungen. Sie dienen der Gemeinschaft, wie die Jungfrau überall die dienende Magd ist, der Angestellte, dem sein Platz und seine Pflichten zugewiesen werden und der dann auch gerne von Zeit zu Zeit seinen Arbeitsplatz wechselt (ein *bewegliches* Zeichen!), um Erfahrungen zu sammeln. Darum geht es der Jungfrau schließlich, nicht um das Geld.

Die Jungfrau zieht es vor, Aufgaben übertragen zu bekommen, sie nimmt sich nicht gerne selbst etwas vor. *Ruhe* findet die Jungfrau in der *Natur,* obwohl es ihr auch dort hauptsächlich um die Zweckdienlichkeit und die Kenntnis von Namen zu tun ist. Die Beschäftigung in einem stillen Gärtlein, vor allem das Jäten, Aufbinden, Rechen und ähnliche ordnende Tätigkeiten geben ihr höchste Befriedigung. Weite Wanderungen in der Reinheit jungfräulicher Natur machen sie glücklich. Daher wohnt sie am liebsten in dünn besiedelten Gegenden, oder aber in der Abgeschlossenheit einer geistigen Gemeinschaft wie einem Kloster oder Ashram, wo sie ihre eigene ruhige und stille Zelle mit Blick auf den Klostergarten hat.

Ruhe findet die Jungfrau in einer Umgebung, in der es nicht mehr viel zu ordnen gibt; man muß ihr deshalb ein Zimmer mit geradem Boden und Wänden geben, mit einfachen Möbeln und nur der allernötigsten Ausstattung.

KÖRPERLICHE VERANLAGUNG

Körperlich ist die Jungfrau ebenso sensibel, überempfindlich und kritisch wie sie es im psychischen Bereich ist. Dies betrifft insbesondere den von der Jungfrau beherrschten *Darm,* der die Speisen so sorgfältig zergliedert, daß zusammengestellte Speisen oder Mahlzeiten mit mehreren Gängen für sie zuviel sind: Sie wird krank davon. Sie muß ganz einfache und sehr gut gereinigte Nahrung haben. Die Jungfrau gehört wie die Zwillinge zum *Reinigungskreuz* der beweglichen Zeichen, die sich sehr rasch etwas zuziehen, es aber auch wieder loswerden, weil sie jedes unerwünschte Element schnell ausscheiden.

Sie haben hundert kleine Leiden, sind aber niemals ernsthaft krank; insbesondere sind sie häufig erkältet. Eine entsprechende blande *Diät* ist für die Jungfrau sehr wichtig! Andernfalls können ernsthafte Darmleiden entstehen, u.a. durch fressenden Kummer und Unzufriedenheit der vegetativen Organe, die vom Kleinhirn (Stier) aus auf das Sonnengeflecht (Jungfrau) übergehen und dort einen Mangel an Nervenenergie hervorrufen, wodurch die Unterleibsorgane unterversorgt werden. Die Jungfrau macht sich durch Wehleidigkeit und Ärger selber krank. Wenn in der aufgenommenen Nahrung zu wenig *Fette* vorhanden sind, werden Haut, Haar und Gewebe der Jungfrau zu trocken und spröde. Die Jungfrau beherrscht auch die *Pfortader;* Stauungen in diesem Bereich führen zur Leberträgheit, Verstopfung und Gallenleiden. Solche Verstopfungen können durch Majoran aufgehoben werden.

KALIUM SULPHURICUM

Das Nährsalz der Jungfrau ist Kalium sulphuricum, das als D6 bei Beschwerden wie Darmleiden, trockener Haut und Kopfrose, fettigem Haar und Haarausfall, Anämie und Ringwurm, schlechter Durchblutung, Bronchitis (Abendhusten) wechselnden Schmerzen und Grippe eingenommen wird. Wichtig ist es vor allem auch nach einer Grippe (= große Reinigung), bei der viel Kali sulph als Reinigungsmittel verbraucht wird, das dann ergänzt werden muß.

Kali sulph findet sich im Hautfett unserer Schafe, das dann in die Wolle übergeht und das wir als *Lanolin* für unsere Haut benutzen. Diese Salbe pflegt besonders gut unsere Haut, das Haar und die Nägel. Ein Mangel an Kali sulph, das die Hautporen offen und elastisch hält, bewirkt eine Verstopfung durch Talg, so daß man nicht mehr schwitzen kann; dann schlagen Hitze und Gifte auf die inneren Organe zurück, so daß man krank wird. Kali sulph transportiert den Sauerstoff; bei Sauerstoffmangel beginnt die Haut abzuschilfern (Rose).

Nach Kinderkrankheiten mit Hautabschilferung nehme man Kali sulph. Dieses Salz schmiert und ventiliert.

Bei Darmerkrankungen und Verstopfung leistet auch Leinsamen gute Dienste. Man gebe abends einen Teelöffel Leinsamen in etwas Wasser oder Zitronenwasser. Diese Schleimdroge schützt die empfindlichen Schleimhäute, und die Samenkörner regen die Darmtätigkeit an.

DAS WESENSPROBLEM DER JUNGFRAU

Die Jungfrau ist der Typus des *Zweiflers,* des ungläubigen Thomas und der Unzufriedenheit mit der unreinen Welt. Sie ist nörglerisch und kritisch, aber sie setzt auch ihren scharfen Verstand ein, um in Experimenten Lösungen zu finden.

Die Jungfrau kommt nicht über die Schwelle der Pubertät, bleibt psychisch im Kindesalter stehen, was nicht stört, wenn die Jungfrau nach ihrer Art als Dienstmädchen, Mönch oder Nonne, als Krankenschwester oder ähnliches unverheiratet bleibt. Wenn allerdings Venus, Mars oder andere Faktoren im Horoskop zur Erotik und Sexualität drängen, entsteht das Problem, wie das jungfräuliche Ich damit in Einklang gebracht werden kann.

Die Jungfrau will jungfräulich bleiben; sie ist keusch, sittsam, immer ängstlich darauf bedacht, sich in psychischer und physischer Hinsicht nicht mit etwas von einem anderen Menschen, mit Dingen aus der astralen Sphäre der Triebe und Leidenschaften, die der Jungfrau fehlen, zu verunreinigen, zu beschmutzen und zu beflecken. Die Jungfrau ist so stark im Vegetativen, in ihrem Lebensleib verankert, daß sie vor dem Animalischen, dem Astralen zurückschreckt. Dieser Sachverhalt wird in vielen symbolischen Erzählungen dargestellt, u.a. derjenigen von Kain und Abel, und derjenigen von Dionysos, Ikarios und dessen Tochter Erigone. Es ist der Konkurrenzkampf zwischen Pflanze und Tier, zwischen Ackerbauern und Viehzüchtern oder Hirten. König Ikarios hatte von Dionysos einen Weinstock erhalten und gab einer Gruppe nomadisierender Hirten Wein zu trinken, wovon diese betrunken wurden und aus Rache Ikarios töteten, woraufhin sich seine Tochter Erigone vor Kummer erhängte. Mit ihrem treuen Hund, der die Leiche des Vaters gefunden hatte, wurde sie als die Jungfrau an den Himmel versetzt, ihr Hund als der Hundstern Sirius.

Als Jungfrau fürchtet sie sich vor den betrunkenen Hirten, es graut ihr vor dem Rausch, denn sie will mit ihrem klaren und hellen Verstandesbewußtsein nicht in das Unterbewußte, in das Triebleben eintauchen. So gibt es viele Jungfrau-Frauen, die zu ihrem Unglück verheiratet sind und eine solche Abscheu vor dem Sexuellen empfinden, zu dem sie ihr Mann zwingt, daß sie sich immerzu waschen und bürsten, um den Schmutz auf ihrer Seele und ihrem Leib zu entfernen und an Selbstmord denken, um den furchtbaren Nächten zu entgehen.

Dies kommt am deutlichsten in dem Mythos von Demeter und ihrer Tochter Persephone zum Ausdruck. Demeter ist die mütterliche Jungfrau, deren Bild von Natur aus in jeder Männerseele vorhanden ist! Die Frau als mächtige, sorgende Mutter, die Begierden stillt, die Seele reinigt und tröstet und an die man niemals in Zusammenhang mit sexuellem Genuß denkt. Demeter ist das Bild der Großen Mutter, die Sicherheit schenkt. Jedermann sucht eine Frau nach ihrem Bildnis, um mit ihr in aller Ehre und Tugend Kinder zu zeugen und durch sie mit seinen Kindern versorgt zu werden. Meist muß sie seiner eigenen Mutter ähneln. Sie ist der Mond, vielleicht auch die Erde (Glückspunkt) in seinem Horoskop.

Getrennt davon lebt in seiner Seele das Bild der Venus, der schönen und klugen Liebhaberin, mit der man sich psychisch und körperlich vergnügt, als Gegenpol auf demselben Niveau. Sie ist die Hetäre in der alten griechischen Gesellschaft und in vielen anderen Gemeinschaften.

Wenn Mond und Venus im Horoskop des Mannes keinen oder nur einen ungünstigen Aspekt bilden, dann kann er die beiden Bilder nicht in einer Frau vereinigen, so daß zwei daraus werden oder der Platz der einen von ihnen leer bleibt.

Fortpflanzung ist nun einmal etwas völlig anderes als der Genuß des Austausches, und dementsprechend entfernt sich auch die Frau, sobald sie Mutter wird, von ihrem Ehepartner. Es sei denn, daß er ein echter Vater ist, eine männliche Demeter.

DER DEMETER-MYTHOS

Demeter, die Göttin der fruchtbaren Erde, wollte nicht heiraten, obwohl verschiedene olympische Götter sie ehelichen wollten. Sie wies auch Poseidons Antrag zurück und verwandelte sich, um ihm zu entgehen, in eine Stute. Dieser aber nahm die Gestalt eines Hengstes an und besprang sie. Aus Scham über ihre Entehrung verbarg sich Demeter in einer Höhle, bis sie sich auf Zeus' Rat durch ein Bad in einem Fluß reinigte und auf den Olymp zurückkehrte. Auch Zeus' Antrag wies sie zurück und verwandelte sich in eine Kuh, jedoch besprang sie Jupiter in der Gestalt eines Stiers. Aus dieser Verbindung entsprang ihre Tochter Kore, die nach ihrer Heirat mit Pluto den Namen Persephone bekam.

In den Göttergestalten der Demeter und Persephone sieht man die weiblichen Gegenstücke (da die Griechen vor Bellerophon, der die Amazonen schlug, im *matriarchalischen* Zeitalter lebten!) des Vaters und des Sohnes im *patriarchalischen* Judentum/Christentum. Der Vater oder die Mutter ist diejenige, die alles schafft und unterhält, die ihren Sohn oder ihre Tochter als Teil ihrer selbst, als Lebensgeist zur Erde und zu ihren Geschöpfen sendet, um ihnen das *Leben* zu schenken, auch in ihrer Nachkommenschaft. Dieser Lebensspender oder Jahresgott verkörpert sich in allen Naturreichen, er wohnt in der Pflanze, im Getreidekorn, das deshalb heilig ist, d.h. das göttliche Heil enthält, und er wohnt im Menschen als der Gottesfunke, der ihn heilig machen kann. Hierauf geht die liturgische Symbolik mit dem heiligen Brot usw. zurück.

Nun berichtet der Mythos, daß Pluto, der Gott der Unterwelt, Kore in sein Reich entführte, wo er sie heiratete. Untröstlich irrte ihre Mutter Demeter über die Erde und pflegte diese nicht mehr, so daß alle Pflanzen verdorrten. Jupiter, der den Untergang der Menschheit befürchtete, sandte Hermes, den Seelenführer, in die Unterwelt, um Kore zurückzuholen. Dies gelang erst nach Verhandlungen mit Pluto, wobei man übereinkam, daß Kore im Sommer bei ihrer Mutter und im Winter bei ihrem Gemahl in der Unterwelt bleiben sollte. Der Lebensgeist zieht sich ja im Winter in die Wurzeln und Zwiebeln unter der Erde zurück und schafft im Sommer neue Lebensformen auf der Erde!

Demeter selbst wollte nicht in die Unterwelt absteigen, um ihre Tochter zu holen: Als Denkpol und Tagesbewußtsein will sie sich nicht dem Unterbewußten überantworten, auch nicht vorübergehend im Rausch der sexuellen Vereinigung.

Dies finden wir nun bei jeder Jungfrau wieder: Das Bedürfnis, rein zu bleiben, die Angst vor der Defloration, eine gewisse Tendenz zur Naivität, und wenn sie vergewaltigt wird, auch zum Zynismus. Wenn die Jungfrau nämlich dennoch sexuell aktiv ist, dann geschieht dies in aller Nüchternheit, weil sie sich dem Rausch nicht hingeben kann, und dann ist Sex häßlich. Um dennoch Spaß daran zu haben, experimentiert eine Jungfrau (jedenfalls ein Mann) mit verschiedenen Methoden und Praktiken auf sexuellem Gebiet. Der Mythos geht aber weiter: Demeter befreundete sich (manche sagen: verliebte sich in) mit einem jungen Mann, Triptolemos, dem Sohn des Ikarios, und trug ihm auf, alle Völker den Anbau von Getreide zu lehren. Sie gab ihm die Kornähre, die sie auf allen Darstellungen in der Hand trägt, und die als der Fixstern Spica am Himmel prangt. Er reiste in einem Wagen, der von den beiden Schlangen des Caduceus gezogen wurde.

So sublimiert Demeter die sexuelle Kraft zu Erkenntnis, und so kümmert sich Demeter um die Nahrung, den Haushalt und die Wirtschaft der Völker auf der Erde. Triptolemos ist in gewissem Maße der Verstand, den sie den Menschen schenkt.

Dies wift auch ein Schlaglicht auf das Problem der Homosexuellen. Man weiß, daß junge Homophile sich nicht für Mädchen interessieren, aber immer eine mütterliche Frau brauchen, z.B.

hinter dem Schanktisch in ihrer Stammkneipe, und daß sie häufig auch eine sehr starke Mutterbindung haben. Sie bleiben psychisch im Kindesalter, haben auch relativ häufig die Jungfrau im Aszendenten oder im fünften Haus und können ihre körperliche Geschlechtlichkeit nicht auf die Muttergestalt richten, weshalb sie auf den Freund übergeht. Nicht auf die Hetäre, denn durch Uranus' Einfluß schätzen sie das Gleiche mehr als den Gegenpol. Sie könnten aber auch einem Mädchen keine Liebe schenken, weil die Mutterfigur alle ihre Liebe auf sich zieht. Triptolemos interessiert sich nicht für die junge Kore, sondern dient ihrer Mutter. Sie ist für ihn die mütterliche Jungfrau.

Dieses Bild übertrugen die Christen auf Maria, deren Name »Reinheit« bedeutet. Demeter = Maria = Jungfrau, deren Glyphe das M der reinen Magd, der Mutter, der Maria ist, ergänzt durch einen vierten Bogen, das Kind. Dies bedeutet: Die jungfräuliche Mutter mit dem Kind, Maria mit dem Jesuskind, Demeter mit Triptolemos, dem Sohn, der als Botschafter in die Welt hinausgeht.

Kore dagegen ist der Lebensgeist in den Pflanzen selbst, der sog. »Vegetationsdämon«, der Heilige Geist, der Erde und schöpfende Gottheit miteinander verbindet.

Mutter bzw. Vater bleiben im Himmel. Tochter bzw. Sohn verkörpern sich in den Tiefen des Stoffes, in der Hölle. Der Verkünder läßt alle an den Reichtümern der Hochzeit zwischen Himmel und Erde teilhaben.

Ihre Namen ändern sich, doch leben sie allezeit unter uns: Mutter, Tochter und Gesandter, Vater, Sohn und Heiliger Geist!

Zur Vermeidung von Mißverständnissen sei hier noch angefügt, daß es natürlich verschiedene Arten von Homosexuellen gibt, sowie auch verschiedene Arten von Heterosexuellen, je nach der Phase ihrer Seelenentwicklung. Freilich spielt bei allen Homosexuellen Uranus eine wichtige Rolle. Die meisten heterophilen Männer befinden sich nach der psychologischen Statistik in der Kleinkindphase, sind also psychisch nicht älter als höchstens sechs Jahre und sehen daher auch in ihrer Frau nur die Versorgerin, die Mutter (Mond). Ihre Sexualität bleibt auf die Ebene der körperlichen Lust beschränkt.

Die Triptolemos-Typen unter den Homophilen befinden sich psychisch im Kindheitsalter zwischen dem siebten und vierzehnten Lebensjahr.

Eine andere Art Homosexueller, nämlich diejenigen, die heftig verliebt und sehr emotional sind, stehen wie die großen Liebhaber unter den Heterophilen in der Pubertätsphase, d.h. zwischen dem 14. und 21. Lebensjahr.

Wirklich psychisch erwachsene Männer sind selten.

WAAGE

DAS WESEN

Die Waage, das siebte Zeichen, ist ein schwach positives kardinales und Luftzeichen, in dem die Sonne vom 22. September bis zum 24. Oktober läuft. Sie steht also zwischen Jungfrau und Skorpion und bewahrt in der Tat die Mitte und das Gleichgewicht zwischen diesen beiden. Während die keusche Jungfrau die Sexualität scheut und der Skorpion alle Tiefen der Geschlechtlichkeit auskostet und durchdringt, verlangt die Waage nur nach Zusammenarbeit und Austausch, wobei das Sexuelle um des Partners willen zugestanden wird.

Wir haben gesehen, wie die Jungfrau in der Gestalt der Göttin Demeter erscheint, die unverheiratet bleiben will, aber mit dem Jüngling Triptolemos befreundet ist, dem Sohn des Königs Ikarios, der für den Landbau steht. Dieser Jüngling hält in der Unterwelt die Waage, auf der bei jedem Verstorbenen, der in die Welt der Toten eintritt, das Verhältnis zwischen Gut und Böse gewogen wird. Skorpion ist nun das Zeichen Plutos, des Gottes der Unterwelt. Auch in dieser Hinsicht bildet die Waage die verbindende Mitte zwischen der nüchternen Jungfrau aus der oberen Welt, dem Tagesbewußtsein, und dem in den Tiefen wühlenden Skorpion als der Unterwelt und den Nachtbewußtsein.

Das Wesen der Waage ist also *Gleichgewicht* und *Harmonie*.

DIE WAAGE ALS MENSCHENTYPUS

Der Waage-Typus unter den Menschen, das Gegenteil des ihm gegenüberliegenden Widders, ist nicht wie dieser auf das Ich und auf Selbstbehauptung bedacht, sondern gerade auf das Nicht-Ich, auf den anderen, die Umgebung, die Gesellschaft orientiert. Er kann sich schwer durchsetzen, neigt dazu, dem anderen nachzugeben, ihm zu Willen zu sein, ihn zu verwöhnen, sich zu fügen, dessen Wünschen zuvorzukommen und sie zu erfüllen, weil sich die Waage so gut *in den anderen versetzen* kann. Deshalb hat sie einen schweren Stand in der Welt geifernder Wölfe und versucht, sich durch diplomatisches Geschick, durch Komplimentieren, durch eine Politik des Ausgleichs und der gütlichen Einigung zu behaupten. Im Gegensatz zu dem geradeaus voranstürmenden und andere umrennenden Widder weicht die Waage aus, sucht den geringsten Widerstand, gibt anderen Recht, umsegelt die Klippen, um jeden Zwist zu vermeiden, den lieben Frieden zu wahren. Die Waage haßt Streit und Gewalt, hat für Ellbogentypen nur Verachtung übrig und hält es in einer disharmonischen, unkultivierten und ruppigen Umgebung nicht aus; sie verträgt keine häßlichen Gegenstände, grobe Sprache, schlechten Manieren, schreienden Farben.

Sie sucht das Weite, oder sie wird krank. Ein Waage-Kind, das man zwingt, Kleider zu tragen, die sich beißen, fühlt sich todunglücklich. Die Waage macht lieber einen langen Umweg, als daß sie durch eine häßliche Straße geht. Die Schwäche der Waage liegt darin, daß sie aus Rücksichtnahme auf die andere Partei nicht durchgreifen kann, weil sie einem anderen nicht weh tun kann. Einen keimenden Konflikt, über den man sich einmal aussprechen müßte, läßt sie nur zu häufig weiterschwelen; sie versucht, die sich kräuselnden Wellen zu glätten und leugnet den Zwist, bis er sich schließlich in einer großen Krise entlädt und die Beziehung daran zugrunde geht. Wenn die Waage glaubt, daß ihr Personal stiehlt, dann entläßt sie es lieber unter einem Vorwand, statt es öffentlich zur Rechenschaft zu ziehen; dies ist die Feigheit der Waage, die sich häufig an ihr selber rächt. Die Waage hat einen schwachen Stand in der Gesellschaft, fühlt sich häufig *unzulänglich,* verträgt keine schwierigen Situationen.

Das Talent der Waage liegt in der Wahrung der Harmonie in einer relativ ruhigen Gemeinschaft, als Gastgeberin bei einer Party, in einem Hotel oder an einem Tagungsort, als Führerin auf einer Ausstellung oder als Reiseleiterin. Sie holt die Schüchternen nach vorne, dämpft die Übermütigen und läßt jeden zu seinem Recht kommen. Häufig wird die Waage Leiter eines Internats und leistet in dieser Funktion gute Arbeit, solange alle Schüler sich benehmen; wenn jedoch einer über die Stränge schlägt, schickt die Waage ihn sofort weg, denn mit dem Abnormalen kommt sie nicht zurecht, und strafen kann sie praktisch nicht, leidet darunter selbst mehr als der Bestrafte, weil es einen Bruch in den guten Beziehungen bedeutet. Weil sie sich auch überreden und erweichen läßt, kann sie nicht gut erziehen; es fehlt ihr die Kraft, konsequent bei einer Linie zu bleiben. Wenn man ihr sagt, daß Konsequenz unangemessen und unbillig wäre, dann gibt sie nach. *Recht* und *Billigkeit, Rechtmäßigkeit* und *Redlichkeit* sind die ersten und höchsten Normen der Waage.

Die Waage setzt sich daher auch immer für diejenigen ein, die Unrecht erlitten haben, für die Ausgestoßenen und Entrechteten, für den Schwächsten oder die abwesende Partei, ob ihr diese nun sympathisch ist oder nicht, einfach aus dem Standpunkt der Rechtsgleichheit. Dies führt häufig zu Mißverständnissen: Wenn man glaubt, daß sie für die eine Partei ist, stellt man bei der nächsten Gelegenheit erstaunt fest, daß sie die andere Partei verteidigt.

Die Waage ist an ihrem Platz als Anwalt und Schiedsrichter, als Vermittler zwischen streitenden Parteien, indem sie die jeweiligen Standpunkte klärt, und als Unterhändler, z.B. als Botschafter der Vereinten Nationen, oder als Leiter eines Flüchtlingskomitees. Nicht aber als Strafrichter! Sie ist der *Friedensstifter* par excellence.

Die Waage erarbeitet und schafft einen *Kompromiß.*

Im zwischenmenschlichen Umgang ist es die Waage, die kritische Situationen durch eine geschickt plazierte Äußerung auflöst, auch wenn sie nicht ganz der Wahrheit entspricht. Sie entschuldigt sich z.B. für einen anderen, wenn dadurch nur der Friede wieder hergestellt wird. Sie ist immer freundlich und höflich, wohlwollend und entgegenkommend, aber nicht immer wahrhaftig. Sie verlangt nach einer kultivierten Umgebung, fordert korrektes Verhalten, das niemandem wehtut. Körperlich und psychisch hat sie *runde Formen,* abgerundete Ecken, Stoßpolster, so daß sie niemandem weh tut noch selbst verletzt werden kann. sie bezahlt ihre Schulden sofort und erwidert jede Aufmerksamkeit, damit das Gleichgewicht gewahrt bleibt.

Auch im Stofflichen schafft sie Harmonie, indem sie ein Zimmer, eine Wohnung, eine Ausstellung ästhetisch perfekt einrichtet; sie hat Geschmack, ein Empfinden für Farben und Proportionen. Menschen mit der Waage in der Himmelsmitte treten gerne als Mannequin auf, um Schönheit vorzuführen.

Sie liebt ein ruhiges und angenehmes Leben in schönen, großzügigen Landhäusern und Gärten, in einem milden und zuträglichen Klima, zwischen feinsinnigen Menschen. Ein Waage-Typ verträgt keine großen Anstrengungen oder Exzesse, muß immer auf dem *Mittelweg* bleiben, kann keine Nächte durcharbeiten oder feiern. Sie will sich auch nicht in ihrem Beruf spezialisieren, weil einseitige Entwicklung das Gleichgewicht stören könnte.

Meist ist sie allgemein kunstinteressiert, spielt Klavier und kann zeichnen, und sie kennt sich auf ästhetischem Gebiet in den verschiedensten Bereichen aus, vor allem auch in der Floristik, der Innen- und Gartenarchitektur, in der Dekoration, Kosmetik u.ä. Ihre Stärke ist es, Kunden in exklusiven Geschäften zu empfangen und kultivierte Kontakte anzuknüpfen. Sie liebt Flirt und Liebelei, und ihr Land ist Österreich, wo sich die Leute über ein Liebespaar freuen und wo man gerne bei Schrammelmusik zusammensitzt und in die Operette geht, wo man den Tag im Kaffeehaus verbringt und sich mit Freunden trifft, mit denen man endlos redet. Reden, unterhandeln, abwägen und Gedanken austauschen sind die Lieblingsbeschäftigungen der Waage. Durch das gegeneinander Abwägen der Meinungen sucht sie die endgültige Wahrheit. Es dauert daher seine Zeit, bis sie ihre Entscheidung oder Wahl trifft, weil sie immer noch vergleichen muß. Sie bevorzugt daher auch vergleichende Studien (Kunst oder Sprachen) und liebt den Umgang mit ganz unterschiedlichen Menschen, ist immer in Gesellschaft; sie muß allerdings auch immer wieder ein Weilchen alleine sein, um zu sich selbst zurückzufinden, weil sie sich so sehr in den anderen Menschen verliert. Ihre unsichtbare Harmonisierungsarbeit erschöpft sie; dann braucht sie Ruhe und Abgeschiedenheit, gute, klassische Musik und schöne, zarte Farben. Die typische Farbe der Waage ist das beruhigende zarte Grün. Alle grünen Steine passen zur Waage, u.a. auch Olivin und Smaragd.

Die Waage ist deshalb auch niemals modern, hält sich eher an die klassischen, zeitlosen Schönheitsnormen.

Sie bindet sich nicht gerne für das Leben, scheut die Ehe oder geht sie nur auf der Basis ein, daß beide Partner einander vorübergehende Liebschaften zugestehen. Liebe ist für die Waage wichtig, nicht der Sex.

Andererseits ist die Waage aber auch das Zeichen der großen *Feldherren* und der Meister in den *Denkspielen,* weil sie sich in den Gegner versetzen kann. Das Problem der Waage ist das Schuldgefühl, die Unzulänglichkeit, die mangelnde Durchschlagskraft aus Schwäche.

KÖRPERLICHE KONSTITUTION

Die Körperformen der Waage sind abgerundet, weich, wie auch ihr Verhalten.

Ihre Konstitution ist zart, verträgt keine Extreme. Sie braucht viele *Ruhepausen,* häufig Urlaub und viel Schlaf, um ihr Gleichgewicht wahren zu können. Das von der Waage beherrschte Organ sind die *Nieren,* die das Gleichgewicht zwischen Säuren und Basen und vielen anderen Gegensätzen wahren. Wenn sie zu sehr belastet wird, so daß die Emotionen zu viel Gift in das Blut bringen, dann wird dieses Gift über die Haut ausgeschieden, wodurch leicht ein Exzem entsteht, das Leiden der Waage. Saft von schwarzen Johannisbeeren, Goldenruten- und Schafgarbentee und frischer Saft von weißen Trauben heilen die Nieren von Entzündungen, Vergiftung oder Insuffizienz. Die Nieren sind ein Empfindungsorgan, das durch ein gestörtes psychisches Gleichgewicht, z.B. Liebeskummer erkranken kann. Als geistiges Zeichen ist die Waage von trockener Art, trinkt wenig, manchmal zu wenig. Ihre Gefühle gehen nicht tief, jedoch gerät sie schnell aus dem Gleichgewicht.

NATRIUM PHOSPHORICUM

Wenn die Waage zu sehr ermüdet, dann entsteht eine Übersäuerung des Blutes und es treten gelbe Ausscheidungen auf; auf Dauer kommt es zu Exzemen, schließlich zu Rheuma oder Diabetes. Das Meersalz, das dies verhindert, ist Natrium phosphoricum D6, das das Blut reinigt. Auch Magnesium phos D6 (vom Löwen) ist der Waage sehr zuträglich. Das Natrium dämpft die Schwingungen des Lebensleibes, macht etwas lakonisch. Die Waage ist sehr empfänglich für die Schwingungen der Umgebung, hat in jeder Hinsicht eine »dünne Haut«. Überreizung führt dazu, daß sie ihre Nahrung nicht mehr gut verdaut, sie versauert. Dann kann sie auch die vielen Eindrücke aus der Umgebung nicht mehr verarbeiten und muß Ruhe haben.

Die Lebensregel der Waage lautet: Den goldenen Mittelweg gehen! Aus der Mitte (der Taille) leben. Die Japaner bezeichnen dies als *Hara*. Die Japaner, ein Jungfrau-Skorpion-Volk, finden ihre Mitte in der Waage, dem Zeichen Chinas!

SKORPION

DER SKORPION ALS MENSCHENTYPUS

Der Skorpion ist ein negatives, festes Wasserzeichen, und zwar ein Heißwasserzeichen, ein Geysir. Die Emotionen spielen eine Hauptrolle, aber sie sind verborgen und heiß: Es sind *Leidenschaften.* Wenn ein Skorpion beleidigt oder verletzt wird, dann schweigt er; der emotionelle Eindruck aber geht tief ins Innere und schwelt im unbewußten Teil der Seele, wo er allmählich in einen Racheplan umgesetzt wird, der ganz plötzlich realisiert wird. Diese Reaktion kann Jahre auf sich warten lassen, so daß niemand mehr versteht, was der Grund für diese Rache oder den Vorwurf ist.

Niemand weiß, worüber der verschlossene, geheimnisvolle Skorpion brütet. Er gibt sich niemals ein Blöße, durchschaut aber seinerseits mit seinem durchdringenden Blick die tiefsten Seelenwinkel anderer Menschen. Als Kriminalbeamter oder als Psychiater deckt er die verborgensten Zusammenhänge auf. Er wittert die Wahrheit und gräbt sich an sie heran, versteht es, dem anderen seine Geheimnisse zu entlocken, ihn zu Bekenntnissen zu zwingen, ihn mit seinem suggerierenden Ton und seinem hypnotischen Blick seinem Willen zu unterwerfen. Weil er selbst ein Verdränger ist, versteht er es, die verdrängten Triebe und die schwachen Stellen anderer unfehlbar zu finden, und er nutzt diese Fähigkeit, um über andere Macht auszuüben. Er versteht es, zu sticheln, insbesondere unter der Ebene des Bewußtseins, wo die Menschen schutzlos und verletzlich sind. Sie stolpern über ihre eigenen Begierden, die der Skorpion so gut kennt, weil er selbst von seinen Trieben und Begierden getrieben wird. Er kennt die menschliche Natur wie kein anderer, weil er sein Leben lang in den Kampf zwischen Gut und Böse verstrickt ist, sei es als der Übeltäter, der Verbrecher, sei es als der diese jagende Kriminalbeamte oder Detektiv, der alle Schliche durchschaut, weil er selber so gerissen ist. Im Gehirn des Skorpions tauchen raffinierte Kriegspläne und häßliche Streiche auf, die er ausführen oder verdrängen kann. Diese moralische Wahl macht sein Leben zu einem unaufhörlichen Kampf, wobei die besseren Skorpione sich in Selbstüberwindung üben, während die niedrigeren sich ihren Trieben und Leidenschaften hingeben. Die Seele des Skorpions ist voller Haß. In einem bestimmten Augenblick seines Lebens entdeckt er, daß dasjenige, was er an anderen tadelt, seine eigene Schlechtigkeit ist. Dann kommt es zum Selbsthaß, manchmal aber auch zur Bekehrung, zur Distanzierung vom Willen zum Bösen, im besten Fall zum mystischen Tod des niedrigeren Ichs, das gewissermaßen in ein besseres Ich transformiert wird. Dies ist nicht weniger als eine Gestaltverwandlung: Vom Skorpion wird der Mensch zum Adler.

Erst lebte man aus den Tiefen, aus der eigenen Unterwelt, in der man sich grimmig und rachedurstig wand und den Antrieben und den geheimen Plänen des Feindes nachspürte. Nach der Bekehrung lebt man nicht mehr unter, sondern über den anderen und ihrer alltäglichen Geschäftigkeit; man durchschaut ihr Seelenleben von oben her und arbeitet mit am großen Kampf im Äther, der das Schicksal der Menschheit bestimmt.

Wenn man erst ein großer Verbrecher war, wird man dann ein großer Held. Einen Mittelweg gibt es für den Skorpion nicht. Durch seine Größe eignet sich der Skorpion zum Heerführer, zum Leiter einer Besserungsanstalt oder eines großen Kurortes; in einem kleinen Kreis ist sein Druck zu übermächtig. Mit dem scharfen Blick hängt die Neigung des Skorpions zum Beruf des Optikers zusammen.

Skorpion, das Zeichen Plutos, des Gottes der Unterwelt, fühlt sich zu allem hingezogen, was verborgen ist, sowohl zum Inneren des menschlichen Körpers (deshalb wird er Chirurg), zum Geschlechtlichen (deshalb wird er Gynäkologe oder Sexualwissenschaftler), zur Unterwelt der Seele, zum Unterbewußten (deshalb wird er Psychiater), zur Unterwelt der Gesellschaft (deshalb wird er Detektiv) und zu dem den Lebenden verborgenen Gebiet nach dem Tode (deshalb beschäftigt er sich mit Okkultismus). Der Tod fasziniert ihn; häufig wird er auf die eine oder andere Weise zum Mörder von Tieren oder Menschen (Metzger oder Henker), oder aber Bestattungsunternehmer oder Notar. Er spürt verborgene Quellen durch ihre Strahlung auf (als Rutengänger), auch Erdstrahlen und die Strahlen von Edelsteinen, er spürt, wo ein Verbrechen begangen wurde. Er schreibt und liest Gruselgeschichten; intuitiv kennt er den Weg in die Magie (in dem Film *Gaslicht* sieht man einen solchen von Edelsteinen besessenen Mann).

In Mitteleuropa, Süddeutschland, Böhmen und Bulgarien findet man viele Geheimbünde mit magischen Ritualen, in denen Blut eine Rolle spielt, sowie auch viele mystische Gruppen, die sich mit der Gestaltverwandlung des Menschen beim Tode des Körpers wie auch der Seele befassen: Der Umsetzung des Stoffes in Geist, dem Aufbau des ätherischen Auferstehungsleibes (Kerner, Meyrink, Weinfurter). Auch die mit dunkelrotem (der Farbe des Skorpions) Achat verkleidete Kapelle auf Schloß Karlstein, das als mystisches Zentrum gedacht ist, zeugt davon. In der mystischen Stadt Prag versammelten sich einst Okkultisten, Magier, Astrologen und Alchimisten (die Goldene Gasse, der Golem, Walpurgisnacht). Hierbei geht es um die Veredelung der Triebe, die Umsetzung der Begierden und Lustempfindungen in geistiges Streben und himmlisches Glück. Dies ist die große Aufgabe des Skorpions: Das Gift der Begierden in die Macht des Heiligen Geistes zu verwandeln.

Der Skorpion ist der geborene *Magier.* Er besitzt von Natur aus eine außerordentliche Willenskraft und übt diese intuitiv (wie es auch der Jesuitenorden tut).

Sein Wille ist der Zauberstab, mit dem er die plutonische Macht über andere erwirbt und einsetzt. Er versucht fortwährend, seine Mitmenschen vor den Karren seiner eigenen geheimen Pläne zu spannen. Er ist auch der geborene Feldherr. Seine Mitmenschen sind für ihn Bauern in seinem Schachspiel oder Soldaten als sein Schlachtmaterial. Als *Krieger* und insbesondere als General ist er in seinem Element. Deutschland und Japan sind skorpionische Soldatenländer.

Seine gewaltige *Energie* und seinen *Fleiß* widmet der Skorpion am liebsten dem Kampf um die Macht. Für ihn gibt es nur Objekte, die als Material brauchbar sind oder nicht. Er ersinnt den Kriegsplan, läßt ihn seine Figuren für sich ausführen, hat sein Vergnügen daran, Parteien gegeneinander zu führen. Er ist grausam bis zum Sadismus.

Auf der niedrigeren Ebene hat er mit Tod und Vernichtung sein Ziel erreicht, seine Befriedigung gefunden.

Intensivsten Genuß erlebt der Skorpion schweigend im Geschlechtsleben als dem Ausüben und Erleiden von Macht und Vernichtung. In der Ehe ist der Sex für ihn das Wichtigste. Was er auf diesem Gebiet hat, ist sein Reichtum. Er gibt sich uneingeschränkt hin und fordert dasselbe zurück. Untreue des Partners, auch wenn sie nur vermutet wird, bedeutet das Ende der Beziehung, und der Skorpion nimmt ausgiebig Rache, denn er ist zutiefst eifersüchtig und duldet absolut keine Fehltritte. Religion und Sexualität sind für den Skorpion eng miteinander verbunden. Speer und Schwert, Zauberstab und Szepter sind sexuelle Symbole, zu denen Blut und Feuer gehören: »Ich bin das Schwert, ich bin die Flamme«.

Manchmal ist der Skorpion mit einem körperlichen Mangel behaftet, dem Zeichen eines seelischen Mangels im vorigen Leben. Um so schärfer sind seine Intuition, sein Verstand und sein Spürsinn, und desto größer seine Willenskraft und seine Machtgier; damit nimmt er gewissermaßen Rache an seinem Schicksal und an der Gesellschaft. In sein Studierzimmer, sein Feldherrenzelt oder sein Laboratorium vergraben, ersinnt sein Verstand die Technik, die für Tausende oder Millionen die Vernichtung bedeutet. Militärmusik bringt ihn in Ekstase.

Der höhere Skorpion steigt durch klassische Musik als Adler über alles Irdische auf.

So wie der Skorpion als Tier in dunklen Ritzen haust und das Licht scheut (wenn man ihn fängt und in einem Glas ans Licht stellt, gibt er sich selbst den Tod), so lebt auch der menschliche Skorpion am liebsten im Dunkel seiner geheimen Gedanken, Gefühle und Pläne. Wenn dies alles an die Öffentlichkeit kommt, dann flüchtet er sich ebenfalls am liebsten in den Tod durch Selbstmord. Auch aus Rache tötet er sich manchmal selbst, an der Türschwelle seines Feindes, um diesem lebenslange Schuldgefühle zu geben (Harakiri bei den Japanern). Gerade in Japan kennt man den magischen Schrei, der einen Mensch töten kann, und einen anderen, der ihn wieder zum Leben zurückbringt.

Schwerterkampf und Bogenschießen werden als heilige Rituale ausgeübt, bei denen man sich als Werkzeug höherer Mächte fühlt.

Der Soka-gakkai in Japan ist eine mächtige magisch-politische Bewegung, wie früher die Nazipartei in Deutschland. Beide fordern vollkommenen, blinden Gehorsam gegenüber dem Führer. Der Kampf wird als Sport betrieben: Jiu-Jitsu, Judo, Karate.

Der niedrigere Skorpion fühlt sich erst dann als Mann, wenn er mindestens einen Menschen getötet hat. Der höhere nimmt nur diejenigen in seine Gruppe auf, an deren Händen kein Blut klebt.

In der gewöhnlichen Wissenschaft findet man den Skorpion auch bei der Naturwissenschaft, wo er als Forscher in die Geheimnisse der Natur eindringt. Goethe und Steiner mit dem Skorpion im Aszendenten waren typisch skorpionisch.

Vor allem Menschen mit dem Skorpion in der Himmelsmitte streben sowohl im Großen wie im Kleinen Machtpositionen an; sie dulden keinen Widerspruch und zwingen anderen ihren absoluten Willen auf.

Wie Spinnen in ihrem Netz fangen sie ihre Mitgeschöpfe und verbrauchen sie, nachdem sie sie in ihre Einflußsphäre gelockt haben, z.B. durch die Gewährung von Vergünstigungen, die Verpflichtungen schaffen, so daß sie Gegendienste verlangen können. Unwiderstehlich ziehen sie andere in ihre eigene Interessensphäre, teilweise auch durch Gewalt, Erpressung usw. Ihr Gegenpol Stier hängt ihnen gerne an und läßt sich voller Hochachtung für die tiefen Erkenntnisse des Skorpions führen.

DER MYTHOS

Im griechischen Mythos ist u.a. Orion eine Skorpionsgestalt. Er jagt Frauen als die Projektionsbilder seines eigenen verdrängten weiblichen Pols, für den er sich schämt. Weil er seine sexuelle Gier nicht bezähmen kann, lenkt er ihre Rache auf sich selbst: Die Frau ist es, die ihn, d.h. sein niedrigeres Ich, tötet. So ging Orion mit seinem Hund Sirius auf die Jagd, wo er in Liebe zu der Königstochter Merope entbrannte. Ihr Vater verlangte von ihm eine Heldentat (Selbstüberwindung), bevor er ihm seine Tochter geben wollte. Orion aber konnte nicht warten und verführte sie, woraufhin ihr Vater Orion blendete. Er verlor damit den Blick auf das Höhere, weil er seine Sexualität unbedacht auslebte. Nachdem Apollon ihm das Augenlicht wiedergegeben hatte, ging

Artemis mit ihm auf die Jagd, aber auch ihr schenkte er nur Begierde, keine Liebe. Aus Rache rief sie einen Skorpion, der ihn tötete. Dadurch bekam er eine neue Chance. Nach einer anderen Version tötete ihn Artemis unwissend, indem ihr Bruder Apollon sie auf eine schwarze Stelle im Meer zielen ließ, der Orions Haupt war. Apollon, die Sonne, ist der Geist, der die Seele dazu bringt, die Begierde abzutöten. Artemis ist die Einweiherin, die Frau, die den Mann erhöhen kann – wenn er will.

DER KÖRPER

Im Körper sind die *Geschlechtsorgane,* die Harnleiter und die Blase, der Dickdarm und am gegenüberliegenden Pol die Nase und die Ohren, die Gebiete des Skorpions (Hals-, Nasen-, Ohrenarzt). Durch die wiederholte Reibung des Dickdarms an den bezähmten Emotionen kann eine Dickdarmentzündung und später ein Darmgeschwür entstehen. Es können Entzündungen der Skorpionorgane, venerische Krankheiten, Taubheit, Heiserkeit und Augenerkrankungen auftreten, meist in Zusammenhang mit einem falschen Geschlechtsleben.

Das *Bewußtsein* ist stark und bleibt meist beim Sterben wach. Skorpione sind kraftvolle Gestalten mit unerschöpflicher Arbeitskraft, nicht selten grob und arrogant, meist aber auffallend und bedeutend. Die Gesetze der Natur und des Kosmos werden von ihnen erforscht, teilweise mißbraucht, vielfach aber auch befolgt und an anderen praktiziert, z.B. im Naturheilverfahren. Die besten *Ärzte* und *Psychiater* sind Skorpione; sie ergründen die Lebensgesetze von Körper und Seele. Der niedrigere Skorpion vergewaltigt sie um des Genusses und der Macht willen, der höhere folgt ihnen nach. Wenn der Skorpion das Sexuelle verdrängt, um sich über es im Adlerflug zu erheben, dann können körperliche und/oder seelische Erkrankungen die Folge sein, z.B. Ängste. Verfolgungswahn kann eine Angst vor Dämonen im eigenen Unterbewußtsein sein. Freud, selbst ein Skorpion, hat dies durchschaut und enthüllt. Nicht durch Verdrängung, sondern durch Umsetzung der sexuellen Kraft in geistige Kraft wird der Skorpion zum Weißen Adler.

CALCIUM SULPHURICUM

Das Nährsalz des Skorpions ist Calcium sulphuricum. Als D6 verabreicht, kann es die Umkleidungen kräftigen, die Organe vor anliegender Feuchtigkeit schützen, z.B. an den Augen, den Harnleitern, im Darm. Dieses Salz ist der Gips, der auch für den Aufbau der schützenden Eierschalen notwendig ist. Frauen, die unfruchtbar sind, und Hühner, die Windeier legen, können durch Gips geheilt werden (sofern bei den Frauen nicht andere Ursachen vorhanden sind). Die Eier und eventuell die Samenzellen, deren Wände zu schwach sind, lösen sich zu Eiter auf, der sich in den Eileitern bzw. in der Prostata ansammelt. Fisteln sind Ausgänge, die der Körper in der Darmwand anlegt, um den Eiter auszuscheiden. Calcium sulph kann daher bei Fisteln helfen.

Wie der Skorpion weiß das Calcium sulph, wo die verwundbaren Stellen sind.

DAS WESEN

Das Wesen des Skorpions ist der Weg von der Finsternis zum Licht. Das alte Ich muß sterben, damit das neue geboren werden kann. Dazu muß man erst das alte Ich kennenlernen, es ergründen. Wie der Skorpion in einer in die Tiefe strebenden Spiralbewegung eine Grube gräbt, so gräbt und wühlt sich der skorpionische Mensch zum Kern, zum Wesen der Dinge voran. Er vernichtet die Form, um das Wesen zu befreien, wie der hl. Georg, der den Drachen besiegt. In der gröbsten Form ist dies der Lustmord, in der höchsten das Durchdringen der Lebensformen mit dem Heiligen Geist. Pluto läßt sowohl den blutdürstigen Tyrannen als auch den Propheten entstehen, der ohne Ansehen der Person den göttlichen Willen verkündet und auferlegt.

Der Skorpion hält sich nicht mit Nebensächlichkeiten auf. Er weiß, worauf es ankommt, und weist darauf hin. Allein durch sein bohrendes Schweigen kann er einem anderen das Gefühl geben, nackt dazustehen. Wer ehrlich ist, schätzt diesen schmerzhaften, aber kurzen Weg zur Wahrheit.

SCHÜTZE

WESEN UND SYMBOL

Der Schütze ist ein *Kentaur:* Ein Pferd, das statt des Halses und Kopfes einen menschlichen Oberkörper hat, der mit Pfeil und Bogen auf ein hohes Ziel schießt. Die Kentauren spielen eine Rolle im griechischen Mythos; einer von ihnen, Cheiron, war ein berühmter Lehrer junger Helden. Die Triebhaftigkeit des Pferdes in Verbindung mit dem Idealismus des Menschen macht den Kentaur zu einem Wesen, das seine intuitiv erfaßten Ideen voller Eifer propagiert und andere bekehren will. Der Schütze ist daher auch der Lehrer, Propagandaführer, der Missionar. Ist die tierische Hälfte die stärkere, dann geht er durch, und er lebt dies häufig im Wettkampfsport, bei der Jagd und auf Abenteuerreisen aus. Er kann nicht zu Hause bleiben, muß unterwegs sein, zu Pferde oder im Auto (Sport- oder Rennwagen): Schütze ist ein bewegliches Zeichen!

Durch sein eigenes Inneres vorangetrieben, wird er zum Antreiber und Übertreiber. Seine Impulse müssen sofort realisiert werden, wobei er häufig überstürzt und voreilig handelt.

Jupiter, der *vergrößernde* Planet, ist sein Herrscher, und dies ist der Grund, warum er alles übertreibt, blufft, aufschneidet, sich aufbläht, gerne Aufsehen erregt und immer mit großem Nachdruck spricht. Seine Selbstüberschätzung führt dazu, daß er häufig Ziele anstrebt, die ihm völlig unangemessen sind. Dies hält ihn aber nicht davon ab; das Erjagen des Ziels ist ihm wichtig, nicht das Erreichen. Er ist ein Jäger auf jeder Ebene und jedem Gebiet, der mit seinen scharfen Augen eine Beute erspäht, die er über Weg und Steg verfolgt, um dann, wenn er sie gestellt hat, alles Interesse zu verlieren und sie liegen zu lassen. Er ist deshalb auch der geborene Schürzenjäger, der auf Eroberung aus ist und diejenige, die sich ihm ergibt, keines Blickes mehr würdigt. Um die spannende Jagd so lange wie möglich auszudehnen, bringt er es sogar fertig, die Erfüllung seines scheinbaren Herzenswunsches selbst noch hinauszuschieben.

Wenn Antrieb und Ideal in einem Schützen nicht gut miteinander verbunden sind (körperlich entspricht dies einer schlechten Verbindung zwischen Klein- und Großhirn), dann kann ein solcher Mensch mit erschreckender Rohheit zu körperlicher Gewalt greifen, andere peinigen, sofern er dies nicht im Sport auslebt, wobei seine Ideen hohle Theorie bleiben. So entsteht der echte *Heuchler,* den man in Kirchen und geistlichen Bewegungen so überaus häufig findet (man denke an den Film *Elmer Gantry*!), insbesondere in den englischsprachigen Ländern, wo man sich auch so gerne mit Pferden und Hunden abgibt. Er segelt gerne unter falscher Flagge, um seine wahren Absichten zu verbergen. Der Schütze ist heißblütig, hat ein cholerisches Temperament, eine starke Leber, die viel Galle erzeugt, wodurch er sich ein exzessives Leben mit Wildbret, schwerem Wein und scharfen Gewürzen leisten kann. Er ist jähzornig, muß seinen elektrischen Überschuß loswerden, ist unruhig und ungeduldig, übereilt, in seinem Verhalten selbstgewiß, unbescheiden bis zur Unverschämtheit, glaubt, sich alles leisten zu können. In der Gesellschaft ergreift er das Wort und gibt es nicht mehr ab, muß reden, reitet das ewig gleiche Thema zu Tode, versucht, andere für seine Meinung zu gewinnen: Seine Wahrheit ist die alleinseligmachende. Er kann und will nicht zuhören, legt Scheuklappen an, um den Standpunkt anderer nicht sehen zu müssen; wenn ein anderer spricht, denkt er schon wieder darüber nach, was er sagen wird, wenn er das Wort wieder an sich gerissen hat. Seine Gedanken werden ihm erst durch das Sprechen bewußt! So bekundet er stets fanatisch seine eigenen Überzeugungen, und wer ihm nicht zustimmen will, wird mit Schmähungen überhäuft und als Ketzer hingestellt. Der Schütze ist die Unverträglichkeit in Person, der Ketzerjäger, der Inquisitor. Er verfolgt Andersdenkende, und es ist ihm eine Wonne, andere zu vernichten, wobei für ihn das Prinzip gilt, daß der Zweck die Mittel heiligt. Üble Nachrede, Schmähung und Intrige sind seine Methoden.

Der Schütze muß immer ein *Ziel* haben, auf das er sich richtet, und darauf konzentriert er all seine Kraft, weshalb er keinen Gedanken an andere Standpunkte verschwenden will. Er kennt nur einen Stand-Punkt – wie auch der Huf des Pferdes nur das Ende einer einzelnen Zehe ist. Nicht selten ist es ein Mensch, der sich immer wieder neue Ziele setzt, immer wieder ein neues Komittee gründet, immer wieder neue Aktionen einleitet. Die nächste Anwandlung überrollt die erste, bevor diese überhaupt zur Entwicklung kommen konnte. Seine Aktionen sind hoch auflodernde Strohfeuer, die schnell wieder in sich zusammenfallen. Das so heftig verteidigte Ziel ist ihm plötzlich gleichgültig geworden.

Der Schütze kann andere nicht in Ruhe lassen, drängt ihnen seine Ideen und Pläne auf, braucht Anhänger, hebt stets den Finger, um andere auf ihre Fehler hinzuweisen. Er ist der Moralist (Herman Heyermans, Heinrich Heine), der Mißstände an den Pranger stellt und geißelt. Gerne spielt er die Rolle des öffentlichen Anklägers.

DER MYTHOS

Der griechische Mythos berichtet, wie der Held Herakles den Kentauren Pholos besuchte, der ihm Wildbret vorsetzte. Als Herakles Wein dazu verlangte, brachte er dadurch seinen Gastgeber in Verlegenheit, da sein Weinfaß allen Kentauren gemeinsam gehörte; Herakles aber zwang ihn, das Faß zu öffnen. Der Geruch des Weins lockte die Kentauren an, und Herakles verjagte und verfolgte sie mit seinen Pfeilen. Als er zurückkehrte, fand er Pholos tot auf: Er hatte einem seiner Freunde den Pfeil des Herakles aus der Wunde gezogen und den Pfeil auf seinen eigenen Fuß fallen lassen, wodurch er sich vergiftete. So verliert der Schütze häufig seine Freunde durch seine Schärfe, mit der er ihnen die Leviten liest. Die Bewußtwerdung der Wahrheit kann das Gefühl töten.

DIE AUFGABE

Die Aufgabe des Schützen ist also, das richtige Gleichgewicht und die Harmonie zwischen seinen beiden Hälften herzustellen. Der Antrieb muß als Kraft zur Verwirklichung der Idee genutzt werden. Dann braucht der Trieb nicht mehr in sportliche Leistungen um ihrer selbst willen kanalisiert zu werden. Dann wird das Ideal auch nicht mehr nur propagiert, sondern wirklich realisiert. Damit verschwindet auch alle Heuchelei.

Erst dann wird der Schütze zum wahren Lehrer, der durch sein Vorbild erzieht. Dann ist er der wahre Priester, Prediger, das Vorbild, an dessen praktischem Vorbild man die Lehre erkennen kann. Er ist der Jäger, der keine Tiere mehr tötet, sondern z.B. eine Fotosafari unternimmt.

Solange der Schütze noch gespalten ist, lebt er seine tierischen Impulse noch in Sex, Kampf oder Sport aus; wenn er jedoch einmal integriert ist, dann lebt er aus seiner Intuition, der inneren Stimme seines besseren Ichs. Sein Denken ist das ethische Denken, das sich immer die Frage stellt, zu welchem *Zweck* etwas geschieht, was man daraus für seine weitere Entwicklung und seine Erhöhung erlernen kann. An die Stelle des ichhaften Ehrgeizes tritt dann das Aufwärtsstreben zum Geist. Für objektives Verstandesdenken hat der Schütze kein Empfinden und kein Interesse. Sobald ihm etwas begegnet, zielt er auf dessen Wesen, das er nicht selten trifft; warum sollte er dies also umständlich studieren? Der niedrigere Schütze gibt manchmal puren Unsinn mit solcher Selbstverständlichkeit von sich, daß die Zuhörer glauben, seine Weisheit wäre zu hoch für sie.

Die gesellschaftliche Aufgabe der Schützen liegt in der Befeuerung anderer, im Ansprechen ihres Idealismus, im Erwecken ihrer ethischen Normen. Auf der niedrigeren Ebene erziehen sie nicht, sondern drillen. Sie sind Trainer, Ballett- und Gymnastiklehrer, Reiseleiter und Fremdenführer, Missionare, Prediger, reisende Propagandisten und Volksführer, Lehrer und Seminarleiter, Menschen, die in der kirchlichen Sozialarbeit eine Rolle spielen. Was sie tun, hat stets Tendenz und Richtung!

Der Schütze sucht stets das Abenteuer (Schütze-Männern fällt es schwer, ihrer Frau treu zu bleiben), das Risiko; er *spekuliert, wettet, spielt,* lebt manchmal auch davon. Hinter seinem Spekulieren und Würfeln verbirgt sich im Grunde die Neugier auf das Schicksal oder Gottes Willen. Er glaubt auch, unter Gottes (Jupiters) besonderem Schutz zu stehen, und versucht seinen Gott wiederholt, der ihm in der Tat immer wieder aus der Patsche hilft. Immer optimistisch, voll Vertrauen in den guten Ausgang der Dinge, jagt er intuitiv seinem Glück nach, ohne Plan und Berechnung. Er kauft auf Kredit, gibt reichlich Trinkgeld, schafft sich viele Freunde, leiht Geld, um das eine Loch mit dem anderen zu stopfen.

Als bewegliches Feuerzeichen verfolgt er immer irgendein Ziel, wobei er häufig mit seinen beiden Hälften gleichzeitig oder abwechselnd einem sexuellen und einem geistigen Antrieb folgt. Er ist ein Getriebener, der als Antreibender versucht, anderen seinen Schwung mitzuteilen und seinen elektrischen Überschuß loszuwerden. Er schießt los wie ein Pfeil aus dem Bogen, häufig über das Ziel hinaus, zielt zu hoch.

KÖRPERLICHE ANALOGIEN

Der Planet, der den Schützen beherrscht, *Jupiter* (Zeus), läßt alles wachsen, sich ausdehnen, reicher werden, sich entwickeln. Zu wenig von dieser Kraft (stofflich: zu wenig Kieselsäure) ergibt die schwächliche skrofulöse Konstitution, die Stannum (Zinn, Jupiters Metall) braucht. Es ist der fröstelnde Typ mit geringer Widerstandskraft, übelriechendem Schweiß, Zahnfleischentzündungen, wuchernden oder verkrümmten Knochen und Einschrumpfungen (Leber, Nieren). Solche nach ihrer Art unterernährte Schützen hüllen sich gerne in ein warmes Kopftuch. Silicea D12 und Stannum D4 heilen sie.

Der Körperteil, der die Schütze-Schwingung hat, ist die *Hüfte.* Das Hüftgelenk bewirkt und bestimmt das Gehen! So wie Wildpferde über die Steppen traben, so muß auch der Schütze hinter etwas hertraben, sich seiner Kraft und seiner Schnelligkeit erfreuend. Menschen, die mit einem Hüftleiden geboren werden, d.h. nicht gut gehen können, sind nicht selten Menschen, die mit einem gewissen Hochmut ihren eigenen Willen oder ihre Anschauung durchsetzen wollen, wobei sie jedoch auf Schwierigkeiten stoßen. Ihr Vorwärtsdrang wird behindert, jedoch lassen sie nicht nach, ihr Ich mit dem Widerstand der Umgebung zu messen. Sie sind völlig davon überzeugt, daß sie recht haben.

Nachdem sie Menschengeister in philosophischen und theologischen Streitgesprächen besiegt haben, fordern sie Propheten, schließlich sogar Engel und Gott selber heraus. In der Bibel wird erzählt, wie Jakob mit seinem starken Ich eine ganze Nacht mit einem Gesandten Gottes rang; im Morgengrauen war seine Hüfte ausgerenkt. Sein Hochmut war gebrochen. Dies sind auch die inneren Erfahrungen von Menschen, die Hüftoperationen hinter sich haben. Der Chirurg ist dann der äußere Ausführer eines Musters, das auch in die Seele hineinwirkt.

Der Schütze will keine objektive Wahrheit sehen. Er verteidigt bis aufs Blut seine persönliche, subjektive Wahrheit, das Stückchen der großen Wahrheit, das ihm anvertraut ist; deshalb kann er nur tendenziös sein. Er betrachtet es als seine Aufgabe, alles aus seinem Zusammenhang zu reißen und auf einen bestimmten Punkt hin zu orientieren.

Deshalb ist der Schütze das ichsüchtigste und persönlichste Zeichen im Tierkreis. Sein Ich wohnt in der Nasenwurzel, soweit es sich mit dem Menschen auseinandersetzt, und oben auf dem Schädel, soweit es Gott sucht.

SILICEA

Die Kieselsäure oder Silicea ist die Analogie des Schützen in der mineralischen Welt. Aus ihr besteht der Bergkristall, zum größten Teil auch die Augenlinse und das Glas. Es ist der Stoff, der das Licht (der Wahrheit) sucht! Sie ist hart, so mitleidlos wie der Schütze. Dem menschlichen Körper verabreicht, macht es sofort Jagd auf »Ketzer«, d.h. auf Stoffe und Gegenstände, die nicht in den Körper gehören. Ein zurückgebliebener Splitter des gezogenen Zahns oder eine verschluckte Nadel werden durch Einnahme von Silicea D12 aus dem Körper entfernt. Fisteln sind Kanäle, die durch die ungeduldige Kieselsäure an jeder beliebigen Stelle geschaffen werden, um Fremdkörper zu entfernen; durch Silicea D12 kann man sie beseitigen. Sie sind eine typische Schütze-Erscheinung, wie z.B. auch Furunkeln: Fort mit allem, was schmutzig ist!

Silicea hängt mit der *Sichtweise* auf jeder Ebene zusammen, mit dem Schärfen des Blicks (gegen Star oder Katarakt), mit dem Licht der Wahrheit. Dieser Typus hat häufig auch ein Gerstenkorn am Auge, eine Ausscheidung innerer und innerlicher Unreinheit. Es ist das tragische Los dieses Typus, daß er immer durch ein beschlagenes oder gefärbtes Fenster blicken muß, wo er doch so heftig nach dem reinen Licht verlangt. Er muß streben, und doch ist es ihm nie vergönnt, etwas zu erreichen: Sobald er ein vorläufiges Ziel erreicht hat, steckt er sich ein neues, höheres.

Andere Ausscheidungen, die für einen Schützen typisch sind, findet man bei Augen- und Ohrenentzündung, Mandelentzündung, Schweißfüßen und -händen, Katharrhen und Leberabzeß. Für alle diese Dinge nimmt man Silicea, auch um Haut, Haare und Nägel straff und elastisch zu halten, und für die richtige Nervenspannung, die zum Selbstvertrauen gehört. Dem Studenten, dem der Mut fehlt, in das Schlußexamen zu gehen, dem Prediger, der sich nicht mehr auf die Kanzel traut, gibt man Silicea. Die Leiden des Schützen sind immer am schlimmsten im Freien, bei Nacht und bei Vollmond. Der Mond steht ja im engen Zusammenhang mit den Instinkten, Impulsen und Trieben – wenn diese sich nicht frei äußern können, entstehen Spannungen. Hexenschuß und Ischias sind typische Folgen der Unterdrückung von Impulsen, einem Feind zu Leibe zu rücken. (Die Oberschenkelknochen und der Ischiasnerv, der sich durch das ganze Bein von der Hüfte bis zum Fuß hindurchzieht, gehören ebenfalls zur Domäne des Schützen). Wo moralischer und animalischer Impuls aufeinanderprallen, treten häufig Spannungen, Schmerzen und Pein in den Schütze-Organen und -Körperteilen auf, neuralgische Schmerzen bei Nacht und bei Vollmond, Alpträume, Schlafwandeln.

Silicea wirkt vom Tier zum Menschen im Kentauren, verbindet sie. Die menschliche Hälfte muß sich aufrichten: Silicea gibt den Brücken Festigkeit und Elastizität in den Zwischenwirbelscheiben (bei Silicea-Mangel: Bandscheibenvorfall); eine ähnliche Funktion erfüllt es auch in den Knoten (Gelenken) der Getreidehalme und der Knöterichgewächse. Der Ackerschachtelhalm ist sehr reich an Kieselsäure, daher sehr hart und scheuernd. Man kann Tee aus ihm machen. Auch die Hirse enthält reichlich Kieselsäure.

VOLKSART

Ungarn und Spanier sind Völker des Schütze-Typs: feurige Liebhaber! Man denke an die spanische Inquisition und die Autodafés (Ketzerverbrennungen als Glaubenstat!). Die ungarischen Bälle, die zu zweit im Bett enden. Don Quichote, der sich selber Ideale schafft, um für sie zu kämpfen. Der Hang zur Selbstdarstellung, zum Flanieren und zu galanten Abenteuern. Die großen Gestüte in der Puszta und die spanische Reitschule! Die spanischen und ungarischen Tänze!

Mit einem Wort: Das Schütze-Temperament!

STEINBOCK

DAS SYMBOL

Im Zeichen Steinbock läuft die Sonne vom kürzesten Tag des Jahres, dem 21. (22.) Dezember, bis zum 21. Januar. Es ist das zehnte Zeichen, negativ, ein kardinales und Erdzeichen. Sein Herrscher ist *Saturn* (Kronos). Es ist das Zeichen, in das die Jahreswende fällt, der dunkelste Punkt des Jahres (auf der nördlichen Halbkugel).

Der Steinbock ist daher auch das Sinnbild dieser Zeit, in der die Lebenskraft, die die Sonne im alten Jahr gespendet hat, fast aufgezehrt ist. Sie wird dargestellt durch den Sensenmann: Das alte Jahr, Mittwinter, Kronos. Ihr folgt ein neuer Strom von Sonnenkraft, der zur Erde kommt wie ein neugeborenes Kind: das neue Jahr, oder auch wie ein Tier, das durch die Sphären des Geistes (Luft) und der Seele (Wasser) mit den Geschenken der Sonne (den Lebenskeimen oder Lichtsamen) zum konkreten Stoff (Erde) absteigt, das sich aber zum Zeitpunkt der Jahreswende mit den Vorderbeinen schon auf dem Land, mit dem Fischschwanz aber noch im Wasser befindet. Dieses mystische Tier ist das Seepferdchen oder der Ziegenfisch, dessen Schwanz eine Schleife bildet. Diese Schleife ist ebenfalls ein Mittwintersymbol: Die kleinste Schleife, die die Sonne an einem Tag am Himmel beschreibt. Bei den alten Römern herrschte der Gott Janus über den Jahreswechsel (daher der Name Januar). Durch das Janustor marschierten die Soldaten auf dem Forum ein (wie der Sonnensamen, und wie der männliche Samen durch die Scheide – alles ist in allem). Janus hatte zwei Gesichter, eines, das in die Vergangenheit, und eines, das in die Zukunft blickte. Dasjenige, was rückwärts blickte, war alt (das alte Jahr), dasjenige, das nach vorne blickte, war jung (das neue Jahr).

Der Steinbock ist ein Tier, das in der Einsamkeit des Hochgebirges von Fels zu Fels zum Gipfel springt. Als Mensch ist es der zielstrebige, nüchterne Einzelgänger, der auf dem Weg zum gesellschaftlichen Gipfel ist, zur Himmelsmitte (zehntes Zeichen, zehntes Haus).

DER STEINBOCK ALS MENSCHENTYPUS

Der menschliche Steinbock strebt in der Stille und mit unauffälligem Ehrgeiz nach der vollkommenen Beherrschung des Stoffes durch den Geist, d.h. nach der *vollkommenen Form.* Unverdrossen und ohne sich die geringste Enttäuschung anmerken zu lassen, klettert er nach jedem Rückschlag weiter nach oben. Die ersten dreißig Lebensjahre sind für ihn schwierig, voller Widerstände und Hindernisse; in dieser Zeit arbeitet er sein Karma ab (Saturn, der Planet des Karmas, der Erbschuld und des Erbverdienstes). Saturn hat in dieser Zeit einmal den Tierkreis durchlaufen und daher alle Horoskopfaktoren berührt. Reserviert, zäh und altmodisch klettert er die soziale Leiter hinauf, im ungünstigsten Fall als Beamter durch den Automatismus des Dienstalters. Wie die Pflanzenwelt des Winters ihre stoffliche Form in Samenkorn, Zwiebel und Wurzelstock auf die kleinste Größe reduziert hat, so ist der Steinbock-Mensch ebenfalls nüchtern, zur Entsagung bereit, zu einem Leben in Abstraktionen; er ist der Philosoph par excellence (Immanuel Kant). Wie der Winter das Wasser zu den rein abstrakten Formen der Schneeflocken gefriert, so läßt der Steinbock das strömende Leben zu festen Umgangsformen erstarren. Es gibt ihm einen festen Halt, wenn er weiß, welche Kleidung und welche Höflichkeitsfloskeln von ihm erwartet werden. Dieses Skelett (Saturn!) genügt ihm. Er liebt offizielle Anlässe, Zeremonien mit beeindruckenden Uniformen und schmückt sich dabei gerne mit der Abstraktion der Verdienste, dem Orden. Er ist äußerst konventionell (im Gegensatz zur lebendigen Tradition seines Gegenpols Krebs), korrekt bis zur Steifheit. Er ist der Meinung, daß man seine persönliche Art nicht zeigen darf. Er repräsentiert als Staatsbeamter, als Polizist gerne die Exekutive, die für die Aufrechterhaltung der bestehenden Ordnung sorgt. Die festgelegte Vergangenheit muß fortgeführt werden. Exemplarisch zeigt sich dies in Ländern wie England und Indien, wo die Gesellschaft pyramidisch aus Schichten aufgebaut ist, die unverrückbar an ihrem Platz bleiben müssen. Dies ist die Hierarchie, in der man den Untergebenen unterdrückt und vor dem Vorgesetzten katzbuckelt oder kniet (das zum Steinbock gehörende Körperteil sind die Knie!).

Das zu der Position eines Menschen gehörende *Verhalten* ist für den Engländer das wichtigste, nicht wie man innerlich denkt oder fühlt. Dies führte sogar zur Entwicklung eines Erziehungs- (oder besser Dressur-)systems: Des Behaviourism. Auf der Bühne will dieser Typus alles darstellen können, ohne innerlich daran beteiligt zu sein, und er scherzt zum Beispiel mit seinen Mitakteuren in den dramatischsten Szenen, um zu zeigen, wie gut er Form und Inhalt voneinander trennen kann. (Sein Gegenpol Krebs lebt sich gerade so sehr in seine Rolle ein, daß er die Person *ist!)* Sein Ideal ist: Der perfekte Gentleman, die vollkommene Dame, und im Alter *the grand old man!*

Dies ist es auch, was der Engländer von seinem Regenten verlangt: Er braucht kein Herz zu haben und muß auch nicht klug sein; er braucht keine eigene Persönlichkeit zu haben, aber er muß seine Funktion als Symbol perfekt erfüllen. – Der Steinbock identifiziert sich gerne mit demjenigen, was er repräsentiert, und er trägt deshalb am liebsten Uniform – als Soldat, hoher Beamter oder auch nur als Laufbursche, wenn nur der Name seiner Firma in goldenen Buchstaben auf seiner Mütze prangt. L'état c'est moi! Er liebt Häuser mit imposanten Fassaden, mit Freitreppe, Säulen und Veranda; wenn er eine Firma hat, hat er ein gewaltiges Namensschild und beeindruckendes Korrespondenzpapier. Der Eindruck, den er mit Hilfe seiner Statussymbole, seines Rufs, seiner Biographie, seinem Nachruf in der Presse bei seinem Tode macht – dies sind Dinge, die ihm äußerst wichtig sind (das zehnte Haus!) und wenn sein Testament eröffnet wird, zeigt sich, daß er sein mit eisernem Fleiß aufgebautes Vermögen einer gemeinnützigen Einrichtung vermacht hat, die seinen Namen tragen soll, der dadurch Bestand (Saturn!) haben wird.

Der Steinbock verbirgt sich hinter einer Fassade, einem glatten Gesicht; er verfügt über eine vollkommene Selbstbeherrschung, und er setzt seine Ehre darein, seine Gefühle zu verbergen, seinen Schmerz und seinen Kummer zu unterdrücken: »The show must go on!«.

Er ist ein Fels inmitten der Brandung, der einzige, der bei einer Katastrophe kühlen Kopf behält und die Rettung organisiert. Er ist eine Säule der Gesellschaft, ein Vorbild an Selbstbeschränkung, Sparsamkeit und Gediegenheit, Pflichttreue und Verantwortungsbewußtsein (die Schildwache von Pompeji, die an ihrem Platz ausharrte, als die Stadt im Aschenregen unterging).

Er ist gerne alleine, arbeitet z.B. nachts in seinem Büro oder seinem Studierzimmer durch, ernsthaft und etwas langsam, weil er so umständlich arbeitet, mit großem Zeremoniell, und alles erst in eine Kladde schreibt, damit das Endergebnis makellos ist. In der Schule ist er deshalb häufig etwas langsam, liefert dafür aber perfekte Arbeiten ab.

Er ist systematisch und ordentlich, aber etwas überempfindlich und schwerblütig (Saturn: Die Schwerkraft!). Nach schweren Rückschlägen ist er still und schwermütig, beißt aber dann doch wieder die Zähne zusammen.

Er lebt und arbeitet streng nach der Uhr, hat eine feste Tageseinteilung. So hatte der Steinbock Kant bei seinem Tode seine Schwester, die in derselben Stadt wohnte, zwölf Jahre lang nicht gesehen, weil sie ihren Mittagsspaziergang zur selben Zeit in einem anderen Stadtteil machten.

Jede Unternehmung wird sehr gründlich und sorgfältig vorbereitet; es werden Informationen eingeholt, Orte und Zeitpunkte abgemacht, Versicherungen abgeschlossen, denn nichts fürchtet der Steinbock so sehr als das Unvorhergesehene. Er will Sicherheit und versucht, die Risiken und Unwägbarkeiten des Lebens durch Versicherungen, Statistiken und Diagramme aufzufangen. Alles muß meßbar und berechenbar sein. Sachlich und praktisch, häufig aber auch ein umständlicher Tüftler, macht er das Leben häufig unnötig kompliziert, um sich damit wichtig zu machen. Er ist gerne der Fachmann, die Autorität auf seinem Gebiet, die Respekt abnötigt. Die simpelsten alltäglichen Fakten stellt er in Form komplizierter Statistiken dar.

Der Steinbock ist der ideale Beamte, manchmal der Bürohengst. Er liebt Verwaltungsarbeit, genießt Vorschriften und Formulare, Formalitäten und amtliche Verlautbarungen, und er wendet sie penibel an. Im Steuer- und Versicherungswesen und in allen staatlichen Ämtern fühlt er sich zu Hause.

Als kardinales Zeichen kann er eine große Unternehmung führen und organisieren, und er tut dies sachlich, nüchtern, einsam und unnahbar. Er hat zwar Gefühl, das er jedoch z.B. dadurch äußert, daß er armen Studenten ein Stipendium gibt. Als negatives Zeichen zeigt er weniger Initiative als die Fähigkeit, Gelegenheiten zu nutzen und bewährte Verfahren anzuwenden.

Saturn als Konservator der Vergangenheit macht auch sein Zeichen konservativ, voller starrer Prinzipien. Sein Leben hat Maß statt Rhythmus, Dressur statt spontane Eingebung, dogmatischen Glauben, Bürokratismus, aber ein strenges Gewissen, Unbestechlichkeit, Festigkeit, Integrität. Er ist nüchtern, ehrlich und streng, der geborene Calvinist.

Meist hat dieser Typus ein gutes Gedächtnis für konkrete Vorstellungen und einen vorzüglichen Geruchssinn, auch im übertragenen Sinne eine Spürnase (Zoll, Detektiv). Er ist bestimmt zum Würdenträger oder bedeutenden Geschäftsmann. Reserviert, schweigsam, mit kühler Geistesgegenwart gehen die Steinböcke als kostbares, versiegeltes Buch durch das Leben, Anerkennung heischend durch Titel und Auszeichnungen, aber auch durch die Macht des Geldes. Ihr höchstes Streben gilt aber der perfekten Lebensform.

Steinbock-Hausfrauen geben gerne große, vornehme Partys, wobei ihr Haushalt geräuschlos im Hintergrund funktioniert.

Undenkbar ist es, bei ihr unangekündigt zu erscheinen; einen Besuchstermin muß man immer vorab vereinbaren, aber dann ist auch alles perfekt vorbereitet. Steinbock-Frauen sitzen in Komitees, spielen gerne eine Rolle in der Gesellschaft und sind repräsentativ für das Einkommen und die Position ihrer Männer. Ihr Äußeres ist tadellos gepflegt, und Verstöße gegen die Konvention sind bei ihnen undenkbar.

Der Steinbock wird von seiner Verwandtschaft um Rat gefragt, wenn es darum geht, Grundstücke zu kaufen, Geld anzulegen, Kinder zu verheiraten. Wegen ihrer Korrektheit, ihrer Zuverlässigkeit, ihrer vorbildlichen Haltung sind sie für die Gesellschaft unverzichtbar.

CALCIUM PHOSPHORICUM

Körperlich gehören das Skelett, die Haut, das Haar und die Nägel sowie die Knie zum Steinbock. Die Knie werden manchmal rheumatisch steif. Dies kommt durch schlechten Speichel und schlechte Magensäure, weshalb der phosporsaure Kalk, der für die

Verdauung benötigt wird, nicht aus der Nahrung aufgenommen wird, so daß die halbverdaute Nahrung zu gären beginnt und die Säuren sich in den Gelenken ansammeln. Calcium phos ist der Stoff, der das Skelett, die Nägel und die Haut aufbaut. Kalk und Eiweiß schaffen zusammen neue Zellen; wenn Kalk fehlt, wird Eiweiß überschüssig, was zur Albuminurie, zum Schleimverlust führt. Andere Folgen sind Frostbeulen, Rückgratverkrümmung, Blutarmut. Man gibt für diese Leiden Calcium phos als D6, immer aber auch bei Knochenbruch und allen Erkrankungen des Skeletts, des Gebisses, der Nägel, der Haut und des Haars. Bewährt hat sich die Kombination mit Calcium Fluor D12 und Calcium sulph D6.

Calcium phos ist der Form-Erbauer; er gibt der Körperform Dauerhaftigkeit. Haare und Nägel wachsen noch lange nach dem Tode, das Skelett kann mit dem Gebiß Jahrtausende erhalten bleiben.

Der Steinbock ist zäh und wird meist alt. In das menschliche Skelett ist in feinen Spuren die ganze Lebensgeschichte eingeritzt. Er hinterläßt diese Chronik gerne, läßt sich begraben oder mumifizieren.

Bei einem Mangel an Calcium phos kann der Steinbock nicht mehr er selbst sein, seine Emotionen nicht mehr unter Kontrolle halten. Dann entsteht »Panik«, das Lebensfest des flötespielenden Bocks Pan, des Gottes der Natur.

DAS WESEN

Das eine Gesicht des Janus blickt zum Geist, das andere zum Stoff. So wird aus dem einfachen Steinbock der penible Buchhalter, Finanzverwalter, Prokurist, der die Dinge dieser Welt nachrechnet und kontrolliert. Der höhere Steinbock ist der Gewissensmensch, der über seine Fehler und Sünden Buch führt und versucht, sie gutzumachen; er denkt viel über sein Karma nach und möchte einen ausgeglichenen Saldo haben, bevor er abtritt. Er ist ein Verteidiger der strengen Gerechtigkeit, der Diener des großen Gesetzes, der straft und belohnt. Er schreibt die Chroniken, Bestandsaufnahmen – auch von versunkenen Kulturen –, versorgt die Museen, schließt ein Haus oder eine Epoche ab, um die

Schlüssel der Gottheit zurückzugeben, die die Verwirklichung ermöglichte. Er ist der Bote der äußersten Grenzen der Inkarnation und trägt im Grunde deren ganze Last auf seinen Schultern. Er ist der älteste Sohn der Gottheit, dem die Verantwortung für das Ganze übertragen ist. Er weiß dies und handelt dementsprechend. Zugleich wirft er einen letzten Blick auf den Stoff und einen ersten Blick auf den Geist, das Gelobte Land, das andere betreten werden (er selbst in einer späteren Phase). Er ist der Wächter an der Grenze.

WASSERMANN

DER WASSERMANN ALS MENSCHENTYPUS

Wassermann ist ein positives, festes Luftzeichen, ist also auf dem *geistigen* Gebiet beheimatet. Das erste Luftzeichen, Zwillinge, war die Ergreifung und Weitergabe des Wissens; Waage, das zweite, die Vernunft und das vernunftmäßige Ergründen, Erwägen und Vergleichen; der Wassermann ist das über der Vernunft liegende *intuitive Wissen,* die plötzliche Eingebung des Erfinders, die den Anfang eines vernunftmäßigen Ergründens bilden kann oder die Auflösung einer hypothetischen Erwägung, die intuitive Antwort auf die Frage des Verstandes.

Seinem Wesen nach ist Wassermann der Mensch in der dritten Phase; sein Herrscher ist ja der Planet *Uranus,* der erste der Mysterienplaneten. Er hat das philosophische abstrakte Denken des vorangehenden Saturn, des letzten der sogenannten einfachen Planeten vollendet. Er braucht nun nicht mehr von der Vergangenheit lernen, nicht mehr auf der bestehenden Wissenschaft aufbauen. Er empfängt das bessere Wissen, die *Wahrheit,* direkt aus dem Äther. Dies macht ihn *frei* und *unabhängig.*

Der Wassermann braucht also nicht zu lernen, nicht zu suchen oder zu vermuten, nicht mehr abzuleiten, sich auch nicht mehr auf etwas vorzubereiten. Er weiß, daß dasjenige, was er brauchen wird, ihm zu rechter Zeit aus dem Kosmos geschenkt werden wird. Wenn er handeln muß, weiß er auch unmittelbar, was er zu tun hat. Er braucht keinen irdischen Halt, fühlt sich als kosmisches Wesen mit einem vorübergehenden irdischen Auftrag. Daher hat der höhere Wassermann stets etwas Prophetisches: Als Gesandter überbringt er den Menschen die göttliche Wahrheit oder das göttliche Gebot. Als Wassermann gießt er Wasser des Lebens in das Gefäß des menschlichen Gehirns.

Er ist ohne Furcht, fühlt sich mit dem Himmel und seinem Planeten Uranus verbunden, die ihn aufnehmen werden, wenn er auf der Erde einmal scheitert. Er ist auch niemandem Rechenschaft schuldig; er ist jenseits des saturnalischen Gewissens; er vernimmt die Eingebungen des Uranus und setzt diese in Taten um, die dann stets auch gut sind, d.h. wahrhaftig. Wenn er einmal nicht auf die Stimme hören würde, dann wäre er verloren, und zwar vollkommen.

In seinem täglichen Leben folgt er seinen Einfällen, die häufig der Tradition, der Konvention, der gängigen Moral und der Pflicht widersprechen. Er will keine Versprechungen machen und kann keine Abmachungen treffen, weil er ja nicht weiß, was ihm zu diesem zukünftigen Zeitpunkt von innen (oder von oben her) eingegeben werden wird. Man nennt ihn dann unberechenbar, bindungslos, originell, chaotisch!

Der Wassermann will sich nach eigenem Gutdünken kleiden, praktisch, hübsch und fröhlich. Am liebsten geht er nackt, denn dies ist die Wahrheit. Er durchschaut allen Schein und läßt sich nichts vormachen. *Wahrheit* und *Natürlichkeit* bestimmen sein Verhalten und seinen Lebensstil. Er ist ein Lebenskünstler, der seinen Einfällen folgt, der die Menschen, die Natur und das Leben so nimmt, wie sie sich geben und sich nicht durch Autoritäten und die Normen der Vergangenheit beeinflussen läßt; er lebt in der Gegenwart.

Weil sich dieser Typ natürlich überall gleich wohl fühlt und Platz um sich braucht, unternimmt er häufig gefährliche Reisen, fliegt auch viel und unternimmt riskante Abenteuer, um seine Einfälle mit dem Stoff und den Gesetzen der Erde zu konfrontieren. Die Sonne stand im Wassermann bei Sven Hedin, Shackleton und Stanley, Jules Verne, Edison, Ampère und Volta, E. A. Poe! Man findet Wassermänner in allen internationalen Bewegungen und Aktionen, sie fühlen sich als *Weltbürger.* Der Wassermann geht voran bei allem, was progressiv ist, nicht blind angetrieben wie der Widder, sondern im Bewußtsein seiner Berufung, den Menschen bestimmte Wahrheiten zu bringen. In der heutigen Zeit ist er der *Humanist* und *Sozialist,* der Gemeinschaftsmensch, der gerne im Kibbuz wohnt und in internationalen Projektgruppen mitarbeitet.

Man findet ihn weniger bei den großen Konferenzen, wo die Schützen verkünden, was zu geschehen hat, sondern dort, wo etwas getan wird. Was der Wassermann auch anpackt, macht er intuitiv richtig. Dies gilt vor allem für künstlerische Handarbeit, die Eigenfertigung schöner Gebrauchsgegenstände, von Kleidern und Schmuck nach eigenen Entwürfen.

Der Wassermann ist der Mensch, dem nichts Menschliches fremd ist, der alles versteht und von sich aus sozial tätig wird. Allen seinen Mitgeschöpfen kommt er mit weitem Herzen entgegen. Er setzt auf freiwillige Zusammenarbeit und Effizienz und ist immer bereit, ein anderes Verfahren zu akzeptieren, das vorteilhafter erscheint. In allen Lebensäußerungen erkennt er das eine Wesen; er ist ohne Vorurteile und sieht die Unterschiede, will also nicht allen dasselbe geben, sondern jedem das Seine.

Unabhängig und frei von Ich-Sucht lebt er ohne Bindungen, läßt z.B. seinem Ehepartner alle Freiheit – er ist doch ein Mensch! Er lacht über die menschlichen Torheiten, über Selbstbetrug und Selbstankettung. Er kennt keine Zweiheiten, kein Gut und Böse, Weiß und Schwarz, Mann und Frau. Alle Zweiheiten sind für ihn die Pfeiler eines Bogens, die von ihrer Synthese überspannt werden, dem Dritten, in dem beide zu einer Einheit verschmelzen.

Stets zu einer gütlichen Einigung bereit, trennt er sich von seinem Partner in beiderseitigem Einvernehmen und bleibt mit ihm befreundet. Besitzstreben oder autoritäres Verhalten sind ihm vollkommen fremd. Die Tyrannei der Mehrheit findet er ebenso töricht wie die Herrschaft eines Einzelnen; er tritt für die Soziokratie als Regierungsform ein: Die Führer versammeln sich und reinigen ihre Seelen, bis sie alle von dem Gott in ihnen dieselbe Wahrheit empfangen haben. Die Mitglieder einer Gemeinschaft empfangen innerlich doch auch dieselben Anweisungen. Ein Wassermann kann sich je nach Notwendigkeit aufopfern oder aber durchsetzen, wobei er niemals aus Ichsucht handelt.

Der Wassermann lebt von innen heraus und tritt für seine Wahrheit ein (Galilei, Kopernikus). Diese Beharrlichkeit (festes Zeichen!) wird vielfach als Egoismus mißverstanden. Egoismus ist es aber nicht. Als Gewerkschaftsführer kann er z.B. durch diese Beharrlichkeit eine gefürchtete Macht repräsentieren. Er kann aber auch plötzlich eine andere Haltung oder einen anderen Standpunkt einnehmen, wenn ihm eine neue Wahrheit bewußt wird. Weil seine Beschlüsse aus dem Vertikalen kommen und er daher nicht konsequent ist, kann man auf der horizontalen Ebene der Psychologie so wenig über ihn aussagen.

DER KÖRPER

Die Unterschenkel und im gewissen Umfang auch der Blutkreislauf werden vom Wassermann beherrscht, so daß z.B. Gefäßverengung oder -erweiterungen, Krampfadern usw. unter dieses Zeichen fallen. Vor allen Dingen hängt der Wassermann mit der Versorgung der Gewebe mit *Wasser* zusammen, das Nährstoffe zu- und Schlackenstoffe abführt. Wassermann schenkt Wasser zur Reinigung, was auch in seinem Monat Februar überall in der Natur geschieht: Die Bäume werfen das abgestorbene Holz ab, die Tiere befreien sich mit ihren Ausscheidungen von Schlackstoffen, weshalb die Milch in dieser Zeit schlecht ist und die Kühe, die durch Sauerstoffmangel verunreinigt sind, Maul- und Klauenseuche bekommen. Der Mensch bekommt zur Reinigung Grippe, wenn er nicht fastet.

Alle Leiden, die durch einen Wassermangel oder -überschuß irgendwo im Körper entstehen, gehören daher auch zum Wassermann, wie z.B. Triefnase, Wassersucht, Blasen, Ödem, Exzeme, trockener Mund und Hals, Heuschnupfen, knirschende Gelenke, tränende Augen, Verstopfung und Verdauungsschwäche, Sonnenstich, Blutarmut, Malaria, nervöse Reizbarkeit und Schlaflosigkeit.

NATRIUM MURIATICUM

Wenn man noch müder aufwacht als man eingeschlafen ist, dann hat das Wasser die Schlackenstoffe durch einen zu niedrigen Gehalt an Kochsalz nicht beseitigen können: Natrium muriaticum (oder chloratum), das in unserem Blut als D6 vorkommt und daher auch als D6 abgegeben werden muß, nicht niedriger.

Natrium (Soda) reinigt, indem es Fett verseift, entsäuert und entwässert; das Chlor zieht giftiges Wasser aus den Geweben (auch in eine Blumenvase gibt man etwas Soda, um das Wasser sauber zu halten) und begünstigt die Wasseraufnahme der Körperzellen (vor ihrer Teilung schwellen die Körperzellen durch Wasseraufnahme an).

Das Salz kommt in der Natur im Meerwasser vor und daher auch in der Seeluft; ausgetrocknete Meeresböden haben Salzminen entstehen lassen. Man findet das Salz dort in Verbindung mit anderen Mineralien vor, wodurch prächtige Farben entstehen: Orange, Blau, Rosa usw. Ein solches Natursalz ist sehr gesund; zu Tafelsalz raffiniert wird es ungesund, sobald man zu viel davon gebraucht: damit es in Lösung gehalten werden kann, bilden sich Salzwasseransammlungen in den Geweben. Wenn dann noch Herz und Nieren geschwächt sind, wird deren Leistungskraft überfordert, und der Mensch wird ernsthaft krank. Dies ist der Grund, warum man Wasseransammlungen mit salzloser Diät bekämpft; besser ist es aber, zusätzlich Natrium mur D6 einzunehmen, denn ohne die Wirkung des Salzes auf die Seele geht es nicht. Seesalz in homöopathischer Verdünnung enthält die ätherischen Minerale, die auch das Sonnenlicht enthält und die einen schwachen Ätherleib kräftigen. Seeluft, Baden im Meer und der Genuß verdünnten Seewassers spenden Vitalität! Werdende Mütter, die Seewasser trinken (verdünnt und gereinigt), bekommen intelligente Kinder! Salz macht *elektrisch;* der Herrscher des Wassermanns ist ja auch *Uranus.*

Salzmangel macht träge und schläfrig; das Kind mit dem Wasserkopf, das zuviel Wasser und zu wenig Salz im Gehirngewebe hat, ist stumpfsinnig. Menschen mit zu wenig Salz im Blut stehen mürrisch auf, werden bei Sonnenaufgang munterer, haben empfindliche Schleimhäute (Katarrh, Heuschnupfen), manchmal pochende Kopfschmerzen, sind rasch nervlich überlastet und lassen sich bei mangelndem psychischen Widerstandsvermögen von anderen ausbeuten. Sie neigen auch zu Darmparasiten. In Südamerika kennen die Indianer Verfahren, um Menschen durch giftige Dämpfe in einen Dämmerzustand zu versetzen, in dem sie willig gehorchen und als willige Sklaven für andere arbeiten (die sog. Zombies), solange ihnen nicht jemand Salz zu essen gibt. Salz gibt ihnen nämlich die Grundlage ihres Ichs zurück; dann erkennen sie plötzlich ihre Lage, fassen Mut und laufen weg. Es sind vor allem die Voodoo-Priester, Schwarzmagier auf Haiti, die sich dieser Praktiken schuldig machen. Sie blasen ein Gift durch die Ritzen der Bambushütte, in der ein Mann schläft; am folgenden Morgen ist er scheinbar tot und wird begraben. Nachts ruft der Priester ihn aus seinem Grab, und der Mann muß dem Priester folgen und für ihn arbeiten. Wenn ein solcher Zombie durch den

Genuß von Salz aus seiner Betäubung erlöst wird, dann läuft er zuerst zu seinem Grab zurück.

Zu wenig Salz im Blut führt dazu, daß der Körper keine »Reparaturen« durchführen kann. Die Haut wird trocken und schilferig, juckt oder brennt. Manchmal entstehen unter der Haut an Händen und Füßen Wasserbläschen; es ist zu wenig Salzsäure im Magen, wodurch diese die aufgenommene Nahrung nicht gut verdauen kann, insbesondere die Eiweiße; es entsteht wässrige Diarrhöe, und die Nase beginnt zu laufen. Schlaflosigkeit kann die Folge von zu trockenem Gehirngewebe sein. Das Salz muß nämlich den Wasserhaushalt regeln, und wo es fehlt, mißlingt diese Regelung. Bei allen den genannten Leiden nimmt man Natrium mur D6 mit Ferrum phos D12 und, wenn die Haut brandig ist, dazu Calcium sulph D6. In chronischen Fällen, wenn degenerierte Hautzellen durch neue ersetzt werden müssen, gibt man außerdem Kali mur D6. Man kann die vier Pulver mischen und innerlich wie auch äußerlich anwenden.

DAS WESEN

Der Wassermann ist daher auch »das Salz der Erde«; ein einziger Wassermann in einer großen Gesellschaft weniger elektrischer Typen ist das »Salz in der Suppe«; er bringt, direkt aus dem Äther, die *Wahrheit* unter die Menschen. Diese Berufung zum Propheten ist es, die ihn treibt, mit seinem Krug voll lebendigen Wassers immer wieder unter die Menschen zu gehen. Er versucht, aus der Gemeinschaft ein organisches, lebendiges Ganzes zu machen, die ganze Menschheit eine große Familie werden zu lassen.

FISCHE

DAS WESEN

Die Fische sind das letzte Zeichen des Tierkreises, die letzte Phase von zwölfen, die den Lebensprozeß bilden. Alles, was durch die vorangegangenen elf erworben und geworden ist, erreicht in den Fischen seine höchste Differenzierung und Verfeinerung, verliert dann seine Konturen, löst sich auf und verschwindet. Hier ist der Höhepunkt erreicht, der zugleich den Sturz in die Tiefe bedeutet, die Degeneration, die Dekadenz, den Verfall, dem die ersten primitiven Anfänge am Beginn des darauffolgenden zwölffachen Zyklus folgen: Die Ehe des schwachen letzten Sprosses eines ausgebrannten Geschlechtes mit der frischen Bauerntochter aus einer kraftvollen Familie. Deshalb bietet dieses Zeichen die größten Möglichkeiten nach oben wie auch nach unten, häufig beides zugleich.

Durch Verwandschaft hat der Fische-Typ den Hang zu allem, was sich in seiner letzten Phase befindet und in einen anderen Zustand übergeht: Abbruch und Liquidation, Ausverkauf, Bankrott, Verlust von Ehre und Ruf, Verramschung und Asyl, unheilbare Krankheiten und Betäubung, Versklavung, Hörigkeit, Beeinflussung und Ansteckung, aber auch Inspiration und Improvisation, Mediumismus, Telepathie, Sensitivität, Einfühlung und Einleben bis zur Austauschbarkeit. Als negatives, bewegliches Wasserzeichen gibt es große Passivität, eine indifferente Anpassungsfähigkeit, das Hineinschlüpfen in durchschaubares Auftauchen und Wiederverschwinden, das die Umgebung ratlos läßt.

Das Wesen der Fische ist: Unbegrenztheit, Sehnsucht nach und Übergang in eine andere Welt. Die Maßlosigkeit ist Fische-Art: Der betrunkene Heilige oder der heilige Säufer; kein Maß, keine Mitte.

DIE FISCHE ALS MENSCHENTYPUS

Als Menschentypus bewegt sich der Fisch immer am Rande der Gesellschaft und der Realität: als musikalisches Wunderkind, als unverbesserlicher Vagabund, als Medium, Nachtwandler, Visionär, Spiritist und Spiritualist. Bei einer großen Zahl von Päpsten stehen die Fische in der Himmelsmitte; die Mithra des Bischofs stellt ein Fischmaul dar. Das Christentum ist ja auch eine Fische-Religion, in der das Leiden und Sterben, die Selbstaufopferung und Selbstverleugnung verherrlicht wird (der Frühlingspunkt der Sonne trat in die Fische, als diese neue Religion entstand).

Der Fisch hat keine feste Form und keine festen Konturen; er nimmt die Farbe seiner Umgebung an, läßt sich treiben und mitreißen, macht alles mit, spricht nach Gefühl und Gehör die Sprache des Landes, in das es ihn verschlagen hat, übernimmt dessen Denk- und Verhaltensmuster. Der Fisch ist »offen«, nimmt unpersönlich als Teil des Ganzen Strömungen und Einflüsse auf, bietet nirgendwo Widerstand, löst sich in seiner Umgebung auf. Er ist unberechenbar und ungreifbar, gleitet aalglatt aus den Fingern; seine Antworten sind unverbindlich, er legt sich nicht fest, er verwischt seine Spur und taucht an unerwarteter Stelle wieder auf, streift gerne inkognito durch die weite Welt, wohnt am liebsten anonym in der großen Stadt.

Weil er in den Mitmenschen überfließt, kann der Fisch alles begreifen und verstehen, ist er voll Mitleid, Erbarmen und allgemeiner Menschenliebe, kann trösten und weint mit den Weinenden; niemals aber wird er aktiv werden, um die Ursache des Unglücks zu beseitigen. Er kann keinen Widerstand entgegensetzen oder kämpfen. Er ist ein Muster an Duldsamkeit, Leidensfähigkeit und Schicksalsergebenheit; er leidet gerne für ein Ideal und sehnt sich manchmal nach der Märtyrerkrone.

Er verlangt nach dem Extremen, will berühmt oder verachtet sein, in Luxus oder vollkommener Armut leben. Ein Greuel ist ihm das Dasein als braver Bürger mit Durchschnittseinkommen und geregeltem Tagesablauf. Wenn er zu einem solchen Leben gezwungen wird, erweist er sich als außerordentlich faul und gleichgültig, läßt den lieben Gott einen guten Mann sein, bis er als unfähig entlassen wird. Wenn er etwas erreichen soll, muß er einen Anreiz haben. Man gebe ihm ein Ideal – dann läßt er die kosmische Energie durch sich hindurchströmen und leistet das Unglaubliche; man zwinge ihn mit Knute und Kasteiung, und er wird ohne Murren Sklavendienste tun, um so etwas von der Weltschuld abzutragen. Man kann ihn auch durch Ehrenbezeigungen zwingen, denn er kann sich am Ruhm betrinken.

Der Portugiese ist ein echter Fisch: Er befährt die Meere, fischt, duckt sich schweigend unter die Peitsche des Tyrannen oder träumt sich in helle Reiche. Auch der Russe ist ein Fisch, wobei hier jedoch ein Wassermann-Einschlag vorhanden ist. Der Starez, der bettelnde Heilige, streifte einst über die endlosen russischen Steppen, sprach weise Worte, schändete Frauen, betrank sich an Wodka oder tanzte sich in den Rausch. Nächtelang diskutieren die jungen Russen über philosophische Probleme, unaufhörlich Tee aus dem Samowar trinkend – der Fisch lebt ohne Zeitbewußtsein. Er ist genial und zerstreut zugleich, barmherzig und boshaft, gastfrei und hinterhältig. »Der Himmel ist weit und der Zar fern«.

Der Fisch lebt gerne als Clochard unter den Brücken der Weltstadt, ohne die Last persönlicher Verantwortung, eines Namens oder einer Stellung. Oder er zieht mit dem Wohnwagen auf den Straßen durch die Wildnis oder befährt mit dem Schiff die Weltmeere. Er geht in der Uniformität der Masse unter, im Kloster oder Hospital, als Nummer im Gefängnis oder Konzentrationslager, denn Gedanken lassen sich nicht durch Stacheldraht aufhalten und haben überall das Weltall um sich. Unpersönliche Dinge, Probleme, dasjenige, was im Äther liegt, strömt in sein Bewußtsein, hinterläßt Weisheit und strömt weiter – der Fisch ist eine Schleuse.

Hauchfeine Spinngewebe der Inspiration, aber auch ein hysterisches Gemisch aus Lügenphantasie, mit Charme und Überzeugungskraft aufgetischt, worüber er später nur lacht: Wie habe ich sie doch zum besten gehabt! Der Fisch ist der maßlose Illusionist, Gaukler und Schwindler, der Hochstapler, der Weltkonzerne und Tausende braver Sparer in den Strudel des Bankrotts reißen kann und erfahrene Psychologen zum Narren hält.

Weil er sieht, wie relativ alles Irdische ist, wird er ein Oblomov, Nihilist, Anarchist, der sich nach dem vollkommenen Nichts sehnt. Oder aber er wird Mystiker, schenkt in einer großen

Gebärde seinen ganzen Besitz den Armen und parasitiert fürderhin an den Gläubigen – alles ist für alle. Er nimmt alles an und gibt alles weg, übernachtet ohne Gepäck, leiht sich ein Hemd. Wenn er, schlampig wie er ist, nach Hause kommt, dann ist sofort alles im Zimmer zerstreut; wenn der Tisch voll ist, legt er die nächste Arbeit einfach obendrauf. Weil er zu faul ist, einen Brief zu schreiben, sich zu waschen und zu pflegen, kann er eine Heerschar von Bediensteten (Jungfrauen) beschäftigen. Am Ende des Gelages werden die Gläser zerschmettert: Er schwelgt in der Vernichtung, hat eine klammheimliche Freude an Revolution, Krieg, Naturkatastrophen, bei denen alles zuschanden wird und in Trümmer fällt.

Fort mit allem, was verfestigt ist, mit Konturen und Formen! Nivellierung, Aufhebung aller Grenzen, auch derjenigen zwischen Ich und Du, Mein und Dein, Geist und Stoff. Gott und Mensch – alles wird im Rausch zusammengeführt, im seligen Untertauchen in Illusionen. Alles, was Illusion und Abbild ist. Imitation, Schein, Schemen, grotesk, abnormal, krankhaft, dekadent, zieht den Fisch an: Foto und Film zieht er der Realität vor, Schallplatte der echten Musik, Kunststoff der Natur, LSD oder andere Rauschmittel dem normalen Bewußtsein.

Der Fisch liebt die graue Masse, und es ist ihm im Gegensatz zum Wassermann nichts daran gelegen, sie zu entwickeln. Er idealisiert die Kollektivität und verliert sich gerne in ihr: »Ich möchte sein wie die Alge im Wasser«. Er vereint sich gerne mit dem Geringsten, dem Namenlosen und Verworfenen. Er lebt gerne unter den einfachen Menschen, opfert sich lächelnd für unheilbar Kranke oder unerträglich schwierige Nervenpatienten; es berührt ihn nicht, weil er keinen Widerstand bietet, keine Angriffsfläche. Durch sexuelle Zügellosigkeit kann er sich selbst und seinen Partner zugrunde richten, aber er kann auch seine Triebe zu geistiger Kraft sublimieren und dann Wunder verrichten. Die zartesten Verse und die gröbste Sprache liegen in seinem Mund dicht nebeneinander. »Normal« ist er jedenfalls nie.

Wenn er am Fließband in der Fabrik arbeitet, schafft er sich Luftschlösser und ist zufrieden. In Freiheit findet man ihn auf dem Markt mit Fabrik-Restposten oder gebrauchten Büchern, oder in fliegenden Läden, wo er Warenpartien aus Konkursmassen oder mit Wasserschäden mit einer Zugabe verkauft. Der Kunde rätselt dann, ob er nun ein gutes oder gerade ein schlechtes Geschäft gemacht hat.

Der Fisch kann alles spielen, sich alles einbilden; er kann sein Leben an eine eingebildete Liebe oder Krankheit vergeuden. Er muß alles im Großen tun: Er kann sich nicht auf eine Liebe, einen Menschen oder eine Unternehmung beschränken, es muß immer gleich ein Weltkonzern sein oder eine über alle Menschen sich verströmende Liebe. Er ist kühl und doch bezaubernd, bindungslos und doch verführerisch, an nichts gebunden und doch drogenabhängig; immer voller Paradoxien und Widersprüchlichkeiten. Er kann in der Wildnis leben und jahrelang schweigen, oder aber tage- und nächtelang reden, ohne zu bemerken, daß seine Zuhörer schon ganz erschöpft sind.

Er wird gerne Seemann oder Wirt, Betreiber von Nachtclubs oder Opiumhöhlen, Fischer oder Wäscher, Filmmagnat oder gefeierter Künstler, Müllentsorger, Abwasserbeauftragter, Missionar unter Leprösen, Pfleger in Irrenanstalten, Börsenschwindler, Magnetiseur, Zuhälter, Prostituierte(r); er ist häufig arbeitsscheu, kann aber auch an der Spitze eines Weltkonzerns stehen, gerissen in geschäftlichen Dingen und kein Risiko scheuend, weil ihm eigentlich alles ziemlich gleichgültig ist. Er balanciert am Rande dieser Welt, in die er nur eine Zehe eintaucht, spielt das Spiel großzügig eine Weile mit, ohne wirklich dazuzugehören. Er kennt alles, ist aber selbst unerkennbar. Der Fisch sagt gewissermaßen: Nehmt diese konkrete Welt doch nicht so wichtig – es gibt noch so viele andere!

KÖRPERLICHE KONSTITUTION

Der Fische-Faktor gibt einem Körper schlaffe Muskeln und wasserreiches Gewebe, wodurch leicht wassersüchtige Korpulenz entsteht, wie man häufig bei Medien sieht. Das spezifische Fische-Körperteil sind die *Füße,* über die eine Vielzahl von Schwingungen und Stoffen aufgenommen und abgegeben werden. Ein Fisch muß daher auch insbesondere auf die Gesundheit der Füße achten, indem er im Sommer viel barfuß über die Erde, am Strand, im Wald, über betautes Gras und im Wasser geht. Er muß für atmende Fußbekleidung sorgen, die Verbindung zur Erde muß erhalten bleiben, also keine Gummistiefel!

Die Sonne läuft in den Fischen vom 19. Februar bis zum 21. März, und der März hängt sprachlich mit marschieren zusammen und mit dem lateinischen Wort Margo, das »äußerste Grenze, Beschränkung« bedeutet, so wie die Füße die Grenze des menschlichen Körpers bezeichnen und der März die zwölf Monate abschließt. Das Zeichen Fische bezeichnet entsprechend dem zwölften Haus auch die räumliche Beschränkung: den Aufenthalt in Klöstern, Krankenhäusern, Gefängnissen und Lagern, aktiv als Pfleger oder passiv als Betreuter. Fische wollen viel trinken; dies ist kein Problem, wenn sie die Flüssigkeit auch wieder ausscheiden können. Hierzu empfehlen sich Lindenblütentee oder Saunabäder. Weil so viele Nährstoffe ausgeschwemmt werden, ist der Fische-Typ häufig unmäßig im Essen und Trinken, hat allerlei »Schwächen« wie Naschhaftigkeit, Zigaretten- und Alkoholkonsum, einen Hang zur Betäubung mit den verschiedensten Mitteln, weil seine Schlaffheit starke Reize braucht. Gesünder leben und Selbstbeherrschung wären freilich bessere Mittel. Milde Gewürze in der Nahrung und Wandern im Duft der Blumen und frischer Luft ist besser als scharf gewürzte exotische Gerichte und Parfum.

FERRUM PHOSPHORICUM

Die Fische-Konstitution braucht vor allem Eisenphosphat: Ferrum phos D12. Eisen im Blut muß den Sauerstoff binden, da er mit der Atemluft aufgenommen wird und mit dem Blut zu allen Zellen transportiert werden muß, damit Verbrennung, d.h. Arbeit möglich wird. Der zuviel im Hause lebende und zu spät zu Bett gehende Fisch ist leicht blutarm, d.h. arm an Eisen und damit an Sauerstoff; er braucht Ferrum phos D12. Wenn zu wenig Eisen im Blut vorhanden ist, dann muß dieses schneller kreisen, um mit dem wenigen Sauerstoff den Bedarf der Zellen decken zu können; die Folge ist ein Temperaturanstieg, weshalb Ferrum ein Mittel gegen Fieber und Entzündungen ist und Kinder, die viel im Freien spielen, weniger oft erkältet sind.

Weiterhin gibt man Ferrum phos bei Schlaflosigkeit (wenn eine Runde um den Block vor dem Zubettgehen nicht genügt), Blutungen, Wassersucht, Herzklopfen, Blutarmut, Niedergeschlagenheit, Kopfschmerzen, Wunden und Brüchen. Auch die eisenreiche Brennessel hilft.

Man kann auch Wasser aus einem Gefäß trinken, in dem ein rostiger Nagel liegt. Das Kreisen des Blutwassers im ganzen Körper bis in die fernsten Haargefäße ist analog zur typischen Neigung des Fisches, sich auf und im Wasser zu tummeln. Man lasse den Fisch in die Natur hinausziehen, am liebsten mit einem Boot, dann bleibt er gesund.

BERECHNUNG DES HOROSKOPS

DIE ERMITTLUNG DER ZEIT

DIE BERECHNUNG

Wenn in alten Zeiten ein Kind vornehmer Eltern geboren wurde, stand der weise Sterndeuter draußen unter dem Nachthimmel und nahm den Stand des Mondes und der Gestirne auf. Heute haben wir es einfacher: Wir haben Tabellen, in denen alle Werte für die Zeiten von vor über einhundert Jahren und bis weit in die Zukunft bereits ausgerechnet sind. Wir brauchen nur die Tabellen aufzuschlagen und die Angaben mit der korrekten Geburtszeit zu verrechnen. Die Hintergründe dieser Technik sind sehr interessant, jedoch kann in diesem Buch nicht alles behandelt werden. Die Berechnung soll im folgenden so einfach wie möglich dargestellt werden.

DIE RICHTIGE GEBURTSZEIT

1. Die richtige Geburtszeit ist außerordentlich wichtig! Es sollte am besten im Geburtszimmer jemand anwesend sein, der genau darauf achtet, in welcher Minute auf einer genau gehenden Uhr das Kind den ersten Schrei von sich gibt! Diese Zeit ist sofort zu notieren. Dies nennt man die *Normalzeit.*
2. *Feststellung der offiziellen Uhrzeit.* Hierfür gibt es Tafeln für alle Länder der Welt; man informiere sich in einer guten Astrologie-Buchhandlung darüber, was noch erhältlich ist. Früher war es üblich, daß die wahre Sonnenzeit der Hauptstadt für das ganze Land galt (um 1908 in vielen Ländern Europas eingeführt). Später wurde die Erdkugel in Zeitzonen mit jeweils einer Stunde Unterschied eingeteilt, wobei die Grenzen sich jedoch auch nach Ländergrenzen richten. Weltkarten mit diesen Zonen sind manchmal bei Flugdiensten und Funker-Organisationen erhältlich.
3. *Sommerzeit.* Außerdem haben viele Länder ab dem Ersten Weltkrieg *Sommerzeit* eingeführt. (Ein gutes Buch, das jedoch nur bis 1938 reicht und vielleicht noch antiquarisch erhältlich

ist, heißt *Zonen- und Sommerzeiten aller Länder und Städte der Erde* von Ed. Koppenstätter. Für jüngere Daten ist erschienen: *Ebertins Weltzeit-Tabelle* und Edw. W. Whitman: *World Time Differences,* Fowler & Co., London.

Zur Zeit gilt für alle Länder Westeuropas mit Ausnahme Portugals die mitteleuropäische Zeit: MEZ.

4. *Ortszeit.* Diese berechnet man für den Geburtsort (und bei sehr großen Städten für das Geburtshaus), indem man den Ort im Atlas sucht und Gradzahl und Minuten des Längengrades notiert. Der Ort hat östliche Länge, wenn er östlich des Nullmeridians von Greenwich bis zur Datumsgrenze in der Beringstraße liegt, westliche Länge, wenn er westlich des Nullmeridians liegt. Dann berechnet man die Zeitdifferenz zum Nullmeridian. Wenn der Ort z.B. östlicher Länge in den Niederlanden liegt, zählt man für jeden Längengrad 4 Zeitminuten zur Greenwich-Zeit = GMT hinzu. Amsterdam liegt z.B. 5 Grad östlich von Greenwich; deshalb ist es dort 20 Minuten später als GMT. Eine Geburt in Amsterdam vor dem 16. Mai 1940, 2 Uhr, fiel in die Amsterdamer Zeit. Die GZ war dann 20 Minuten früher. Eine Geburt in Amsterdam bei MEZ entspricht nicht der Ortszeit. Die Ortszeit ist dann 40 Minuten früher, als die Uhr anzeigt. Die wahre Zeit wird also immer aus der GMT berechnet, d.h. der Zeit des Nullmeridians oder der Weltzeit, die sich nicht verändert, auch wenn in England selbst diese GMT seit dem 18. Februar 1968 nicht mehr gilt.

Auch die Bruchteile eines Längengrades, d.h. die 60 Gradminuten, müssen in Zeit verwandelt werden!

EUROPA*

NIEDERLANDE

Früher (vor 1908) hatte jeder Ort seine eigene reine Sonnenzeit, wobei die Kirchturmuhr zwölf Uhr schlug, wenn die Sonne an dem betreffenden Tag ihren höchsten Stand erreicht hatte.

* Umfassende Angaben zu den Zeitzonen und Sommerzeiten findet man u.a. in *Die globalen Häusertabellen,* herausgegeben von F. Jacob, D.W. Barth/Scherz Verlag, München 1980 (Anm. d. Übers.).

Amsterdamer Zeit (AZ) wurde am 7. November 1908 um 0 Uhr eingeführt. Die wahre Zeit für Amsterdam, die als Greenwich-Zeit plus zwanzig Minuten festgesetzt wurde, galt von diesem Zeitpunkt an für die ganzen Niederlande. Für alle Orte, die nicht nur auf demselben Längengrad liegen wie Amsterdam, entstand daher eine Differenz zwischen dieser Uhrzeit und der wahren Zeit für diesen Ort.

Die Zonenzeit, die gleich der Amsterdamer Zeit war, wurde am 1. Juli 1937 eingeführt. Die Sommerzeit wurde jährlich gemäß folgender Tabelle neu festgelegt:

1916 vom 30. April	24 Uhr	bis 30. September	24 Uhr
1917 vom 16. April	2 Uhr	bis 17. September	2 Uhr
1918 vom 1. April	2 Uhr	bis 30. September	2 Uhr
1919 vom 7. April	2 Uhr	bis 29. September	2 Uhr
1920 vom 5. April	2 Uhr	bis 27. September	2 Uhr
1921 vom 4. April	2 Uhr	bis 26. September	2 Uhr
1922 vom 26. März	2 Uhr	bis 8. Oktober	2 Uhr
1923 vom 1. April	2 Uhr	bis 7. Oktober	2 Uhr
1924 vom 30. März	2 Uhr	bis 5. Oktober	2 Uhr
1925 vom 6. Juni	2 Uhr	bis 4. Oktober	2 Uhr
1926 vom 16. Mai	2 Uhr	bis 3. Oktober	2 Uhr
1927 vom 15. Mai	2 Uhr	bis 2. Oktober	2 Uhr
1928 vom 15. Mai	2 Uhr	bis 7. Oktober	2 Uhr
1929 vom 15. Mai	2 Uhr	bis 6. Oktober	2 Uhr
1930 vom 15. Mai	2 Uhr	bis 5. Oktober	2 Uhr
1931 vom 15. Mai	2 Uhr	bis 4. Oktober	2 Uhr
1932 vom 22. Mai	2 Uhr	bis 2. Oktober	2 Uhr
1933 vom 15. Mai	2 Uhr	bis 8. Oktober	2 Uhr
1934 vom 15. Mai	2 Uhr	bis 7. Oktober	2 Uhr
1935 vom 15. Mai	2 Uhr	bis 6. Oktober	2 Uhr
1936 vom 15. Mai	2 Uhr	bis 4. Oktober	2 Uhr
1937 vom 22. Mai	2 Uhr	bis 3. Oktober	2 Uhr
1938 vom 15. Mai	2 Uhr	bis 2. Oktober	2 Uhr
1939 vom 15. Mai	2 Uhr	bis 1. Oktober	2 Uhr

Die Sommerzeit diente dem Zweck der Einsparung von Energie zu Beleuchtungszwecken, da es abends scheinbar eine Stunde länger hell war. Deshalb stellte man im Jahre 1916 am 30. April um

24 Uhr die Uhr auf 1 Uhr, so daß man in dieser Nacht eine Stunde Schlaf weniger hatte. Wenn man Schulen, Geschäfte und Büros eine Stunde früher hätte beginnen lassen, wäre der Effekt derselbe gewesen, jedoch hätte dies wohl einen Sturm der Entrüstung ausgelöst. Durch diesen Selbstbetrug des Verstellens der Uhr ging dies – außer bei den Bauern – ganz problemlos. Einige Bauerndörfer hielten einfach an der alten Zeit fest.

Am 30. September 1916 stellte man um 24 Uhr die Uhr auf 23 Uhr und bekam daher in dieser Nacht eine Stunde Schlaf zusätzlich. Wenn man es einmal verstanden hat, kann man es sich immer wieder klarmachen, wenn man nicht mehr weiß, wie es sich genau mit der Sommerzeit verhält.

Auch andere europäische Länder führten zu verschiedenen Zeiten die Sommerzeit ein. Siehe hierzu die einschlägige Literatur.

Mitteleuropäische Zeit

Im Jahre 1940 begann am 10. Mai der Krieg mit Deutschland, bevor man noch die Uhren verstellt hatte. Die niederländische Zeit änderte sich am 15. Mai, wobei die Niederlande als besetztes Gebiet der deutschen, d.h. mitteleuropäischen Zeit eingegliedert wurde und außerdem die Sommerzeit hinzukam, d.h., am 16. Mai 1940 um 2 Uhr wurden die Uhren in den Niederlanden auf ME Sommerzeit gestellt, d.h. um 1 Stunde 40 Minuten vorgestellt, so daß es dann 3 Uhr 40 war.

Im Jahre 1941 wurde diese Zeit beibehalten. 1942 wurde sie am 2. November um 3 Uhr auf MEZ zurückgestellt (d.h. auf 2 Uhr, keine Sommerzeit mehr).

1943 galt vom 29. März 2 Uhr bis zum 4. Oktober 3 Uhr MESZ.

1944 galt vom 3. April 2 Uhr bis zum 2. Oktober 3 Uhr MESZ.

1945 galt vom 2. April bis 16. September 3 Uhr MESZ. Danach blieben die Uhren auf MEZ gestellt, bis im Jahre 1977 wieder die Sommerzeit eingeführt wurde.

BELGIEN

Ab 1880 Brüsseler Landeszeit, 17 Minuten später als Greenwich-Zeit. Ab 1. Mai 1892 12 Uhr westeuropäischer Zeit (GMT = Greenwich-Zeit). Von 1914 bis 1937 viele verschiedenen Sommerzeiten. Die MEZ wurde in Belgien am 1. Januar 1946 eingeführt. Seit 1977 gibt es wieder eine Sommerzeit.

LUXEMBURG

Seit 1. Dezember 1918 GMT. Von 1916 bis 1939 viele Sommerzeiten, die nicht mit den belgischen identisch waren. Seit 1946 MEZ. Seit 1977 gibt es wieder eine Sommerzeit.

FRANKREICH

Ab 2. März 1911 GMT. Davor Pariser Zeit, 9 Minuten später als GMT. Viele Sommerzeiten. Seit 16. September 1945 MEZ. Seit 1976 gibt es wieder eine Sommerzeit.

ENGLAND

Seit 1. Oktober 1880 GMT (am 0-Meridian von Geenwich). Viele Sommerzeiten. Seit dem 18. Februar 1968 MEZ.

SPANIEN

Seit 1. Januar 1901 GMT. Seit 1946 MEZ. Seit 1977 gibt es eine Sommerzeit.

DEUTSCHLAND

Seit dem 1. April 1893 MEZ (Baden, Bayern, Rheinpfalz, Württemberg 1 Jahr früher). Das Saargebiet hatte vom 11. November 1918 bis zum 1. März 1935 GMT. Helgoland GMT bis zum 1. Januar 1900, danach MEZ. Seit 1980 gibt es wieder eine Sommerzeit.

SCHWEIZ

Seit 1. Juni 1894 MEZ. Sommerzeiten im Zweiten Weltkrieg. Seit 1981 gibt es wieder eine Sommerzeit.

ITALIEN

Seit 1. November 1893 MEZ. Von 1916 bis 1920 Sommerzeiten. Seit 1966 gibt es wieder eine Sommerzeit.

ÖSTERREICH

Seit 1. Oktober 1891 MEZ. Sommerzeit zwischen 1916 und 1918. Seit 1980 gibt es wieder eine Sommerzeit.

DÄNEMARK

Seit 1. Januar 1894 MEZ. Sommerzeit nur vom 15. Mai 1916 1 Uhr bis zum 30. September 1 Uhr. Seit 1980 gibt es wieder eine Sommerzeit.

NORWEGEN

Seit 1. Januar 1895 MEZ. Sommerzeit vom 21. Mai 1916, 23 Uhr, bis zum 21. Oktober 13 Uhr. Seit 1980 gibt es wieder eine Sommerzeit.

SCHWEDEN

Seit 1. Januar 1900 1 Uhr MEZ. Sommerzeit vom 15. Mai 19161 Uhr bis 30 September 1 Uhr. Seit 1980 gibt es wieder eine Sommerzeit.

GENAUE BESTIMMUNG DER ZEIT

Benötigt werden ein Atlas, Tabellen mit Angabe der Normal- und Sommerzeit, eine Häusertabelle von 0 – 66 Grad, eine Ephemeride (Gestirnstandauszug) des Geburtsjahres, Gradmesser. Weiterhin die minutengenaue Angabe der Geburtszeit, und zwar nicht nur von der Mutter oder derjenigen Person, die die Zeit festgestellt hat, sondern auch vom Standesamt des Geburtsortes.

Man schreibt den vollen Namen des Geborenen auf, den Geburtsort, das Datum und die möglichst genaue Uhrzeit, außerdem das Geschlecht. Man notiere die nördliche oder südliche Breite und die östliche oder westliche Länge des Geburtsortes gemäß Atlas.

Das Schicksal des Menschen ist in diesem auf der Erde begonnenen Leben durch diese Zeit und diesen Ort bestimmt.

Man zeichnet nun mit dem (völlig runden) Bogenmesser und einem Lineal auf ein ausreichend großes Blatt Papier einen Kreis, der so in zwölf gleiche Teile unterteilt ist, daß man eine vertikale und eine horizontale Trennlinie erhält, die den Kreis in vier Quadranten mit jeweils drei Sektoren unterteilt.

Nun muß die Ortszeit der Geburt ermittelt werden. Man stellt zunächst fest, um welche Zeitangabe es sich handelt. Die Reihenfolge der Ermittlung lautet: Normalzeit (Uhrzeit), Weltzeit (Greenwich-Zeit, GMT), Ortszeit, wahre Zeit, Sternzeit.

WELTZEIT

Ist die Normalzeit einer älteren Person GMT, dann ist sie gleich der Weltzeit (früher die Normalzeit von Belgien, Frankreich, Spanien und England). Man achte jedoch auf Sommerzeiten! Liegt die Uhrzeit in den Niederlanden zwischen dem 7. November 1908 und dem 16. Mai 1940, 2 Uhr, d.h. AZ, dann prüft man zuerst, ob Sommerzeit vorliegt. Wenn ja, ist es in Wirklichkeit eine Stunde früher als Amsterdamer Zeit. Wenn nicht, braucht man nichts zu verändern.

Von dieser so ermittelten AZ müssen noch 20 Minuten abgezogen werden, damit man Weltzeit erhält. Wenn die Geburtszeit in den Niederlanden auf den 16. Mai 1940, 2 Uhr, oder später fällt, dann sieht man in der Liste der damaligen Zeiten nach. Sommerzeit: Eine Stunde abziehen. MEZ: Eine weitere Stunde abziehen, um die Weltzeit zu erhalten. Die MEZ geht über den Meridian von Berlin und ist genau eine Stunde später als die Weltzeit (GZ).

Wenn man schließlich Sommerzeit, Amsterdamer Zeit oder MEZ in GMT umgerechnet hat, schreibt man diese Rechnung links auf der Zeichnung auf das Papier, um eine Überprüfungsmöglichkeit zu haben. Normalzeit und Weltzeit werden rot unterstrichen.

ORTSZEIT

Nun zählt man für einen Ort östlicher Länge so viel Minuten zu der erhaltenen Weltzeit hinzu, wie dem Ort entsprechen, und zwar nach der Regel:

Ein Längengrad = 4 Zeitminuten (Warum? Die Erde dreht sich in 24 Stunden um ihre eigene Achse und ist in 360 Längengrade unterteilt. Man rechne selbst!). Für einen Ort westlicher Länge (z.B. in Amerika) zieht man so viele Zeitminuten ab, wie es der Länge entspricht. Diese Ortszeit schreibt man unter die übrigen Zeiten und unterstreicht sie ebenfalls rot.

STERNZEIT

Wenn sich die Erde einmal in 24 Stunden um die eigene Achse gedreht hat und wiederum denselben Stand bezüglich der Sonne erreicht hat, sagt man, daß ein Sonnentag vorüber ist. Es dauert jedoch etwas weniger lang, bis die Erde wieder denselben Stand bezüglich eines fernen Sterns erreicht hat, weshalb der Sterntag 4 Minuten kürzer ist als 24 Stunden. Die kommt daher, daß die Erde sich auch um die Sonne dreht und die Sonne deshalb in 24 Stunden um 1 Grad weiterwandert.

Nun muß man die gefundene Ortszeit noch in Sternzeit verwandeln, die in der Ephemeride angegeben ist.

Steht die Sternzeit für 0 Uhr des Geburtsdatums angegeben, dann muß man noch die Anzahl der Stunden und Minuten der gefundenen Ortszeit plus 4 Minuten für 24 Stunden hinzuzählen, d.h. für jede Stunde 10 Sekunden. Bei einer Geburt z.B. um 8 Uhr Ortszeit muß man also 80 Sekunden = 1 Minute 20 Sekunden zur angegebenen Sternzeit hinzuzählen.

In den neueren Ephemeriden ist die Sternzeit stets für 0 Uhr (Mitternachtsephemeride) angegeben, in den älteren (z.B. Raphael) für 12 Uhr (Mittagsephemeride). In letzterem Fall muß also bei einer Geburt mit einer wahren Zeit vor dem Mittag etwas abgezogen werden, z.B. für eine Geburt um 8 Uhr müssen dann 12 – 8 = 4 Stunden plus für die Sternzeit 4 x 10 Sekunden abgezogen werden, d.h. 4 Stunden 0 Minuten 40 Sekunden von der für 12 Uhr angegebenen Sternzeit.

Die so erhaltene richtige Sternzeit wird nun wiederum auf das Papier unter die übrigen Zeiten geschrieben und rot unterstrichen. Nun hat man also Normalzeit, Weltzeit, Ortszeit und Sternzeit. Ist die Sommerzeit auch richtig berücksichtigt? Dann wird die ganze Berechnung nochmals durchgeführt. In Ordnung? Dann gehen wir weiter.

DIE ZEICHNUNG

Nun nehmen wir die Häusertabelle zur Hand und suchen darin die nördliche oder südliche Breite auf, die möglichst genau mit der im Atlas gefundenen nördlichen oder südlichen Breite des Geburtsortes übereinstimmt (die nördlichen und südlichen Breitengrade verlaufen parallel zum Äquator um die Erdkugel und werden vom Äquator aus nach Norden bzw. Süden gezählt).

Nun sucht man die errechnete Sternzeit in der betreffenden ersten Spalte auf und legt ein Lineal unter die entsprechende Zeile. Wenn die errechnete Sternzeit zwischen zwei angegebene Sternzeiten fällt, muß man einen geeigneten Mittelwert bilden. Wenn man z.B. die Sternzeit 3.30 erhalten hat und untereinander die Sternzeiten 2.20 und 4.30 angegeben sind, dann nimmt man auch von allen anderen in diesen beiden Zeilen angegebenen Zahlen den Mittelwert. Man muß also auf den Unterschied der aufeinanderfolgenden beiden Sternzeitenzeilen achten, um herauszufinden, zu welchem Teil ihres Abstandes voneinander die gefundene Sternzeit paßt.

Über den nun folgenden Spalten stehen die Zahlen 10, 11, 12, 1, 2, 3. Diese Zahlen bezeichnen die Spitzen der Häuser, d.h. der Zwölftelsektoren des Kreises. Man numeriert nun diese Häuser in dem aufgezeichneten Kreis in der Nähe des Mittelpunkts, und zwar von links unterhalb der Waagerechten und dann im Gegenuhrzeigersinn fortlaufend wie in der nachfolgenden Zeichnung angegeben.

Geburt am 30. 5. 1920

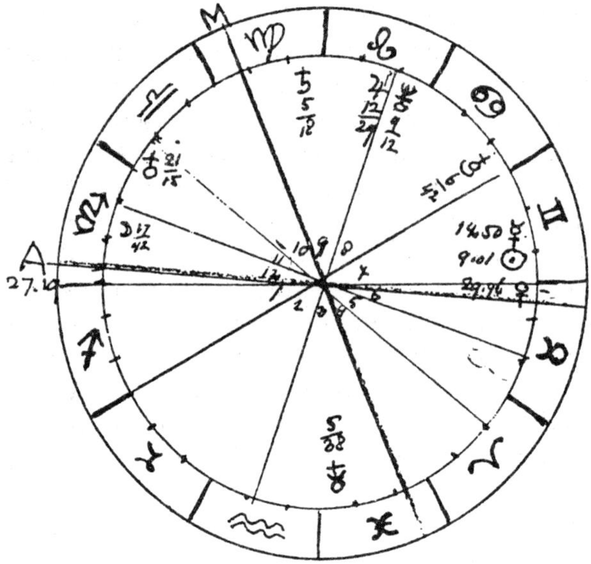

Methode mit gleichen Zeichen

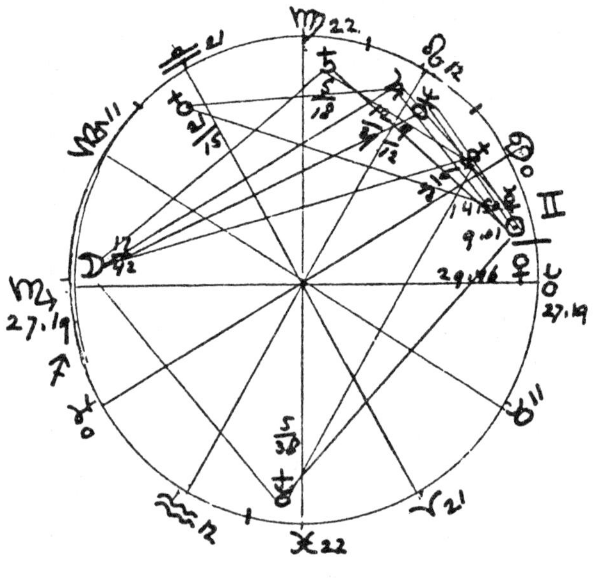

Methode mit gleichen Häusern

Der Kreis ist die Projektion einer gedachten Kugel im Raum, in deren Mittelpunkt unsere Erde steht, auf die Zeichenebene des Papiers. Diese Zeichnung wird nun zu einer Himmelskarte für den Augenblick des ersten Schreis des Neugeborenen. Die horizontale Linie ist der Horizont. Die Projektion ist umgekehrt wie auf einer Landkarte: Norden ist unten an der senkrechten Linie, Süden oben, Osten links am Horizont und Westen rechts. Damit sieht man also die Sonne links im Osten über den Horizont aufsteigen; dieser Punkt wird daher der Aufgangspunkt oder Aszendent genannt. Wenn die Sonne im Tageslauf ihren höchsten Punkt erreicht hat, steht sie oben im Süden; dieser Punkt wird als die Himmelsmitte (Medium Coeli oder MC) bezeichnet. Bei ihrem Untergang wandert sie im Westen unter den Horizont; dieser Punkt wird daher Untergangspunkt oder Deszendent genannt. Um Mitternacht ist sie am tiefsten Punkt des Kreises angelangt, dem Imum Coeli oder IC.

Der Umfang des Kreises ist der Tierkreis, die Bahn, entlang der wir von der Erde aus alle Planeten, die Sonne und den Mond laufen sehen, und der in zwölf gleiche Abschnitte eingeteilt wird (die sich *nicht* mit den Häusern decken!), die die Namen der sog. Tierkreiszeichen tragen. Wo die Trennlinien der Felder den Tierkreis in einem bestimmten Zeichen bei einer bestimmten Gradzahl schneiden (jedes Zeichen ist in dreißig gleiche Grade unterteilt), gibt man außerhalb des Kreises dieses Zeichen mit seiner eigenen Glyphe an und schreibt rechts daneben die Gradzahl und hinter dem Punkt die Minuten. Diese Zeichen und ihre Grade findet man nun in den sechs Spalten der Häusertabellen.

Das Zeichen oder die Glyphe, die in der Spalte am nächsten über der von uns zu benutzenden Zeile steht, wird nun an diesen Schnittpunkt geschrieben; dasjenige der ersten Spalte, über der die Zehn steht, wird oben angeschrieben, weil die Himmelsmitte der Beginn des zehnten Hauses ist. Links nach unten gehend fügen wir bei Spitze 11 die Glyphe und die Gradzahl der zweiten Spalte ein usw., bis zur sechsten Spalte. Die übrigen Häuserspitzen füllt man selbst aus, indem man das gegenüberliegende Zeichen des Tierkreises und dieselbe Gradzahl an der gegenüberliegenden Seite nimmt. Wenn z.B. der Widder im Zehnten steht, dann kommt die Waage, sechs Zeichen weiter, in das Vierte.

Danach zählt man die Reihe der Tierkreiszeichen durch, um zu prüfen, ob man nicht eines vergessen hat. Wenn ja, dann wird dieses Zeichen zwischen das vorige und das folgende mitten auf ein Haus geschrieben; es bekommt keine eigene Häuserspitze und wird als »eingeschlossenes Zeichen« bezeichnet.

Dem Eingeschlossensein eines Zeichens braucht man keinerlei Bedeutung beizumessen; es ist nur die Folge des benutzten Projektionsverfahrens. Wir haben hier die Häuser gleich groß gemacht und die Zeichen entsprechend eingeführt. Dadurch ist die Häusereinteilung am übersichtlichsten. Es gibt aber auch andere Verfahren.

ANDERE HÄUSEREINTEILUNGEN

Man kann auch mit einem Zirkel einen großen Kreis schlagen und in diesen einen kleineren einzeichnen, so daß sich ein Rand von etwa 1 cm Breite ergibt. Am Umfang des inneren Kreises gibt man mit dem Winkelmesser in feinen Strichen die 360 Grade des Tierkreises an, oder man macht eine Unterteilung zu jeweils 10 Graden. Nun sucht man in der Häusertabelle Grad und Zeichen des Aszendenten auf und schreibt diese links an das Ende einer horizontal durchgezogenen Linie. Weiter werden noch keine Linien gezogen.

Nun ermittelt man nach der Zahl der Grade, wo Anfang und Ende des aufsteigenden Zeichens liegen und zeichnet an diesen Stellen eine Verbindungslinie zwischen den beiden Kreisen, so daß man einen Abschnitt für dieses Zeichen bekommt, in den man die Glyphe einträgt. Nun zählt man jeweils 30 Grad weiter und zeichnet weitere Abschlußstriche so ein, daß die Reihenfolge der Tierkreiszeichen in der gleichen Richtung wie die Häuser verläuft, d.h. entgegen dem Uhrzeigersinn.

Wenn man hiermit fertig ist, trägt man nach der Tabelle die Häuserspitzen ein, zeichnet von diesen Stellen aus Linien zum Mittelpunkt und trägt dann die Nummern der Häuser ein. Nun sind die Zeichen gleich groß und die Häuser sehr unterschiedlich. Dafür stimmen die Aspektwinkel, was ein Vorteil ist. Die Himmelsmitte steht jedoch meist nicht oben! Siehe hierzu das obere Schema auf Seite 334.

Es gibt auch noch ein Verfahren mit gleichen Häusern, wobei jede Häuserspitze die gleiche Gradzahl erhält wie diejenige am Aszendenten, oder auch diejenige an der Himmelsmitte. Dem liegt dasselbe Prinzip wie den Bonatti-Progressionen zugrunde: Alles paßt sich dem körperlichen Ich (Aszendent) oder der Persönlichkeit (Medium Coeli) an, jedoch ist dies nach unserer Erfahrung nicht richtig.

Nach wieder einem anderen Prinzip arbeitet der Astrologe Ram mit dem Aszendent-Parallelkreis-System, bei dem gegenüberliegende Häuserspitzen nicht als Gegenpole zueinander erscheinen.

Die Aalener Schule läßt die Häuser-Einteilung überhaupt unberücksichtigt.

Früher waren drei Häusersysteme nebeneinander in Gebrauch, dasjenige von Placidus, das wir hier als erstes besprochen haben, dasjenige von Campanus und dasjenige von Regiomontanus. Der Verlag Sijthoff hat eine Zeitlang noch eine dreiteilige Häusertabelle herausgegeben, mit deren Hilfe man für eine Person drei Horoskopschemata nach jedem der drei Systeme anfertigen konnte; dies war eine gute Sache, denn diese Schemen passen dann für die Umstände, für den Körper und für die Seele. Dies hat einen sehr tiefen Hintergrund. Man hat dies jedoch aufgegeben, weil es in der Praxis mit zuviel Arbeit verbunden war, weshalb heute vorwiegend Placidus-Häusertabellen erhältlich sind. Wenn man nicht das genaue Datum körperlicher oder psychischer Ereignisse vorhersagen will, spielt der kleine Unterschied keine Rolle.

Esoterisch gibt Placidus (16. Jh.) die Horoskopeinteilung, die zum materialistischen Menschen paßt. Regiomontanus (15. Jh.) gibt die Einteilung, die zu dem Menschen paßt, der vom Herzen aus auf dem Wege zur Vergeistigung ist. Campanus (13. Jh.) gibt schließlich die Einteilung für den Heiligen, bei dem äußeres und inneres Leben den Geist widerspiegeln. Es ist klar, daß für die meisten Menschen Placidus am geeignetsten ist.

Am korrektesten von allen Systemen erscheint uns jedoch das Spiralhoroskop von Dr. Heinrich Reich (s.S. 338).

Diese Horoskopfigur besteht aus einer Spirale mit drei Windungen, auf die vom Mittelpunkt aus die 360 Tierkreisgrade verteilt sind. Diese Spirale ist einem Quadrat einbeschrieben, das als

Darstellung der stofflichen Wirklichkeit an den vier Ecken die Namen der vier Elemente trägt. Die obere Hälfte bezeichnet die Form, die untere das Leben (was wir als Denkpol und Lebenspol bezeichnen). Die untere Hälfte ist das subjektive, die obere das objektive Leben. Die beiden Diagonalen des Quadrats verbinden oben und unten (siehe Abbildung). Die Spirale macht drei Entwicklungsphasen der Seele sichtbar, die primitive, die Ich- und die universelle Phase (magische, rationale und spirituelle Phase). Vielleicht sind Heinrich Reichs Formulare, die Beschreibung, das Spiel *Das Lebensrad* und das Buch *Das Geheimnis des Tierkreises* noch antiquarisch zu bekommen.

Es ist das beste System, das wir gerne in den Händen aller Psychologen, Psychiater, Sozialarbeiter, Seelsorger, Psychotherapeuten aller Richtungen und aller weisen Menschen sähen. Für das breitere astrologisierende Publikum ist es freilich zu anspruchsvoll. Der Anfänger halte sich zunächst an eine der ersten beiden beschriebenen Verfahren.

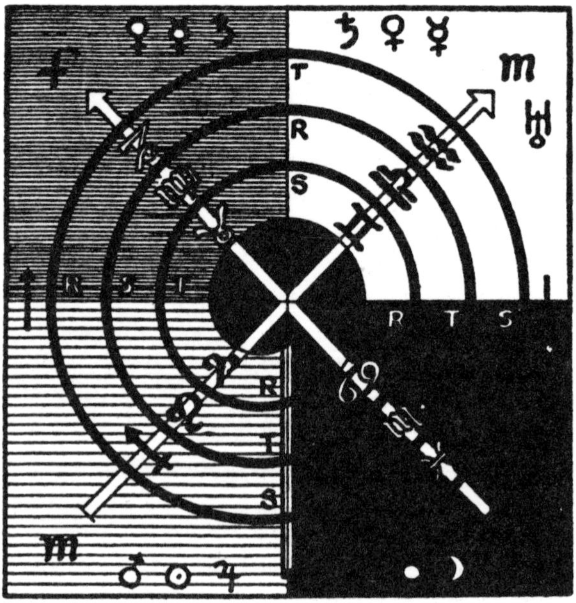

DAS EINTRAGEN DER PLANETEN

Wir wissen nun, wie die Erde für den Geburtsort und den Zeitpunkt der Geburt im Tierkreis lag. Um nun Sonne, Mond und Planeten sowie einige wichtige Punkte an ihren Platz im Tierkreis in den Häusern setzen zu können, nehmen wir die *Ephemeriden* des Geburtsjahres zur Hand.

Eine Ephemeride gibt den Stand dieser Himmelskörper zu einer bestimmten Stunde für jeden Tag des Jahres an. Man schlägt also das Buch beim Geburtsmonat auf und sucht das Datum in der ersten Spalte links auf. Hier hat man bald auch die Sternzeit gefunden. Man achte darauf, ob die Ephemeride für 0 Uhr oder 12 Uhr berechnet ist; dies ist auf der Titelseite angegeben.

In der Datumszeile findet man dann die *Längen* von Sonne, Mond und Planeten, d.h. ihr Zeichen und die Gradzahl in diesen Zeichen für 0 bzw. 12 Uhr. Man sieht nach, wo sie am nächsten Tag stehen und wieviel sie also in 24 Stunden zurücklegen. Dann errechnet man die Distanz, die sie in der Zeit, die hinzuzurechnen bzw. abzuziehen ist, zurückgelegt haben. Dies geschieht durch einfache Division oder mit Hilfe der hinten im Buch befindlichen Logarithmentabelle. Nun hat man den richtigen Platz zum Geburtszeitpunkt ermittelt. Hierfür benutzt man die Geburtszeit in GMT!

Wenn z.B. jemand um 7 Uhr im Jahre 1946 in Amsterdam geboren ist, d.h. bei MEZ, dann ist GMT 6 Uhr. Wenn die Ephemeride für 0 Uhr berechnet ist, dann kommt zum angegebenen Platz noch so viel hinzu, wie in den sechs Stunden nach 0 Uhr zurückgelegt wird, das ist in diesem Fall ein Viertel der Tagesdistanz. Die Sonne legt an einem Tag ein Grad = 60 Bogenminuten zurück; ein Viertel davon sind 15 Bogenminuten. Dies wird zu der angegebenen Gradzahl hinzugezählt. Dabei kommt man möglicherweise in die folgende Gradzahl oder sogar in das folgende Zeichen.

Dieser neue Platz muß jetzt mit der Glyphe dieses Himmelskörpers und der Gradzahl in das entsprechende Haus eingezeichnet werden, am besten in Bruchform: Gradzahlen über, Minuten unter dem Strich, um Irrtümer zu vermeiden. Es ist natürlich kein Bruch, sondern nur eine Schreibweise. Man gehe den Lauf des Tierkreises nach, um zu ermitteln, wo man die Glyphe schreiben muß. Auch der Mondknoten wird genau berechnet und eingetragen. Hierüber später mehr.

BERECHNUNG DER ASPEKTE

Zieht man gedachte Linien von einem Planeten zum Mittelpunkt der Figur, der Erde, und tut man dasselbe von einem anderen Planeten aus, dann bilden diese Linien miteinander an ihrem Schnittpunkt im Mittelpunkt einen Winkel. Die Größe dieses Winkels kann man in Winkelgraden ausdrücken, wobei man in der Reihenfolge der Tierkreiszeichen zählt und jedes Zeichen zu 30 Grad rechnet, auch wenn dies in der Zeichnung anders aussieht (wie z.B. bei dem ersten Verfahren mit gleichen Häusern und gleichen Zeichen). Wenn z.B. Mars in 10 Grad Löwe und die Sonne in 10 Grad Waage steht, dann beträgt ihr Abstand zwei Zeichen, das heißt zwei mal 30 Grad = 60 Grad.

Nun sind alle Vielfachen von 30 Grad und manche Vielfachen von 15 Grad sogenannte Aspektwinkel, d.h. man weiß aus Erfahrung, daß diese Winkel besondere Wirkung haben. Hierbei gelten die folgenden Bezeichnungen:

0°: Konjunktion
30°: Halbsextil
45°: Halbquadrat
60°: Sextil
90°: Quadrat
120°: Trigon
135°: Anderthalbquadrat
150°: Quincunx
180°: Opposition

Die Konjunktion und die Vielfachen von dreißig nennt man große Aspekte, die übrigen kleine. Sextil und Trigon sind in ihrer Wirkung am harmonischsten. Eine Quadratur ist ein Konfliktaspekt. Eine Opposition ergibt einen Zwiespalt zwischen den beiden Kräften.

P bedeutet parallel, d.h. zwei Planeten haben die gleiche Deklination (Abstand des Planeten vom Äquator); dies wirkt ähnlich wie eine Konjunktion.

Wenn der Abstand zwischen zwei Planeten für unsere Augen 0 ist, sehen wir also den einen vor dem anderen stehen; weil jedoch der hintere viel tiefer im Weltall steht als der vordere, ist dies kein Zusammenstoß! Man nennt diesen Stand Konjunktion. Die Schwingungen beider Planeten erreichen uns dann gleichzeitig. Die Wirkung hängt ganz von der Art, Schnelligkeit und Situation der Planeten ab.

WODURCH WIRD DIE ART DER ASPEKTE BESTIMMT?

Die Art eines Aspekts wird im wesentlichen durch das Verhältnis der *Zeichen,* in dem die beiden Planeten stehen, zueinander bestimmt.

Warum ist z.B. eine Quadratur ein starker Konflikt-Aspekt? Dies liegt einfach daran, daß sie durch zwei Planeten in zwei Zeichen zustande kommt, die in miteinander unverträglichen Elementen stehen. Wenn z.B. Planet A in einem Feuerzeichen steht, dann steht Planet B 90 Grad, d.h. drei Zeichen weiter in einem Wasserzeichen; ihr Verhältnis ist also wie Wasser und Feuer! Dies kann nicht gutgehen, denn entweder löscht das Wasser das Feuer, oder das Feuer erhitzt das Wasser zu Dampf. Beispiele sind etwa Widder und Krebs, Löwe und Skorpion, Schütze und Fische.

Auch die Elemente Erde und Feuer harmonieren nicht miteinander: Die Erde löscht das Feuer, das Feuer bäckt die Erde zu Stein. Beispiele: Stier und Löwe, Jungfrau und Schütze, Steinbock und Widder. Ähnlich verhält es sich mit den Elementen Luft und Erde: Die Luft läßt die Erde zu Staub werden, ober die Erde bedeckt die Luft, was zu Erstickung führt. Beispiele: Zwillinge und Jungfrau, Waage und Steinbock, Wassermann und Stier.

Wasser und Luft schließlich erzeugen eine stürmische See oder Regenschauer! Beispiele: Krebs und Waage, Skorpion und Wassermann, Fische und Zwillinge.

Hieraus folgt, daß ein Aspekt nur dann ein Aspekt ist, wenn die Zeichen, in denen die Planeten stehen, miteinander diesen Aspekt bilden.

Wenn also der Abstand zwischen zwei Planeten genau 90 Grad beträgt, die Zeichen aber keine Quadratur bilden, gilt dieser Winkel dennoch *nicht* als Quadratur.

Es kommt also nicht auf die Gradzahl an, sondern auf den Wesensunterschied der Elemente. Die Elemente und die zugehörigen Zeichen sind es, die die Art des Aspekts bestimmen.

Dies findet man nicht in anderen Lehrbüchern, ist aber sehr wesentlich. Man lese weiter bei der Zuordnung der Zeichen zu den Elementen, welche Seelenfunktionen den Elementen entsprechen, und man wird verstehen, wie wichtig dieser Punkt für die psychologische Deutung eines Horoskops ist.

Warum ist das Trigon denn der harmonischste aller Aspekte? Weil die Planeten dann im *selben Element* stehen! Bei einem großen Trigon, der Verknüpfung von drei Trigonen, stehen alle drei Planeten im selben Element. Man kann sich nun auch selbst klarmachen, wie es sich mit den Elementen bei einem Sextil und bei einer Opposition verhält.

DIE EINFLUSSBEREICHE (ORBEN) DER ASPEKTE

Ein Aspekt wirkt nicht nur dann als Aspekt, wenn die Gradzahl des Aspektwinkels exakt ist. Seit jeher ist es üblich, auf Grund von Erfahrungen einen gewissen Wirkkreis anzunehmen. Dann sagt man: Ein Aspekt darf zwischen zwei Planeten um 8 Grad abweichen, um 10 Grad bei einem Aspekt zwischen Sonne und Planet und zwischen Mond und Planet, und um 12 Grad bei einem Aspekt zwischen Sonne und Mond.

Dies ist die traditionelle Anschauung. Wir haben jedoch in unzähligen Fällen die Erfahrung gemacht, daß ein Aspekt zwar umso stärker wirkt, je näher er der exakten Gradzahl ist, daß er aber auch bei einem größeren Abstand als dem angenommenen Orbis wirksam bleibt, solange die Zeichen der Planeten diesen Aspekt bilden (d.h. einer der Planeten nicht über die Grenze des Zeichens hinausgeht).

Je größer die Abweichung ist, desto schwächer wirkt der Aspekt.

Wie kräftig und entscheidend die Zeichen sind, zeigt sich u.a. auch an folgendem: Wenn ein Planet, der noch im selben Haus läuft, in das Zeichen eintritt, das auch an der Spitze des folgenden Hauses steht, dann wirkt dies in etwa so, daß der Planet schon in diesem folgenden Haus zu wirken beginnt, auch wenn er noch gar nicht in diesem steht.

ZUNEHMENDE UND ABNEHMENDE ASPEKTE

Wenn ein Aspekt noch nicht exakt ist, sondern erst beim Weiterlaufen der Planeten exakt wird, nennen wir dies einen zunehmenden Aspekt, und dessen Wirkung nimmt zu, bis der Aspekt exakt geworden ist.

Wenn dann der Aspekt immer ungenauer wird, nennt man diesen Aspekt abnehmend oder auslaufend, und seine Wirkung wird immer schwächer.

NÄHERUNGS- UND TRENNUNGSWINKEL

Hierbei geht es darum, welcher der beiden Planeten am schnellsten läuft. Damit ist natürlich nicht die wahre oder absolute Geschwindigkeit gemeint, sondern die scheinbare Geschwindigkeit, die ein Planet für uns auf der Erde zu einem bestimmten Zeitpunkt hat.

Die Reihenfolge dieser relativen, horoskopischen Schnelligkeiten ist im allgemeinen diese: Der Mond läuft am schnellsten, gefolgt von Merkur, Venus, Sonne, Mars, Jupiter, Saturn, Uranus, Neptun, Pluto. Dies ist allerdings stets noch in der Ephemeride für den bestimmten Tag zu prüfen, da Planeten, die rückläufig werden (retrograd), immer langsamer laufen und andere, die gerade wieder rechtläufig (direkt) geworden sind, erst wieder ihre normale Geschwindigkeit erreichen müssen. Rückläufige Planeten sind einige Tage stationär. Dies kennen wir bereits vom Jahresgang der Sonne bei ihrem Sommer- oder Winterstillstand oder Solstitium; dann bleibt auch sie einige Tage scheinbar an ihrem Platz am Tierkreis stehen, nämlich zur Zeit der Sommersonnenwende (21. Juni, am längsten Tag) und zur Zeit der Wintersonnenwende (um den 21. Dezember, den kürzesten Tag).

TRENNUNGSWINKEL

Wenn von zwei Planeten, die einen Aspekt bilden, der schnellere in Richtung des Tierkreises weiterläuft, so daß ihr Abstand voneinander immer größer wird, spricht man von einem Trennungswinkel oder Separationswinkel.

NÄHERUNGSWINKEL

Wenn von zwei Planeten, die einen Aspekt bilden, der schnellere sich im Sinne des Tierkreises nähert, so daß er den anderen allmählich einholt, d.h. ihr Abstand stets kleiner wird, spricht man von einem Näherungswinkel oder Applikationswinkel.

WIRKUNG

Im allgemeinen wirken die Trennungswinkel aktiv; sie geben an, daß der Geborene selbst etwas tut und auf andere oder seine Umgebung einwirkt. Die Näherungswinkel wirken im allgemeinen passiv; sie geben an, daß der Geborene dasjenige, was der Aspekt beinhaltet, von anderen unter (fruchtlosem) Protest oder stillschweigend erleidet.

Es kommt jedoch häufig vor, daß ein Näherungswinkel wie ein Trennungswinkel wirkt und umgekehrt, was von der Art des Zeichens herrührt, in dem insbesondere der wichtigere der beiden Planeten steht. Ein positives Zeichen macht den Aspekt aktiver, ein negatives passiver. Ein applizierender Mars im Widder z.B. kann in einer Näherungsquadratur einen so heftigen Kampf gegen das Unvermeidliche führen, daß man, auch wenn er seinen Feind nicht überwinden kann, doch nicht von einer passiven Opferrolle sprechen kann, und manchmal kann er im letzten Augenblick durch Überkompensation doch noch einen Sieg erringen, auch wenn er nicht mehr dazu kommt, ihn auszukosten.

BEDEUTUNG DER ASPEKTE

Aspekte sind *Beziehungen* zwischen Planetenkräften (Sonne und Mond mitgerechnet). Da die Planeten sowohl in der Seele als auch im Körper wie in den Umständen wirken, sind sie Verhältnisse zwischen Seelenkräften, zwischen Körperkräften und Kräften in der Umgebung, die sich stets der Menschen als Werkzeuge bedienen, so daß sie als Verhältnisse zwischen Menschen erscheinen. Man bedenke, daß *jeder Mensch, der eine Rolle in unserem Leben spielt, eine Kraft oder Eigenschaft in uns selbst widerspiegelt!* Der Buhmann ist das Gegenbild der Angst; erst wenn die Angst überwunden ist, verschwindet der Buhmann aus dem Leben.

Es gibt keine *guten* oder *schlechten* Aspekte, auch wenn man sie aus Gründen der Bequemlichkeit so nennt. Ein guter Aspekt bedeutet, daß die beiden Planeten gut zusammenwirken – und dies kann auch bei einem Verbrechen der Fall sein! Gut hat hier keinerlei moralische Bedeutung, ebensowenig wie schlecht. Ein schlechter Aspekt kann einem sehr guten Zweck dienen! Die Unternehmung scheitert aber dann z.B. durch Ungeschicklichkeit.

Das *Haus,* in dem ein Planet steht, ist das Lebensgebiet, in dem er wirksam wird. Das *Zeichen,* in dem er steht, ist die Art, wie er wirkt. Die Aspekte, die er bildet, bezeichnen sein Verhältnis zu anderen Planeten und bestimmten Punkten, z.B. dem Aszendenten. Wie chemische Stoffe, wie Pflanzen untereinander, wie Tiere untereinander und wie Menschen in ihren Einstellungen und Aktivitäten können auch Planeten miteinander zusammenarbeiten, einander bekämpfen, unterdrücken, leugnen, übelwollen, gernhaben, aufopfern, weiterhelfen, behindern, vernichten usw. Die Planetenkräfte tun dies nämlich *mittels* dieser chemischen Stoffe, Pflanzen, Tieren, Menschen, Einrichtungen usw. Man erkennt die Planeten als die Zustandebringer von Ereignissen und Wirkungen an der Art der Erscheinungsformen. Die Struktur des Ereignisses ist eine Erscheinungsform des Planetenaspekts. Die Veranlagungsaspekte zeigen sich im Leben eines Menschen als stets derselbe Prozeß, derselbe Gang der Dinge.

Hat jemand z.B. eine Sonne mit einer separativen Quadratur zu Pluto und einer applikativen Quadratur zu Saturn, dann wird er, durch die Machtgier Plutos aufgestachelt, immer wieder versuchen, auch unter Anwendung von Gewalt seinen eigenen Willen durchzusetzen, jedoch muß er sich unter großem Protest der Macht Saturns beugen.

Als kleiner Junge wird ihn vielleicht ein Bruder, der sich selbst im Hintergrund hält, zur Widerspenstigkeit anstiften; dann ist dieser Bruder sein Pluto (hinter der Sonne, d.h. hinter dem Ich). Der Vater ist dann sein Saturn, der Vertreter der Autorität. Später kann ein anderer die Rolle seines Bruders übernehmen, und an die Stelle des Vaters tritt der Staat. Er wird nun ein Aufrührer gegen die Staatsgewalt, und wie ihn sein Vater früher bei einem häuslichen Auftritt in den Kohlenkeller sperrte, so wird er jetzt im Einsatzwagen zur Polizeiwache gebracht und in die Arrestzelle gesteckt. Aufgrund des Aspektes oder der Verknüpfung von Aspekten bleibt die *Struktur* des Geschehens gleich.

Ein weiteres Beispiel (siehe auch im Kapitel »Astrologisches Denken« S. 43): Am selben Tag, an dem in England ein Kronprinz geboren wurde, der spätere Georg V., wurde zur selben Minute in London auch der älteste Sohn eines Kolonialwarenhändlers geboren. Man hat den Lebensgang dieser beiden Personen verfolgt. An dem Tag, an dem der alte König starb und der Kronprinz ihm nachfolgte, starb auch der Kolonialwarenhändler, und sein Sohn übernahm das Geschäft. Beide Personen hatten dasselbe Horoskop, weshalb die *Struktur* beider Leben gleich blieb. In dieser Struktur liegt die Wahrheit des Horoskops. Wie sich diese Struktur mit konkreten Formen umkleidet, hängt von den zeitlichen und örtlichen Gegebenheiten ab. Nicht jeder kann Kronprinz werden, aber die Struktur der Nachfolge des Vaters in dessen Funktionen kann sehr wohl mehrfach auftreten.

Die Aspekte zeigen also das Muster des Lebens auf jeder Ebene an, und zwar sowohl im Raum (dasjenige, was ist) als auch in der Zeit (dasjenige, was geschieht).

Das Muster ist bei der Geburt vorgegeben und ist bestrebt, sich im Stoff zu konkretisieren. Dabei kann es sich um eine Tulpenzwiebel handeln, die das Muster der Tulpe schon in sich trägt, so daß nichts anderes als die Tulpe entstehen kann, oder um einen Menschen mit seinem Horoskop, bei dem auch nichts anderes entstehen kann als dasjenige, was in diesem Horoskop steht. Was in ihm liegt, will sich entwickeln. Was nicht »drin« ist und auch nicht durch Entwicklung (Progression) entstehen kann, das kann auch keine Erziehung hineinbringen. Nur das Veranlagte, d.h. das angeborene Muster, kann zur Entwicklung kommen oder gebracht werden.

Die Aspekte sind der wichtigste Teil eines Horoskops – und werden in der Fachliteratur und in Lehrbüchern am unzureichendsten behandelt. Dies liegt wohl daran, daß es den Autoren an der nötigen Weisheit mangelt, menschlich wie als Astrologe (Ausnahmen sind, soweit mir bekannt, Ram und Fankhauser).

DIE KONJUNKTION

Die Konjunktion ist ein Zusammenschein: Der eine Planet steht von der Erde aus gesehen vor dem anderen. Auf die Bogenminute genau dauert dies nur sehr kurz. Wenn der schnellere der beiden Planeten sich dem anderen nähert und eine Distanz von etwa 8 Grad erreicht hat, wirkt dies als sogenannte applikative Konjunktion, wobei der schnellere Planet gewissermaßen am Widerstand des anderen zerbricht. Nehmen wie als Beispiel die Sonne, die auf den langsamen Saturn zuläuft. Sie ist relativ am Ende ihrer Runde, die bei Saturn begonnen hat und enden wird; sie ist müde und läuft mit letzter Kraft gegen den Prellbock des Saturn an. Die Sonne gibt Wärme und Mut, Saturn Kälte und Angst. In diesem Fall ist die Wärme der Kälte nicht gewachsen. Wenn es die progressive Sonne eines Menschen ist, dann verliert er bei diesem Aspekt den Mut und das Selbstvertrauen, erkältet sich und trifft überall in seiner Umgebung auf Hindernisse. Etwas oder jemand hindert ihn daran, seine Initiativen auch auszuführen.

Im Augenblick des absoluten Gleichstands zieht sich das Herz dieses Menschen zusammen; er sieht nur noch ein winziges Lichtpünktchen, er muß unter einem Joch der Erniedrigung hindurch oder Vereinsamung erleiden.

Wenig später aber, wenn die Sonne Saturn überholt hat, fühlt der Mensch sein Selbstvertrauen wachsen und seinen Mut zunehmen. Er erholt sich und spürt jetzt, daß das Durchstehen dieser Erfahrung ihm Kraft gegeben hat. Die Konjunktion ist jetzt separativ, und die wachsende Kraft entfaltet ihre volle Wirkung. Ja, all die Kraft, die zuerst für die Überwindung des Widerstandes gesammelt werden mußte und jetzt hierfür nicht mehr benötigt wird, kann sogar überschießen, so daß ein gewisser Hochmut an die Stelle der Angst tritt.

Dies ist das Muster für so viele auffällige Veränderungen bei Menschen, die in der Krise einer Konjunktion stehen. Dies trifft z.B. auf diejenigen zu, die erst einer strengen Autorität gehorchten und dann, wenn sie selbst die Oberhand gewinnen, ihre unterdrückte eigene Herrschsucht an Schwächeren auslassen. Dies äußert sich natürlich am deutlichsten, wenn die beiden Kräfte von gegensetzlicher Art sind.

In einem Radixhoroskop muß man also sehr genau ausrechnen, ob es sich um eine applikative oder separative Konjunktion handelt. Die überholende Kraft tritt die Zurückbleibende wie ein Sprungbrett nach hinten weg. Die eingehende Kraft muß sich opfern.

Konjunktionen zweier langsam laufender Planeten können ganze Generationen oder wenigstens Jahrgänge (Schulklassen) prägen. Dies gilt z.B. für die lange Konjunktion von Uranus und Pluto in der Jungfrau, die in den Jahren 1962 bis Herbst 1968 der Technik so enormen Auftrieb gegeben hat. Diejenigen, die die applikative Konjunktion in ihrem Geburtsbild haben, werden die Sklaven der Technik. Diejenigen, bei denen die Konjunktion separativ ist, werden die großen Magier der Technik, die mächtigen Herrscher. So werden die Jüngeren die Älteren vor ihren Karren spannen. Wenn der sich entfernende Uranus dann einst eine Quadratur zu seinem Radix-Stand in der Konjunktion bilden wird, d.h. etwa im 21. Lebensjahr, dann kann man durch Aktivierung der applikativen Konjunktion ein großes Unglück oder einen Bruch erwarten, bei der separativen einen Ausbruch von Gewalt.

Bei sogenannten Epidemien gehen häufig ganze Jahrgänge, d.h. jeweils eine bestimmte Zahl von Jahren von einander entfernte Schulklassen gleichzeitig durch eine solche Krise hindurch, die von schwerer Krankheit begleitet ist. Danach sind die Kinder verändert.

Nach der spektakulären Erscheinung der ausgehenden Konjunktion stellt sich nach und nach wieder der Zustand des Geburtsbildes (Radix) ein. Daher darf man niemals zu viel auf den neuen Zustand geben: Meist ist der Mensch nur *vorübergehend* verändert!

Ein Mädchen mit einer applikativen Mars-Saturn-Konjunktion im Fünften war von geringer Körperkraft, hatte Angst vor Knaben, war wasserscheu usw. Ihre schulischen Leistungen waren schlecht, sie wurde von ihrem saturnalischen Vater und ihrem ebenfalls saturnalischen Lehrer unterdrückt. Als Mars Saturn überholte, bekam das Kind im nächsten Schuljahr einen kreglen marshaften Lehrer, bei dem das Kind aufwachte und nun aus Ehrgeiz (Saturn hinter Mars!) eifrig zu arbeiten begann. Von da an legte sie auch ihre Angst vor ihrem Vater ab und begann, ihre weiblichen Waffen einzusetzen; sie bekam von ihm jeden Wunsch erfüllt und machte als verwöhntes Herzblättchen mit Papa Ausflüge auf dem Motorrad (Mars im Fünften: Unternehmungslustig in der Liebe!). Durch die guten Leistungen in der Schule verführt, gaben die Eltern sie in ein Internat, wo sie jedoch, als die Konjunktion vorüber war, überfordert war: Sie wurde wieder ein blasses, überanstrengtes Kind, und der alte Zustand kehrte weitgehend zurück.

Man merke sich: Im Radix ist eine applikative Konjunktion enttäuschend für den hinteren Planten; die separative Konjunktion unterstützt den vorderen.

Bei einer Konjunktion von Merkur oder Venus mit der Sonne spricht man von einem Unwirksamwerden durch sog. *Verbrennung* bei einer Entfernung von weniger als drei Grad. Dies gilt meiner Meinung nach nur für eine obere Konjunktion. Bei einer unteren Konjunktion verbrennt der Planet nicht! Der Planet, der der Erde am nächsten steht, ist bei einer Konjunktion in der günstigsten Position.

SEXTIL UND TRIGON

Sextil und Trigon sind beides *harmonische Aspekte;* sie verhalten sich wie ein Flirt zur großen Liebe. Das Sextil verbindet einander freundlich gesinnte, aber unterschiedliche Elemente, während das Trigon immer unter Elementpartnern gebildet wird. Das Sextil ist eine Annäherung. Das Trigon ist die perfekte Harmonie, die Verschmelzung, in der es keine Dynamik mehr gibt, nur ruhiges Genießen der Früchte, den Endzustand nach vielen verarbeiteten Erfahrungen.

Separativ geben sie aktive Zusammenarbeit, applikativ profiliert der hintere, schnellere Planet vom vorderen, der sich häufig als Lehrer(in) personifiziert.

DAS QUADRAT

Das Quadrat ist ein starker *Konfliktaspekt* von solcher Brisanz, daß er sofort aufgelöst werden muß. Die *separativen* Quadrate sind wegen der großen Spannung, die sie erzeugen, Unruheherde, die man irgendwie ausagieren muß; sie machen aggressiv, häufig handgreiflich bei positiven Planeten und mißtrauisch, intrigant und ähnliches bei negativen Planeten. Der vordere Planet tut die (schmutzige) Arbeit, der hintere gibt den Anreiz dazu in Form von Egoismus, Bequemlichkeit, Streitsucht, Destruktivität usw. *Das Motiv gibt der hintere, die Erscheinung der vordere Planet an.*

Bei den *applikativen* Quadraten sind die Verhältnisse etwas komplizierter. Sie machen den Menschen zum Sklaven desjenigen, bei dem dasselbe Quadrat separativ ist. Die beiden passen zueinander wie Stecker und Steckdose; sie sind meist auch untrennbar miteinander verbunden, wobei der Sklave nicht einmal befreit werden will! So findet z. B. jemand mit einem separierenden Sonne-Neptun-Quadrat, der im Schlaf reich werden will, immer jemanden mit einem applikativen Quadrat, der sich ausbeuten läßt (Zuhälter und Prostituierte). Das applikative Quadrat will sich aus Schwäche festklammern, wird aber unterjocht, weil es sich alles gefallen läßt. *Man verhält sich spiegelbildlich zueinander.* Ein Mann mit einem separativen Venus-Jupiter-Quadrat z. B. leistet sich aus Vergnügungssucht immer wieder kleine Affären. Seine Frau mit dem applikativen Aspekt schaut aus Bequemlichkeit nicht hin, um nicht sehen zu müssen, was sie instinktiv weiß: daß ihr Mann sie betrügt. Beide haben dasselbe Problem, jedoch mit positiven und negativen Vorzeichen.

Beim applikativen Quadrat gibt es jedoch noch eine weitere Möglichkeit, nämlich die *Überkompensation.* Sie äußert sich als Kampf gegen Windmühlen, d.h. gegen eine Übermacht; durch dieses Aufstauen von Kraft an einem Damm wird jedoch der Druck immer größer, und in manchen Fällen wirkt der hintere Planet, wenn er sehr positiv ist, dann auch so, daß er in einem gegebenen Augenblick über den Damm hinweggeht. Der Damm bricht, der Strom ergießt sich in das große Bett und verliert dadurch seine Kraft: Die beiden Feinde gehen manchmal gemeinsam unter. Je milder der hintere Planet ist, desto schneller gibt er sich geschlagen, wenn auch unter Protest. Nur die applikative Konjunktion unterwirft sich ohne Protest – verführt manchmal sogar!

Das applikative Quadrat ist also der fruchtlose Kampf, auf den man sogar manchmal recht stolz ist: »Bis zu meinem Tode werde ich für das Ideal kämpfen! Auch wenn es niemanden mehr gibt, der mir zuhört!« Vielfach erscheint ein Mensch mit einem solchen Aspekt als ein rechter Don Quichote, der seine Kraft in höchst nutzloser Weise vergeudet.

Wenn der hintere Planet von negativer Natur ist, dann bekommt man den Nörgler, den Querulanten, der für sein Scheitern immer andere verantwortlich macht: »Warum mußt du auch immer...!« Und sich damit lächerlich macht.

DIE OPPOSITION

Die Opposition ist ein lästiges chronisches Übel, das man sein Leben lang nicht los wird. Die beiden Faktoren passen nun einmal nicht oder nur selten zusammen. Sie suchen einander, gehen aber immer genau aneinander vorbei.

Bei einer zunehmenden Opposition, die also noch nicht exakt ist, kommt man immer zu früh, bei einer abnehmenden zu spät. Oder man schätzt eine Unternehmung immer entweder zu schwierig oder zu einfach, jedenfalls nie richtig ein. Man nimmt immer den gerade zu großen oder zu kleinen Karton, wenn man etwas einpacken möchte. Oder man glaubt, den falschen Partner gewählt zu haben, denn man kommt mit ihm nicht aus; wenn man später die Möglichkeit hat, es mit einem anderen zu versuchen, dann paßt dieser wiederum in anderer Hinsicht nicht.

Wenn eine Opposition jedoch *überbrückt* wird, dann ändert sich das Bild. Eine *harmonische Überbrückung* (durch Sextil und Trigon) ergibt ein Schlupfloch, eine Eselsbrücke, einen heimlichen Helfer, einen Trick, so daß es doch gelingt.

Bei einer *disharmonischen Überbrückung* (zwei Quadrate) wird das chronische Übel wenigstens in ein akutes verwandelt: die Entschlußlosigkeit – bzw. die Neigung, immer auf zwei Hochzeiten zu tanzen – wird durch Eingreifen eines dritten Faktors an den Pranger gestellt, und man ist gezwungen, von zwei Übeln das kleinere zu wählen, auch wenn dieses, das Quadrat, immer noch ein Übel ist. Der Knoten wird durchgehauen, man springt in das Dunkle (bei einem separativen Quadrat), oder man springt (bei einem applikativen Quadrat) mit offenen Augen in den Abgrund. Wie schrecklich es einem auch erscheint, so wird das Quadrat meist doch als eine Erlösung aus der Unsicherheit erlebt. Es geschieht wenigstens etwas!

Oppositionen führen dazu, daß man im Nachhinein einen bereits gefaßten Beschluß nochmals ändern will. Dies gibt den Hang zum Nachtarocken, zur nachträglichen Diskussion, was man hätte tun sollen, während die Maßnahme oder das Versäumnis nicht mehr rückgängig gemacht werden können.

Menschen mit einer oder mehreren nicht überbrückten Oppositionen können durch ihren inneren Zwiespalt auf dem jeweiligen Gebiet nichts erreichen. Es handelt sich im Grunde um einen lähmenden Aspekt.

Wenn die beiden Pole in etwa gleich stark sind, dann wird man leicht zu einem gespaltenen Menschen: »Zwei Seelen wohnen, ach in meiner Brust!« rief Goethe, der bei Vollmond geboren wurde, der stärksten Opposition.

Wenn einer der Pole spürbar stärker ist als der andere, dann wird man nicht selten ein unzufriedener Mensch, der alle Unannehmlichkeiten auf seinen verhaßten Gegenpol abzuwälzen versucht und sich so sehr auf den starken Pol als sein eigentliches Ich konzentriert, daß er krankhaft einseitig wird, z.B. zum Geizhals als Reaktion auf seinen verschwendungssüchtigen Ehepartner. Ein solcher Mensch wird starrsinnig und bleibt sein Leben lang durch einen Menschen, eine Einrichtung oder eine Situation an seine eigene Bösartigkeit gekettet.

HALBSEXTIL

Hierbei handelt es sich um einen leichten Schwingungsunterschied, der sowohl etwas Reibung als auch praktische gegenseitige Ergänzung bedeuten kann, wie z.B. bei Stier und Zwillinge: Der Träge wird etwas angeregt, der Voreilige etwas gedämpft.

HALBQUADRAT

Dieser Aspekt von 45 Grad gibt Beziehungslosigkeit, die völlige Unfähigkeit der beiden Planeten, aufeinander einzugehen. Dies jedoch nur, wenn der Aspekt exakt ist; andernfalls wirkt er nicht. Er ist also in seiner Auswirkung recht unglücklich, aufreizend und unruhestiftend. Er wirkt wie ein Fahrzeug, das man nicht auf der Straße halten kann.

ANDERTHALBQUADRAT

Dieser Winkel von 135 Grad ist in gewissem Maße die Fortführung des Halbquadrats. Er führt zu hastiger Übereilung, Durchkreuzung guter Absichten, zu Störung, Verwirrung und Verwicklung, zu unerwarteten Hemnissen und Stolpersteinen. Er verbannt, was sich nicht fügen will. Das große Unglück wird nur um ein Haar vermieden.

QUINCUNX

Der Aspektwinkel von 150 Grad folgt auf das Trigon und zeigt an, daß eine Fähigkeit durch vollkommene Harmonie zu Eintönigkeit und Schludrigkeit wird und dann verkommt, was schließlich zu Enttäuschung und Scheitern führt. »Ich glaubte, daß ich es schaffen würde, weil es doch immer wie von selbst ging!« Der Winkel zwingt zu einer Entscheidung zwischen zwei Möglichkeiten, wobei man meist bedauert, daß man auf eine von ihnen verzichten mußte. Dieser Aspekt kann aber auch Glück durch freiwilligen Verzicht geben, das Gefühl der Befreiung, nachdem man ein Opfer gebracht hat. Er lehrt den Menschen, über lange Zeiträume zu denken und auf ein fernes Ziel hinzuarbeiten.

QUINTIL

Dies ist ein Winkel von genau 72 Grad. Er wird wenig beachtet, ist aber das vollkommene Gleichgewicht, dem Pentagramm und dem Goldenen Schnitt verwandt. Weiterhin besteht Verwandtschaft zur großen Terz und den Intervallen und zur Volksseele der Böhmen: Die schöpfende Kunst blüht daraus auf! Er gibt reintöniges Zusammenspiel, harmonische Verbindungen, Rhythmus, Entspannung.

Wenn man den Kreis in Abschnitte von 15 Graden unterteilt, bekommt man natürlich noch weitere Aspektwinkel, wie z.B.
Bilien – 75 Grad: List, Leidenschaft, Mitgerissen werden
Trilien – 105 Grad: Unruhe, Schock, Durchgeschüttelt werden,
Tao (die Namen sind von Dr. Koch) – 165 Grad: Krise

DER LEBENSPROZESS IN DER ASPEKTREIHE

Die Aufeinanderfolge der Aspekte in 30°-Abständen zeigt die Phasen eines jeden Lebensprozesses, wie er sich auch in der Aufeinanderfolge der Planeten, der Zeichen, der Häuser, der Musikintervalle usw. ausdrückt. Nehmen wir als Beispiel das Eheleben:

0°	Konjunktion: Heirat und vollkommene Vereinigung	Sonne/Mond
30°	Semisextil: Die erste kleine Verstimmung	Merkur
60°	Sextil: Die Versöhnung	Venus
90°	Quadrat: Heftiger Streit	Mars
120°	Trigon: Große Versöhnung, Zeugung des Kindes als sichtbarer Ausdruck hierfür	Jupiter
150°	Quincunx: Vernachlässigung, Erstarrung	Saturn
180°	Opposition: Scheidung zum Zwecke der Erneuerung	Uranus

Bezüglich der Intervalle besteht Uneinigkeit unter den Astrologen. Nach unserem Gefühl verhält es sich in etwa wie folgt:

c	d	e	f	g	a	h	c
☌	✳	□	150°	△	⌼	⊼	☍

Dabei gilt, daß die große Terz der Sohn der Prim als dem Vater und der Sekunde als der Mutter ist, während die kleine Terz die Tochter repräsentiert. Die Quart, c-f, ist dann die Schwingung, die zum Kampf aufruft. Ist es in diesem Zusammenhang nicht auffallend, daß so viele patriotische und Marschlieder mit einer Quarte beginnen (die Marseillaise, Preußens Gloria)? Man lese hierzu eventuell Dr. Walter Kochs Aspekt-Lehre, die auf den Gedanken des großen Johannes Kepler aufbaut.

Sowohl die Aspektwinkel wie auch die Intervalle korrespondieren mit den Schwingungsabständen der Drüsen mit innerer Sekretion (und den Chakras im Menschen), die die »Harfe des Herren« bilden. Das menschliche Instrument schwingt mit der kosmischen Musik mit. Eine Horoskopstruktur läßt sich in ein Musikstück umsetzen. Und jeder laufende Planet singt seine Melodie durch das Menschenleben hindurch!

PLANETENFIGUREN

In einem Horoskop können regelmäßige, aus Aspektwinkeln bestehende Planetenfiguren auftreten (hierauf ist die Schule von R. Ebertin spezialisiert). Die häufigsten von ihnen sind die Mühle, das große Trigon, das Sechseck, der Drachen und der Gralskelch.

DIE MÜHLE

Eine sogenannte Mühle mit vier Flügeln besteht aus vier aneinandergefügten Quadraten, wobei die gegenüberliegenden Eckpunkte durch Diagonalen verbunden sind, die zwei Oppositionen bezeichnen. Eine solche Mühle dreht sich, weil das eine Quadrat das folgende in Gang setzt, insbesondere wenn es sich sämtlich um separative Quadrate handelt. Dadurch erhält ein Geburtsbild eine enorme *Dynamik;* es geschieht immer etwas. Wenn ein applikatives Quadrat dabei ist, dann wird der auflaufende Planet durch den Druck von hinten immer wieder Opfer eines Aufpralls. Das Leben wird unruhig, reich an Erfahrungen, manchmal auch an Leistungen.

Viel ungünstiger ist eine unvollständige Mühle, wobei nur drei Flügel drehen, während an der Stelle des vierten nichts steht. Sie beginnt dann immer wieder heftig zu drehen, jedoch endet diese Drehung in sinnlosem Leerlauf. Viel Aufregung um nichts. Wenn die drei Flügel einen Krankheitsprozeß im Körper auslösen, findet man häufig, daß dieser seine Abfallprodukte an der leeren Stelle ablagert, d.h. an demjenigen Körperorgan, das dieser leeren Stelle entspricht. Wenn z.B. bei jemandem die oberen drei Eckpunkte besetzt sind (Deszendent, MC und Aszendent), während der vierte Eckpunkt, das IC, der Zugang zum vierten Haus, leer geblieben ist, dann können bei einem solchen Menschen immer Magenprobleme (viertes Haus) auftreten oder etwas Ähnliches, das zu dem Zeichen an diesem IC paßt, während der Magen selbst nicht am Krankheitsprozeß beteiligt ist, sondern nur die Endstation ist. Man darf also nicht an diesem Endpunkt ansetzen, sondern muß dies an den besetzten Eckpunkten tun, wo aktive Kräfte wirksam sind und daher die Ursache liegt.

Eine Mühle aus lauter applikativen Quadraten, was recht selten vorkommt, steht für jemanden, der immer von einem Unglück ins andere fällt, einen machtlosen Querulanten.

Quadrate sind akute Konflikte, die sofort aufgelöst werden müssen und so den Menschen in seiner Entwicklung vorantreiben. Sie bringen Erfahrungen und Prüfungen und treiben den Menschen zu Leistungen an. Vielfach stellt sich in der Rückschau heraus, daß sie mehr Grund zur Dankbarkeit bieten als die bequemen Sextile und Trigone.

DAS GROSSE TRIGON

Dieses besteht aus drei aneinander gefügten Trigonen. Dabei kann es sich um ein Wassertrigon, ein Feuertrigon, ein Erdtrigon oder ein Lufttrigon handeln. Es besitzt eine feste Grundlage in dem jeweiligen Element, auf das man sich in Schwierigkeiten immer stützen kann.

Ein großes Wassertrigon z.B. kann alle Schwierigkeiten in seinem harmonischen Gefühlsleben auflösen.

Ein Erdtrigon beginnt praktisch zu arbeiten und sagt: Arbeit ist die beste Medizin für alle Leiden!

Ein Feuertrigon reagiert seine unangenehmen Erfahrungen mit feurigen Reden, mit Sport oder ähnlichem an der Umgebung ab.

Das große Lufttrigon denkt über die Aufgabe nach und sagt: Wenn man es einmal verstanden hat, ist es nicht mehr schlimm!

Es handelt sich dabei um eine Harmonie, die man in einem früheren Leben erworben hat und auf die man jetzt zurückgreifen kann. Man kann damit anderen helfen und ein Vorbild sein.

DAS SECHSECK

Diese Figur besteht aus sechs aneinandergefügten Sextilen. Dadurch wird man stets rasch von einem zum anderen geführt, bleibt praktisch niemals bei einem Problem hängen. Es gibt immer eine Lösung, einen Ausweg, eine Anpassungsmöglichkeit, man findet immer passende Gelegenheiten und kennt nichts anderes. Man hat sich an diese Bequemlichkeit gewöhnt und lebt deshalb ein fröhlich fortplätscherndes Leben ohne Verständnis für die Probleme anderer Menschen, aber doch gerne bereit, einem anderen gelegentlich weiterzuhelfen. Jeder der sechs oder mehr Faktoren, die das Sechseck bilden, kann sich mühelos nach zwei oder mehr Seiten orientieren; sie tanzen zusammen einen Rundtanz ohne Ende. Der Betreffende selbst bemerkt davon meist nichts. Wenn durch Progression erstmals eine Quadratur auftritt, dann ist er völlig von der Rolle, weil er keinerlei Erfahrung mit der Lösung von Problemen hat.

DER DRACHEN

Wenn zwei Planeten in Opposition stehen und einer von ihnen nach zwei Seiten ein Sextil besitzt, dessen Enden durch Trigone mit dem gegenüberliegenden Planeten verbunden sind, dann entsteht ein Drachen. Die beiden langgestreckten Hälften bilden jeweils für sich eine Opposition, die durch ein Sextil und ein Trigon überbrückt wird und daher seine Problemhaftigkeit verliert. Der Gegensatz muß also in einer Synthese nach zwei Seiten aufgelöst werden. Eine besonders schöne Figur!

Eine harmonisch überbrückte Opposition hebt die überwundenen Gegensätze auf eine höhere Ebene; teils von innen heraus, durch den überbrückenden Faktor als Seelenfähigkeit, teils durch einen anderen Menschen, der diesen Faktor personifiziert, entdeckt man das Wesentliche, das die beiden Pole der Opposition miteinander verbindet.

Wenn man z.B. zwei Planeten im Krebs und im Steinbock in Opposition stehen hat und ein dritter Faktor im Stier sie versöhnt, dann ist dies die Liebe des Stiers, der entdeckt, daß beide Zeichen das Gefühl verbergen. Der Krebs besitzt eine Überfülle von Gefühl, das er nur auf der Bühne zu äußern wagt; er wird von der naiven Stier-Liebe geschmolzen und schüttet schließlich sein Herz aus. Der Steinbock dagegen verdrängt seine Gefühle so weit wie möglich, weil man sie nicht zeigen darf, während er im Innersten nach einer Umgebung verlangt, in der dies doch möglich ist. Nun werden die Tränen des Krebses, die ihn sonst ärgerten, durch die Sphäre des Stiers als echt erlebt; man sagt nicht mehr: »Du mit deiner Sentimentalität« und fühlt sich selbst auch erlöst, wobei doch die Form gewahrt bleibt.

Daß in diesem Fall der Stier das gemeinsame Gefühl bewußt machen kann, liegt daran, daß er, wie der Steinbock, ein Erdzeichen ist und daher von diesem ernst genommen wird. Hinzu kommt die gleichzeitige Verwandtschaft (Sextil) mit dem Krebs, der ebenfalls ein Gefühlszeichen ist.

So sieht man wiederum, daß die Art der Zeichen das Wesen der Aspekte bestimmt, und daß die Aspekte den gesamten Seelenprozeß bestimmen.

Teilt man den Drachen längs der kürzeren Diagonalen, die die beiden Sextil-Faktoren verbindet, dann ergeben sich zwei Komplexe: Ein Dreieck mit zwei Sextilen, die reine Harmonie, und eines, das ein großes Trigon ist, in diesem Fall ein Erdtrigon, ebenfalls Harmonie. Da der Drachen durch die Opposition auch Spannung in sich hat, ist er dynamischer als die bloß statischen harmonischen Komplexe.

DER GRALSKELCH

Wenn ein Faktor nach beiden Seiten ein Semisextil und zur gegenüberliegenden Seite eine Opposition aufweist, dann nennen wir dies einen Gralskelch (der Name von Van Es und Stibbe in Bandung). Es handelt sich also um einen schlanken Drachen. Die Opposition wird dann zu beiden Seiten von einer Quincunx und einem Halbsextil überbrückt. Nun ist eine Quincunx, die entsprechend ihrer Gradzahl auf das vollkommene Trigon folgt, so etwas wie eine überreife Frucht, während das Halbsextil noch unreif wie eine grüne Frucht ist. Eine Quincunx deutet auf eine Vernachlässigung angeborener Fähigkeiten hin.

Wenn eine Sonne oder ein wichtiger Planet an der Spitze der Opposition steht, dann wird sie es schwer haben, in diesem Leben ohne Heimat und ungeschickt sein, worauf die Halbsextile hinweisen, und andererseits in den beiden langen Komplexen in Versuchung gebracht werden, bereits erworbene Fähigkeiten als Notbehelf zu gebrauchen. Dies gilt insbesondere in dem Komplex, zu dem das auf das Sonnenzeichen an der Spitze folgende Zeichen gehört, denn dies ist das nächste Ziel, das das Ich vor sich sieht. Dies ist die typische Figur Parzivals. Zu etwas Großem bestimmt, und doch auf der Erde so unwissend. Hier ist die Synthese nicht schon vorgegeben. Sie muß erst gesucht werden. Wenn die progressive Sonne in diesem Fall den Planeten im Halbsextil vor ihr etwa im dreißigsten Jahr passiert, muß sie versuchen, unreif und überreif in Einklang zu bringen. Dreißig Jahre später hat sich der Kelch für die progressive Sonne zur Hälfte in einen Drachen verwandelt, und sie kann zur Harmonie gelangen.

Sowohl beim Drachen wie auch beim Gralskelch ist der Planet, der am Fuße des Kelchs bzw. am Schwanz des Drachens steht, grundsätzlich der wichtigste, der die ganze Gegenseite beherrscht. Rudhyar nennt ihn einen Singleton gegenüber einem Stellium (stella = Stern). Alles, was dort oben durch Progression vorbeiläuft, wird von ihm eingeweiht. Es wird sich vielleicht sträuben und Ausflüchte suchen, weil es diesen Gegenpol abstößt, aber es gibt kein Entrinnen. Solche Konstellationen findet man daher auch bei Menschen mit einer unausweichlichen Bestimmung. Was außerhalb davon fällt, kann als Hindernis wirken, zählt aber nicht. Es kommt zwar in gewissem Umfang darauf an, wer der Singleton ist, jedoch wirkt er prinzipiell als eine unaufhörlich strömende Kraftquelle, die den Kelch darüber füllt. Der breite Kelch des Drachens kann diesen Strom aufnehmen und läßt jedermann sich daran laben. Der schmale Gralskelch empfängt das Lebenswasser in einer Form dreier aufeinanderfolgender Zeichen, die die drei Phasen eines jeden Lebensprozesses repräsentieren. Dies ist schwieriger, aber ebenfalls vollständig und dynamisch. Wenn der Drachen einen stillen Waldteich ergibt, stellt der Kelch eine sprudelnde Quelle dar, die das Wasser zum Licht emporschleudert und in dunkle Tiefen zurücksinken läßt.

Im engeren Sinne betrachtet man als den Gralskelch die Sonne als das Ich mit ihrem Zeichen und dem Zeichen davor, demjenigen danach und demjenigen gegenüber. Das Zeichen, das in der Reihenfolge auf dasjenige der Geburtssonne folgt, wird von der Sonne erleuchtet und durch Progression aktiviert. So werden schließlich darin befindliche Planeten zu den bewußten Seelenkräften im Dienste des Ichs.

Das Zeichen vor demjenigen der Geburtssonne dagegen liegt im Dunkel des Unbewußten, wo die unbekannten und unbeherrschten Kräfte ihren Sitz haben. Hieraus leitet man ab, daß Planeten im Zeichen nach der Sonne auf ein relativ hohes Niveau der Bewußtwerdung hinweisen, während Planeten vor der Sonne Primitivität anzeigen. Bei hysterischen Personen sieht man tatsächlich häufig Planeten vor der Sonne. Diese Hypothese gilt allerdings nicht in allen Fällen!

Weiterhin leitet man hieraus ab, daß das Zeichen gegenüber dem Zeichen, das auf die Sonne folgt, für eine Zusammenarbeit günstig und das Zeichen gegenüber demjenigen nach der Sonne ungünstig ist (Van Es und Stibbe).

KOMPLEXE

Drei oder mehr in einer Aspektbeziehung stehende Planeten können nicht nur eine regelmäßige Planetenfigur wie z. B. ein großes Trigon usw. bilden, sondern auch eine unregelmäßige Form. Alle diese *geschlossenen Formen* nennt man *Kraftkomplexe.*

DER »SCHWIEGERELTERN«-KOMPLEX

Ein häufig vorkommender Komplex besteht aus einer Opposition, die durch zwei Quadrate überbrückt ist. In diesem Fall schafft die Überbrückung statt der Versöhnung eine Verschärfung der Gegensätze. Neben der Spannungsbeziehung zum Gegenpol besteht noch eine ebensolche zu einem dritten Pol, der wiederum im Widerspruch zum Gegenpol steht. Dies könnte z.B. ein Ehepaar mit einer Schwiegermutter sein, die auch mit dem eigenen Kind in einer Konfliktbeziehung steht. Die äußere Situation bildet dann die Entsprechung zu den inneren psychischen Spannungen. Es könnte z.B. sein, daß die Mutter ihre Tochter zu gängeln versucht und den Schwiegersohn haßt, zu dem sich die Tochter nur geflüchtet hat, um ihrer Mutter zu entrinnen, von dem sie sich jedoch zu sehr unterscheidet, um wirklich eine Stütze an ihm zu haben. Die separativen Quadratfiguren schaffen dann die Streitigkeiten, die applikativen sind deren Opfer.

Wenn beide Schwiegereltern auf den Plan treten, dann kann wiederum eine Mühle entstehen, wobei die beiden Ehepaare, die jeweils untereinander eine Opposition bilden, senkrecht zueinander stehen. Dabei kann es sich natürlich auch um andere Paare handeln, die nicht miteinander verheiratet sind.

DAS DIABOLO

Ein Sextil in der einen Horoskophälfte, dem ein Sextil in der anderen gegenübersteht, wobei die Enden überkreuzt miteinander durch Oppositionen verbunden sind, bildet eine hübsche Diabolo-Figur, wobei die Elemente befreundet sind, weil nämlich nur die Paare Wasser und Erde oder Feuer und Luft möglich sind. Die Außenseite bilden Trigone, wodurch wiederum zwei gut überbrückte Oppositionen entstehen (Sanduhr im Ständer). Hieraus entstehen harmonische Menschen; wenn jedoch keine Planeten in anderen als den beiden eigenen Elementen stehen, verstehen sie andere Menschen nicht, die gerade aus den beiden fehlenden Elementen »aufgebaut« sind.

Im allgemeinen liegen in den Spannungskomplexen unsere Aufgaben, während uns in den harmonischen Komplexen ein Ruhepunkt gegeben ist, in dem wir eine Stütze haben.

Horoskope, die aus nichts als harmonischen Aspekten und Komplexen bestehen, findet man durchwegs bei langweiligen, unbedeutenden Menschen, denen es ohne eigenes Zutun gut geht und die beim ersten progressiven Quadrat völlig aus der Fassung geraten oder überhaupt zusammenbrechen.

Mit Ausnahme weniger Engelgestalten haben alle wirklich großen Menschen eine oder mehrere Quadrate, durch deren Dynamik sie zum vollen Einsatz ihrer angeborenen Fähigkeiten getrieben werden. Man kann für Quadrate nicht dankbar genug sein. Wem Leid, Kampf und Prüfungen fremd sind, der kann andere nicht verstehen oder ihnen helfen.

BINDUNGEN

Bindungen der Seele und des Lebensleibes an Seele und Lebensleib eines anderen Menschen sind recht häufig. Wenn diese Bindungen länger als normal dauern, dann ist *Saturn* mit seiner verhärtenden Wirkung im Spiel. Er fixiert, bindet. Ein Aspekt Saturns mit einem Planeten, der Sonne oder dem Mond, bedeutet immer eine Bindung an diejenige Person, die der Planet, die Sonne oder der Mond, als Werkzeug und Personifizierung benutzt.

Wenn dieser Aspekt harmonisch und ruhig ist, dann fühlt der Mensch sich bei dieser Bindung wohl und möchte sie nicht missen.

Wenn dieser Aspekt disharmonisch ist, dann leidet man darunter (wenn applikativ) oder versucht, sich davon loszureißen (wenn separativ), was nur mit Hilfe eines lösenden Planeten gelingt, der in eine Aspektbeziehung tritt.

MUTTERBINDUNG

Die Mutter ist natürlicherweise die erste *Versorgerin* des Menschen und steht als solche im Horoskop als der *Mond.* (Man beachte jedoch, daß ihre eigene Persönlichkeit daneben im Horoskop durch einen Planeten repräsentiert sein kann!) *Ruhige Aspekte* (Sextil, Trigon) zwischen Mond und Saturn ergeben eine Mutterbindung, die länger als normal dauert (in der Pubertät, spätestens mit dem 21. Lebensjahr muß sie beendet werden). Die ätherische Nabelschnur ist dann intakt geblieben, wodurch Lebensleib und Seele so miteinander verbunden bleiben, daß man alles miteinander miterlebt und durch telepathischen Kontakt alles voneinander weiß. Bei allem, was man tut, fragt man sich, was der andere davon halten würde. Dies ist insbesondere zwischen *Mutter* und *Sohn* und vor allem in jüdischen Familien häufig der Fall. Das Kind wohnt dann meist noch als Erwachsener bei der Mutter, wird von ihr versorgt und bildet ihren Lebensinhalt. (Gute Beispiele hierfür findet man in Fanny Hurst's Buch *Lummox* und in dem amerikanischen Film *Rachel* von Paul Newman.)

Bei einem *separativen Quadrat* will das Kind sich befreien, um sich selbst zu entwickeln, und empfindet dabei die Mutter als Hemmschuh, als fortwährendes Hindernis. Psychisch führt dies zu einer Verdüsterung des Gemüts; jeden Morgen sieht man beim Erwachen nichts als einen grauen Tag voller Pflichten vor sich, die man dann innerlich stöhnend erfüllt, ohne Hoffnung auf ein Entrinnen. Diese Aussichtslosigkeit kann zu einer lähmenden Depression führen, insbesondere bei *Töchtern.*

Bei einem *applikativen Quadrat* ist die Mutter meist eine strenge Gestalt ohne Wärme, die nur ge- und verbietet oder nie Zeit für ihr Kind hat und nicht zuhören will. Das Kind wagt schließlich nicht mehr, sich zu äußern, wird verschlossen, mißtrauisch und eigensüchtig.

In beiden Fällen wartet das Kind eigentlich ein Leben lang auf die Liebe, die nicht kommt, die Wärme, in der die Seele hätte aufblühen sollen. Mürrisch und unwirsch oder kurz angebunden, je nach den Zeichen, werden Ausdruck und Ton. Man kann sich nicht von der Dressur lösen, die die Mutter vorgenommen hat, tut immer alles, wie sie es aufgetragen und vorgemacht hat, was manchmal sogar noch an der Handschrift abzulesen ist. Innerlich gibt man sich immer ihr gegenüber Rechenschaft, selbst noch nach ihrem Tode. Man kauft Kleider, die sie gekauft hätte, und wo man einmal von ihren Vorschriften abweicht, verteidigt man dies mit vielen Argumenten und Entschuldigungen.

Bei einer Mond-Saturn-*Konjunktion* ist die Identifizierung noch viel stärker. Bei einer applikativen Konjunktion opfert die Tochter z.B. ihr Glück und ihre Karriere für die kränkliche, anspruchsvolle Mutter, die von niemand anderem als ihrer Tochter versorgt werden will, die dabei doch auch eine gewisse Befriedigung findet. Bei der separativen Konjunktion strebt die Tochter ehrgeizig nach Rang und Ansehen in der Welt, wobei sie immer ihre Mutter mitnimmt, die hinter den Kulissen für sie arbeitet, z.B. als Köchin im Kurheim ihrer Tochter, als Garderobenberaterin ihrer Tochter, wenn sie gefeierte Schauspielerin geworden ist, oder als Hausdame, wenn diese einen reichen alten Mann geheiratet hat.

Manchmal wird sie eine aggressive Aktivistin, z.B. für Kinderkrippen (wobei sie unbewußt anderen Kindern nicht gönnt, was ihr selbst vorenthalten wurde) oder z.B. eine strenge Oberschwester.

Bei harmonischen Verbindungen leben Mutter und Tochter ein Leben lang ganz zufrieden zusammen, wobei der Tochter Ehe und Karriere nichts bedeuten.

Bei *Männern* mit Mutterbindung ist das Muster etwas anders. Der Sohn bleibt sein Leben lang Kind, wird von seiner Mutter gut versorgt und leistet ihr dafür Gesellschaft. Er kann ohne sie keine Entschlüsse fassen oder Kleider kaufen, wobei sie ihre eigene verschlüsselte Sprache und ihre kleinen Geheimnisse haben. Frauen, die ihn als Mann zu gewinnen versuchen, prallen gegen eine unsichtbare Mauer. Eigentlich sind solche Männer schon verheiratet – mit ihrer Mutter.

In allen diesen Fällen läßt die Mutter ihr Kind nicht erwachsen werden. Wenn der Sohn dann doch heiratet, dann hat eine solche Frau kein Leben, denn ihre Schwiegermutter ist ihre Rivalin, die immer Recht hat. Jeden Morgen ruft der Sohn seine Mutter an, um sich zu erkundigen, ob sie gut geschlafen hat. Bei jedem Problem berät er sich mit seiner Mutter, nicht mit seiner Frau. Nach der Arbeit schaut er noch kurz bei seiner Mutter vorbei, bringt ihr etwas mit, das sie sich wünschte, sieht schnell nach dem Rechten – und wenn ihn seine Frau um einen Dienst bittet, sagt er: Kannst du das nicht selbst erledigen? Die Feiertage werden bei Mama verbracht, wo die Schwiegertochter in der Küche den Abwasch macht. Wenn sie es einmal durchsetzt, daß zu Hause gefeiert wird, dann muß Mama auch eingeladen werden, reißt in der Gesellschaft das Gespräch an sich und bleibt den ganzen Abend Mittelpunkt, während der Sohn bester Laune ist.

Wenn es eine Tochter ist und diese doch heiratet, was selten der Fall ist, dann tut sie es auf Betreiben ihrer Mutter, die einen Ernährer für beide sucht und das junge Paar in ihr Haus aufnimmt oder selbstverständlich bei ihnen einzieht und den Haushalt regiert, um angeblich die Tochter zu entlasten. Die beiden Frauen herrschen im Haus, beschäftigen den Mann mit einem Hobby oder lotsen ihn in einen Kegelclub, um Ruhe zu haben. Im Urlaub reist man zu dritt dorthin, wo es Mutti am besten gefällt. *Ihre* Bekannten kommen zum Geburtstag der Tochter und des Schwiegersohns. Der Mann wird isoliert: Mutti kann seine Freunde nicht ausstehen. Er macht also abends lieber Überstunden.

VATERBINDUNG

Eine Vaterbindung wird durch einen *Sonne-Saturn-Aspekt* angegeben. Bei einem Sextil oder Trigon ist der Vater das Vorbild des Kindes, das ihn ein Leben lang verehren und ihm nacheifern wird und häufig in dankbarer Erinnerung sagt: Was ich geworden bin, bin ich nur durch meinen Vater geworden. Er war streng, aber gerecht und integer!

Bei einem *Quadrat* wird Saturn, immer der Fixierer und das Gewissen, zu einem unüberwindlichen Hindernis für das schöpferische Vermögen der Sonne! Das Kind versucht, seinen Vater für sich zu gewinnen, indem es ganz gehorsam und pflichtgetreu ist; dies wird jedoch immer als ganz selbstverständlich vorausgesetzt, und sooft die Sonnen-Initiative des Kindes aktiv wird, wird sie sofort unterbunden: Das ist nichts für dich, das kannst du nicht, das ist zu teuer, das ist nichts für Kinder, mach' lieber deine Hausaufgaben. Was das Kind tut, ist in den Augen des Vaters niemals richtig.

Bei einem *separativen Quadrat* sammeln sich im Kind die unterdrückten Enttäuschungen zu einem Stausee an, der im Erwachsenenalter zu Tal stürzt und dazu führt, daß er seinerseits Schwächere gängelt.

Bei einem *applikativen Quadrat* wird das Kind, das niemals seinen eigenen Willen bekam und im Büro des Vaters sitzen muß, statt seinen eigenen Neigungen nachzugehen, störrisch und verbittert, eine gescheiterte Existenz, die den Mut aufgegeben hat (in weichen Zeichen), oder ein haßerfüllter Agitator gegen den Staat und alle Formen von Autorität (in harten Zeichen). Jeder Mißerfolg wird dem Vater und später dem Staat angekreidet. Durch die negative Bindung an den Vater rächt man sich überall an ihm und seinen Symbolen: der Polizei, dem gesetzten Bürger, dem Establishment. Man kann nicht seinen eigenen Weg durch das Leben gehen, man muß es dem Vater »zeigen«.

Wenn die Sonne nach Haus und Zeichen positiv steht, dann kann es aber auch geschehen, daß man sich über alle Hindernisse hinweg eine Karriere aufbaut, um dem Vater zu beweisen, daß man sehr wohl auf eigenen Beinen stehen kann.

Die *Konjunktion* wird häufig eine zweite Ausgabe des Vaters, die sich darüber nicht einmal im klaren ist. Die applikative Konjunktion kann sich mit all ihren Fähigkeiten nach innen wenden, weil der Vater den Betreffenden hindert, außen Ausdruck zu finden, und er ein großer Philosoph oder surrealistischer Künstler wird. Franz Kafka hat in seinem Brief an seinen Vater seine negative Vaterbindung meisterlich dargestellt. Er sehnte sich nach der Anerkennung seines Vaters, jedoch war es ihm nicht gegeben, sich ihm zu offenbaren. Auch diesen Brief, in dem alles stand, wagte seine Mutter nicht seinem Vater weiterzugeben; er wurde erst später aufgefunden und veröffentlicht.

In dem Horoskop auf Seite 334 sieht man einen Mann mit einer Mutter- wie auch einer Vaterbindung. Die Beziehung zur Mutter ist ein ruhiges Sextil, diejenige zum Vater ein applikatives Quadrat. Noch nach dem Tode des Vaters fühlte der Sohn sich von ihm belagert und unterdrückt, denn sein Vater war für ihn die Ausprägung seines eigenen überkritischen und dogmatischen Gewissens (Saturn in der Jungfrau im Neunten!). In einer Sommernacht im Jahre 1964, als der Transit-Uranus über den Radix-Saturn ging und außerdem der Transit-Saturn über seinen Radix-Uranus, träumte er von seinem Vater, daß dieser wegzog, und daß er zu ihm sagte: Du hinterläßt auch nie eine Adresse! Als er erwachte, spürte er, daß das lebenslange Band an seinen Vater endlich gelöst war – er war frei. Uranus, der Auflöser, hatte die Fixierung Saturns durchtrennt und zugleich auch noch ins klare Bewußtsein gebracht!

HOMOPHILE JUGENDLICHE

Aus einem großen Bestand von Horoskopen homophiler Männer haben wir die Erkenntnis gewonnen, daß bestimmte Faktoren dort immer wieder auftreten, u.a. stets eine Verbindung von *Uranus* (der das Gleiche und die Kameradschaft sucht), insbesondere wenn er im Fünften steht, mit *Venus* (Zuneigung) und/oder Mars (Sexualität), und weiterhin das Zeichen *Jungfrau* (im Ersten oder Fünften), das die Ehe im allgemeinen ablehnt, und eine *Mutterbindung* (Mond-Saturn, vor allem wenn der Mond im Vierten steht).

Psychisch sind viele kleine Knaben mit ihrer Mutter verheiratet, wie schon Freud bemerkte. Wenn dieses Band auch in der Pubertät bestehen bleibt, können zwar nette Freundschaften mit Schulkameradinnen entstehen (weil die Mädchen eine Schwäche für diese empfindsamen Knaben haben), die jedoch an dem Band mit der Mutter abprallen, sobald das Mädchen etwas persönlicher werden möchte. Die aufkeimende Sexualität kann nicht auf die geliebte Mutter gerichtet werden, denn mit der Mutter geht man nun einmal nicht ins Bett. Hat der junge Mann dann einen guten Freund, dann richtet sich die Sexualität auf diesen.

Wenn die Mutter stirbt, dann wird ihr Platz bald von einer anderen reifen, mütterlichen Frau eingenommen, da das Muster in der Seele bleibt. In Homophilenkneipen steht dann häufig auch ein solcher Typ Frau am Tresen, die viel Kundschaft anzieht. Auch hieran zeigt sich, wie diese jungen Männer auf ihre psychische Ehe mit der Mutter fixiert sind. Dies gilt dann für diejenigen, die im Verhältnis zum Freund doch immer die männliche Rolle spielen. Siehe hierzu Nancy Mitfords unnachahmliche Schöpfung des Homophilen Cedric in ihrem Buch *Love in a Cold Climate,* oder diejenige des älteren homophilen Boy Dougdale, der mit seiner älteren Freundin einen Ofenschirm stickt, seine offizielle Gemahlin vernachlässigt und nach ihrem Tod von dem Mädchen Polly bestrickt wird, die in dieser Ehe bitter enttäuscht wird.

Diese jungen Männer versuchen nicht selten in der Modebranche ihre älteren Freundinnen durch Schönheitskuren oder geschmackvolle Kleidung zu verjüngen, sofern die Verbindung Uranus-Venus dominierend ist. Mit ihrem Freund haben sie dann eine Sex- = Marsbeziehung.

Uranus bringt Venus auf die höchste Ebene, die in einer persönlichen Beziehung für Venus möglich ist. Er gibt ihr ein so hohes elektrisches Potential, daß viele latente Möglichkeiten geweckt werden und beide Partner dadurch über sich hinauswachsen. Die schönsten und höchsten romantischen Lieben fallen hierunter.

RÜCKLÄUFIGE PLANETEN

Wenn in einer Ephemeride bei einem Planeten ein großes R erscheint, dann ist dies der Beginn einer Zeit, in der er nach einem kurzen scheinbaren Stillstand im Tierkreis rückläufig (retrograd) wird. Nach einiger Zeit wird er nach einem Stillstand wieder rechtläufig (D, direkt). Was bedeutet dies?

Die Planeten laufen in Wirklichkeit immer in derselben Richtung. Es *scheint* nur uns auf der Erde so, als ob sie eine Bahn mit Schleifen beschrieben, weil wir nicht von der Sonne aus blicken, die der Planet in einer Ellipse umkreist, sondern vom Planeten Erde aus, der selbst um die Sonne läuft. Wenn wir dann an einem langsameren Planeten vorbeirasen, scheint es uns, als ob der Planet zurückbliebe; wenn wir ihn dann überholt haben, wird er für uns wieder rechtläufig. Bei den untersonnigen Planeten Merkur und Venus ist dies schon ganz einfach zu sehen: Sie führen einen kleineren Kreis um die Sonne aus als die Erde. Wir sehen also, wie sich z.B. die Venus erst vor der Sonne nach rechts bewegt, dann kurz stehenbleibt, dann nach links hinter der Sonne vorbeigeht; wenn sie hinter ihr wieder zum Vorschein kommt, wandert sie erst nach links, bleibt dann kurz stehen und bewegt sich dann wieder rechts auf die Sonne zu.

Es ist allerdings bei allen scheinbaren Bewegungen von Himmelskörpern so, daß es doch die Abstände, Winkel und Verhältnisse sind, die die Planeten bezüglich unserer Erde in einem gegebenen Augenblick eingehen, die uns beeinflussen. So, wie es subjektiv für uns aussieht, so wirkt es auf uns. Die geozentrische Astrologie beschreibt die Praxis für unser Leben auf der Erde. Deshalb wirken auch die rückläufigen Planeten anders auf uns als die rechtläufigen. (Ein R-Stand macht natürlich auch aus einem applizierenden Planeten einen separierenden und umgekehrt!)

Rechtläufig im Tierkreis wirken die Planetenkräfte vom Geist zum Stoff, d.h. elektrisch, schöpferisch.

Rückläufig im Tierkreis wirken die Planetenkräfte umgekehrt: Vom Stoff zum Geist, d.h. magnetisch, erlösend.

Man kann also von einem rückläufigen Planeten keine Antriebskraft für die Konkretisierung von Plänen erwarten, keinen äußeren Erfolg. Solange, z.B. Jupiter, die Heilkraft, rückläufig ist, tritt bei einem Krankheitszustand keine Besserung ein; die Selbstheilungskräfte können nicht wirksam werden. Gute Aspekte können zwar eine gewisse Unterstützung durch andere Planeten ergeben, jedoch steckt keine rechte Energie dahinter. Von dem Augenblick der Rechtläufigkeit an erlebt man plötzlich, wie die Genesung in Gang kommt und immer besser fortschreitet.

Wenn jemand mit einem rückläufigen Planeten geboren ist, der in einem gewissen Alter rechtläufig wird, dann sieht die Umgebung mit Erstaunen, daß der Betreffende plötzlich Kräfte, Neigungen, Fähigkeiten oder Talente entwickelt, die man in ihm bisher noch nicht wahrgenommen hat.

Wenn umgekehrt im Laufe des Lebens eines Menschen ein Planet rückläufig wird, dann fällt in seinem äußeren Leben plötzlich eine Kraft weg und erlischt wie eine Kerze. Ein Kind bringt plötzlich schlechte Zeugnisse nach Hause, wenn Merkur, die Denkkraft, rückläufig wird.

Weil diese Tatsachen nicht ergründet werden, kommt es immer wieder zu unnötigen Mißverständnissen und Tragödien durch das Unverständnis von Erziehern oder Arbeitgebern. Wenn eine Kraft in dieser Weise wegfällt, muß man einfach den Schwerpunkt auf andere Fähigkeiten legen, denn eine solche Rückläufigkeit kann einige Jahre dauern. Wenn man einen Menschen zwingt, mit einem rückläufigen Planten zu arbeiten, dann muß er die Energie hierfür aus seinen allgemeinen Reserven entnehmen, was zur Erschöpfung führt.

Dabei gibt ein rückläufiger Planet gerade geistig größere Möglichkeiten! An die Stelle der Leistung tritt das Lernen, das Verstehen, das nach innen gewendet Abstrahieren des inneren Wertes der Dinge, für die dieser Planet steht. So kann ein rückläufiger Jupiter dem inneren Glaubensleben dienlich sein. Eine rückläufige Venus kann bewirken, daß man als Betrachter des Liebeslebens anderer ein tiefes Verständnis entwickelt und Rat geben kann, auch wenn man selbst auf dem Gebiet der Liebe so etwas niemals erlebt.

Der große Vorteil eines Horoskops, das kurz nach der Geburt erstellt wird, liegt darin, daß man vorab Einblick in diese Dinge bekommt und die Erziehung und die Berufswahl entsprechend ausrichten kann!

Man versteht daher auch, was eigentlich bei einem plötzlichen Verlust von Fähigkeiten oder einer plötzlichen psychischen Richtungsänderung geschieht. Die Richtung (D und R) und das Tempo der planetarischen Seelenkräfte werden von den meisten Astrologen bei der Betrachtung eines progressiven Horoskops viel zu wenig berücksichtigt.

Wenn z.B. ein Kind bei einem immer langsamer werdenden Mars geboren wird, dann ist sofort klar, daß es körperlich und psychisch nicht sehr beweglich sein wird und daß alle Gymnastik es nur erschöpfen kann. Das Kind läßt sich passiv von anderen dirigieren, hat aber vielleicht eine große mathematische Begabung. Mars wirkt nach innen!

Wenn bei einem Knaben ein gut aspektierter Saturn Herrscher des Zehnten ist, dann kann man ihn vielleicht für eine Beamtenlaufbahn auswählen und ihn schließlich in ein Ministerium aufsteigen sehen. Wenn man jedoch feststellt, daß dieser Saturn nach zehn Jahren rückläufig wird, dann weiß man auch, daß der junge Mann nach zehn Jahren seine Arbeit ganz plötzlich sehr satt haben kann. Man sieht also besser davon ab!

Wenn man die Arbeit der Form nach fortführt, hat sie doch keinen Inhalt mehr. Wenn z.B. bei einer wegen ihrer pädagogischen Fähigkeiten vielgelobten Lehrerin nach vielen Jahren Merkur rückläufig wird, verliert sie die Lust an ihrer Arbeit, sagt noch dieselben Sätze, die aber nicht mehr mit Kraft geladen sind; die Schüler hören nicht mehr zu, sie droht zu scheitern. Der Rektor, die Eltern, der Hausarzt und der Psychiater stehen vor einem Rätsel, die Lehrerin selbst ebenso. Ein Blick in das Progressivhoroskop könnte alles erklären und auch die für diesen Fall geeignete Lösung anzeigen, einen Berufswechsel z.B. statt eines nutzlosen Krankheitsurlaubs. Die Welt sieht bloß das Scheitern. Dabei kann der rückläufige Merkur im unbewußten Teil der Seele doch einen

Prozeß in Gang bringen, dessen Ergebnisse erst viel später zutage treten.

Wie viele Menschen werden nicht ungerecht beurteilt, gelten z.B. als faul und träge, wenn ihr Mars rückläufig geworden ist!

Wenn aber ein schwieriger Planet rückläufig wird, dann fällt manchmal eine schwere Last ab. Ein chronisches Leiden aufgrund eines schlecht aspektierten Saturns z.B. kann verschwinden, wenn er rückläufig geworden ist. (Wie aber erklärt die kausale Wissenschaft eine solche Tatsache? Sie lobt natürlich den letzten der vielen konsultierten Ärzte als denjenigen, der endlich die richtige Therapie gefunden hat!)

Das Haus, dessen Herrscher der retrograde Planet ist, wandert natürlich mit. Wenn der Herrscher des Ersten rückläufig wird, dann kann ein Mensch sich persönlich nicht mehr durchsetzen, wird von Konkurrenten überholt. Die Seele hat sich dann rückwärts gewendet, sich in eine andere Welt geflüchtet; der Körper bleibt als Sklave in der Außenwelt zurück, mechanisch nach der Dressur funktionierend. Und nichts kann die Seele zurücklocken, bevor nicht ihre Zeit um ist. Ein Thema für ein Märchen! Die Seele hat sich nach der anderen Seite ausgestülpt: das Innere zur stofflichen Welt, das Äußere zum Gebiet des Inneren.

Der Künstler, dessen Venus oder Herr des Fünften rückläufig wird, verliert plötzlich seine Kreativität. Er fühlt sich wie eine Quelle, die durch eine Erdbewegung abgeschnitten ist und versiegt. Er hat das Gefühl, von den Göttern verlassen zu sein. Wie gut ist es, wenn man dann feststellen kann, woher dies kommt und wie lange es dauern wird! Wenn man voraussieht, daß die künstlerische Leistungsfähigkeit eines Menschen vorübergehend erlöschen wird, dann kann man ihm in seiner Jugend neben seiner künstlerischen Ausbildung auch eine Ausbildung in einem anderen Fach geben!

Solche Richtungsveränderungen gehen häufig mit körperlichen Erscheinungen einher, wobei Arzt und Psychiater in der Regel keine Erklärung für diese rätselhafte Krise haben und schließlich irgend etwas als Ursache benennen. Wenn ein stark elektrischer Planet im Stoff wirksam wird, indem er vielleicht zum ersten Mal im Leben des Betreffenden rechtläufig wird, dann werden ungeheure Kräfte frei, die Unruhe und Fieber erzeugen. Dies muß dann in möglichst schon vorher vorbereiteten Kanälen aufgefangen werden, in Arbeit, Sport oder Kunst. Auch hier kann das Horoskop Hinweise geben. So kann z.B. ein Mensch im späteren Leben plötzlich Kunstwerke schaffen oder Menschen heilen!

Menschen, die sich in ihrer Ehe, ihrer Arbeit oder im gesellschaftlichen Milieu fehl am Platz fühlen, die Angstgefühle gegenüber ihrer Berufstätigkeit entwickeln, denen ihre tägliche Arbeit nicht (mehr) liegt, befinden sich häufig in einer solchen Umkehrphase.

Ein Mensch mit vielen rückläufigen Planeten kann ein Weiser sein, der nach außen hin wenig leistet, als Psychopath gilt und von der Sozialhilfe lebt. Im Osten wurde ein solcher Mensch früher geachtet, und die anderen Dorfbewohner sorgten für seinen Unterhalt. Baudelaire vergleicht in einem Gedicht eine solche zur anderen Welt gewandte Seele eines Dichters, der in der Welt der Geldverdiener verachtet wird, mit einem Albatros, der von der Schiffsbesatzung an Deck des Schiffs festgehalten und gequält wird, denn dieser Vogel kann sich auf der Erde nicht bewegen:

> Le poète est semblable au prince des nuées,
> qui hante la tempête et se rit de l'archer;
> exilé sur le sol au milieu des huées,
> ses ailes de géant l'empêchent de marcher.

PROGRESSIONEN

Das Geburts- oder Radixhoroskop (Radix = Wurzel) ist eine Momentaufnahme des Himmels zum Zeitpunkt des ersten Atemzuges des Geborenen. Im nächsten Augenblick schon stehen Sonne, Mond und Planeten wieder anders zur Erde, denn das Weltall ist in unaufhörlicher Bewegung. Das Radix-Horoskop ist und bleibt zwar das ganze Leben lang die Grundlage der Konstitution des Charakters und Schicksals, jedoch bleibt man nicht derjenige, als der man angetreten ist; man wächst und entwickelt die Anlagen, die im Radix-Horoskop sichtbar sind. Während dieser Entwicklung bekommt man immer wieder die Chance, die Anlage zu verbessern, etwas dazuzulernen und falsche Eigenheiten abzulegen. Weil sich alles weiterbewegt, aber nicht mit gleicher Geschwindigkeit, entstehen immer wieder neue Aspektwinkel und neue Aspekte zu den empfindlichen Punkten im Geburtsbild.

Wo ein Planet oder Fixstern oder auch die Sonne oder der Mond im Radix-Horoskop standen, bleibt eine mit der betreffenden Schwingung geladenen Stelle zurück, auch wenn sich der Himmelskörper schon längst weiterbewegt hat. Ein anderer Himmelskörper, der über eine solche Stelle geht oder in eine Aspektbeziehung zu dieser tritt, stellt eine Verbindung her, wie er sie auch zu dem Planeten hergestellt hätte, der dort stand. Das Radix wird daher eine Karte mit empfindlichen Stellen, und wir untersuchen jetzt, wo die Himmelskörper bei ihrem Fortschreiten (= Progression) zu einem bestimmten Zeitpunkt im Leben des Geborenen angekommen sind und welche Aspektwinkel sie möglicherweise an diesem neuen Platz zu den empfindlichen Stellen im Radix bilden. Eine solche empfindliche Stelle wird mit dem Zeichen des Planeten angegeben, an das unten rechts ein kleines r (für Radix) angefügt wird. Der progressive Planet wird mit pr vor seinem Zeichen bezeichnet.

Es ist möglich, daß bei einem Menschen im Radix ein Quadrat zwischen zwei Planeten besteht und sich einer von diesen durch Progression soweit wegbewegt hat, daß er zum Radix-Platz des anderen statt eines Quadrats ein Trigon bildet. Dann bedeutet dies, daß der Mensch zu diesem Zeitpunkt die Möglichkeit hat, eine Schwierigkeit dieses angeborenen Quadrats zu überwinden. Vielleicht hat er sich schon so lange darum bemüht, und nun gelingt es ihm plötzlich. Er hatte z.B. in seinem Geburtsbild ein separatives Quadrat zwischen Merkur (Sprache) und Mars (Streitlust), wodurch er in der Diskussion zu Schärfe und Hitzigkeit neigte. Man hatte zu ihm schon als Kind gesagt: Du mußt doch nicht immer gleich streiten! Aber immer wieder geschah es, daß er, noch ehe er sich dessen bewußt war, schon wieder stritt. Jetzt aber, da der progressive Merkur statt eines Quadrats ein Trigon mit Mars bildet, spricht er lebendig und sachbezogen, aber nicht mehr mit einem aggressiven, verletzenden Ton. Dies ist die Entwicklung in seinem Charakter, und er muß nun versuchen, wenn Merkur dieses Trigon wieder verläßt, die erworbene Harmonie zu erhalten, damit er sich bleibend gebessert hat. Wenn er ehrlich ist, wird er zugeben, daß er sich zwar sehr bemüht hat, daß es ihm aber doch durch eine von außen kommende Gnade gelungen ist, sich zu bessern. Man kann also die Entwicklung eines Menschen für sein ganzes Leben verfolgen und sogar aufzeichnen, indem man den Lauf der Planeten durch den Tierkreis in einer Linie darstellt. Jeder Mensch hat viele Chancen – ob er diese auch wirklich ergreift und das Erreichte auf Dauer erhält, das liegt am Menschen selbst.

DIE TRANSITE

Vom Transit eines Planeten spricht man, wenn man den aktuellen Stand des Planeten in dem Augenblick meint, in dem man davon spricht, und zwar nicht den Stand nach dem astronomischen, sondern nach dem astrologischen Tierkreis. Wir betrachten dann, wie sich dieser Stand zum Radix-Horoskop eines Menschen verhält. Zu welchen empfindlichen Punkten bildet dieser Planet heute einen Aspekt? Vielleicht bildet er keinen Aspekt, vielleicht aber auch einen oder mehrere. Dann wirkt sich dieser kosmische Einfluß auf das Geburtsbild aus, bewirkt etwas in diesem Charakter und in jenen Umständen. Bei einem schnellaufenden Planeten kann dies so schnell vorbei sei, daß wir es kaum bemerken. Bei einem langsamlaufenden kann es deutlich spürbar sein und manchmal auch Jahre dauern.

Transite werden meist als *sich ändernde Umstände* erlebt, wie das Wetter, das für jemanden an einem bestimmten Tag günstig oder ungünstig sein kann, je nachdem, welche Pläne er für diesen Tag hat. Sie werden als sehr unpersönlicher Einfluß empfunden. Eine überraschende Begegnung, eine plötzliche Verliebtheit, eine Anwandlung, etwas zu tun, was man sonst nie tut, oder ganz allgemein »Pech« oder »Glück« haben. Manchmal kann man bei einem Transit, hinter dem keine Progressionen stehen und der daher rasch vorübergeht, schnell eine Chance wahrnehmen. Man hört z.B. am letzten Tag von einer interessanten Subskription und muß sofort zugreifen. Transite können aber nicht nur zeitlich beschränkte Möglichkeiten bieten, sondern auch unerwartete Schläge austeilen, wie es z.B. ein Unfall auf einer Vergnügungsreise ist. Sie können sich ebensogut auf einen schwachen, gefährlichen Punkt im Radix beziehen wie auf einen schönen, vielversprechenden! Es empfiehlt sich daher sehr, sie vorab zu überprüfen, bevor man etwas unternimmt, wie man ja auch den Wetterbericht hört.

Die Wirkung eines Transit-Aspekts ist im Grunde derjenigen eines Radix-Aspekts gleich. Wenn man einen solchen Aspekt nicht im eigenen Radix hat und er also neu ist, dann kann es Überraschungen geben.

Wenn man einen harmonischen Aspekt im Radix hat und durch Transit ein disharmonischer gleicher Aspekt sich überlagert, dann kann das günstige Geburtsbild dies gut auffangen; man ist für solche Prüfungen gerüstet. Umgekehrt gibt ein guter Transit über einem schlechten Aspekt im Geburtsbild die Möglichkeit, das Geburtsbild zu verbessern.

Ein guter Aspekt über einem guten verstärkt und aktiviert dieses Gute. Ein schlechter Aspekt über einem schlechten verschlimmert und aktiviert das Geburtsbild. Um herauszufinden, welche Transite laufen, kauft man sich jedes Jahr die Ephemeride für das laufende Jahr, in der die Planetenstände für jeden Tag verzeichnet sind. Für die Interpretation kann man sich das Büchlein *Transite* beim Ebertin-Verlag, Freiburg, kaufen. Hier werden keine Vorhersagen gegeben, sondern Prinzipien und Möglichkeiten dargestellt, die auf das eigene Geburtsbild und die aktuellen Umstände projiziert werden können.

ASTROLOGISCHE VORHERSAGEN IN ZEITUNGEN

Wie entstehen die Vorhersagen, die in Tageszeitungen, in Wochen- und Monatsschriften für alle Tierkreiszeichen gegeben werden? Sie gelten für Menschen, die die Sonne (oder den Aszendenten, aber wer weiß das schon) bei ihrer Geburt in dem jeweiligen Zeichen hatten. Der Astrologe setzt dann dieses Zeichen und die Sonne auf den Aszendenten eines Horoskopbildes mit zwölf Häusern und setzt auf jedes darauffolgende Haus das folgende Zeichen, mit Null beginnend, so daß dieses Zeichen jeweils das ganze Haus umfaßt. Nun schaut er in der Ephemeride nach, wie die Planeten in dem betreffenden Zeitraum laufen, und setzt sie in die Figur ein. Manche ändern in dieser Woche oder diesem Monat gerade ihr Zeichen und Haus; in diesem Fall bekommt man zwei Deutungen für Menschen, die vor und nach einem bestimmten Datum geboren sind. Nun wird die Wirkung eines jeden Planeten in Zeichen und Haus in bezug auf die jeweils anderen Planeten und in bezug auf die Geburtssonne interpretiert. Dies ist schließlich alles, was man an Angaben zur Verfügung hat und was ganz allgemein für jeden gilt, bei dem Sonne oder Aszendent im Radix-Horoskop oder auch in der Progression in diesem Zeichen stehen. Dies betrifft also die Transite in Haus und Zeichen in ihrer Aspekt-Beziehung zueinander und zur Sonne, aber keine anderen Aspekte, da hierfür ein persönliches Geburtsbild benötigt wird. Es wird hier ein Faktor behandelt, der durchaus eine Wirkung hat, jedoch spielen noch so viele andere Faktoren eine Rolle, daß in manchen Fällen die Aussagekraft nur mehr minimal ist.

BONATTI-PROGRESSIONEN

Dieser Rhythmus wurde von Kardinal Bonatti (1617) entdeckt und nach ihm genannt. Er beinhaltet, daß Sonne, Mond, Planeten und Himmelsmitte sich pro Jahr ein Grad im Tierkreis weiterbewegen. Dies kann man also, wenn man eine Horoskopfigur vor sich liegen hat, leicht im Kopf ausrechnen. Will man z.B. wissen, wo alles nach der Bonatti-Progression (BP) im 45. Lebensjahr eines Menschen steht, dann zählt man 45 Grad zum Stand eines jeden Planeten im Radix hinzu.

Diesen neuen Stand vergleicht man nun mit allen besetzten Graden im Radix, d.h. die BP Sonne mit allen Planeten usw. im Radix, dann die BP Mond desgleichen usw. Diese neuen, durch Progressionen entstandenen Aspekte sind wichtig und wirksam.

Wenn z.B. bei einem Menschen die Radix-Sonne in 4° Waage steht und in dem betrachteten Lebensalter sein BP Uranus in 4° Waage, dann wirkt dies als Konjunktion, und zwar erst als separative, dann als exakte, dann als applikative Konjunktion, denn sie beginnt schon ein halbes Jahr, bevor sie exakt ist, zu wirken.

In dem Jahr, in dem die Konjunktion exakt ist, wirkt sie sich kräftig aus (in unserem Beispiel, weil Uranus ein Auflöser und Erneuerer ist, als Auflösung und Erneuerung in dem Haus, in dem die Radix-Sonne steht und in dem Haus, dessen Herrscherin die Radix-Sonne ist, sowie auch als Erneuerer des Ichs [der Sonne selbst] und des Gebietes der Planeten, mit denen die Radix-Sonne möglicherweise im Radix einen exakten Aspekt bildet). Danach, wenn Uranus die Sonne ein Jahr später passiert hat, wirkt dies als applikative Konjunktion.

Die Himmelsmitte verschiebt sich daher ebenfalls im Tierkreis ein Grad pro Jahr. Will man wissen, wie die Häuserspitzen bei Bonatti-Progressionen liegen, dann sucht man die neue Himmelsmitte in der Häusertabelle auf und notiert die zugehörigen Häuserspitzen. So erhält man den progressiven Aszendenten usw. nach Bonatti-Progressionen.

Warum ist dies so?

Die Sonne, das zentrale Ich, ist von den Planetenkräften umgeben wie das Ich von den Seelenkräften, so wie ein Fürst früher von seinen Rittern oder Paladinen als Ausführern seines Willens umgeben war. Wenn der Fürst sich an einen anderen Ort begibt, dann nimmt er sein Gefolge mit. So nimmt die Sonne ihre Planeten mit ihrer eigenen Sonnengeschwindigkeit mit, die progressiv etwa ein Grad pro Jahr beträgt.

Diese Bonatti-Progressionen geben daher an, wie das sich entwickelnde Ich sein ganzes Geburtsbild mitentwickelt. Ein kraftvolles Sonnen-Ich läßt es nicht zu, daß eine bestimmte Fähigkeit bei der Selbsterziehung nicht mitentwickelt wird. Je stärker dieses Ich ist, desto ausgeprägter werden die Bonatti-Progressionen im Charakter wirksam. Diese Bonatti-Progressionen sind daher viel persönlicher als die Transite. Sie sind der königliche Weg des fortschreitenden Ichs mit seinem Gefolge.

SEKUNDÄRDIREKTIONEN

Die sogenannten Sekundärdirektionen oder besser Zodiakaldirektionen sind Progressionen eines jeden Planeten in seiner eigenen Geschwindigkeit, d.h. unabhängig von der progressiven Sonne. Sie werden nach der folgenden Regel berechnet:

ein Tag = ein Jahr

Einen biblischen Bezug hierauf findet man u.a. bei Ezechiel 4,5: »Ich will Dir ihre Sündenjahre als ebensoviele Tage anrechnen.«

Dies bedeutet, daß sich die ganze Konstellation eines bestimmten *Tages* nach der Geburt nach der entsprechenden Zahl von *Jahren* nach der Geburt auswirkt. Wenn man z.B. wissen möchte, wie es jemandem in seinem dreißigsten Lebensjahr ergehen wird, dann sucht man in der Ephemeride seines Geburtsjahres den dreißigsten Tag nach seiner Geburt auf und berechnet die Planetenstände für die Geburtsstunde. (Man kann bequemlichkeitshalber aber auch den Mitternachts- oder Mittagsstand aus der Ephemeride nehmen und prüfen, wie vielen Monaten und Tagen vor oder nach dem Geburtstag dies entspricht. Da sich 24 Stunden in zwölf Monaten auswirken, wirkt sich jede Stunde in zwei Wochen aus usw.). Die ermittelten Stände gelten dann für den Jahrestag oder für den anderen ermittelten Zeitpunkt. Die Distanz, die ein Planet von diesem Augenblick bis zum folgenden Tag zur selben Stunde zurücklegt, erstreckt sich daher progressiv über das ganze folgende Jahr.

Der *progressive Mond* läuft am schnellsten. In einem Monat durchläuft er den ganzen Tierkreis, in zweieinhalb Tagen ein Zeichen von dreißig Grad, d.h. zwölf Grad pro Tag, gelegentlich etwas mehr. Progressiv sind es also durchschnittlich zwölf Grad pro Jahr, d.h. ein Grad pro Monat.

Da der Mond die Kraft ist, die die im Äther vorhandenen Kraftlinienfiguren der Planeten zu konkreten Tatsachen verdichtet, geben die Mondprogressionen diese Ereignisse an. Dies ist ein sehr wichtiger und nicht zu vernachlässigender Punkt. Wenn ein Planetenaspekt nicht zu wirken scheint, kann dies daran liegen, daß zu diesem Zeitpunkt kein einziger Mond in eine Aspektbeziehung eintritt, weder der tägliche (Transit-)Mond noch der BP-Mond, noch der zodiakal dirigierte Mond, den wir den progressiven Mond nennen wollen. Das Muster bleibt dann so lange im Äther und als Wunsch oder Plan in der Menschenseele, bis der eine oder andere Mond in seinem eigenen Lauf die Gradzahl der Planeten dieses Aspekts erreicht. Beim Transit-Mond ist dies natürlich sehr kurz, weil er ein Grad in zwei Stunden zurücklegt, weshalb es meist nicht möglich ist, in dieser Zeit schnell einen Plan zu verwirklichen, wiewohl es gelegentlich doch auch glücken kann, wenn man z.B. genau zu diesem Zeitpunkt das richtige Telefongespräch führt, um eine Genehmigung zu bekommen oder ähnliches. Meist ist es der progressive Mond, der einen Plan zur Ausführung kommen läßt oder einen Wunsch erfüllt. Wer einen günstigen Kauf tätigen will oder eine Vergnügungsreise antreten will, tut gut daran, den progressiven Mond zu überprüfen.

Die Zodiakalprogressionen lassen erkennen, wie jedes Element des Menschen, das von einem bestimmten Planeten beherrscht wird, sich für sich genommen entwickelt und wie sich sein Verhältnis zu den übrigen Faktoren im Horoskop ändert. Man betrachtet hier wiederum den Aspekt, den der progressive Planet mit den empfindlichen Punkten im Radix bildet. Die Aspekte progressiver Planeten untereinander haben sich als nicht bedeutsam erwiesen.

Wenn man in Erfahrung bringen will, wie es um das Lernvermögen eines Kindes im zwölften Lebensjahr bestellt sein wird, z.B. im Zusammenhang mit der Wahl einer höheren Schule, dann sucht man den zwölften Tag nach seiner Geburt auf und prüft in diesem Fall den Stand Merkurs (des Denkvermögens) an diesem Tag. Man prüft ihn wie beim Radix nach Haus und Zeichen und nach den Aspekten, die er mit den Radix-Planeten bildet. Sieht man z.B., daß er nach einem Tag rückläufig werden wird, ist die Möglichkeit groß, daß das Kind auf einer Schule mit anspruchsvollem Lehrplan in der zweiten Klasse (d.h. nach einem Jahr) sitzenbleiben wird, weil es ihm trotz guten Willens an der geistigen Leistungsfähigkeit mangeln wird. Dann kann man den Eltern empfehlen, den Knaben auf eine Schule mit langsamerem Lerntempo zu geben. Eine solche Rückläufigkeit kann sich ja über die ganzen neun Jahre der Gymnasialzeit erstrecken. Der Knabe hat vielleicht in der Hauptschule gute Zeugnisse – am Horoskop sieht man aber, was bevorsteht!

Diese zodiakalen Progressionen geben das persönlichste Bild des Menschen, greifen am entschiedensten in das Seelenleben ein. Sie werden daher auch meist benutzt, um das innere Leben zu erkunden. Die Transite geben die Wechselfälle der Umstände an, denen man selbst unterworfen ist, an denen man aber wenig ändern kann.

Die *Bonatti-Progressionen* geben die allgemeine Linie des *persönlichen Schicksals* an, was in Wechselwirkung mit dem Ich geschieht.

Die zodiakalen Progressionen (Sekundärdirektionen) geben den individuellen Entwicklungsgang an, der sich in den großen Dingen (langsamen Planeten) im allgemeinen sehr langsam entwickelt. Uranus und Pluto sorgen dabei für die häufig notwendigen plötzlichen Veränderungen, wobei lange sich hinziehende Zustände schließlich rasch beendet werden.

PRIMÄR- ODER MUNDANDIREKTIONEN

Diese haben nichts mit dem Lauf der Erde um die Sonne in einem Jahr zu tun wie die Zodiakaldirektionen, sondern mit der Umdrehung der Erde um ihre eigene Achse an einem Tag. Das Rad der Horoskopfigur läuft also in 24 Stunden einmal um. Ein Zeichen läuft in zwei Stunden über einen festen Punkt, wie z.B. den Aszendenten. Dabei verschieben sich also die Spitzen der Häuser bezüglich der Eckpunkte und der Planetenorte im Radix. Auch hierbei gilt

1 Tag = 1 Jahr

So wie z.B. jeden Tag zu einer bestimmten Stunde der umlaufende Aszendent über die Radixsonne kommt, wodurch das Ich sich kurzzeitig direkt äußern kann, so ist dies einmal im Jahr zwei Wochen lang der Fall, und zwar immer zur selben Jahreszeit. Dies ist der Grund für die Erscheinungen, bei denen man sagt: Immer in diesem Monat passiert mir dies oder jenes!

Dies sind also die Progressionen des umlaufenden Rades, das bestimmten Faktoren gewisse Möglichkeiten bietet, wie bei einem Leuchtturm die umlaufende Blende das Licht in bestimmten Perioden nach einer bestimmten Seite durchläßt.

DAS JAHRESHOROSKOP (SOLAR- ODER SONNENHOROSKOP)

Beim ersten Atemzug eines Menschen steht die Sonne in einem bestimmten Grad und einer bestimmten Minute eines Tierkreiszeichens. Dieser Platz bildet die *empfindlichste Stelle* der Sonne in diesem Horoskop. Dies ist die Eintrittstelle für die Sonnenenergie. Jedes Jahr, wenn die aktuelle (Transit-)Sonne wieder auf die Minute genau am selben Platz steht, strömt ihre Kraft in den Organismus ein, in die Seele, den Leib und in die Umstände. Deshalb feiert man diesen wichtigen Augenblick als den Geburtstag eines Menschen. Man wird ja für ein ganzes Jahr mit Kraft aufgeladen!

Gleichzeitig wird dabei die Radix-Situation der Sonne aktiviert. Eine gute Radix-Sonne wird also all ihre Gunst wieder ausgießen; eine schlechte bringt den alten Übelstand wieder zur Auswirkung. Freilich wirkt sie in einer inzwischen geänderten Situation, nämlich in den progressiven Ständen. Man hatte die Gelegenheit, inzwischen so zu wachsen, daß man mit den alten Problemen jetzt besser fertig wird.

Zudem kommt noch ein progressiver Faktor hinzu: Die gesamte aktuelle Situation zu dem Zeitpunkt, in dem die Sonne ihren Radix-Platz passiert, d.h. die Transite, wirkt für die Dauer des angebrochenen Jahres wie ein Geburtshoroskop. Man erstellt also für genau diesen Augenblick ein Horoskop, wie wenn es ein Geburtshoroskop wäre, und vergleicht dieses mit dem Radix, und zwar nicht nur mit den Planeten, sondern auch mit den Häuserspitzen.

Wenn z.B. das siebte Haus des Radix (ein Grad, der darin enthalten ist) im Jahreshoroskop (oder Sonnenhoroskop) zum Aszendenten kommt, dann sagt man: Das siebte Haus des Radix kommt zum Solaraszendenten, d.h., in diesem Jahr sind Zusammenarbeit, Heirat, Verträge oder ähnliches fällig. Kommt das vierte Haus des Radix im Solar zur Himmelsmitte, dann werden z.B. Familienverpflichtungen zu einer bestimmten gesellschaftlichen Haltung führen; man lehnt z.B. ein öffentliches Amt ab, um sich mehr der eigenen Familie widmen zu können, oder man macht die Regierung auf die Wohnungsproblematik der Familien aufmerksam.

Man sieht also nach, wo die Radix-Faktoren im Solar stehen. Ein Planet, der in ein anderes Haus eintritt, muß in einem anderen Lebensgebiet wirken usw.

Man kann auch das Solar für sich genommen als Geburtshoroskop des neuen Jahres betrachten und manchmal zu recht interessanten Erkenntnissen kommen!

DAS MONDHOROSKOP

Wie man am Anfang eines neuen Sonnenumlaufs (eines Jahres) ein Sonnenhoroskop erstellen kann, so kann man auch jeden Monat ein Mondhoroskop für den neuen Monat erstellen, und zwar nicht zu Beginn des Kalendermonats, sondern zu dem Zeitpunkt, zu dem der aktuelle (Transit-) Mond wieder an genau demselben Ort wie bei der Geburt steht. Dies ist jedoch nur in sehr wichtigen Situationen sinnvoll. Die Kleinigkeiten des täglichen Lebens verdienen in der Regel diese Aufmerksamkeit nicht. Wenn man aber einen günstigen Monat auswählen will, um etwas Wichtiges in Angriff zu nehmen, dann kann man das Mondhoroskop heranziehen.

NEUMOND

Der Neumond ist für jedermann in der ganzen Welt jeden Monat der Beginn eines Mondumlaufs, der die Situation des exakten Neumondes (d.h. der Konjunktion mit der Sonne) in diesem Monat verwirklichen wird, jedenfalls als Grundlage der Ereignisse. Wenn z.B. bei Neumond schönes Wetter ist, dann ist es in diesem Monat, zumindest aber in den beiden ersten Wochen des zunehmenden Mondes (im Prinzip) ebenfalls schön. Was man kurz nach dem exakten Neumond (mindestens drei Stunden danach) beginnt, behält zwei Wochen lang die Kraft der Konkretisierung des zunehmenden Mondes. Deshalb begann Hitler seine Angriffe gegen andere Länder immer bei Neumond – innerhalb von zwei Wochen mußte dieses Land erobert sein, und so war es (zunächst) auch. Alle Feldherren hatten – und haben vielleicht insgeheim auch heute noch – einen Astrologen!

In der zweiten Hälfte des Mondumlaufs, d.h. bei abnehmendem Mond, bleibt das Anfangsmuster ohne weiteres Wachstum bestenfalls erhalten; meist schwindet jedoch seine Kraft.

INGRESSIONSHOROSKOP

Für die Weltereignisse kann man auch ein Progressivhoroskop für die Zeitpunkte erstellen, zu denen die neue Jahreszeit beginnt, am längsten Tag (bei uns um den 21. Juni), am kürzesten Tag (21. Dezember) und an den Punkten der Tagundnachtgleiche (21. September und 21. März). Diese Horoskope werden dann in der anbrechenden Jahreszeit wirksam. Man muß dabei wieder die genauen Zeitpunkte nehmen, d.h. beim Solstitium die Mitte der Tage, an denen sie in der Ephemeride mit derselben Gradzahl angegeben ist, usw. Dies gilt natürlich nur für die Weltgegenden mit vier Jahreszeiten, nicht am Äquator.

Man kann feststellen, daß in dieser Weise für jeden festgelegten Zeitraum ein Geburtshoroskop erstellt werden kann, das dann bezüglich des ursprünglichen eine Progression, einen Fortgang bedeutet. So ist z.B. im persönlichen Horoskop der progressive Neumond, wenn der progressive Mond wieder in eine Konjunktion mit der Radix-Sonne eintritt, der Anfangspunkt eines neuen progressiven Mondumlaufs von 28 Jahren (da der monatliche Transit 28 Tage beansprucht); genau in 27 2/3 Jahren hat der progressive Mond das Horoskop durchlaufen.

So kann man auch mit den *Umläufen der Planeten* vorgehen. Nach etwa 30 Jahren befindet sich z.B. Saturn wieder an seinem Radix-Platz als Transit. Dann beginnt ein neuer Saturn-Umlauf durch das Horoskop, und es kehren, wie beim progressiven Mond in 28 Jahren, alle Situationen wieder, die auch im vorigen Umlauf eingetreten sind, auch wenn sie jetzt etwas verändert sind, weil die übrigen Faktoren anders stehen. Es ist höchst lehrreich, solche einander entsprechenden Zeitpunkte miteinander zu vergleichen! Man muß freilich dieselbe Gradzahl in der Ephemeride von vor dreißig Jahren aufsuchen, denn der Unterschied kann durchaus ein Jahr oder mehr betragen.

Jupiter vollendet einen Umlauf in etwa 11 1/2 Jahren, Uranus nach 84 Jahren, Neptun nach etwa 156 Jahren. In der Geschichte, in den Schwankungen der Börsenkurse, in der Mode und auf welchen Gebieten auch immer, sind diese Rhythmen zu verfolgen. Alle Erscheinungen kehren nach ihrem eigenen Rhythmus nach Ablauf einer gewissen Zeit wieder, wobei Schwankungen durch die Einflüsse anderer Rhythmen möglich sind.

Die Planeten Merkur, Venus und Mars wirken durch ihren schnellen Lauf nicht so tiefgreifend. Merkur legt durchschnittlich zwei Grad, Venus 12/10 Grad und Mars 2/3 Grad pro Tag und je progressives Jahr zurück. Man muß allerdings immer ihren Platz genau in der Ephemeride nachschlagen, da der Lauf der Planeten für den irdischen Betrachter nicht immer gleich schnell ist!

Der astrologische Anfänger tut gut daran, sich nicht gleich mit allen Arten von Progressionen zu befassen, sondern sich ihnen nacheinander zuzuwenden.

Jede astrologische Schule hat ihre Vorlieben. Die Aalener Schule von Reinhold Ebertin arbeitet nicht mit zodiakalen Progressionen, sondern nur mit Bonatti-Progressionen, die nicht nur auf Planeten, sondern vorzugsweise auf die Halbsummenpunkte in der Mitte zwischen zwei Radix-Planeten angewandt werden. Diese Schule ist daher auch viel mehr auf die Prognose von Tatsachen als auf die Seelenentwicklung orientiert!

PROFEKTIONEN

Zu den vielen Arten von Progressionen gehören auch die verschiedenen Profektionen, von denen wir hier die Zwölfjahresprofektionen besprechen wollen. Jeder Punkt des Radix legt dann pro Jahr den Abstand eines Tierkreiszeichens, d.h. dreißig Grad zurück. Nach zwölf Jahren haben sie also den Kreis vollendet. So kann man untersuchen, wo der profektive Aszendent nach einem Jahr oder nach einem Teil davon steht, indem man ihn *im Uhrzeigersinn* am Umfang des Kreises verschiebt. Dies kann man auch mit den anderen wesentlichen Punkten tun, den Häuserspitzen, den Planeten des Radix. Man kann zur Vereinfachung einen losen Horoskopkreis aus Pappe mit zwölf gleichen Häusern herstellen, auf deren Spitzen jeweils das nächste Zeichen mit der Gradzahl des Aszendenten folgt. In diese Scheibe legt man das Radix und dreht es innerhalb des äußeren Kreises so weit, wie es dem zu betrachtenden Zeitraum entspricht.

Wenn man den Aszendenten des Radix ein Zeichen nach oben verschiebt, erhält man den Profektionsstand des ersten Jahrestages, usw. So entstehen Konjunktionen des laufenden Aszendenten mit Häuserspitzen, und so laufen auch die Radixplaneten durch die Häuser. Von dem Lebensalter, das man betrachten will, zieht man also ein Zwölffaches ab (so viele Umläufe fanden inzwischen statt), und um den Rest schiebt man weiter. Wenn man z.B. das 45. Lebensjahr betrachten will, dann zieht man 3 x 12 = 36 von den 45 ab, wobei ein Rest von 9 bleibt. Der Aszendent ist also neun Zeichen weitergewandert und befindet sich damit am IC.

Der Nutzen besteht zum einen darin, daß man den richtigen Aszendenten bei typischen Ereignissen erkennen kann, die eintreten, wenn der verschobene Aszendent über einen Radix-Planeten geht, was dem Effekt dieses Planeten bei Progression über den Radix-Aszendenten gleicht, d.h., er äußert sich insbesondere im Körper und in der persönlichen Situation. Der Unterschied ist jedoch, daß dies jetzt auf dem Gebiet des Hauses geschieht, in dem dieser Planet im Radix steht. Welches die richtige Spitze eines Hauses ist, zeigt sich auch daran, daß ein anderes Lebensgebiet eine Rolle zu spielen beginnt. Bei einem Umzug geht häufig ein Element – es kann auch ein progressiver oder Transitplanet sein! – über die Spitze des Vierten (bei der Profektion handelt es sich also um das Verlassen des Hauses, in dem man lange gewohnt hat). Bezüglich ihrer Bedeutung sind die Profektionen jedoch den Progressionen und Transiten deutlich unterzuordnen.

VORGEBURTLICHE DIREKTION

Diese Direktionen sind eigentlich Regressionen, denn sie wirken noch rückwärts. Vom Geburtstag aus geht man so viele Tage zurück, wie das Lebensalter der betreffenden Person beträgt, so daß man den Stand dieses Augenblicks erhält. Die Regel lautet also auch hier: 1 Tag = 1 Jahr. In dieser Weise beeinflussen also die letzten drei Monate vor der Geburt ganz erheblich das gesamte folgende Leben, und zwar neunzig Jahre lang. Darüber sollten sich vor allem werdende Mütter Gedanken machen! Wenn die werdende Mutter in dieser Zeit einen Schock erlebt, der sich natürlich auch auf das Kind auswirkt, dann kann man berechnen, in welchem Jahr das heranwachsende Kind oder der Mensch wiederum in eine Krise gerät. Die Mutter sollte solche Ereignisse also sorgfältig nach Tag und Stunde aufzeichnen.

STUNDENHOROSKOPIE

Die Stundenhoroskopie ist ein Gebiet für sich. Es geht dabei um die Betrachtung der Struktur einer aktuellen Situation, um Informationen über den Ablauf der Angelegenheit zu erhalten. Hierbei haben die Eckhäuserspitzen und die Häuser des Horoskops besondere Bedeutung. Die Schwierigkeit liegt darin, den richtigen »Geburtszeitpunkt« der Angelegenheit zu bestimmen. Ist es der Augenblick, in dem der Brief geschrieben wird – oder in dem er gelesen wird?

Manche Astrologen beschäftigen sich intensiv mit diesem Spezialgebiet der Astrologie. Als Autorität auf diesem Gebiet gilt der Amerikaner Marc Edmund Jones. Sein Buch zu diesem Thema trägt den Titel *Problem Solving by Horary Astrology.* Viele arbeiten auch mit dem älteren Buch *Raphaels Stundenastrologie.*

SPEZIALTHEMEN

GESUNDHEIT UND KRANKHEIT

Die Veranlagung für bestimmte körperliche Befindlichkeiten drückt sich in der Konstitution aus, die vor allen Dingen durch das aufsteigende Zeichen bezeichnet wird, das Zeichen und die Gesamtsituation des Herrschers des Ersten, das nämliche des Mondes und des Herrn des Sechsten, sowie das Zeichen und die Planeten im Sechsten. Wenn ein *Element* überwiegt, kann man daraus bestimmen, welche Konstitution der Mensch hat.

Auf der Grundlage dieses Geburtsbildes kann man ermitteln, welche Lebensweise der Betreffende einhalten soll, um gesund, d.h. im Gleichgewicht zu bleiben. Das Zeichen, in dem Saturn steht, gibt an, welche Mängel an bestimmten Aufbaustoffen eintreten können. Alle besetzten Zeichen zeigen an, welche Stoffe viel verbraucht werden und damit rasch wieder ergänzt werden müssen. Besonders wichtig ist hier das aufsteigende Zeichen! Die lymphatische Konstitution ißt viel und reichlich, weil ein großer Teil der zugeführten Nährstoffe nicht vom Körper aufgenommen, sondern mit der vielen Flüssigkeit wieder ausgeschwemmt wird, was z.B. für Krebs und Fische gilt (bezüglich der vier Konstitutionen oder Temperamente siehe die Tabelle im Kapitel Elemente).

Die zu den zwölf Zeichen gehörenden Nährsalze sind folgende:

Widder:	Kali phos. D6
Stier:	Natrium sulph. D6 (Glaubersalz)
Zwillinge:	Kali mur. oder chlor. D6
Krebs:	Calcium fluor. D12 und Calcium carb. Hahnemanni D6
Löwe:	Magnesium phos. D6
Jungfrau:	Kali sulph. D6
Waage:	Natrium phos. D6 und Magnesium D6
Skorpion:	Calcium sulph. D6 (Gips)
Schütze:	Silicea D6–12

Steinbock: Calcium phos. D6
Wassermann: Natrium mur. oder chlor. D6 (Kochsalz)
Fische: Ferrum phos. D12

Dr. Schüssler hat entdeckt, daß zwölf Salze den menschlichen Körper erhalten. George Carey und Inez Perry entdeckten den Zusammenhang mit den Tierkreiszeichen.

Die *Veranlagung zu bestimmten Krankheiten* ist in der Konstitution begründet; wenn diese nicht einseitig ist, in ungünstigen Planetenaspekten oder in Planeten im 6. Haus, die ungünstig stehen.

Jupiter zeigt sowohl die *angeborene eigene Heilkraft* wie auch den Arzt oder den Heiler an, den man anzieht. *Jupiter im Sechsten* gibt rasche Genesung bei Krankheiten. Bei einer Affliktion kommt es zu Leberleiden, erhöhtem Blutdruck, Schlaganfällen usw.

Mond im Sechsten: Seelisch bedingte Störungen.
Saturn im Sechsten: Weist auf chronische, meist ererbte Leiden hin.
Merkur: Rasch vorübergehende Unpäßlichkeiten, Nervosität.
Mars: Entzündungen, Geschwüre und Abszesse, Ausschläge, Fieber, chirurgische Eingriffe, Unglücksfälle.
Venus: Verschleimungen, Exzeme, Nierenleiden.
Uranus: Nervenkrankheiten (Veitstanz, Epilepsie).
Neptun: verschleierte, schwierig zu diagnostizierende Krankheiten.
Pluto: Geschwüre, Warzen, weil man seine Kräfte nicht in der Weise einsetzen kann und darf, wie man selbst möchte.
Sonne: Herzleiden, wenn verletzt.

Das Zeichen an der Spitze des sechsten Hauses gibt an, wie Krankheitsprozesse verlaufen: Kardinale Zeichen: schwere; feste Zeichen: langwierige Krankheiten; bewegliche Zeichen: viele kleine Leiden, die rasch wieder verschwinden.

Widder: Gibt plötzlich aufflammende, schwere Krankheiten mit hohem Fieber, die aber rasch überwunden werden. Betroffen ist vor allem der Kopf, z.B. Gehirnerschütterung.
Stier: Festsitzende Dinge (z.B. verschleimter Hals); Stimme oder Mandeln; krank, wenn zu viel genascht wird.

Zwillinge:	Empfindliche Atemwege, Nervosität.
Krebs:	Krankheiten durch nicht ausgeschiedene Körpergifte; Magen-, Brust- und Gebärmutterleiden.
Löwe:	Erkrankungen von Herz, Rücken, Augen. Nur bei schwerer Affliktion.
Jungfrau:	Wehleidigkeit, Allergien, Hypochondrie, ständig Beschwerden wegen der Überempfindlichkeit, insbesondere im Bereich der inneren Organe.
Waage:	Empfindliche Nieren, insbesondere bei gestörtem seelischem Gleichgewicht, braucht viel Ruhe und Schlaf.
Skorpion:	Langwierige Krankheiten, insbesondere Geschlechtskrankheiten.
Schütze:	Plötzliche stechende Schmerzen, Hexenschuß, Ischias, Fisteln, heftige Reaktion auf in den Körper eingedrungene Fremdkörper.
Steinbock:	Langwierige Verhärtungen, Übersäuerung (Rheuma), Gebißschäden, Knieleiden.
Wassermann:	Erkrankungen der Blutgefäße und der Unterschenkel, empfindliche Knöchel.
Fische:	Schläfrigkeit, Blutarmut, Fußleiden.

Die Krankheiten können auch in einem nicht zugehörigen Zeichen, aber jedenfalls im zugehörigen Haus ihren Sitz haben, z.B. Erkrankungen der Luftwege im Dritten, des Magens im Vierten usw. Ein verletzter Uranus im Dritten bewirkt Asthma.

Erscheinung und Ursache sind deutlich voneinander zu trennen! Die Ursache ist immer in dem Zeichen gegenüber demjenigen zu suchen, von dem die Erscheinung herrührt. Dies liegt daran, daß die Organe des Oberkörpers und des Unterleibes miteinander korrespondieren. Alle Sinnesorgane des Kopfes sind auch die Ausscheidungswege für die Unterleibsorgane, wenn auch der große Ausscheidungspol im Unterleib selbst liegt. Jeder Grad des Tierkreises herrscht über einen bestimmten Teil des Körpers. Siehe hierzu R. Ebertin, Anatomische Entsprechungen der Tierkreisgrade.

(Bezüglich des Krankheitsverlaufs entsprechend den Mondphasen siehe das Kapitel über den Mond).

HEILUNG

Für die Therapie betrachte man den Platz Jupiters, der Heil-Kraft. Das *Element,* in dem er steht, zeigt an, in welcher Richtung der Körper selbst zur Heilung strebt:

Jupiter in einem Erdzeichen: Schlammbad, Lehmkompressen, nackt im warmen Sand.
Jupiter in einem Wasserzeichen: Quellwasser-, Kräuterbäder u.ä., heilkräftige Getränke, Mineralquellen, Kneippkur.
Jupiter in einem Luftzeichen: Klimawechsel, See-, Höhen- oder Waldluft, je nach Konstitution, Atemübungen, Ozontherapie.
Jupiter in einem Feuerzeichen: Sonnen- und Lichtbäder, Farbtherapie, Sauna u.ä.

Auch die günstigen Jupiter-Aspekte sind zu prüfen, denn der aspektierte Planet zeigt dann eine spezielle Therapie an:

Sonne:	FKK-Ferien in warmem Klima
Mond:	Diät
Merkur:	Reisen, Luftwechsel, Atemübungen
Venus:	Zerstreuung, Musiktherapie, Tanz und Gesang, *Liebe!*
Mars:	Sport, körperliche Arbeit
Saturn:	Ernüchterung
Uranus:	Rhythmus, Eurythmie, Elektrobehandlung
Neptun:	Magnetisieren
Pluto:	Suggestion und Hypnose.

Auch das *Haus,* dessen Herrscher Jupiter ist, gibt einen Hinweis, sowie auch die Häuser, in denen die günstig aspektierten Hilfsplaneten stehen und deren Herrscher sie sind.

Ein *rückläufiger Jupiter* ist therapeutisch wertlos, er führt zu schleichenden Erkrankungen. Sobald er wieder rechtläufig wird, besteht die Möglichkeit der Heilung. Jupiters eigene Therapie ist: *positiv denken!* Glaube, Vertrauen.

Der *Tod* tritt meist durch ein Zusammenspiel von Faktoren und durch eine Schwächung der Widerstandskraft ein; das *achte Haus* ist hieran fast immer irgendwie beteiligt. Man unterlasse es aber, den Zeitpunkt ermitteln zu wollen. Saturn und Uranus sind meist diejenigen, die den Lebensfaden abschneiden, aber auch Pluto, der Schockwirkungen auslöst. (Uranus-Sonne, Pluto-Sonne: Herzlähmung).

Die medizinische Astrologie ist eine Wissenschaft für sich, etwas für Ärzte und medizinisch versierte Laien, die zugleich gute Astrologen sind. Aussagen auf diesem Gebiet sollten mit größter Vorsicht gemacht werden!

EHE

Die Frage: Wer paßt zu wem? kann nicht direkt beantwortet werden. Es kommt darauf an, auf welcher Ebene dieses Zusammenpassen erfolgen soll. Auf der niedrigsten Ebene ist ein instinktives und häusliches Zueinanderpassen zu erwarten, wenn die Sonne des einen am Platz des Mondes des anderen steht. Optimal ist hier eine kreuzweise Verbindung, d.h. wenn zugleich der Mond des einen am Platz der Sonne des anderen steht. In der einen Hälfte des täglichen Lebens ist dann der eine der Herr und der andere fügt sich, in der anderen Hälfte ist es umgekehrt. Insgesamt streitet man sich selten und ist für die Außenwelt ein Paar, das an einem Strang zieht.

Dies sagt jedoch noch nichts darüber aus, wie man miteinander auskommt, d.h. die Harmonie der beiden Temperamente. Diese liegt in der guten Verbindung der Temperamente begründet: Wenn der Aszendent des einen am Platz des Deszendenten des anderen steht, ergänzt man sich zur beiderseitigen Zufriedenheit. Noch besser ist es, wenn der Aszendent des einen am Platz der Himmelsmitte des anderen steht. Dies ist im allgemeinen bei Freunden oder Freundinnen sehr häufig. Derjenige, dessen gemeinschaftliches Zeichen am Aszendenten steht, sucht dann den MC-Partner. Obwohl die beiden Aszendenten dann häufig zueinander in Quadratur stehen, kommt man doch sehr gut miteinander aus! Wie ist der Charakter des vorherbestimmten Partners dann beschaffen?

Das absteigende Zeichen gibt den Faktor an, der einem selbst fehlt und den man daher beim anderen sucht, schätzt oder anzieht. Ein Mensch, bei dem z.B. die Sonne genau am Deszendenten von Person A steht, wird von A als »meine andere Hälfte« empfunden, wodurch man sich vollständig geworden fühlt. Auch der Herrscher dieses Deszendentzeichens zeigt den ergänzenden Partner an, insbesondere in dem Zeichen, in dem er steht, in dem Haus und mit seinen Aspekten. So wird z.B. eine Frau mit Widder im Deszendenten und Mars, dem Herrscher des Widders, im Krebs im Neunten in applizierender Konjuktion zu Neptun immer wieder Männer anziehen, mit denen sie philosophische Gespräche (9) führen kann, die aber bei all ihren schönen Worten keine praktische Verwirklichungskraft und keine Arbeitskraft besitzen (Mars-Neptun). Obwohl Widder gerade das Zeichen der Störungen ist! Man darf also nie nur dieses Zeichen betrachten!

Wenn ein Planet im Siebten steht (Haus der Assoziation), dann zeigt er deutlich den Typ von Partner an, den man bekommt, sowie auch die Art, wie man selbst auf diesen Partner reagiert. Wenn z.B. Venus im Siebten steht, bekommt man einen lieben Partner, der vielleicht kunstsinnig ist, und selbst ist man hauptsächlich lieb zu ihm oder ihr.

Wenn mehrere Planeten im Siebten stehen, dann weist dies auf mehrere aufeinanderfolgende Partner hin, wobei der erste derjenige ist, der am nächsten an der Hausspitze steht, d.h. am weitesten unten. Drei Planeten im Siebten: Drei Ehen, aber gelegentlich auch drei aufeinanderfolgende Verbindungen anderer Art, z.B. als Mitglied in einem Orchester oder einer Theatergruppe. Gelegentlich können es auch drei Partner zugleich sein. Wenn ein doppeltes Zeichen im Deszendenten steht, z.B. Zwillinge (oder Krebs, Waage, Wassermann, Fische), dann hat man vielfach zwei Partner gleichzeitig, die voneinander wissen können oder auch nicht.

Wenn der Partner ein Repräsentant des siebten Hauses ist, dann hat man immer jenes Gefühl der Ergänzung, des Gegenstücks, und es besteht dann ein festes Band, auch wenn dieses aus einer Aufeinanderfolge von Streit und Versöhnung besteht. Bezüglich des *Glücks* besagt dies noch nichts.

Vielfach basiert die Ehe auch auf einer Beziehung einer anderen Art, d.h. nicht auf einer Ergänzung. In vielen Fällen ist die Liebe einseitig, und wenn sie von der Seite des Mannes kommt, kann die Ehe in der Praxis sehr gut sein, da der Mann sich von seiner besten Seite zeigt, weil er seine Frau immer wieder verführen muß. In einem solchen Fall stehen Venus, Jupiter oder Sonne des Mannes am Aszendenten der Frau, die diese wohltuende Ausstrahlung als angenehm empfindet.

Wenn jedoch A seinen Saturn an B's Aszendent hat, dann wird B durch A's aufgezwungene Autorität unterdrückt, und er wirkt als Hemmschuh auf B, so daß B sich nicht nach seiner Art äußern kann. Dies ist eine sehr ungünstige Kombination.

Wenn A seinen Mars oder Uranus an B's Aszendent hat, dann wird B daran zugrunde gehen, weil Mars sie sexuell zu heftig begehrt oder Uranus ihre Nerven mit seinen unberechenbaren Impulsen zu sehr strapaziert.

Hat A seinen Neptun an B's Aszendent, dann beutet er sie aus, wobei er sie immer wieder betört und verführt und in Illusionen wiegt.

Wenn es Pluto ist, dann erdrückt er sie unter seiner Übermacht und ist durchwegs gewalttätig. Außerordentlich ungünstig! Nicht alle Menschen eignen sich für die Ehe: Jungfrau (Sonne oder Aszendent oder Deszendent in diesem Zeichen oder den Häuserspitzen), dem Wesen nach nicht.

ERFÜLLUNG DES KARMA

Am unzertrennlichsten sind Menschenpaare, die denselben Aspekt haben, wobei jedoch der eine aktiv (separierend), der andere passiv (applizierend) sein muß. Sie passen zusammen wie Stecker und Steckdose und erfüllen das wechselseitige Karma, sind einer des anderen Lehrer. Dies kann ein Trigon sein, wobei der eine ein Zuviel an Güte oder Weisheit an den anderen abgeben kann, der davon profitiert. Wenn es eine Quadratur ist, dann entsteht vielfach eine schwierige und häufig schmerzliche Ehe, aus der man sich doch nicht lösen kann. Wenn sie doch zu Ende geht, z.B. durch den Tod eines der Partner, dann wird der freigewordene Platz sofort mit einer anderen Person besetzt, die dieselbe Rolle spielt (siehe hierzu auch das Kapitel Der Mensch und seine Umgebung).

Menschen, die »an jedem Finger einen Partner« haben könnten, haben eine meist in den Vordergrund tretende gut aspektierte Venus, da sie der Planet der Verbindungen ist. Es könnte z.B. eine

Venus im Aszendenten sein, möglichst in einem Feuerzeichen oder ihrem eigenen Zeichen Stier. Oder eine Venus in Aspektbeziehung zum Aszendenten und von Jupiter günstig aspektiert (gute Drüsenfunktion).

Unwiderstehlicher Charme entsteht durch Pluto, insbesondere im Löwen, im Aszendenten oder im Fünften.

TREUE UND UNTREUE

Eine Quadratur Venus-Jupiter ergibt aktive oder passive Untreue. Die Feuerzeichen, insbesondere Schütze, können unmöglich einem Partner treu bleiben, da sie immer wieder für jemanden, dem sie begegnen, Feuer und Flamme sind, auch wenn dieses Strohfeuer sich rasch verzehrt. Widder (im Aszendenten oder Deszendenten oder von Sonne, Mond oder Venus besetzt) führt zu Liebe auf den ersten Blick. Löwe hat viele galante Abenteuer, weil er Bewunderung und Verehrung braucht. Der Schütze ist immer auf der Jagd nach charmanter Beute, sieht sich gleich im Saal oder im Zug um, ob »etwas Interessantes« dabei ist. Wenn er sein Opfer verführt hat, erlischt sein Interesse sofort, und er läßt seine Beute liegen, um der nächsten aufzuspüren, denn es geht ihm um den Kitzel der Jagd.

Traditionellerweise wird im Horoskop eines Mannes die Partnerin durch den ersten exakten Aspekt angezeigt, den der progressive Mond mit einem Planeten oder der Sonne bildet (im heiratsfähigen Alter!), und bei einer Frau der Mann durch den ersten exakten Aspekt der progressiven Sonne auf einen Planeten oder den Mond. Dies ist aber längst nicht immer der Ehepartner, sondern meist eine vorübergehende Beziehung. Da der progressive Mond viel schneller läuft als die progressive Sonne und daher viel häufiger einen Aspekt bildet, wenn auch von kürzerer Dauer, ist der Mann in der Praxis polygam, d.h. er hat viele kurze Liebesbeziehungen, während die Frau in der Regel viel weniger solche Beziehungen hat, die dann auch tiefer gehen und länger dauern. Dieser Unterschied betrifft aber nur die Ebene der körperlichen Instinkte und Begierden.

Wenn die Venus des einen auf die Sonne des anderen und umgekehrt fällt, wird man einander sein Leben lang in Liebe zugetan sein. Freilich können andere Verknüpfungen daneben viele Schwierigkeiten ergeben!

PROGRESSIVE ASPEKTE

Niemals sollte man eine ernsthafte Verbindung wie eine Ehe nur auf der Basis günstiger *progressiver* Aspekte eingehen! Wenn diese vorüber ist, bleibt häufig nichts übrig. Schlimm ist es dann, wenn man eventuell schon Kinder hat.

Die große *Liebesbindung* fällt häufig auf eine progressive Konjunktion von Sonne und Venus, wodurch das Ich (Sonne) an die Liebesfähigkeit gekoppelt wird, was bedeutet, daß die Liebesfähigkeit plötzlich erwacht und man eine Bindung eingehen möchte. Wenn aber keine bleibenden Gemeinsamkeiten bestehen, ist dies nicht ausreichend. Und wenn der Bindungswunsch einseitig ist, kann es auf keinen Fall gutgehen. Die Neigung, gemeinsam mit einem Partner ein Hauswesen zu gründen, entsteht durch *Jupiter,* den Vermehrer, der nach einer wachsenden Familie strebt. Vor allem, wenn Jupiter durch Transit oder Progression über die Himmelsmitte geht, ist man in einer solchen Stimmung. Man lasse sich hierdurch nicht verführen – es geht vorüber!

Die standesamtliche Ehe wird meist geschlossen, wenn bei beiden Partnern ein Gestirn über den Deszendenten geht oder wenn Saturn (der Festleger) einen Aspekt mit Venus bildet. Alle rechtlichen Verträge entstehen im Siebten, in einer Aspektbeziehung zum Siebten oder einer Aspektbeziehung zu Jupiter oder Saturn.

Die Liebesempfindung und Verliebtheit sind Venus-Angelegenheiten.

Die Sexualität liegt ausschließlich bei Mars und in den Zeichen Widder und (insbesondere) Skorpion. Wenn ein Mann seinen Mars am Platz des Mondes einer Frau hat, dann begehrt er sie körperlich. Hat eine Frau ihren Mars am Platz der Sonne eines Mannes, dann begehrt sie ihn.

Uranus in Kombination mit Venus und/oder Mars richtet die Neigung bzw. die Begierde auf jemanden desselben Geschlechts oder jemanden, der unerreichbar ist, oder dieses Gefühl und diese Begierde werden sublimiert. Uranus im Siebten gibt eine Ehe in

Kameradschaft, Freiheit, Offenheit und Ehrlichkeit, und man teilt sich die kleinen Sorgen des Haushalts und der Familie – aber meist wird man keine Kinder haben.

Die Sonne im Siebten bewirkt, daß man sich selbst nur durch Spiegelung im Partner kennenlernen kann.

Ob zwei Menschen als Ehepartner zusammenpassen, kann man nicht nach Schema F ermitteln. Man muß beide Radix-Horoskope und die Progressionen sorgfältig studieren.

KINDER

Leibliche sowie Seelenkinder in Form von Kunstwerken findet man im *fünften Haus.* Das Zeichen des Fünften und Planeten im Fünften sowie der Herrscher des Fünften und seine Stellung geben Aufschluß über die Kinder, die man eventuell bekommt, wobei man jedoch auch das Horoskop des Partners berücksichtigen muß. Wenn mehrere Planeten im Fünften stehen, dann hat man meist ebensoviele Kinder, in denen sich jeweils einer dieser Planeten ausdrückt.

Fruchtbare Zeichen im Fünften, die viele Kinder ermöglichen, sind: Stier, Krebs, Skorpion und Fische. Unfruchtbar sind Jungfrau, Waage und Wassermann (was noch nicht bedeutet, daß überhaupt keine Kinder kommen können!). Mars im Fünften macht häufig dadurch unfruchtbar, daß der Schleim in der Scheide zu sauer ist. Saturn macht die weiblichen Organe manchmal zu trocken und erzeugt einen Widerwillen dagegen, Kinder zu bekommen und zu haben.

Jupiter im Fünften, gibt, wo es irgendwie möglich ist, einen Sohn.

Venus gibt Töchter und/oder künstlerisch veranlagte Kinder.

Neptun gibt musikalische oder, bei schlechter Aspektierung, behinderte oder schwachsinnige Kinder, häufig in Verbindung mit Trunksucht der Eltern oder Großeltern.

Uranus im Fünften gibt meist keine Kinder, die auch nicht erwünscht sind, oder aber ein homophiles Kind, aus dem bei guter Aspektierung sogar etwas Besonderes wird. Auf einem guten Niveau wirkt er stark sublimierend im Liebesleben.

Der *Mond im Fünften* gibt eine oder mehrere Töchter und einen starken Wunsch nach Mutterschaft, Versorgen und Erziehen.

Man achte darauf, wo der Herr des Fünften ist, um festzustellen, was aus den Kindern wird.

Das *Zeichen des Fünften* zeigt auch an, wie man die Kinder erzieht.

Die Waage kann im allgemeinen nicht erziehen (ist zu nachgiebig) und möchte auch keine Kinder.

Stiefkinder erscheinen im Elften.

Mütterlichkeit oder *Väterlichkeit* kann man an der Mondsituation erkunden. Das Zeichen Krebs an einem bedeutsamen Platz gibt einen starken mütterlichen Einschlag. Im Horoskop eines Kindes zeigt der Mond die Mutter an. Mögliche Schwierigkeiten bei der Geburt usw. liegen im Fünften und in Mond-Verletzungen.

INTELLIGENZ UND SCHULISCHE LEISTUNGEN

Die Lernfähigkeit (Gedächtniswissen, Nacherzählen) wird durch den Mond angezeigt, die wirkliche Intelligenz durch Merkur.

Für das ethische Denken steht Jupiter, das abstrakt-philosophische Denken Saturn, für die Intuition Uranus.

Das Vergessen, Phantasieren, Lügen, Verwechseln von Gedanken und Erinnerungen, Zerstreutheit sind Angelegenheiten eines ungünstig stehenden Neptun. Nur bei sehr guter Aspektierung gibt er Inspiration (und Gerissenheit).

Telepathische Fähigkeiten kommen von einer guten Verbindung zwischen Merkur und Neptun, Erfindungsgabe von einer ebensolchen zwischen Merkur und Uranus, Konzentrationsfähigkeit von einer solchen zwischen Merkur und Saturn.

Konzentriert, sachlich in der Debatte macht eine gute Merkur-Mars-Verbindung. Sprachbegabung schafft eine gute Verbindung zwischen Merkur und Venus, vor allem, wenn auch der Mond noch in einer günstigen Beziehung steht. Eine Quadratur Mond-Venus gibt häufig Wortblindheit.

Mathematische Veranlagung gibt eine gute Verbindung Merkur-Mars (Sprache ist verbinden, d.h. Venus. Rechnen ist trennen, d.h. Mars).

Ein günstiger Mars-Merkur in der Jungfrau gibt eine Veranlagung für Mechanik, Technik, die Jungfrau im allgemeinen für Chemie.

Merkur-Jupiter in einer guten Beziehung ergeben eine Neigung zum Jura-Studium.

Skorpion gibt häufig eine Vorliebe für Geschichte, Krebs für Erdkunde, Archäologie und Kulturgeschichte, der Stier für Landbau und Geologie.

Zwillinge ist das Zeichen der Sprache, des Journalismus, allgemein des Schreibens. Das Schreiben von Zeitungsrubriken, Skizzen, Erzählungen, humoristischen Stücken mit Wortspielen, Sprachkunststückchen kommt vorzugsweise von den Zwillingen und aus dem dritten Haus. Das Schreiben dickerer und tiefsinnigerer Bücher kommt aus dem Neunten.

Die Waage gibt Veranlagung zum Zeichnen und Klavierspielen, zur Architektur (Haus und Garten) und Inneneinrichtung, Ausstellungstechnik und für den Betrieb eines Schönheitssalons. Skorpion schafft den gründlichen wissenschaftlichen Forscher, den vorzüglichen Arzt, Chirurgen, Psychiater, häufig auch den Musiker (Orgel).

Für die gewissenhafte Administration eignen sich Jungfrau und Steinbock. Letzterer auch für die Buchhaltung, Buchprüfung, das Staatswesen.

Ein rückläufiger Merkur gibt fehlendes Interesse an Lernen und Studium; es ist auch keine Kraft hierfür vorhanden, da der Nervenkraftstrom durch den Wirbelkanal nur eine geringe Auftriebskraft hat, d.h. nach unten sinkt, wodurch dann größeres Interesse an der Sexualität entsteht.

SCHULE

Ein Kind mit einem lebendigen Merkur in Luft- oder Feuerzeichen eignet sich gut für eine Montessori-Schule, wo es in seinem eigenen Tempo fortschreiten und seine eigene Initiative entfalten kann.

Ein Kind mit einem trägen Merkur in Erd- oder Wasserzeichen geht besser in eine staatliche Schule, wo es immer Aufgaben bekommt und fortwährend kontrolliert wird.

Mond und Merkur in Krebs oder Stier erfordern Anschauungsunterricht. Jungfrau muß viel mit den Händen tun können, verlangt nach einer praktischen Schule. Krebs braucht auf die Phantasie wirkende Erzählungen und Bilder und eine Darstellung des Stoffs, die das Mitempfinden anspricht. Trockene, langweilige Stunden hinterlassen nichts. Dies gilt für alle Wasserzeichen.

Feuerzeichen lernen oberflächlich, können sich aber bei Prüfungen häufig durch ihre Intuition retten.

Von den Erdzeichen ist Steinbock langsam, aber sehr gründlich beim Lernen und bei den Hausaufgaben, ein Perfektionist. Die Stärke der Jungfrau ist das Auffinden, Behalten und Benutzen von Details, doch fehlt ihr der Blick für das Ganze. Stier ist ein braver Wiederholer, dem es völlig entgeht, daß er gar nicht verstanden hat, was er sagt. Er eignet sich nur für die klassische Dressurschule.

Die Luftzeichen sind natürlich sehr lernbegabt, haben geistige Interessen und häufig eine hervorragende Intelligenz (zumindest wenn Merkur gut aspektiert ist). Sie haben alle drei logisches Denken. Zwillinge sind am stärksten hinsichtlich logischer Zusammenhänge, Waage in vergleichenden Studien. Wassermann hat häufig technische und konstruktive Begabung.

Das dritte Haus zeigt die Hauptschule an, das fünfte das Gymnasium, das neunte die Universität.

Wer ein gut besetztes drittes Haus und ein leeres fünftes und neuntes hat, kann ein guter Lehrer werden, der es versteht, Dinge klar und einfach darzustellen. Ein gut besetztes neuntes Haus allein wird schnell zu gelehrt und zu abstrakt und neigt zum Fachchinesisch. Ein starkes fünftes Haus macht den Leiter von Jugendgruppen, den Erzieher am Internat usw.

Eliteschulen mit hohem Lerntempo sind für echte Erd- und Wasserzeichen ungeeignet, aber ideal für die echten Luftzeichen.

Schullandheime moderneren Stils sind bei Wassermann-Schülern wegen ihrer Liebe zum Gemeinschaftsleben beliebt, aber ungeeignet sowohl für die freiheitsliebenden Zwillinge, Widder und Schützen wie auch für die eigenbrötlerischen Steinböcke.

Waagen muß man immer mit einem Partner arbeiten lassen, dann leisten sie mehr.

Um festzustellen, ob sich ein Kind für das Gymnasium eignet, betrachtet man seine Intelligenz für sich, sein Tempo, sein Interesse und sein fünftes Haus. Um festzustellen, ob sich jemand für die Universität eignet, betrachtet man sein Konzentrations- und Stehvermögen (Merkur-Saturn), seine Fähigkeit zum selbständigen Denken (positive Zeichen) und sein Gedächtnis (Mond und Krebs) sowie die Auffassungsgabe des guten Merkur.

BERUF UND BESTIMMUNG

Berufung und Bestimmung findet man an der Himmelsmitte und im Zehnten. Der Brotberuf steht im Sechsten, sowie alle untergeordneten Beziehungen, alles, was dienenden Charakter hat.

BERUF

Um zu ermitteln, für welchen Beruf ein Mensch nach seiner Veranlagung in Frage kommt, betrachtet man zuerst das Zeichen an der Spitze des Sechsten. Ist es z.B. Stier, dann kommen in Frage Friseur, Florist, Sänger, Maler, Maurer, die Modebranche usw. (siehe hierzu das Kapitel über die Zeichen). Als nächstes prüft man den Herrscher dieses Zeichens, das Haus, in dem er steht, und die Aspektbeziehungen. Fällt dieses Zeichen und dieses Haus mit dem Zeichen an der Spitze des Sechsten zusammen und sind gute Aspektbeziehungen vorhanden, dann ist dieser Beruf zu empfehlen, andernfalls nicht. Wenn nicht, betrachtet man das zweite Zeichen im Sechsten und dessen Herrscher. Häufig ist es jedoch so, daß der Betreffende doch erst die Verwirklichung des ersten Zeichens versuchen will. Man beachte Niveau und Milieu!

Wenn eine harmonische Beziehung zwischen dem Herrscher des Sechsten und dem des Zehnten besteht, dann ist der Beruf mit der Berufung in Einklang zu bringen. Haben beide denselben Herrscher, dann fallen Beruf und Berufung zusammen.

Tritt ein progressiver Planet in das sechste Haus ein, dann kann man mit dem dazugehörigen Beruf natürlich praktisch arbeiten, solange dieser Planet im Sechsten läuft (jedenfalls solange ihn der progressive Mond aktiviert!).

Ein Planet im Sechsten des Radix ist ein stärkerer Signifikator als der Herrscher des Zeichens an der Spitze des Sechsten. Wenn mehrere Planeten in ihm stehen, dann beginnt man mit der Realisierung doch von unten. Wenn alles, was eine Beziehung zum Sechsten hat, ungünstig steht, dann muß man einen Beruf entsprechend anderen Horoskopfaktoren suchen, die günstiger stehen und gewisse Eignungen gewährleisten. Diese wirken dann meist vorübergehend (zwölf Berufe, dreizehn Unglücksfälle).

Steht der Herr des Ersten im Sechsten, dann möchte man wirklich gerne den durch das Sechste bezeichneten Beruf ergreifen, und wenn der Herr des Zehnten darin steht, dann empfindet man diesen Beruf als seine Bestimmung. Ist es der Herr des Vierten, dann muß man einen Familienbetrieb fortführen usw.

Steht der Herr des Sechsten im Neunten, dann findet man ein Arbeitsfeld im Ausland oder in einem zum Neunten gehörigen Milieu, z.B. einer Bibliothek, einer Universität oder ähnlichem.

Im Zehnten: Im öffentlichen Leben. Im Vierten: Der Beruf wird zu Hause ausgeübt. Im Zwölften: In einer geschlossenen Gemeinschaft, z.B. einem Sanatorium oder einem Labor. Im Siebten: Im Team, usw.

Hat man aufgrund dieser und ähnlicher Faktoren einen Beruf ausgewählt, dann ist zu prüfen, ob im Geburtsbild genügend Fähigkeiten veranlagt sind oder ob es einfach Glück ist, daß man in dieser Richtung Erfolg hat. Freilich kann das Scheitern nicht selten eine notwendige oder unvermeidliche Lektion beinhalten. Man muß eine Wahl, die man empfiehlt, auf möglichst hohem Niveau festlegen, am besten auf der Grundlage der inneren Bestimmung. Dazu muß man das ganze Horoskop sehr gründlich durcharbeiten!

BERUFUNG UND BESTIMMUNG

Das zehnte Haus gibt die Stellung in der Gesellschaft an und den Ruf, das Ansehen, d.h. wie man von der Welt gesehen wird, zu Recht oder zu Unrecht, wobei meist letzteres der Fall ist. Ein guter Jupiter im Zehnten bewirkt, daß man wohlwollend beurteilt wird, ein schlechter Saturn, daß man bei einer ungünstigen Progression oder einem ungünstigen Transit eine hohe Stellung verliert. Pluto im Zehnten ergibt einen hohen Bekanntheitsgrad durch Beherrschung des Publikums (aber nicht immer!). Neptun in Progression über die Himmelsmitte löst fast immer einen größeren oder kleineren Skandal aus. Uranus an diesem Platz führt zu einem Stellungswechsel. Bei einem Textilienhändler, an dessen Himmelsmitte sich der Übergang von Löwe zu Jungfrau befand, kam es bei dieser Gelegenheit zu einem Wechsel von Boutiquenkleidung (Löwe) zu Dienstkleidung (Jungfrau)!

Das Zeichen an der Himmelsmitte zeigt an, wo die Berufung und die Bestimmung liegen, soweit das Niveau eine Berufung oder eine Bestimmung ermöglichen, d.h. also bei ausreichend individualisierten Menschen. Wenn z.B. Widder an der Himmelsmitte steht, muß man immer Unternehmungen in Angriff nehmen, d.h. im allgemeinen Pionierarbeit leisten. Wenn es Löwe ist, dann ist man dazu bestimmt, andere zu führen. Die Jungfrau muß in der Welt für die Hygiene sorgen, und die Fische müssen geistlicher werden oder sind den größten Teil ihres Lebens auf Abenteuerreisen. Der Stier kommt nur schwer und spät zu seiner Bestimmung, die dann allerdings viel Geld bringt. Der Krebs muß andere pflegen oder auf die Bühne. Wer dieser Bestimmung folgt, wird in seinem Leben glücklich.

Planeten im Zehnten wirken noch stärker als das Zeichen. Auch der Herr des Zeichens an der Himmelsmitte ist natürlich mit seiner Gesamtsituation wichtig, an der man erkennen kann, wie es mit dieser Bestimmung gehen wird. Mehrere Planeten im Zehnten zeigen verschiedene Funktionen in der Gesellschaft nacheinander oder zur gleichen Zeit an. Planeten im Zehnten setzen sich in jedem Fall durch, wobei man auch gelegentlich sieht, daß eine verheiratete Frau von ihrem Mann ihre eigene Sonne oder ihren Planeten im Zehnten verwirklichen läßt.

GELD UND BESITZ

Das *zweite Haus* und daneben auch das achte geben Aufschluß über Gelddinge. Das Zeichen an der Spitze des Zweiten und darin befindlichen Planeten zeigen an, wie man zu seinem Geld kommt, z.B.:

Stier: macht gute Anleger, die eine Nase für ihren Vorteil haben. Zum Bankier geeignet.

Krebs: ist zu festhaltend, will nichts ausgeben, kauft aus zweiter Hand und bei Geschäftsauflösungen.

Fische: Kann mit Geld nichts anfangen, weiß nicht, wo es bleibt.

Waage: Will keine Schulden haben, bezahlt pünktlich.

Mond im Zweiten: Wechselnde Einkünfte.

Mars im Zweiten: Wie gewonnen, so zerronnen; man hat das Geld schon wieder ausgegeben, bevor man es noch richtig in Händen hat.

Jupiter im Zweiten: Großzügig, gute Einkünfte aus dem Haus, in dem Jupiter Herrscher ist. Spekuliert gerne.

Saturn im Zweiten: Geizig, wagt keine Investitionen.

Neptun im Zweiten: Das Geld verschwindet auf unerklärliche Weise, kann aber auch aus unklaren Quellen hereinkommen.

Die Einkünfte stammen aus demjenigen Haus, dessen Herrscher der Planet ist, der im Zweiten steht, z.B. Herrscher des Sechsten im Zweiten: Lohneinkünfte. Herrscher des Fünften im Zweiten: Die Kinder geben Kostgeld oder mehr, oder man macht große Gewinne durch Spekulation, Glücksspiel und durch Lotterien. Allerdings muß dabei das fünfte Haus günstig sein!

Schläge ins Kontor kommen häufig durch Uranus im Zweiten.

Plötzlicher unverdienter Geldsegen entsteht häufig durch einen guten Aspekt Jupiter-Pluto, der beiden Wohlstandsplaneten, sofern jedenfalls das Radix diesbezüglich günstig steht.

Das achte Haus zeigt Geld und Besitz anderer an, in erster Linie des Ehepartners. Daneben aber auch Erbschaften, Schuldner, Diebstahl. Ein gut stehender Herr des Achten im Siebten zeigt einen reichen Ehepartner an, den man wahrscheinlich des Geldes wegen heiratet, im Zweiten Reichwerden durch Erbschaft, Diebstahl oder Geschenke.

Haus und Grundbesitz (Immobilien) liegt im Vierten.

Für solide Anlagen sorgt Saturn.

Glücksspiele sind Sache Jupiters und des fünften Hauses.

Bewegliche Zeichen und der Planet Merkur halten ihr Geld lieber flüssig.

Betrug in Gelddingen, Schwindelunternehmungen, Fehleinkäufe kommen durch Neptun zustande. Man sollte niemals etwas kaufen bei einem schlechten Aspekt zwischen Merkur (Kauf) und Neptun (Betrug)!

Wenn man etwas kaufen will, dann wähle man einen Zeitpunkt mit einem guten Aspekt zwischen Merkur und dem Planeten, der für die zu erwerbende Sache steht, z.B. Venus für Kleidung, Schmuck, Blumen.

LEBENSANSCHAUUNG

Das Haus der Lebensanschauung, Philosophie und Religion ist das Neunte, das »Haus Gottes«.

Das Zeichen an der Spitze des Neunten gibt die Denkungsart an und die Art der Religion oder Weltanschauung, von der man angezogen wird. Die Religion usw., in der man erzogen wurde, wird durch einen Planeten im Vierten angedeutet, wenn dieser dort einen starken Einfluß hat, oder durch das Zeichen über dem Vierten. Natürlich hat auch der Herrscher des Neunten und seine Stellung Einfluß auf das Denken, und am stärksten wirken Planeten im Neunten, und zwar umso mehr, je vielseitiger das Denken ist.

Primitive, zum Magischen neigende Zeichen über dem Neunten geben eine Neigung zu kleinen, spirituellen Gesellschaften, in denen man eine eigene Sprache spricht.

Der Stier, der alles kritiklos hinnimmt, führt häufig zur Freimaurerei, Zwillinge zur Mazdaznan-Lehre, Schütze zu stark propagandistischen, missionierenden Gesellschaften (Heilsarmee u.a.).

Tiefgehende Zeichen wie Krebs, Skorpion und Fische suchen die Mystik, z.B. bei den Rosenkreuzern. Löwe neigt sehr zu den alles umspannenden Sufis. Stark saturnalische Menschen tendieren zur Anthroposophie. Neptun weist fast immer auf Katholizismus oder griechisch-orthodoxe Lehre hin, auf Spiritismus und Spiritualismus.

Strenge, dogmatische Richtungen und Kirchengemeinschaften zeigt Saturn im Neunten an, der eine starre Lehre gibt.

Jungfrau und Wassermann suchen eine sozial orientierte Lehre, die praktisches Tun verlangt.

Uranus im Neunten schafft eine Disposition für die intuitiven Wissenschaftler wie Astrologie, Chirologie, Graphologie usw., und wenn Krebs über dem Neunten steht, werden Symbole gut verstanden.

Mars im Neunten schafft den streitbaren Propagandisten für eine bestimmte Richtung, die manchmal die nicht genehmen Auffassungen rigoros verurteilt.

Skorpion im Neunten schafft den tiefsinnigen Okkultisten und Magier, der zur Alchimie neigt, zu geheimen Experimenten, und der die Mitwirkung angerufener Dämonen nicht scheut. Er schürft am tiefsten.

Der Schütze hat hohe Ziele, aber sein Kopf ist meist schrecklich leer, wie auch derjenige des Löwen, trotz seiner Wortfülle.

Venus im Neunten wirkt auf die geistige Wiedergeburt bei den Schülern und Jüngern.

Merkur gibt ein sehr vielseitiges Wissen, das man vielfach anwenden kann.

Pluto denkt: Wissen ist Macht, und er versteht es, bei der Verbreitung seiner magischen Lehre seine Zuhörer zu hypnotisieren.

Ein guter Zusammenhang des Neunten mit dem Ersten gibt die Fähigkeit, die eigenen Gedanken schnell in Worte zu fassen und der Umgebung klar mitzuteilen.

Der Herr des Neunten im Dritten begründet natürlich sofort eine eigene Schule.

Die Themen, mit denen man sich beim Studium befaßt, kommen aus den Häusern, über die die Planeten im Neunten herrschen.

Das Haus, in dem der Herr des Neunten steht, ist das Arbeitsgebiet, auf dem man seine Lehre anwendet. Wenn der Herr des Neunten im Neunten steht, dann propagiert man die eigene Lehre.

Beim progressiven Fortschreiten von Planeten im Neunten zum Zehnten kann man natürlich die eigenen Auffassungen und das eigene Wissen in der großen Welt anwenden oder zumindest der Öffentlichkeit anbieten.

ZWILLINGE

Es gibt natürliche Zwillinge (eineiige und zweieiige) und astrologische Zwillinge.

Es sind zahllose Fälle von Parallelitäten im Leben zweier eineiiger Zwillinge bekannt. Sie erlitten zur selben Zeit einen Unfall, bekamen einen Sohn, ließen denselben Zahn ziehen usw. usw., auch wenn sie an verschiedenen Orten wohnten und nichts von den Lebensumständen des anderen wußten. Solche Zwillinge sind dann stets kurz nacheinander geboren. Sie haben dieselben Zeichen im Aszendenten und an den Spitzen aller Horoskophäuser, und Sonne, Mond und Planeten befinden sich bei jedem in denselben Häusern.

Wenn in der Zeit zwischen den beiden Geburten das Zeichen am Aszendenten sich gerade ändert, was bei zweieiigen Zwillingen vorkommt, ist der eine ein Plus-Typus, der andere ein Minus-Typus, da dann der eine Aszendent ein positives, der andere ein negatives Zeichen hat. Jeder kennt solche Zwillinge, von denen der eine umtriebig, der andere still, der eine extravertiert und elektrisch, der andere introvertiert und magnetisch ist. Die Struktur des Horoskops kann dann im übrigen gleich sein, aber es kann auch Unterschiede geben: Der Mond in einem anderen Grad, ein Faktor in einem anderen Haus oder Zeichen. Dann treten in ihrem Lebenslauf und Charakter kleine Unterschiede auf, während die Struktur in großen Zügen gleich bleibt. Kausal gesehen liegt die Ursache in der Tatsache, daß die eine Eizelle unreif, die andere überreif war. Bekannt ist das Beispiel, das Dr. Hanish nannte, wobei von zwei Zwillingen der eine eine hohe Stelle beim Staat bekam, während der andere der Anführer einer Räuberbande wurde! Wahrscheinlich lag bei beiden eine Konjunktion Sonne-Jupiter vor, die erstere im Ersten, die letztere im Zwölften!

Astrologische Zwillinge sind Menschen, die, ohne notwendigerweise miteinander verwandt zu sein, zur selben Zeit und am selben Ort geboren wurden. Dies sind die Doppelgänger, die innerlich und äußerlich gleich sind und auch denselben Lebensgang haben, weil ihre Horoskope gleich sind. Die Gleichheit ergibt sich aus der Struktur des Charakters und des Lebens. Auch hierfür gibt es zahlreiche schlagende Beispiele (die Autorin dieses

Buches hat selbst einen astrologischen Zwillingsbruder, dessen Geburtszeit sich um 75 Minuten unterscheidet, wodurch zwei Planeten in einem anderen Haus stehen und einige Gradzahlen von Planeten und Häuserspitzen unterschiedlich sind. Dennoch sind die Gemeinsamkeiten in tausend Kleinigkeiten so frappierend, daß es anderen auffiel, bevor sie wußten, daß die Geburtsstunden so nahe beieinander lagen!).

DIE HOROSKOPDEUTUNG

Die Deutung eines Horoskops kann jeder Astrologe nach seinem eigenen Verfahren vornehmen. Wir geben hier daher auch nur allgemeine Grundregeln zur Orientierung. Man beginne damit, daß man das Horoskop *als ganzes* einige Zeit auf sich wirken läßt. Je mehr Erfahrung man hat, desto leichter wird aus dem Geburtsbild das Bild der betreffenden Persönlichkeit vor das Seelenauge treten!

Wenn man die Häuser, die Stellung und Aspektierung der Planeten usw. einige Zeit betrachtet hat, suche man auch die Bedeutung der besetzten Grade auf. Jeder Grad des Tierkreises hat nämlich sein eigenes Wesen und seine eigene Bedeutung, die man in dem einschlägigen Büchlein von Sephariel und in dem unerreichten großen Buch von Janduz (Pseudonym einer modernen französischen Kabbalistin/Astrologin, die dieses Buch mit symbolischen Illustrationen für alle 360 Grade im Jahre 1939 veröffentlichte) nachschlagen kann: *Les 360 degrés du zodiaque,* Ed. Nicolaus, Paris. Antiquarisch ist dieses Buch noch zu bekommen. Es erweist sich im wörtlichen wie im übertragenen Sinne immer wieder als außerordentlich zutreffend. Man kann damit auch die Geburtszeit korrigieren!

KORREKTUR DER GEBURTSZEIT

Diese wird üblicherweise nach der Hermes-Regel vorgenommen, die jedoch unvollständig überliefert ist. Man hat zwar einige Verbesserungen hierzu entdeckt, jedoch empfehlen wir sie nicht ohne weiteres.

Mit Janduz' Buch kann man die betreffende Person aus einigen möglichen Aszendent-Graden den richtigen auswählen lassen, indem man ihr die verschiedenen hierzu gegebenen Beschreibungen vorliest.

Die gefundene Gradzahl kann man darüber hinaus nochmals kontrollieren, indem man den Geborenen nach dem Datum bestimmter Ereignisse in seinem Leben fragt und damit die richtigen Eckhausspitzen ermittelt. Man wird z.B. aus einem Konzentrationslager oder einem Krankenhaus entlassen, wenn ein progressives Element aus dem Zwölften in das Erste kommt, oder man unterschreibt einen Vertrag, wenn ein Element über den Deszendenten geht; man bekommt eine neue Stellung, wenn ein Element über die Himmelsmitte geht, und man zieht um oder bekommt einen neuen Hausgenossen, wenn ein Element in das vierte Haus eintritt.

DAS TEMPERAMENT

Man lernt einen Menschen von außen nach innen kennen: Zunächst nimmt man seine Körpergestalt wahr, dann lernt man seine Reaktionen und sein Verhalten kennen, im Laufe der Zeit dann seinen Charakter, und zuletzt sein eigentliches Ich.

Derselbe Prozeß gilt für das Kennenlernen des horoskopischen Menschen.

Man beginnt also mit dem Äußeren: Körperbau, Verhalten, Reaktionsweise, zusammen als das sog. Temperament bezeichnet. Dieses setzt sich wie folgt zusammen:

1. Das aufsteigende Zeichen (Körper) und das Zeichen, in dem der Herr des Ersten steht;
2. Planeten am Aszendenten und Planetenaspekte auf den Aszendenten;
3. Zeichen, Haus und Aspektbeziehungen des Mondes als Reaktions- und Empfindungsseele;
4. die Beziehungen der Elemente im gesamten Horoskop, die den Aszendenten schwächen oder verstärken können;
5. das Haus, in dem der Herr des Ersten steht.

Alle diese Faktoren muß man zu einer bestimmten Art des Auftretens und Reagierens auf die Umwelt verschmelzen.

DIE PERSÖNLICHKEIT

Der Aszendent zeigt das Verhalten in der unmittelbaren Umgebung an, im Familienkreis, der Mond die Reaktionen. Draußen in der Welt verhält man sich meist jedoch anders, dort spielt man eine

Rolle. Per-sonare heißt »durch ein Sprachrohr sprechen« oder durch eine Maske, wie es einst die griechischen Schauspieler taten. Auf der Bühne der Welt spricht man durch das Zeichen in der Himmelsmitte. Dies ist die Persona, die Persönlichkeit. Auch diese Art des Auftretens wird von zwei Seiten her modelliert, von innen und von außen. Dem Menschen wird nämlich auch durch die Erwartungen der Welt und der Umgebung eine Rolle aufgedrängt und suggeriert.

Hierzu betrachtet man also das Zeichen in der Himmelsmitte und die eventuell dort vorhandenen Planeten sowie Planetenaspekte auf diesen Platz. Weiterhin untersucht man den Platz und den Zustand des Herren des Zehnten. Dies alles formt man wieder zu einem einheitlichen Bild. Dadurch ergibt sich eigentlich ein zweites Ich aus dem Horoskop.

DER CHARAKTER UND DAS ICH

Der Charakter wird gebildet durch die Sonne als dem zentralen Ich oder Ego und dem Willen sowie den autonomen Seelenkräften, den Planeten in ihrem Verhältnis zur Sonne und untereinander. Diese Beziehungen werden ermittelt. Auch ist zu prüfen, ob diese Kräfte sich durch den Aszendenten oder die Himmelsmitte entfalten können. Andernfalls müssen sie sich über andere Planeten entwickeln. Eingeschlossene Kräfte sind problematisch, da sie nach innen umschlagen können. Dies kann zu seelischen und/ oder körperlichen Erkrankungen führen.

Es ist sorgfältig zu prüfen, wie stark ein Planet in seinem Zustand ist (z.B. im Fall oder in seinem eigenen Zeichen, z.B. im Vierten: kommt erst spät zur Entwicklung, usw. usw.). Weiterhin ist wichtig, ob die Planeten sich verstärken oder schwächen. Außerdem betrachtet man die Komplexe. Häufig läßt sich ein Horoskop in mehrere Komplexe gliedern. Dies läßt den Charakter deutlich werden.

Besonders sorgfältig ist der Zustand der Sonne zu prüfen. Man erkennt daran, mit welchen Problemen das Ich sein Leben lang zu tun haben wird.

Danach betrachtet man die Häuser, um festzustellen, welche

Möglichkeiten dieses Ich erhalten wird, um sich in seiner Umgebung auszudrücken.

Man prüft den Typus dieses Ich anhand des Verhältnisses von besetzten positiven und negativen Zeichen zueinander usw.

An den Häusern erkennt man, in welches Milieu der Betreffende hineingeboren ist. Außerdem kann man ableiten, wie sein voriges Leben endete, denn man beginnt da, wo man aufhörte. Allmählich formt sich dann das Bild dieses Menschen vor unseren Augen. Wir schauen durch diesen gläsernen Menschen hindurch und sehen wahrscheinlich mehr, als er von sich selbst weiß.

Dieser Abschnitt des Horoskops ist der wichtigste, er ist die Seelenbühne, auf der die Seelenkräfte (Planetenkräfte) ihre Rolle mit und um das Ich (Sonne) spielen, was sich in den Kontakten dieses Menschen zu seinen Mitmenschen und in seiner äußeren Umgebung spiegelt. Es handelt sich also um ein doppeltes Bühnenstück, das innen und außen spielt!

Anschließend ermittelt man seine persönliche Entwicklung und seinen Lebenslauf in groben Zügen, und zwar in erster Linie anhand seiner Sonnenprogressionen, des Weges des Ich. Anschließend betrachtet man die Planetenprogressionen durch die Häuser.

Immer wenn die progressive Sonne über einen Radix-Planeten geht, offenbart sich diese Planetenkraft, diese Gottheit dem Ich! Deren Fähigkeiten verbinden sich dann mit dem Ich.

Auch die progressiven Planetenaspekte der laufenden Sonne, die sich auf ihrem Wege bilden, sind zu betrachten – es sind Möglichkeiten und Fähigkeiten, die dieser Mensch erwirbt. Je älter der Mensch wird, desto wichtiger sind die Progressionen, weil sie ihn verändert haben. Es ist Unsinn, bei einem Menschen mittleren Alters nur das Radix, d.h. die Grundstruktur zu besprechen!

So entfaltet sich vor unserem Auge damit auch ein ganzes Menschenleben. Wir sehen, wie sich die Planeten, die eine Rolle für dieses Leben spielen, bei bestimmten Menschen manifestieren.

Schließlich kennen wir den Menschen, wie wenn wir seine Biographie gelesen hätten, ja sogar noch viel besser.

WAS MUSS DER BETREFFENDE DAVON ERFAHREN?

Nicht alles, was wir sehen und wissen! Ich bin der Hüter meines Bruders, ich bin für ihn ebenso verantwortlich, wie für mich selbst. Ich muß spüren und ableiten, was ich ihm zumuten kann und wie weit er ist.

Was ich sage, muß ich so sagen, daß es ihm nicht schaden kann, wenn er es nicht oder falsch versteht. Ich muß mich in seine Ebene, in sein Begriffsvermögen, auch in sein Entwicklungsniveau versetzen.

Zu Beginn des Gesprächs ist festzustellen, ob er sich für Astrologie an sich interessiert. Wenn ja, sind einige Grundzüge des Geburtsbildes zu erläutern. Wenn nicht, verwirre man ihn nicht mit für ihn unverständlichen astrologischen Fachbegriffen. Man vermeide gelehrtes oder überlegenes Gehabe, versuche nicht, den Klienten mit seinem Wissen zu beeindrucken. Man bleibe einfach Mensch, Mitmensch.

Seien Sie persönlich. Lassen Sie Ihre Sympathie oder Antipathie möglichst beiseite. Meine Erfahrung ist, daß fast alle Menschen sympathisch sind, wenn man sie einmal besser kennengelernt hat. Leben sie das Leben des Kunden mit – mit Ihrer Weisheit.

Sagen Sie niemals: Sie müssen jetzt dies oder jenes tun! Lassen Sie es den Klienten selbst entdecken. Er muß selbst leben und Beschlüsse fassen und darf seine Verantwortlichkeit für seine Haltung, seine Beschlüsse und Handlungen nicht auf Sie abwälzen.

Schriftliche Horoskope sollte man erst nach jahrelangen Studien und Übungen erstellen, weil man dabei nicht kontrollieren kann, wie der Klient das Gelesene aufnimmt.

Man vermeide es, Klienten zu schockieren oder zu beängstigen, außer in dem Ausnahmefall, daß jemand eine bestimmte Wahrheit endlich zur Kenntnis nehmen muß. Wählen Sie Ihre Worte gut! Manche Ihrer Aussagen werden einen Klienten sein Leben lang begleiten und vielleicht seinem Leben eine neue Richtung geben.

Meist werden Sie sein Uranus (der Enthüller der Wahrheit) oder sein Jupiter (Helfer) sein. Wenn diese Planeten bei Ihnen selbst ungünstig stehen, sollten Sie sich ernsthaft prüfen, ob Sie Horoskope stellen sollten.

Was Sie sagen, soll der Bewußtwerdung der in diesem Menschen schlummernden Wahrheit dienen, die schon in sein Bewußtsein drängt. Es geht nicht um die Wahrheit oder die Auffassung des Astrologen, sondern um die unbewußte Wahrheit dieses Menschen selbst! Dies gilt auch dann, wenn man als Astrologe persönlich dieser Wahrheit nicht zustimmen kann oder glaubt, ihr schon entwachsen zu sein. Man muß dem Klienten an dem Punkt helfen, an dem er sich befindet, auch wenn man ihm dabei Enttäuschungen bereiten muß, weil man auf manche Fragen keine Antwort gibt.

Bitten Sie ruhig vor Beginn der Sitzung Ihren Gott um seine Hilfe: Führe mich und gib mir die rechten Worte ein, damit ich diesem Deinem Kind helfen kann.

DIE LEBENSUHR

DAS SYSTEM VON BRUNO UND LOUISE HUBER

Da die Astrologie heute eine Renaissance erlebt, entdecken viele Astrologen allerlei Zyklen im Menschen und im Weltgeschehen, die es zwar immer schon gegeben hat, die aber jahrhundertelang nicht (mehr) beachtet oder verschwiegen wurden. Besonders erfreulich sind in diesem Zusammenhang die Arbeiten des Ehepaares Huber in der Schweiz, die in Adliswil bei Zürich ein astropsychologisches Zentrum betreiben.

Sie gehen von dem geraden Kreuz aus, das die Achsen MC-IC und Aszendent-Deszendent bilden, das in 36 Phasen des Menschenlebens von der Persönlichkeit durchlaufen wird, während das Selbst im Mittelpunkt wohnt. Jedes der Häuser (Felder) des Horoskops wird in drei Teile gegliedert, ebenso die Quadranten zwischen den großen Übergängen an den Eckpunkten (Achsen). Der erste Abschnitt ist der Aufgang im Sinne dieses Hauses, der zweite ein Tiefpunkt, eine Krise, der dritte die Vorbereitung auf den kommenden Übergang.

JEDES HAUS ENTSPRICHT SECHS LEBENSJAHREN

So ordnen sie beim ersten Haus (0 bis 6 Jahre) dem ersten Abschnitt von zwei Jahren das Erwachen des Ich-Bewußtseins zu, dem dritten Jahr die Krise der Auseinandersetzung des Ichs mit der (stärkeren) Umgebung (Trotz-Alter), und dem vierten bis sechsten Jahr die Stabilisierung des Ichs. Beim Übergang über die Spitze des zweiten Hauses entwickelt sich zunächst Besitzinstinkt, dann macht man die Krise des Verlierenkönnens durch, und schließlich kommt man in die Vorpubertät der Eroberung der Welt: Robinson Crusoe-Phase. So ergibt sich eine Schlangenlinie, und wenn man das Lebensalter eines Menschen in diesen Phasen aufsucht, erkennt man, wie die aktuelle Seelenentwicklung gerade verläuft (dies erinnert an die Mondphasen von Parker und Van Slooten).

Tiefere Erkenntnisse ergeben sich durch die Einbeziehung desjenigen, was beim Übergang von einem Zeichen in das nächste und von einem Element zum darauffolgenden geschieht. Schließlich wird auch noch berücksichtigt, ob man von einem kardinalen zu einem festen, von einem festen zu einem beweglichen oder von einem beweglichen zu einem kardinalen Zeichen geht. Die Kunst der Betrachtung eines Horoskops liegt immer in der Kombination von Faktoren, die man nicht einfach aufsummieren darf, sondern zu einer Synthese zusammenführen muß.

Darauf aufbauend kann man das Menschenleben in sechs größere Lebensphasen gliedern:

Von null bis zwölf Jahre durch die Häuser eins und zwei als Manifestation des Ichs; durch die Häuser drei und vier von zwölf bis 24 Jahre, das Zusammengehörigkeitsgefühl und das Idealisieren (des Lehrers in der Schule im Dritten und der Eltern und Familie im Vierten); dies ist die Zeit, in der man Vereine und Banden bildet, die eine Schule gegen die andere antritt, die soziale Aufgliederung in Gruppen erfolgt. In der Mitte liegt wiederum eine Krise, und zwar jetzt die Achse IC-MC, die im achtzehnten Lebensjahr überschritten wird und durch die man sich erst der Gruppe bewußt wird, der man angehört, um sich dann in der Mitte des vierten Hauses von der elterlichen Autorität zu lösen: Man fühlt sich erwachsen und gleichwertig.

Dann muß man sich in den Häusern fünf und sechs als selbständig Handelnder bewähren. Man entscheidet sich für eine Lebensrichtung und einen Beruf, für den man ausgebildet wird. Man erlebt im Fünften die Krise der ersten Liebeserlebnisse und im Sechsten die Konfrontation mit den Zwängen der Berufsausbildung. Im ersten Drittel des Sechsten lernt man den Kampf ums Dasein kennen, im letzten lernt man, sich durchzusetzen und seinen Platz in der Gesellschaft zu erobern. An der Stelle des Deszendenten kommt man wieder »über Wasser« in das Licht des Bewußtseins und der Realität. Dies geschieht im 36. Lebensjahr.

Nun gelangt man in die obere Hälfte des Horoskops: Das bewußte und erwachsene Leben in der Welt, wobei man die Begegnungs-Achse des Deszendenten überschreitet. Vom 36. bis zum 42. Lebensjahr durchläuft man das siebte Haus der Assoziation, wobei man sich im ersten Drittel dem Anderen, dem Gegenpol, dem Partner zuwenden muß. Der mittlere Abschnitt bringt wieder Schwierigkeiten, die Krise des Zusammenlebens, das Sich-Reiben am anderen. Das letzte Drittel stabilisiert den Hubers zufolge die erneuerte Charakterform.

Im 42. Lebensjahr tritt das Ich in das achte Haus ein. Man fragt sich, ob man eigentlich den richtigen Partner und den richtigen Beruf gewählt hat. Man gräbt in diesem skorpionischen Haus tiefer in sich selbst und kommt um das 45. Lebensjahr in die Frustrationskrise, wenn man sich dessen bewußt wird, was man bisher vernachlässigt oder übersehen hat. Man nimmt sich vor, den Schaden gutzumachen, brachliegende Talente zu entwickeln, und man begegnet einem scheinbar besseren Partner. Vielleicht löst man sich auch von seinem Beruf, fängt etwas Neues an, und aus dem alten wird gewissermaßen ein neues Ich geboren (auch im Drüsensystem zeigt sich ein Aktivitätsschub!). Zwischen dem 46. und dem 48. Lebensjahr stabilisieren sich die neuen Umstände. Die Transformation ist vollzogen.

Im 48. Lebensjahr tritt man dann in das neunte Haus ein, und es beginnt die Phase des Nachdenkens (sofern man dies nicht schon früher getan hat). Das erste Drittel ist der Philosophie gewidmet; in der zweiten Phase entdeckt man, daß sich die Dinge keineswegs so verhalten, wie man aufgrund seiner Erziehung geglaubt hatte. Dann baut man eine neue, eigene Lebensauffassung auf.

Am Ende des neunten Hauses überschreitet man das MC, den Punkt im vollen Mittagslicht, in dem man den Augen der Welt preisgegeben ist. Es tritt die Reputations- und Autoritätskrise ein. War man am IC noch in eine Kollektivität (Erbfaktoren) eingebettet, tritt jetzt die Individuation ein, nach den Hubers im 54. Lebensjahr. Es kommt zur Bewußtwerdung des eigentlichen Ichs und zur Erkenntnis der Aufgaben in diesem Erdenleben.

Während also die Häuser sieben, acht und neun dem Denken dienten, beginnen nun im Zehnten die drei Häuser des Seins. Das erste Drittel des Zehnten bringt die Erkenntnis der erfüllten Erwartungen und des Erreichens des Ideals. Das darauffolgende, negative Drittel bringt die Krise, daß jetzt die äußerliche Gewichtigkeit aufgegeben werden muß, daß man nicht mehr zu den Jüngeren gehört, die jetzt die Führung beanspruchen, daß man all das Neue vielleicht nicht mehr versteht. Im letzten Drittel des Zehnten akzeptiert man dann im 60. Lebensjahr den Rückzug.

Mit dem elften Haus beginnt das Gedächtnis die Erinnerungen wachzurufen: Man begegnet alten Bekannten aus der Kinderzeit, inventarisiert seine Erfahrungen. Im zweiten, kritischen Abschnitt spürt man, daß die geistliche Wirklichkeit das Ich in Anspruch zu nehmen beginnt, die Realität wird weniger wichtig. Man läßt vieles los, bzw. muß es loslassen. Im dritten Teil des Elften bereitet man sich auf die umfassende Loslösung vor.

Im 66. Lebensjahr erreicht man altersmäßig das zwölfte Haus. Man wendet sich nach innen. Im Krisenabschnitt erfährt man, daß körperlich nicht mehr alles möglich ist, daß man auf vieles verzichten muß. Im dritten Abschnitt des Zwölften wird man wegen der Weisheit geehrt, die man errungen hat (man ist zur »grauen Eminenz« oder »grand old lady« geworden).

Den Hubers zufolge wird nach dem 72. Jahr, das wieder auf den Aszendenten fällt, nichts Neues mehr geleistet; es gibt nur Wiederholungen, während der Körper weiter verfällt.

Wir finden ihre Auffassungen, wiewohl sie nicht ganz neu sind, doch so interessant, daß wir sie hier wiedergeben wollten. Ihre Beschreibung der Phasen kardinal, fest und beweglich entsprechend den Häuserreihen eins-vier-sieben-zehn, zwei-fünf-acht-elf und drei-sechs-neun-zwölf erinnert freilich sehr an die Theorie des Astrologen Th. J. J. Ram. Schließlich hat doch auch jeder Astrologe einen Blick für die Rhythmen. Das Neue am System der Hubers ist aber ihre Zuordnung von sechs Lebensjahren für das Durchlaufen eines Hauses, so daß man die Stelle des Lebensalters oder Lebens-Ichs aufsuchen und erkennen kann, welche Aufgabe für das Seelenleben dort gerade anliegt.

Freilich darf man dabei nicht übersehen, daß das persönliche Horoskop zwar auch in ein solches allgemeines Schema eingebettet ist, aber doch letztlich den Ausschlag gibt, wenn sich Widersprüche ergeben.

Die Einteilung in sechs Jahre befriedigt mich nicht; ein Siebenjahresrhythmus erscheint mir besser, da man sich dann mehr an den Uranus-Rhythmus anlehnt, da Uranus in sieben Jahren ein

Tierkreiszeichen durchläuft. Dann kommt man auf ein Menschenalter von 84 Jahren, so daß dann kaum noch Wiederholungen möglich sind.

Man sollte nicht vergessen, daß viele bedeutende Menschen erst nach ihrem 60. Lebensjahr eine ganz große Rolle im öffentlichen Leben gespielt, ihre wichtigsten Bücher geschrieben oder ihre bedeutendsten Kunstwerke geschaffen haben.

Neben diesem Entwicklungsweg in der Reihenfolge der Häuser, d.h. von eins bis zwölf, der gewiß eine sehr große Rolle spielt, gibt es auch einen Lebensweg in umgekehrter Richtung, der von der Geburt im Aszendenten vom zwölften zum vierten Haus verläuft, so daß der Punkt des Todes auf das IC fällt: Die Pforte, durch die man bei der Empfängnis eingetreten ist, durchschreitet man wieder in umgekehrter Richtung. Wo die erste Norne, Urd, den Lebensfaden zu spinnen beginnt, schneidet ihn die letzte, Skuld, wieder ab. Die Häuser drei, zwei und eins stehen dann für die drei mal drei Monate der Embryonalzeit (wie es Döbereiner bei seinen Kursen in München so vorzüglich dargestellt hat.)*

So ist der Mensch auf der Erde in mehrere Zyklen gleichzeitig eingebunden, was für den wirklich astrologisch denkenden Menschen eine bare Selbstverständlichkeit ist.

Die Bücher der Hubers haben etwas typisch Schweizerisches: Sie sind sorgfältig in allen Details ausgearbeitet, eine echte Jungfrau-Arbeit, in ihrer Art unübertroffen. Sie machen dem Lernenden den Prozeß des Menschenlebens deutlicher. Eine kleine Warnung enthält freilich das folgende Zitat aus unbekanntem Munde: Hüte Dich vor den Systemmachern!

---

* Wolfgang Döbereiner, *Astrologisches Lehr- und Übungsbuch, Bd. 1–6.* München (Selbstverlag 1982 ff.)

KEIN ORT AUF ERDEN

oder die rückwirkende Kraft der Umstände

DIE VIER QUADRANTEN

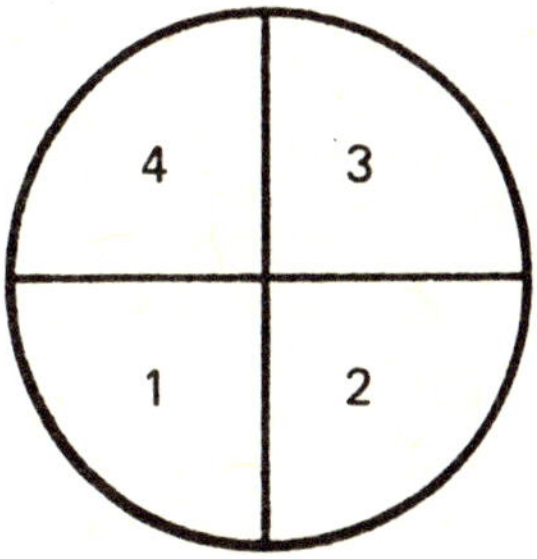

Eine Horoskopfigur ist die Projektion eines Menschenmusters auf Raum und Zeit. In einem in zwölf gleiche Teile unterteilten Kreis sind sowohl die Entwicklungsphase eines Menschenlebens wie auch die gesellschaftlichen Lebensgebiete angegeben. Wenn man nur das gerade Kreuz im Kreis betrachtet, ergibt sich eine Aufteilung des Raums in vier gleiche Teile oder Quadranten, die vom Aszendenten oder dem Ostpunkt links von der geraden Linie aus gezählt werden. Der erste Quadrant umfaßt die Häuser eins, zwei und drei, der zweite vier, fünf und sechs, der dritte sieben, acht und neun, der vierte zehn, elf und zwölf.

Der Lebensgang eines Menschen beginnt am tiefsten Punkt, dem Imum Coeli, und schreitet nach links oben fort. Das IC ist der Punkt der *Empfängnis.* Am Beginn des ersten Quadranten, am Aszendenten, ereignet sich die *Geburt.* Der erste Quadrant umfaßt also die *Embryonalzeit.* In dieser Zeit lebt das sich inkarnierende Kind intensiv mit der Mutter mit, von deren Blut es genährt wird und deren Seelenmuster und -bewegungen sich auf das Kind übertragen. Planeten, die bei der Geburt in diesem Quadranten stehen, sagen etwas über den Zustand von Mutter und Kind in diesen neun Monaten aus. Wenn die Mutter in dieser Zeit ein Gefühl der Sicherheit und Ruhe hat, wenn sie in Haus und Wohnort, in ihrer Ehe und Familie fest verankert ist, dann könnte dort z.B. ein Planet der Sicherheit wie z.B. Saturn stehen. Wenn sie sich dagegen unsicher und unruhig fühlt, dann könnte dort der Planet Neptun stehen, der alle irdischen Sicherheiten auflöst, alles in der Schwebe hält. Letzteres z.B. ist sogar in Statistiken deutlich geworden, die der Astrologe Wolfgang Döbereiner in seinem Buch *Astrologisch-homöopathische Erfahrungsbilder* (Heinrich

Hugendubel Verlag) angibt. Er zeigt, daß in den Geburtsbildern von Menschen, die in den Jahren 1942 bis 1946 in Ostdeutschland geboren wurden, Neptun doppelt so häufig im ersten Quadranten steht wie bei den Menschen im übrigen Deutschland. Die schwangeren Frauen jener Zeit waren in völliger Ungewißheit über die Lebenschancen, die Heimat und den Geburtsort ihres Kindes. Der Vater war im Krieg, und man wußte nicht, ob er überhaupt noch lebte. Der erste Quadrant zeigt das Verhältnis des sich Inkarnierenden zum Raum an. Wenn Neptun in dieser Hinsicht Unsicherheit gibt, wirkt dies bei Mutter und Kind auf den Transformator der Eindrücke im Zwischenhirn ein, das über die Hypophyse alle endokrinen Drüsen impulsiert und damit die Hormonausschüttung regelt. Neptun verleiht dann einen Reiz, der auf die Nebennierenrinde wirkt, die dann weniger Hormone abscheidet. Dies schwächt die Fähigkeit zur Reaktion auf die Umgebung. Menschen mit Neptun in diesem Quadranten, so der Autor, haben Schwierigkeiten, ihre Haltung bezüglich der Umgebung festzulegen, reagieren nicht oder verkehrt, wie man dies z.B. bei Kindern findet, die von einer Pflegefamilie oder Bewahranstalt in die andere wandern und nicht mehr wissen, wo sie eigentlich zu Hause sind. Ein solches Schicksal wird in dem Film *In einem Jahr mit 13 Monden* von Rainer Werner Faßbinder dargestellt. In diesem Film kommt zum Ausdruck, daß in einem Jahr, das ein Mondjahr ist und in dem zudem dreizehn Neumonde auftreten, die Empfindsamkeit der Seele besonders groß ist. Die Hauptperson ist ein Kind, das geboren wird, während der gesetzliche Vater im Gefängnis sitzt, das aber von einem anderen Mann stammt und heimlich in einem Kloster geboren und dort zunächst aufgezogen wird. Ein kinderloses Ehepaar will es adoptieren und lädt es zum Kennenlernen sonntags zu einem Besuch ein, wo der Knabe zum ersten Mal Familienwärme erlebt und genießt. Man macht die Mutter ausfindig, um ihre Einwilligung zur Adoption zu erhalten, jedoch muß auch noch der gesetzliche Vater unterschreiben, der aber von der Existenz des Kindes nichts wissen will. Damit scheitert die Adoption. Das enttäuschte Kind, das zudem im Zeichen des Krebses geboren ist, versinkt wieder in seine Phantasiewelt, die ihm die Erfüllung seiner Sehnsüchte vorgaukelt, und reagiert nicht mehr auf seine Umwelt. Sein weiteres

Leben ist eine Aneinanderreihung enttäuschter Lieben und endet mit dem Selbstmord aus Verzweiflung.

Döbereiner entdeckte, daß Neptun bei denjenigen im *ersten Haus* stand, die auf der Flucht, in Baracken oder ähnlichem geboren wurden, d.h. keinen festen Fuß auf der Erde hatten. Teilweise lag eine Konjunktion Mars-Neptun (Mars: Krieg) vor. Das erste Haus als Widder-Haus steht im Prinzip unter der Einwirkung von Mars.

Er fand weiterhin Neptun oder Venus-Neptun im *zweiten Haus* in denjenigen Fällen, in denen es keine Familie oder auch nur Gemeinschaft gab, die das Kind willkommen geheißen hätte, z.B. wenn es ein uneheliches Kind war und die Vaterschaft sowie die rechtliche Stellung ungewiß, oder ein sog. Vorkind und die Frage noch offen war, ob es der Vater anerkennen würde. Das zweite Haus, seinem Wesen nach das Stier-Haus, das unter der Obhut der Venus steht, zeigt ja die finanzielle Position an.

Weiterhin fand er Neptun mit Merkur im *dritten Haus* (dem Zwillinge-Haus, d.h. unter Merkur) bei denjenigen Menschen, die als Kind in eine fremde Gesellschaft geraten waren, in ein anderes Volk oder ein anderes Land als ihr Geburtsland, d.h. also Flüchtlingskinder, die noch nicht in die neue Umgebung aufgenommen waren.

Neptun als das Wasser erschien im zweiten Haus eines Kindes, dessen Mutter in der entsprechenden Zeit ihrer Schwangerschaft sich aus Verzweiflung zum Fluß aufmachte, um sich zu ertränken, aber zurückkehrte und das Kind gebar.

Weil das Geburtshoroskop bei der Empfängnis schon festliegt, kann man hier von der rückwirkenden Kraft der später eintretenden Umstände sprechen. Es besteht hier freilich kein Kausalzusammenhang, aber eine Analogie.

Das Abdämpfen des Reaktionsvermögens ist als Schutzmaßnahme der Natur zu verstehen. Wenn man nicht weiß, wie man sich verhalten soll, tut man besser nichts. Dies dauert dann so lange, bis die Seele dem Zwischengehirn mitteilt, daß alles in bester Ordnung ist. Eindruck und Reaktion wurden entkoppelt, und dies geschah ganz ausgeprägt in den folgenden Variationen:

Bei Mars-Neptun im Ersten waren Aggression und Energie (Mars) durch Neptun gelähmt; das Kind konnte sich nicht wehren, wenn es angegriffen wurde.

Bei Venus und Neptun im Zweiten konnte man sich nicht gegenüber der Umgebung abgrenzen, man wurde von ihr absorbiert. Bei Merkur und Neptun im Dritten erwies sich die intellektuelle Reaktion als gelähmt, man wagte nicht auszusprechen, was man dachte, konnte z.B. in der Schule die Antwort nicht geben, obwohl man sie wußte.

Solche Neptun-Aspekte nötigen den Menschen, den Dingen ihren Lauf und den Menschen in seiner Umgebung ihren Willen zu lassen – man ist das ohnmächtige Opfer, man scheint über allem zu stehen, nichts tragisch zu nehmen – die neptunische Heiligkeit.

Bei fehlender Wechselwirkung und fehlendem Austausch mangelt es an Eigeninitiative; ein solches Kind kann sich nicht beschäftigen und erlebt auch nichts.

Die passive Empfänglichkeit ist dagegen übermäßig groß, man nimmt die feinsten Schwingungen aus größtem räumlichem und zeitlichem Abstand wahr. Dies kann das Leben abwechselnd zur Hölle und zum Himmel machen.

So erlebt man, wie der alles verfeinernde, auflösende und auf die ätherische Ebene zurückbringende Neptun eine Menschenseele an der psychischen Inkarnation hindern kann, am Fußfassen auf der Erde. In der Tat haben solche Menschen etwas Schwebendes, stehen nicht mit beiden Beinen auf der Erde. Daß sie durch ihre Umstände an der Inkarnation gehindert werden, ist nur die Analogie zu ihrer eigenen Furcht und ihrem eigenen Zögern, dies zu tun.

Das Studium des ersten Horoskop-Quadranten verrät schon sehr viel über die Hintergründe des Verhaltens. Jeder Therapeut, Psychologe, Arzt und Psychiater müßte, um gute Arbeit leisten zu können, gründlich in der wahren Astrologie ausgebildet sein, das Horoskop eines jeden Patienten auswerten und anhand der Tatsachen prüfen. So sagte schon Hippokrates: Ein Arzt, der nicht auch Astrologe ist, ist kein Arzt.

DER KLEINPLANET CHIRON

Da heute dank des Computers eine Ephemeride von Chiron* erhältlich ist, so daß jeder Astrologe ihn in das Geburtsbild einsetzen kann, ist es sinnvoll, einige Angaben über ihn zu machen. Seine Bahn verläuft zwischen denjenigen von Uranus und Saturn, die er gelegentlich kreuzt. Sein Durchmesser beträgt gerade 700 km, weshalb er häufig auch als einer der Planetoiden oder der Trümmer des verunglückten Planeten Luzifer (Mallona) betrachtet wird. Er wurde 1977 auf einem Himmelsphoto entdeckt und danach auch auf einer Aufnahme von 1895 gefunden, wo er noch unbemerkt geblieben war. Seine Glyphe ist die hier abgebildete: Eine stehende Mondsichel mit zwei geraden Strichen durch den unteren Bogen. Dies erinnert an die Tarot-Karte des Hierophanten, eines Weisen zwischen zwei Säulen und einer Mondsichel als Halsschmuck. Dies bedeutet, daß die beiden Pole (Denkpol und Lebenspol oder Yin und Yang) durch das bewußte Denken (Mond) zu einer Einheit verschmolzen werden müssen. Die zwei Linien können auch die überschrittenen Umlaufbahnen von Saturn und Uranus bezeichnen (im analogischen Denken besitzt ein Symbol immer mehrere Bedeutungen gleichzeitig!).

Chiron war der Name eines Kentauren im griechischen Mythos. Der erste Kentaur war der Sohn des Kronos (Saturn) und der Philyra (einer Tochter des Okeanos). Damit seine Gemahlin seine Untreue nicht entdeckte, hatte Kronos sich bei der Zeugung in ein Pferd verwandelt, weshalb das Kind oben Mensch und unten Pferd war, d.h. ein Mensch mit starken tierischen Triebkräften. Zunächst wird dies als Zwiespältigkeit erlebt, in der im Wechsel die eine und die andere Hälfte das Übergewicht haben.

---

* Chiron Samuel Weiser, (P.O.Box 612, York Beach, Maine 03910) und Barbara Clow, Chiron. Die Verbindung zwischen inneren und äußeren Planeten. München (Heinrich Hugendubel Verlag) 1989.

Der Kentaur strebt zunächst nach der Beherrschung der Pferdehälfte durch die Menschenhälfte, später zur Verschmelzung beider (Individuation). Er strebt also zugleich nach Natur und Kultur, Instinkt und Verstand, Magie und Ratio, Körper und Seele, Seele und Geist usw.

Im Mythos wurde Chiron der Erzieher vieler junger Helden. Er lehrte sie Ethik (die Unterscheidung von Gut und Böse), Heilkunst, aber auch Jagd und Krieg. Dies alles ist typisch für den Schützen, der daher auch nach dem Mythos an den Himmel versetzt wurde, als Chiron, der die Schmerzen einer unheilbaren Wunde nicht mehr ertragen konnte, seine Unsterblichkeit gegen die Sterblichkeit des leidenden Prometheus eintauschte, der dadurch von seinem Felsen erlöst wurde (so jedenfalls eine Version des Mythos). Die Wunde hatte er sich bei einer Hochzeit zugezogen, wo die betrunkenen Kentauren von dem Helden beschossen wurden und Herakles unglücklicherweise mit einem Giftpfeil den Fuß seines Lehrers Chiron durchbohrte. Trotz seiner Heilkünste konnte er sich selbst nicht helfen. Man sah ja früher den Tod als einen einfachen Übergang, den man nicht bis zum letzten bekämpfen mußte, wie man es heute vielfach von den Ärzten erwartet.

Chiron, der der Bruder des Zeus (Jupiter) wie des Hades (Pluto) war, hatte ein Heiligtum am Gipfel des Berges Pelion. Dort stand ein Zeustempel auf der Südseite, während die Höhle Chirons auf der Nordseite war.

Die Entdeckung eines Planeten geht häufig mit einer bemerkenswerten Veränderung in der Menschenwelt einher, die der Wirkung des neuen Planeten entspricht. Diese macht sich ja erst bemerkbar, wenn die Menschheit für seine Wirkung empfänglich geworden ist. Uranus brachte im Jahre 1781 die Vorbereitung der Französischen Revolution und weitere gesellschaftliche Erneuerungen sowie, seit Edison, die technische Nutzung der Elektrizität, wiewohl es diese schon immer im Leben der Erde gab. Die Entdeckung Neptuns im Jahre 1846 brachte den Hang zur Romantik und zum Unsichtbaren und den massenhaften Einsatz und die Bekämpfung von Bakterien. Pluto brachte seit seiner Entdeckung im Jahre 1930 die auf die Spitze getriebene Vernichtung durch Gewalt. Seit 1977 steht vielleicht Chiron hinter dem

Aufkommen einer Vielzahl geistiger Heilweisen und Kräutertherapien, aber auch einer fanatischen Propaganda für miteinander konkurrierende Ideologien und spirituelle Richtungen, insbesondere in den anglophonen Ländern, in denen der Schütze schon immer eine starke Position hatte. Alle die Meister und geistlichen Führer können einen starken Chiron in ihrem Charaktermuster haben! Alle Methoden, die Leib und Seele wieder miteinander vereinigen wollen, die zu Beginn des 20. Jahrhunderts immer noch von der christlichen Kirche vorsätzlich getrennt wurden, können wir Chirons Wirkung zuschreiben. Er inspiriert all die neuen Therapeuten, die über Nacht ihren Beruf an den Nagel hängen und beginnen, intuitiv ihre Mitmenschen mit neuen alten Verfahren zu heilen. Der Schütze zielt mit seinem Pfeil auf ein hohes Ziel, und ebenso strebt auch Chiron eine Heilung durch den Geist an, eine Heilung von oben, die von unten durch Heilkräuter unterstützt wird.

Der Mythos berichtet, wie Athene, die Göttin der Weisheit, die aus dem Haupt des Zeus (Jupiter) geboren wurde, Chirons Stirn ihr Zeichen einprägte und ihm dadurch den Keim der Weisheit verlieh. In unserer Spätzeit zeichnen sich die Notablen eines Wohnortes – der Pfarrer, der Arzt, der Notar, der Lehrer und der Richter – die offiziell die Weisheit und Integrität repräsentieren sollten, nur durch ihre Robe (oder den weißen Kittel) und ihr Geld aus. Vielleicht mußte deshalb der kleine Chiron jetzt den älteren Führern der Notabeln, Jupiter und Saturn folgen?

Weitere Titel aus unserem Programm

MELLIE UYLDERT
VERBORGENE KRÄFTE DER PFLANZEN

184 Seiten mit vier Abbildungen
Pappband

Von den kleinen und den großen Wundern aus dem Reich der Pflanzen:

Gefühle der Pflanzen
Kräuter der Alchemisten
Pflanzen gegen Feuer
Pflanzen und Mondeinfluß
Pflanzen-Elfen
Baum-Seelen
Pflanzen – Heiler der menschlichen Seele
individuelle Pflanzenseelen und ihre Wirkung
auf unsere Gesundheit.

Ein Buch, das hilft, zurückzufinden zur vitalen Lebensgrundlage – nicht nur, weil wir praktischen Nutzen daraus ziehen können, sondern weil es natürlich ist.

MELLIE UYLDERT
VERBORGENE KRÄFTE DER METALLE

204 Seiten
Pappband

Auch die Metalle haben bestimmte Funktionen und Kräfte – vielleicht subtilerer Natur, aber darum nicht weniger wirksam. Mellie Uyldert beschreibt, wie man die psychischen, die verborgenen Kräfte der Metalle für sich nutzbar machen kann. Man erfährt, welchem Menschen-Typus welches Metall entspricht und wie man die Heilkräfte der Metalle für sich einsetzen kann.

HEINRICH HUGENDUBEL VERLAG

MELLIE UYLDERT
VERBORGENE KRÄFTE DER EDELSTEINE

184 Seiten mit zahlreichen vierfarbigen Abbildungen
Pappband

In dieser außergewöhnlichen Edelsteinkunde berichtet Mellie Uyldert von den geheimnisvollen »psychischen« Kräften der Edelsteine, wie sie seit Jahrtausenden überliefert sind und heute wiederentdeckt werden. Alle Steine, von Achat bis Zirkon, besitzen ebenso wie die Heilpflanzen, besondere Qualitäten, die der Kundige zu nutzen weiß.

DAYA SARAI CHOCRON
HEILEN MIT EDELSTEINEN

139 Seiten mit acht Farbtafeln
Gebunden

In dieser Synthese aus Überlieferung, indianischer Erfahrung und neuzeitlichem Bewußtsein vermittelt Daya Chocron ein Gefühl für die Edel(-stein)-Heilmethode. Die Qualität der Steine, ihre astrologischen Entsprechungen sowie ihre Affinitäten zu anderen Erlebnisebenen lassen darüber hinaus erkennen, was echte »Symbole« bewirken können.

HEINRICH HUGENDUBEL VERLAG

Liz Greene / Howard Sasportas

Entfaltung der Persönlichkeit durch psychologische Astrologie

376 Seiten, Paperback

In diesem Buch werden erstmals Wege und Methoden aufgezeigt, um weitreichende tiefenpsychologische Strukturen und Prägungen im Horoskop zu erkennen:
- Frühkindliche Prägungen
- Elterliche Ehe und eigenes partnerschaftliches Verhalten
- Verdeckte Persönlichkeitsstrukturen
- Der Konflikt zwischen Jugend und Alter.

Liz Greene / Stephen Arroyo

Saturn und Jupiter

Neue Aspekte astrologischer Praxis

256 Seiten, Paperback

Die hier zusammengefaßten Beiträge sind das Ergebnis eines Symposions unter der Konstellation der Saturn/Jupiter-Konjunktion.
Die Saturn/Jupiter-Problematik steht dabei im Vordergrund. Darüberhinaus werden u. a. folgende Themen ausführlich besprochen: Horoskopvergleich und die Dynamik der Partnerschaft; Licht und Schatten (Bewußtes und Unbewußtes) im Horoskop; Parallelen zwischen klassischen Mythen und Tierkreiszeichen, die Rückschlüsse zulassen auf die Strukturen psychischer Energien; Methoden der Horoskopanalyse.

HEINRICH HUGENDUBEL VERLAG

Liz Greene

Saturn

264 Seiten, Paperback

Dem Planeten Saturn werden, astrologischer Tradition entsprechend, meist recht negative Qualitäten zugeschrieben. Liz Greene untersucht, ob diese einseitige Beurteilung nicht den positiven Aspekt Saturns unterschlägt. Saturn bedeutet immer eine Aufgabe, eine Lektion. Wenn wir uns der Aufgabe stellen, dann entpuppt sich der »Übeltäter« als Lehrmeister, der uns auf dem Pfad der Erkenntnis weiterbringt.

Dane Rudhyar

Astrologie der Persönlichkeit

442 Seiten, Paperback

Mit »Astrologie der Persönlichkeit« wird deutschsprachigen Lesern zum ersten Mal die Möglichkeit gegeben, sich mit dem bedeutendsten Astrologen des englischen Sprachraums bekannt zu machen. Dieses Werk beinhaltet die Verdichtung langjähriger astrologischer Praxis, interdisziplinärer Studien und inspirierter Darstellungsweise des Psychologen, Komponisten und Philosophen-Schriftstellers D. Rudhyar. Besondere Beachtung verdienen die Kapitel über die Häuser und Zeichen mit ihren jeweiligen Gegenüberstellungen traditioneller und ganzheitlicher Betrachtungsweise – Kabbalistik und Astrologie – Progressionen und Transite – die Erläuterung der Symbole für jeden der 360 Tierkreisgrade.

HEINRICH HUGENDUBEL VERLAG